"十四五"职业教育国家规划教材

高等职业教育电子信息类新形态一体化教材

# 信息技术基础

## （第二版）

XINXI JISHU JICHU

主　编　武马群　贾清水　刘瑞新

中国教育出版传媒集团

高等教育出版社·北京

## 内容提要

本书是"十四五"职业教育国家规划教材,依据《高等职业教育专科信息技术课程标准(2021版)》的要求编写而成。

本书共7章,内容包括信息技术与信息化、网络与信息检索、文档编辑排版(Word 2016)、电子表格处理(Excel 2016)、信息展示与发布工具应用、计算思维与编程基础和新一代信息技术及其应用。

本书从教学和实用的角度出发,内容详尽,结构清晰,可作为高等职业院校信息技术课程的教材。

### 图书在版编目(CIP)数据

信息技术基础 / 武马群, 贾清水, 刘瑞新主编. --2版. -- 北京:高等教育出版社, 2025.5. -- ISBN 978-7-04-063344-3

Ⅰ.TP3

中国国家版本馆CIP数据核字第202474PE17号

| | | | | |
|---|---|---|---|---|
| 策划编辑 万宝春 | 责任编辑 谢永铭 万宝春 | 封面设计 张文豪 | 责任印制 高忠富 |

| | | | |
|---|---|---|---|
| 出版发行 | 高等教育出版社 | 网 址 | http://www.hep.edu.cn |
| 社 址 | 北京市西城区德外大街4号 | | http://www.hep.com.cn |
| 邮政编码 | 100120 | 网上订购 | http://www.hepmall.com.cn |
| 印 刷 | 上海叶大印务发展有限公司 | | http://www.hepmall.com |
| 开 本 | 787 mm×1092 mm 1/16 | | http://www.hepmall.cn |
| 印 张 | 21 | 版 次 | 2021年9月第1版 |
| 字 数 | 537千字 | | 2025年5月第2版 |
| 购书热线 | 010-58581118 | 印 次 | 2025年5月第1次印刷 |
| 咨询电话 | 400-810-0598 | 定 价 | 49.50元 |

本书如有缺页、倒页、脱页等质量问题,请到所购图书销售部门联系调换

版权所有　侵权必究

物　料　号　63344-00

# 配套学习资源及教学服务指南

## 二维码链接资源

　　本书配套视频、文本等学习资源,在书中以二维码链接形式呈现。手机扫描书中的二维码进行查看,随时随地获取学习内容,享受学习新体验。

打开书中附有二维码的页面　　　　扫描二维码　　　　查看相应资源

## 教师教学资源索取

　　本书配有课程相关的教学资源,例如,教学课件、习题及参考答案、应用案例等。选用教材的教师,可扫描下方二维码,关注微信公众号"高职智能制造教学研究",点击"教学服务"中的"资源下载",或电脑端访问地址(101.35.126.6),注册认证后下载相关资源。

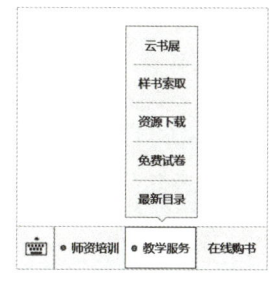

★如您有任何问题,可加入工科类教学研究中心QQ群:243777153。

# 本书二维码资源列表

| 页码 | 类型 | 说明 | 页码 | 类型 | 说明 |
|---|---|---|---|---|---|
| 001 | 视频 | 信息技术与信息化 | 210 | 文本 | 超链接 |
| 005 | 文本 | 计算机基础知识 | 211 | 文本 | 自定义动画 |
| 007 | 视频 | 嫦娥探月工程 | 212 | 文本 | 幻灯片放映方式 |
| 016 | 文本 | 高等职业教育专科信息技术课程标准 | 222 | 文本 | 微信与QQ的区别 |
| 019 | 视频 | 病毒木马的工作方式 | 231 | 文本 | 计算思维概述 |
| 020 | 视频 | 网络信息安全 | 235 | 视频 | 实例6-1（警察抓小偷） |
| 021 | 文本 | 网络安全相关法规 | 237 | 视频 | 实例6-2（百元买百鸡） |
| 027 | 图片 | 服务器机房展示 | 242 | 视频 | Python开发环境搭建 |
| 029 | 图片 | 传输介质 | 249 | 视频 | 实例6-3（圆面积和周长的计算） |
| 043 | 视频 | 信息检索的发展 | 251 | 视频 | 实例6-4（实数绝对值的计算） |
| 046 | 视频 | 搜索引擎简介 | 254 | 视频 | 实例6-5（计算n的阶乘） |
| 052 | 视频 | 中国知网搜索 | 256 | 视频 | 实例6-6（成绩计算器） |
| 064 | 文本 | 党政机关公文格式（GB/T 9704—2012） | 258 | 视频 | 实例6-7（素数的判断） |
| 064 | 文本 | 上行文样文 | 263 | 文本 | 云计算演化的四个重要阶段 |
| 077 | 文本 | 自荐简历样文 | 271 | 视频 | 云计算技术 |
| 089 | 文本 | 班级周报样文 | 273 | 文本 | 虚拟现实发展历史 |
| 095 | 文本 | 毕业论文样文 | 274 | 视频 | 虚拟现实技术 |
| 105 | 文本 | 成绩通知单样文 | 279 | 文本 | 虚拟现实在各行各业的应用 |
| 195 | 文本 | 改变主题颜色 | 281 | 视频 | 物联网技术 |
| 196 | 文本 | 幻灯片视图 | 292 | 视频 | 大数据技术 |
| 197 | 文本 | 文件格式 | 297 | 文本 | 大数据技术生态 |
| 197 | 文本 | 模板与主题 | 297 | 文本 | 大数据基本应用模式 |
| 202 | 文本 | SmartArt图形 | 298 | 文本 | 大数据处理流程 |
| 204 | 文本 | 理性装机选配置的注意事项 | 311 | 文本 | 基于机器学习算法的AI基础技术 |
| 205 | 文本 | 图表工具 | 319 | 视频 | 人工智能技术 |
| 208 | 文本 | 图片工具 | | | |

# 前言 FOREWORD

本教材是"十四五"职业教育国家规划教材。

《国家信息化发展战略纲要》指出：当今世界，信息技术创新日新月异，以数字化、网络化、智能化为特征的信息化浪潮蓬勃兴起。没有信息化就没有现代化。适应和引领经济发展新常态，增强发展新动力，需要将信息化贯穿我国现代化进程始终，加快释放信息化发展的巨大潜能。以信息化驱动现代化，建设网络强国，是落实"四个全面"战略布局的重要举措，是实现"两个一百年"奋斗目标和中华民族伟大复兴中国梦的必然选择。

党的二十大报告中指出，教育、科技、人才是全面建设社会主义现代化国家的基础性、战略性支撑。必须坚持科技是第一生产力、人才是第一资源、创新是第一动力，深入实施科教兴国战略、人才强国战略、创新驱动发展战略，开辟发展新领域新赛道，不断塑造发展新动能新优势。随着科学技术日新月异的发展，新一代信息和通信技术的创新步伐不断加快，正以前所未有的广度和深度与经济社会交汇融合，创新活力、聚集效应和应用潜能加速释放。习总书记指出，新一轮科技革命和产业革命正在重构全球创新版图、重塑全球经济结构，要推进互联网、大数据、人工智能同实体经济深度融合，做大、做强数字经济。

随着信息化社会的深入发展，数字经济时代已经来临，这就要求生活在信息化时代的人们，必须具有较好的信息素养。所谓信息素养主要包括信息意识、信息处理能力、信息道德等方面构成的专门素质。

信息意识表现为人对信息的敏感性，有分析信息、利用信息做出决策的强烈意识，形成以数据为基础、基于事实决策的工作方法和工作习惯。具有良好信息意识的人能够敏感地从日常工作、生活、学习的各方面发现信息，知道从哪里、以什么方式获取信息，能够对信息进行鉴别，判断信息的真伪，判别信息的完整性、可用性、有效性，能够识别数据之间的联系。

信息处理能力表现为人发现信息、评价信息、利用信息、交流信息的能力。信息处理能力的核心是信息利用，能通过数据（数据是信息的载体）采集、数据检验、数据整理、数据加工、统计分析得出基本结论，发现存在的规律，向组织提出决策建议，发挥信息处理"发现事实""辅助决策"的作用。信息交流能力是指人能够利用各种工具和媒介对信息进行规范、完整、准确、直观表达与展示，将信息高效率地传达给受众。

信息道德表现为在信息领域中用以规范人们相互关系的思想观念与行为准则。为了维护信息领域的秩序和安全，国家颁布信息安全相关政策，知识产权保护等法律法规。信息道德（自我约束）、信息政策（政府导向）和信息法律（法律约束）是规范人们各种信息活动的三个方面，三者相互补充、相辅相成。

此外，在信息化时代，数字化学习能力是一个人能够跟上时代的发展、不断更新自身知识结构、适应未来职业岗位要求的重要能力。当今社会，旧的岗位不断淘汰，新的岗位不断出现，各个岗位的能力要求在不断演变，我们必须具备不断学习、不断进步的能力，才能跟上不断进步的社会要求。

本教材是依据《高等职业教育专科信息技术课程标准（2021版）》的要求编写而成的。本教材通过对我国信息化发展战略和数字经济发展趋势的说明，使学生了解新时代掌握信息技术的重要性；通过信息检索及其工具的学习掌握数字化学习的基本方法；通过Office软件的学习掌握计算机基本应用技能；通过计算思维与编程基础的学习掌握计算机应用的基本方法。本教材还较全面地介绍了新一代信息技术的概念和基本应用，基本涵盖了《高等职业教育专科信息技术课程标准（2021版）》的基础模块要求。

使用本教材时各章的教学时数建议如下。

| 模块 | 章节 | 内容 | 建议学时 |
| --- | --- | --- | --- |
| 基础模块 | 第1章 | 信息技术与信息化 | 6 |
|  | 第2章 | 网络与信息检索 | 10 |
|  | 第3章 | 文档编辑排版（Word 2016） | 12 |
|  | 第4章 | 电子表格处理（Excel 2016） | 12 |
|  | 第5章 | 信息展示与发布工具应用 | 12 |
|  | 第6章 | 计算思维与编程基础 | 10 |
|  | 第7章 | 新一代信息技术及其应用 | 10 |

本教材由北京信息职业技术学院武马群、贾清水、刘瑞新主编。其中，第1章由武马群编写，第2章和第3章由刘瑞新编写，第4章由亢华爱编写，第5章由贾清水编写，第6章由马东波编写，第7章由企业专家编写。

参与本教材编写的企业专家有：第7章第1节由南京第五十五所技术开发有限公司顾旭峰编写，第7章第2节由网龙网络控股有限公司林伟编写，第7章第3节由北京新大陆时代教育科技有限公司邓立编写，第7章第4节由华为技术有限公司石海健编写，第7章第5节由腾讯科技（深圳）有限公司王龙编写。

由于编写时间仓促，编者水平有限，书中难免存在不足之处，敬请读者批评指正。

编　者

# 目录 CONTENTS

## 第 1 章　信息技术与信息化　/ 001

### 1.1　基本概念　/ 001
1.1.1　信息技术的基本概念　/ 001
1.1.2　信息化的基本概念　/ 003
1.1.3　计算机基本概念　/ 004
1.1.4　新一代信息技术　/ 008
1.1.5　数字经济发展趋势　/ 011
1.1.6　国家信息化战略　/ 012

### 1.2　信息与信息素养　/ 012
1.2.1　信息的概念　/ 013
1.2.2　信息素养及其基本内涵　/ 014

### 1.3　网络安全与信息活动规范　/ 018
1.3.1　安全使用计算机　/ 018
1.3.2　网络安全　/ 019
1.3.3　信息活动规范　/ 021

### 练习题　/ 022

## 第 2 章　网络与信息检索　/ 024

### 2.1　网络基础知识　/ 024
2.1.1　计算机网络的基本概念　/ 024
2.1.2　计算机网络的分类、拓扑结构和组成　/ 025
2.1.3　数据通信基础知识　/ 030
2.1.4　无线局域网　/ 033
2.1.5　因特网基础　/ 035

### 2.2　网络信息资源检索基础　/ 043
2.2.1　信息检索和计算机检索　/ 043
2.2.2　计算机检索的表达式　/ 045

## 2.3 搜索引擎 / 046
### 2.3.1 搜索引擎的分类 / 047
### 2.3.2 常用搜索引擎 / 048
### 2.3.3 搜索引擎的一般查询规则 / 049

## 2.4 国内常用图书、期刊、论文数据库 / 051
### 2.4.1 中国知网 / 051
### 2.4.2 万方数据 / 053
### 2.4.3 维普网 / 054
### 2.4.4 超星数字图书馆 / 055

## 2.5 国内常用学习网站 / 056
### 2.5.1 爱课程 / 056
### 2.5.2 网易公开课 / 057
### 2.5.3 网易云课堂 / 058
### 2.5.4 中国大学 MOOC / 058
### 2.5.5 学堂在线 / 059
### 2.5.6 B 站 / 059

## 2.6 信息鉴别与筛选 / 059
### 2.6.1 批判性思维 / 059
### 2.6.2 网络信息的可靠性鉴别 / 060

## 练习题 / 061

# 第 3 章 文档编辑排版（Word 2016） / 064

## 3.1 上行文的编辑排版 / 064
### 3.1.1 任务要求 / 064
### 3.1.2 操作步骤 / 066

## 3.2 制作自荐简历 / 077
### 3.2.1 任务要求 / 077
### 3.2.2 操作步骤 / 078

## 3.3 制作一张班级周报 / 089
### 3.3.1 任务要求 / 089
### 3.3.2 操作步骤 / 089

| | | |
|---|---|---|
| 3.4 编排毕业论文 | / | 094 |
|     3.4.1 任务要求 | / | 094 |
|     3.4.2 操作步骤 | / | 095 |
| 3.5 批量生成学生成绩通知单 | / | 105 |
|     3.5.1 任务要求 | / | 105 |
|     3.5.2 操作步骤 | / | 106 |
| 练习题 | / | 109 |

## 第 4 章　电子表格处理（Excel 2016）　　/　111

| | | |
|---|---|---|
| 4.1 制作学生成绩表 | / | 111 |
|     4.1.1 任务要求 | / | 111 |
|     4.1.2 操作步骤 | / | 113 |
| 4.2 学生成绩表的统计与分析 | / | 153 |
|     4.2.1 数据统计分析的基本概念 | / | 153 |
|     4.2.2 任务要求 | / | 156 |
|     4.2.3 操作步骤 | / | 156 |
| 4.3 制作成绩等级表图表 | / | 183 |
|     4.3.1 任务要求 | / | 183 |
|     4.3.2 操作步骤 | / | 184 |
| 练习题 | / | 191 |

## 第 5 章　信息展示与发布工具应用　　/　195

| | | |
|---|---|---|
| 5.1 利用 PowerPoint 展示汇报 | / | 195 |
|     5.1.1 使用 PowerPoint 模板 | / | 195 |
|     5.1.2 自定义幻灯片母版 | / | 197 |
|     5.1.3 演示文稿的编辑与放映 | / | 200 |
| 5.2 通过互联网发布信息 | / | 214 |
|     5.2.1 利用论坛发布信息 | / | 214 |
|     5.2.2 利用博客与微博发布信息 | / | 216 |
|     5.2.3 利用专用网站发布信息 | / | 220 |

5.3 利用即时通信工具发布信息 / 222
    5.3.1 利用 QQ 发布信息、上传文件 / 222
    5.3.2 利用微信公众号发布信息 / 224
练习题 / 228

# 第 6 章 计算思维与编程基础 / 231

## 6.1 计算思维的概念 / 231
    6.1.1 计算思维的定义 / 231
    6.1.2 计算思维的本质 / 233
    6.1.3 计算思维的特征 / 234
    6.1.4 计算机与计算思维的关系 / 234
    6.1.5 计算思维的案例 / 234

## 6.2 程序设计语言概述 / 238
    6.2.1 程序设计语言的含义 / 238
    6.2.2 程序设计语言的发展 / 238
    6.2.3 程序运行基本方式 / 239
    6.2.4 程序的基本编写方法 / 240

## 6.3 解释型语言——Python / 241
    6.3.1 Python 简介 / 241
    6.3.2 开发环境搭建 / 242
    6.3.3 Python 的一个简单程序 / 247
    6.3.4 完成基本算数运算 / 249
    6.3.5 让机器具有分析判断能力 / 250
    6.3.6 短程序解决大问题 / 252

## 6.4 综合实例 / 255
练习题 / 259

# 第 7 章 新一代信息技术及其应用 / 261

## 7.1 云计算及其应用 / 261
    7.1.1 云计算的概念 / 261
    7.1.2 云计算的现状与发展 / 263

| | | | |
|---|---|---|---|
| 7.1.3 | 云计算技术基本内涵 | / | 264 |
| 7.1.4 | 云计算基本应用模式 | / | 266 |
| 7.1.5 | 云计算应用案例 | / | 268 |

## 7.2 虚拟现实技术及其应用 / 272

| | | | |
|---|---|---|---|
| 7.2.1 | 什么是虚拟现实 | / | 272 |
| 7.2.2 | 虚拟现实技术基本内涵 | / | 273 |
| 7.2.3 | 虚拟现实基本应用模式 | / | 274 |
| 7.2.4 | 虚拟现实应用案例 | / | 278 |

## 7.3 物联网技术及其应用 / 280

| | | | |
|---|---|---|---|
| 7.3.1 | 物联网的概念 | / | 280 |
| 7.3.2 | 物联网技术基本内涵 | / | 281 |
| 7.3.3 | 物联网三种应用模式 | / | 283 |
| 7.3.4 | 物联网应用案例 | / | 284 |

## 7.4 大数据技术及其应用 / 291

| | | | |
|---|---|---|---|
| 7.4.1 | 大数据的概念 | / | 291 |
| 7.4.2 | 大数据技术基本内涵 | / | 293 |
| 7.4.3 | 大数据基本应用模式 | / | 297 |
| 7.4.4 | 大数据应用案例 | / | 305 |

## 7.5 人工智能及其应用 / 306

| | | | |
|---|---|---|---|
| 7.5.1 | 人工智能的概念 | / | 307 |
| 7.5.2 | 人工智能技术基本内涵 | / | 308 |
| 7.5.3 | 人工智能基本应用模式及面临的主要挑战 | / | 314 |
| 7.5.4 | 人工智能应用案例 | / | 315 |

**练习题** / 319

**参考文献** / 321

# 第 1 章 信息技术与信息化

当今社会，信息化是最热门的词汇之一，并且在日常生活和工作中处处都会遇到与信息化相关的问题。例如，人们随时会通过手机与别人通信联系，经常会使用电脑处理信息、上网查阅资料和收发邮件，乘公交车要刷市政交通卡，到银行要操作柜员机，购物付款可以扫描二维码，等等。信息技术应用已经渗透到社会的方方面面，大大改变了人们的生活和工作方式。

加快自身职业能力的信息化发展是新时代对每个人的要求。我们已经进入信息化社会，每一个社会成员无不面临信息化的学习、生活、工作环境。因此，必须适应信息化社会的发展，加快掌握在信息化环境下的学习技能、生活技能，必须提高自身的信息素养并与所学的专业技能相结合，以更好地适应未来的职业岗位要求。

## 1.1 基本概念

信息技术是当今世界发展最快、对产业转型升级和社会经济发展影响最大的科学技术。从 1946 年世界上第一台电子计算机诞生开始，到上世纪末的 50 多年间，电子计算机及其应用经历了提升计算速度和计算能力、小型集成化、巨型超级计算、互联网络化等发展阶段，使原本是实验室中的昂贵科学设备变成深入到寻常百姓家的常用工具。进入 21 世纪以来，在上世纪计算机普及应用和技术水平持续提高的基础上，进一步发展起云计算、物联网、大数据、人工智能等新一代信息技术，信息技术的应用已发展到"无孔不入"的程度。

视频

信息技术与信息化

### 1.1.1 信息技术的基本概念

信息技术（information technology，IT）是指以计算机和通信技术为基础，设计、开发、安装和操作信息处理软硬件设备，以及对信息进行收集、存储、加工、显示、传输的技术总和。因为信息处理设备和信息的收集、存储、加工、显示等都离不开通信技术（communications technology，CT），所以信息技术也常被称为信息和通信技术（information and communications technology，ICT）。

> **拓展知识**
>
> 通信技术又称通信工程，主要研究的是：以电磁波、声波或光波的形式把信息通过电脉冲，从发送端（信源）传输到一个或多个接收端（信宿），并确保接收端能够收到和正确辨认信息。

举例来说，人们通过手机进行联系，就是在信息技术（或称为信息和通信技术）的支持下进行的，如图 1-1 所示。身处茫茫大海中的轮船上或是在远离城市的高山上，人们在手机上输入短信或拍摄照片，然后确定发送，就可以通过通信系统与亲友进行沟通，这个过程中包含了信息的收集（输入）、存储、加工、显示和传输等信息处理过程，其中所涉及的技术就是信息技术。

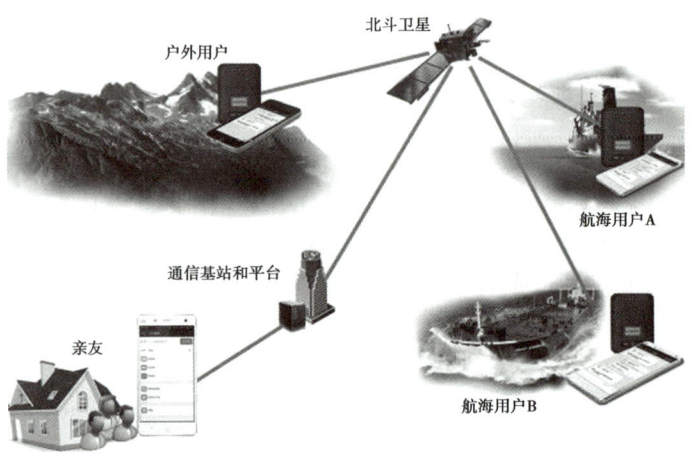

图 1-1 手机通信示意图

在图 1-1 所示的系统中，北斗卫星、通信基站和平台、手机等均属于信息处理设备，它们在通信技术的支撑下形成对信息进行收集、存储、加工、显示和传输的信息处理系统。这个为人们提供通信联系功能的系统是信息技术的典型应用案例之一。

信息技术发展迅猛，新技术和新应用层出不穷。一个国家的信息科技和信息产业水平决定了这个国家的信息化发展水平，在这方面我国已经走在了世界的前列，并支撑起信息技术在我国广泛深入的应用。

> **拓展知识**
>
> 信息产业（information technology industry）又称信息技术产业，主要包括从事信息和通信设备的研制和生产、流通和销售以及利用信息提供服务的产业部门。例如，国民经济行业分类（GB/T 4754—2017）中第 39 大类"计算机、通信和其他电子设备制造业"，第 63 大类"电信、广播电视和卫星传输服务"，第 64 大类"互联网和相关服务"，第 65 大类"软件和信息技术服务业"。

## 1.1.2 信息化的基本概念

信息化（informatization）是充分利用信息技术，开发利用信息资源，促进信息交流和知识共享，提高经济增长质量，推动经济社会发展转型的历史进程。

信息化是信息技术与各行各业相结合，并不断深化融合的进程，自从以电子计算机和现代通信技术为代表的信息技术出现之后，就开始了这个持续的、不断深化的信息化进程。我国在上世纪90年代开始通过国家重大工程推动信息化向全面深入发展。1993年，国务院提出建设"三金"工程，并在几年间分别启动了"金卡工程""金桥工程""金关工程"。

1993年6月启动的"金卡工程"如图1-2所示，它是以发展我国电子货币为目的、以电子货币应用为重点的各类卡基应用系统工程。金卡工程广义上讲是金融电子化工程，狭义上讲是电子货币工程。它是我国的一项跨系统、跨地区、跨世纪的社会系统工程。它以计算机、通信等现代科技为基础，以银行卡等为介质，通过计算机网络系统，以信息化的转账形式实现货币流通。1996年8月启动的"金桥工程"，它是国民经济信息化的基础设施，采用"天地一体化"的网络结构，使天网（卫星网）和地网（光纤网）在统一

图 1-2　金卡工程

网管系统下实行互联互通，具有互操作性、互为补充、互为备用的特点。金桥工程为建成中国"信息高速公路"奠定了基础。2001年启动的"金关工程"有两部分核心：一是海关内部的通关系统；二是外部口岸电子执法系统。基于海关内部系统之间联通的基础上，由海关总署等12个部委牵头建立电子口岸中心（又称"口岸电子执法系统"），它是利用现代信息技术，借助国家电信公网，将外经贸、海关、工商、税务、外汇、运输等部门分别掌握的进出口业务信息流、资金流、货物流的电子底账数据，集中存放在一个公共数据中心，各行政管理机关可以进行跨部门、跨行业的联网数据核查，企业可以上网办理出口退税、报关、进出口结售汇与核销、转关运输等多种进出口手续。

党中央、国务院高度重视我国信息化发展，继提出建设"三金"工程之后，1997年我国召开了首届全国信息化工作会议；2000年，党的十五届五中全会把信息化提升到了国家战略的高度；2002年，党的十六大进一步作出了以信息化带动工业化、以工业化促进信息化、走新型工业化道路的战略部署；2006年5月8日中共中央办公厅、国务院办公厅印发了《2006—2020年国家信息化发展战略》；2012年，党的十八大报告中明确提出"坚持走中国特色新型工业化、信息化、城镇化、农业现代化道路，推动信息化和工业化深度融合、工业化和城镇化良性互动、城镇化和农业现代化相互协调，促进工业化、信息化、城镇化、农业现代化同步发展"。

推动信息化与工业化深度融合即是通常所说的"两化融合"，两化融合是指将电子信息技术广泛应用到工业生产中的各个环节，将信息化作为工业企业经营管理的常规手段。信息化进程和工业化进程不再相互独立进行，不再是单方的带动和促进关系，而是两者在技术、产品、管理等各个层面相互交融，彼此不可分割，并催生工业电子、工业软件、工业信息服务业等新产业。两化融合是工业化和信息化发展到一定阶段的必然产物。

信息化与工业化主要在技术、产品、业务、产业四个方面进行融合。也就是说，两化融合包括技术融合、产品融合、业务融合、产业衍生四个方面。技术融合是指信息技术与工业技术的融合，产生新的技术，推动技术创新。产品融合是指将电子信息技术及其产品渗透到工业产品中，增加工业产品的技术含量。业务融合是指信息技术应用到企业研发设计、生产制造、经营管理、市场营销等各个环节，推动企业业务创新和管理升级。产业衍生是指两化融合可以催生出新产业，形成一些新兴业态，如工业电子、工业软件、工业信息服务业等。

中国制造业经过这些年的信息化发展，已经达到一定的规模。制造业从以往的产品竞争，发展到现今的服务竞争，而物联网的引入又将引发技术的竞争，进而引发产业的升级优化。物联网在制造业中，无论是生产过程性能控制、故障诊断，还是节能减排、提高生产效率、降低运营成本等方面，都将为制造业带来新的发展。随着物联网技术与企业生产过程的深化融合发展，近年来我国已经出现了一批代表先进制造业的"智能制造"示范企业，并创造出与智能制造相适应的"大规模定制生产模式"等，这是制造业"两化融合"发展的又一次升级换代，有力地提升了企业竞争力，使企业更多地参与到国际竞争中。

信息化是当今世界发展的大趋势，是推动经济社会变革的重要力量。大力推进信息化，是覆盖我国现代化建设全局的战略举措，是贯彻推进国家科学发展、全面建设小康社会、构建社会主义和谐社会和建设创新型国家的迫切需要和必然选择。

### 1.1.3 计算机基本概念

#### 1. 什么是电子计算机

电子计算机简称计算机（computer），俗称电脑，是当今社会上最高效的信息处理工具，它是一种能够按照指令对各种数据和信息进行自动加工和处理的电子设备。

世界上第一台电子计算机 ENIAC 诞生于 1946 年，之后的几十年随着集成电路设计和生产制造技术的发展，电子计算机经历了提升计算速度和计算能力、小型集成化、巨型超级计算、互联网络化、智能平板电脑等若干不同方向的多个发展阶段。

#### 2. 计算机硬件系统的基本组成

计算机的硬件系统由运算器、控制器、存储器、输入设备和输出设备 5 个部分组成，如图 1-3 所示。

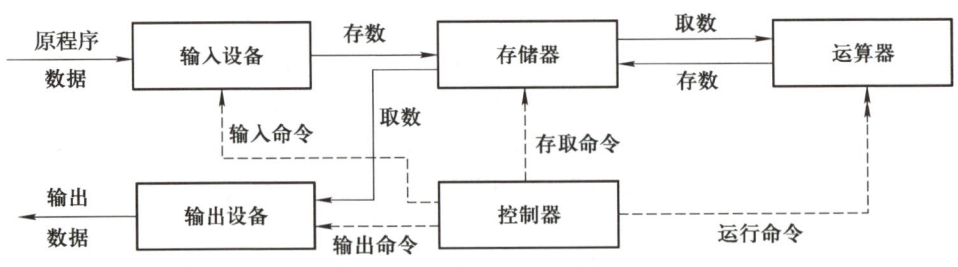

图 1-3　计算机硬件系统的基本组成

运算器（arithmetic and logic unit，ALU）是计算机中对数据进行加工处理的部件。它的主要功能是对二进制形式的数据进行加、减、乘、除等算术运算和与、或、非等逻辑运算。

控制器（control unit，CU）是计算机中指挥其他各功能单元协调工作的控制部件。它的基本功能是根据程序指令的要求，发出一系列控制信号，使运算器、存储器、输入和输出设备等相互配合完成数据处理任务。

存储器（memory）是计算机中存储程序和数据的部件。它的主要功能是将待处理的数据、处理数据的程序（指令的集合）、经处理后的结果数据等，有序地保存起来，并在控制器的控制下可以随时进行"存""取"操作，配合整个计算机的数据处理工作。

运算机、控制器、存储器构成计算机硬件系统的核心，人们常称这三个部分为计算机的"主机"。

输入和输出设备（input/output devices，I/O 设备）是计算机主机与人（或其他装备）交换信息的设备，也是人们使用计算机时接触最多的设备。

文本

计算机基础知识

### 3. 计算机系统组成

一个完整的计算机系统应该包括硬件系统和软件系统两个部分，如图 1-4 所示。计算机硬件（hardware）是指那些由电子元器件和机械装置组成的"硬"设备，如键盘、显示器、主板等，它们是计算机能够工作的物质基础。计算机软件（software）是指那些在硬件设备上运行的各种程序、数据和有关的技术资料，如 Windows 操作系统、数据库管理系统等。没有软件的计算机称为"裸机"，裸机无法工作。从工厂组装出厂的计算机，必须具备基本输入/输出系统（basic input and output system，BIOS），它是嵌入在计算机硬件系统之中抹不掉的软件，也可以说是和计算机硬件系统融为一体的最基础层面的软件。由 BIOS 开始，通过用户逐层安装操作系统、高级语言和数据库、应用软件等，构成计算机系统的软件环境，如图 1-5 所示。

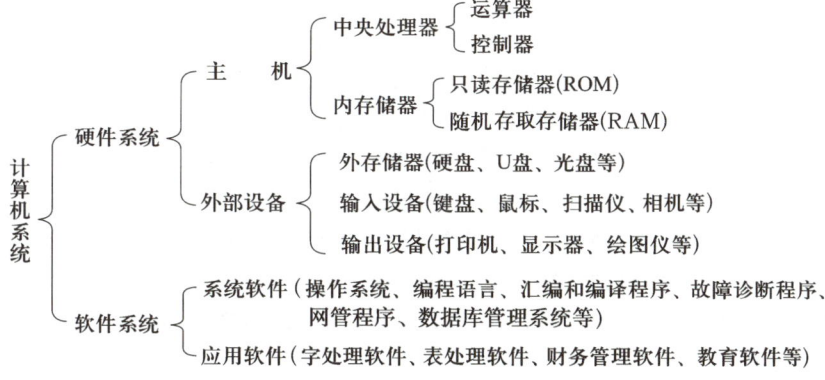

图 1-4 计算机系统组成

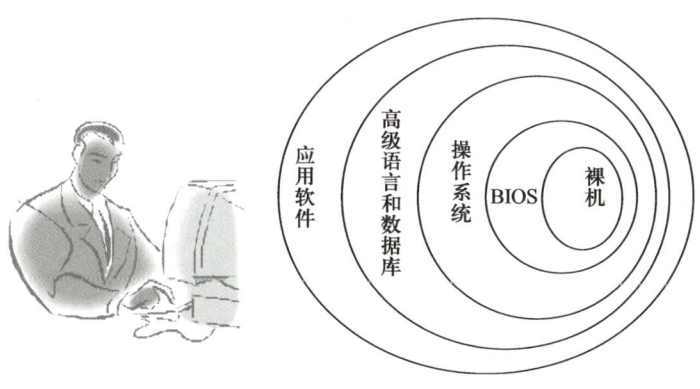

图 1-5 计算机系统的软件环境

### 4. 计算机信息处理举例

计算机中的信息处理过程，也就是计算机对二进制代码所承载的信息的处理过程。这种处理过程常见的有：建立一个 Word 文件并打印输出；建立一个电子表格并输入数据，进行统计计算处理后打印输出报表；从网上下载一首歌曲，然后播放出来供人们欣赏，等等。当然，还有很多专业性的计算机应用案例，不再赘述。下面通过对上述常见处理过程的三个案例进行简单分析，来说明信息在计算机中的处理过程。

计算机系统从硬件结构上由输入输出设备和主机构成，主机由中央处理器（CPU）和内存储器（简称内存）组成。为加强计算机功能和方便人们使用，还配备了各种外存储器（简称外存），这样计算机硬件系统构成如图 1-6 所示。

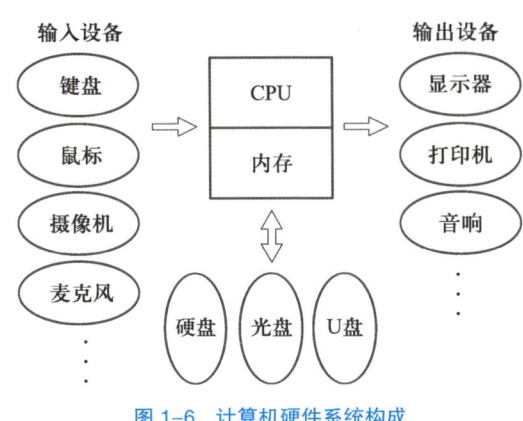

图 1-6　计算机硬件系统构成

（1）建立一个 Word 文件并打印输出。这一案例的操作和信息处理过程如下。

● 通过 Windows 操作系统建立一个新的 Word 文件，这实际上是在内存中开辟了一块存储区，用来暂时存储文件内容，以便用户对文件进行编辑加工。

● 用户通过鼠标和键盘操作输入文件内容，对文件进行编辑加工等，这实际上是对内存中的数据进行录入和修改操作。

● 文件内容输入和编辑加工完成之后，进行"保存"或"另存为"操作以防止文件内容丢失，这实际上是将内存中的文件转移存储到硬盘中。此时若文件未关闭则内存、硬盘中同时存有文件内容，若文件关闭则文件内容只存在硬盘中。

● 当发出"打印"操作命令时，计算机将内存中的文件内容发送到打印机，打印成纸制文件形式。此时，若文件不在内存中，需要通过鼠标打开文件，即将文件内容从外存调入内存。在整个过程中 CPU 不停地执行相关的软件程序协调人、内存、外存、输入输出设备之间的工作，使每一项指令得到准确执行，保证任务顺利完成。

（2）建立一个电子表格并输入数据，进行统计计算处理后打印输出报表。这一案例的操作和信息处理过程如下。

● 通过 Windows 操作系统建立一个新的 Excel 文件，这实际上是在内存中开辟了一块存储区，并通过 Excel 软件将这一区域的存储单元组织成"表格"关系，以符合用户使用目的，与此同时将这种表格关系显示在显示器屏幕上，以便用户能够进行准确录入和编辑加工。

● 用户通过鼠标和键盘操作录入表格内容，对表格进行编辑加工等，这也是对内存中的表格进行录入和修改操作。

● 当使用 Excel 的统计计算功能对表格进行处理时，是在调用 Excel 软件中的程序对表格进行自动化加工操作。

后面的操作与信息流动情况同上面第一个案例。

（3）从网上下载一首歌曲，然后播放出来供人们欣赏。这一案例的操作和信息处理过程如下。

- 通过 Windows 操作系统和 IE 浏览器,将本地的计算机与远地的网站建立起"链路",俗称"上网"。
- 用户通过上网操作将远地网站服务器上存储的一首歌曲文件复制到自己计算机的硬盘上,俗称"下载"。
- 用 Windows 操作系统中的"多媒体播放器"播放这一歌曲,这实际上是运行多媒体播放程序,该程序自动将特定的歌曲文件从硬盘中调入内存,然后对文件中的数据进行解码,将二进制代码转换成声音信号送到音响设备上,播放出歌曲。

### 5. 计算机的应用领域

计算机以其速度快、精度高、能记忆、会判断和自动化等特点,经过短短几十年的发展,它的应用已经渗透到人类社会的各个方面,可谓无所不在。从国民经济各部门到生产和工作领域,从家庭生活到消费娱乐,到处都可见计算机的应用成果。总的来讲,计算机的应用领域可以归纳为五大类:科学计算、信息处理、过程控制、计算机辅助设计/辅助教学、人工智能(将在下一小节介绍)。

(1)科学计算

科学计算(scientific calculation)又称为数值计算,是计算机应用最早的领域。在科学研究和工程设计中,经常会遇到各种各样的数值计算问题,例如:我国嫦娥卫星从地球到达月球要经过一个十分复杂的运行轨迹(图1-7),为设计运行轨迹要进行大量的计算工作。计算机具有速度快、精度高的特点,以及它能够按指令自动运行、准确无误地运算,可以高效率地解决这类问题。

图 1-7 嫦娥卫星探月

嫦娥探月工程

(2)信息处理

信息处理(information processing)是指用计算机对信息进行收集、加工、存储和传递等工作,其目的是为有各种需求的人们提供有价值的信息,作为管理和决策的依据。例如:人口普查资料的统计、股市行情的实时管理、企业财务管理、市场信息分析、个人理财记录等都是信息处理的例子。计算机信息处理已广泛应用于企业管理、办公自动化、信息检索等诸多领域,成为计算机应用最活跃、最广泛的领域之一。

(3)过程控制

计算机过程控制(process control)是指用计算机对工业过程或生产装置的运行状况进行检测,并实施生产过程自动控制。例如:用火箭将嫦娥一号卫星送向月球的过程,就是一个典型的计算机控制过程。将计算机信息处理与过程控制有机结合起来,能够实现生产过程自动化，甚至能够出现计算机管理下的无人工厂。

（4）计算机辅助设计

计算机辅助设计（computer-aided design，CAD）是指利用计算机来帮助设计人员进行工程设计。辅助设计系统配有专业绘图软件用来协助设计人员绘制设计图纸，模拟装配过程，甚至设计结果能够直接驱动机床加工制造。用计算机进行辅助设计，不但速度快，而且质量高，可以缩短产品开发周期，提高产品质量。

（5）计算机辅助教学

计算机辅助教学（computer-aided instruction，CAI）是指利用计算机来辅助教学和学习。教师可以利用计算机创设仿真的教学情境，并在其中向学生提供丰富的学习资源，以提高教学效果；还可以开发网络化学习资源库，支持学生远程学习，并实现在计算机辅助下的师生交互，构成新型的人机交互学习系统，学习者可以自主确定学习计划和进度，既灵活又方便。

### 1.1.4 新一代信息技术

#### 1. 虚拟化与云计算

所谓虚拟化（virtualization）是把客户需要的计算和存储能力从物理平台中抽象出来，实现了计算环境与物理平台的分离，使计算资源的复用、动态扩展和备份成为可能。所谓云计算（cloud computing）是把各种信息技术资源以服务的方式通过互联网交付给用户。计算资源、存储资源、软件开发、系统测试、系统维护和各种丰富的应用服务，都将像水电一样方便地使用。

在云计算的典型模式中，用户通过终端接入网络，向"云"提出服务请求；"云"收到请求后，组织计算资源和存储资源处理请求，并将处理结果通过网络返回用户，以此实现通过互联网为用户提供服务。这样，用户终端的功能可大大简化，所需的应用程序不需要安装、运行在用户的个人计算机等终端设备上，而是运行在"云"中的大规模服务器集群上；所处理的数据也不必存储在用户的终端设备上，而是保存于"云"中的存储设备里。云计算是 Google 公司提出的概念，如图 1-8 所示。作为信息技术的一个重要发展方向，云计算已经成为当今信息产业最受关注的领域。

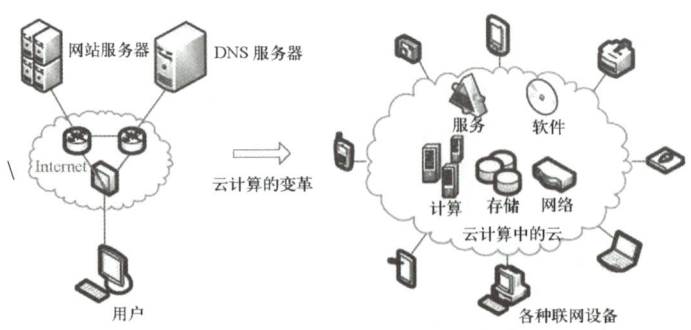

图 1-8　云计算示意图

### 2. 物联网

物联网（internet of things）是通过二维码、RFID、红外传感器、激光扫描器、全球定位系统等感知设备，按约定的协议，把任何物品与互联网连接起来，进行通信与信息交换，以实现智能化识别、定位、跟踪、监控和管理的一种网络。物联网技术使信息技术与各行各业更加密切结合、互相渗透、深度融合，促进生产力、提高人们生活质量、改善生态环境、支持经济与社会可持续发展。目前，物联网的应用主要是现有传感器技术所推动的一系列典型领域，如智能电网、智能交通、现代物流、工业制造、精细农业、公共安全、医疗健康、环境保护、智能家居等，如图 1-9 所示。未来的物联网将使现有各种产业应用集成为新型的跨领域产业。

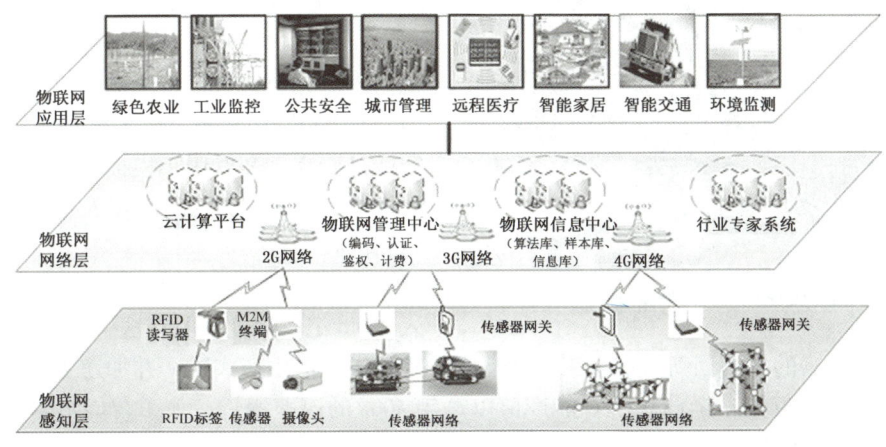

图 1-9　物联网示意图

物联网的广泛应用，将极大改变人们的生活和工作方式。想象一下早晨去实验室工作，当你刷卡进入实验楼时，室内的空调和照明以及你使用的设备都会自动打开。当你回家开门进入房间，室内温度、灯光、各种家用电器都自动调整到你最习惯的状态。你去超市购物，选了一袋面包，只要扫描一下它的标签，就可知道此面包是用哪里的麦子、在哪里磨成的面粉以及是谁制作的，面包之中还添加了什么成分；而且就在你把各种商品放入购物车时，它们的价格就自动完成立体扫描，到出口只要刷卡付费即可。智能化运作的物联网将把我们引入更进一步的信息化境界。

### 3. 大数据

大数据（big data）是规模大、类型多、高变化率的需要新的数据处理模式的大数据集合，如图 1-10 所示。随着全球数字化进程的加速，互联网、物联网每时每刻都会产生海量的数据，于是大数据问题摆在了我们面前。数据是重要的战略资源，蕴含着巨大的经济价值，人们甚至把拥有大数据的规模和处理大数据的能力当作国家的核心竞争力之一。

对于全球连锁的超市，它可能每小时要处理100 万笔电子交易记录，可以说每分每秒都在源源

图 1-10　大数据时代

不断地产生数据。手机等智能终端，与地理位置服务相关联，随时产生位置信息，为手机追踪、救援服务提供数据支持。大数据可能来源于卫星、宏观的宇宙观测和微观的粒子研究实验。现实生活中气象学、基因学、神经学、复杂的物理模拟以及生物和环境研究领域都会不断产生大数据，互联网上的信息包罗万象，也是大数据的重要来源之一。由于大数据的异质异构、非结构化以及不可信等特点，使大数据的分析处理需要解决表示、处理、可靠性等一系列重要问题，相关的研究将推动计算机科学发展及其技术应用迈向更深更远的领域。

大数据浪潮汹涌袭来，与互联网发明一样，这绝不仅仅是信息技术领域的革命，更是在全球范围加速政府、企业创新，引领社会变革的利器。

### 4. 人工智能

人工智能（artificial intelligence，AI）是指对人的意识和思维过程进行模拟，利用机器学习和数据分析方法赋予机器类人的能力，如图1-11所示。站在科技视角，人工智能是研究、开发用于模拟、延伸和扩展人的智能的理论、方法、技术及应用系统的一门新的技术科学。

图1-11 人工智能

人工智能概念于1956年首次提出，进入21世纪以深度学习算法、计算能力提升、大数据等为代表的技术创新，使人工智能从实验室技术走进生产实践，并加速了其规模化商用。统计显示，近年来全球人工智能产值以每年40%的速率增长，人工智能对未来经济社会发展的影响受到世界各国的高度重视。

得益于我国图像识别、语音识别和自然语言处理技术的迅速发展，人工智能已经在信息化程度高、数据资源丰富的制造、安防、交通、医疗、物流、教育、健康养老、农业、客服、金融、商务、法院等领域率先实现应用，形成了宏大的"人工智能+"产业发展图景。在安防应用中，人脸识别的准确度达到99.80%；在物流领域，小件商品挑选分拣准确率达到99.9%，商品拣选效率超过人工5倍；《数字中国发展报告（2024年）》指出，2024年全球公开生成式人工智能专利4.5万件，其中中国占比达61.5%。中国人工智能崛起正为全球贡献"中国智慧"。

### 5. 虚拟现实/增强现实

虚拟现实技术（virtual reality，VR），是一种可以创建和体验虚拟世界的计算机仿真系统，它利用计算机生成一种模拟环境，使用户沉浸到该环境中。虚拟现实技术就是利用现实生活中的数据，通过计算机技术产生的电子信号，将其与各种输出设备结合使其转化为能够让人们感受到的现象，这些现象可以是现实中真真切切的物体，也可以是肉眼所看不到的物质，通过三维模型表现出来。因为这些现象不是直接所能看到的，而是通过计算机技术模拟出来的现实中的世界，故称为虚拟现实，如图1-12所示。

图1-12 虚拟现实

虚拟现实技术已经在影视娱乐、教育、建筑设计、医疗、军事、航空航天等领域得到广泛应用。在教育领域，通过虚拟现实可以对学生开展模拟真实环境的沉浸式培训，在降低培训成本的同时提高培训效果；在建筑设计领域，通过虚拟现实可以在实际施工之前看到建筑物的效果，以便对设计开展评估；在军事领域，通过虚拟现实可以显示战场的实际战况，以便指挥员更好地进行决策。

增强现实（augmented reality，AR），是一种将真实世界信息和虚拟世界信息"无缝"集成的新技术，它将原本在现实世界的一定时间、空间范围内很难体验到的实体信息（视觉信息、声音、味道、触觉等）通过电脑等科学技术，模拟仿真后再叠加，将虚拟的信息应用到真实世界，被人类感官所感知，从而达到超越现实的感官体验。例如，将真实的房间环境和虚拟的家具等物体实时地叠加到人所看到的同一个空间场景中。

## 1.1.5 数字经济发展趋势

当前，新一代信息和通信技术创新步伐不断加快，以前所未有的广度和深度与经济社会交汇融合，创新活力、聚集效应和应用潜能加速释放。新一轮科技革命和产业革命正在重构全球创新版图、重塑全球经济结构，我国要推进互联网、大数据、人工智能同实体经济深度融合，做大做强数字经济，如图 1-13 所示。

图 1-13 做大做强数字经济

数字经济是通过大数据（数字化的知识与信息）的识别→选择→过滤→存储→使用，引导、实现资源的快速优化配置与再生，实现经济高质量发展的经济形态。数字经济通过不断升级的网络基础设施与智能机等信息工具，利用互联网—云计算—区块链—物联网等信息技术，使得处理大数据的能力不断增强，推动经济形态由工业经济向信息经济—知识经济—智慧经济形态转化，极大地降低社会交易成本，提高资源优化配置效率，提高产品、企业、产业附加值，推动社会生产力快速发展。数字经济也称智能经济，是工业 4.0 或后工业经济的本质特征，是信息经济—知识经济—智慧经济的核心要素。

数字经济的本质在于信息化。当前，在全球范围内，新一轮工业革命正蓬勃兴起，以互联网、大数据、人工智能为代表的新一代信息技术加速向制造业渗透融合，新技术、新模式、新业态层出不穷，推动实体经济特别是制造业加快数字化转型步伐。发达国家纷纷制定制造业数字化转型战略，德国政府发布的《德国工业战略 2030》草案中明确指出新一代信息技术与制造业融合发展是大势所趋，美国国家科学技术委员会下属的先进制造技术委员会发布的《先进制造业美国领导力战略》报告中提出推动融合型技术产品发展。近年来，全球制造业数字化转型投入持续攀升已达到数千亿美元。

我国长期以来持续推进信息化和工业化融合，新一代信息技术与制造业融合发展的步伐不断加快。进入新时代，我国经济正在由高速增长阶段转向高质量发展阶段，2019 年政府工作报告提出，打造工业互联网平台，拓展"智能+"，为制造业转型升级赋能。因此必须牢牢把握信息化带来的千载难逢的机遇，立足实体经济特别是制造业这个立国之本、强国之基，将制造业数字化转型作为推动我国科技跨越发展、产业优化升级、生产力整体跃升的战略支点，全面推进新一代信息技术与制造业全要素、全产业链、全价值链的深度融合，加速制造业迈向全球价值量中高端，加快制造强国和网络强国建设。

### 1.1.6 国家信息化战略

为全面推进全国信息化发展，中共中央办公厅、国务院办公厅分别于 2006 年和 2016 年两次印发有关国家信息化战略的文件，对统筹协调、加快推进我国各行各业的信息化发展起到了纲领性的作用。

《2006—2020 年国家信息化发展战略》中指出：信息化是当今世界发展的大趋势，是推动经济社会变革的重要力量。大力推进信息化，是覆盖我国现代化建设全局的战略举措，是贯彻落实科学发展观、全面建设小康社会、构建社会主义和谐社会和建设创新型国家的迫切需要和必然选择。

2016 年印发的《国家信息化发展战略纲要》中指出：当今世界，信息技术创新日新月异，以数字化、网络化、智能化为特征的信息化浪潮蓬勃兴起。没有信息化就没有现代化。适应和引领经济发展新常态，增强发展新动力，需要将信息化贯穿我国现代化进程始终，加快释放信息化发展的巨大潜能。以信息化驱动现代化，建设网络强国，是落实"四个全面"战略布局的重要举措，是实现"两个一百年"奋斗目标和中华民族伟大复兴中国梦的必然选择。

以上两个国家信息化战略文件，都从信息化对于国家发展的重要性，当前面临的国际形势，信息化对政治、经济、文化、军事、社会治理等各方面产生的深刻影响，今后一个时期我国信息化发展的指导思想和主要任务等方面作了说明。阅读这两个文件，对于了解我国信息化发展脉络和进程，了解信息社会发展，将大有益处。

为培养数以亿计的高素质人才，适应信息化社会发展对人才的需求，以优质的人力资源队伍服务中国社会主义现代化强国发展目标，在国家的教育规划文件中明确提出加快教育信息化发展的要求。进入新时代，教育部提出《教育信息化 2.0 行动计划》，该文件在总结以往我国教育信息化发展的基础上进一步提出未来一个阶段教育信息化发展的基本途径和目标，即"三全一大三变三新两高"。其具体内涵是："三全"即教学应用覆盖全体教师、学习应用覆盖全体适龄学生、数字校园建设覆盖全体学校；"一大"即建成"互联网＋教育"大平台；"三变"即推动从教育专用资源向教育大资源转变、从提升师生信息技术应用能力向全面提升其信息素养转变、从融合应用向创新发展转变；"三新"即努力构建"互联网＋"条件下的人才培养新模式、发展基于互联网的教育服务新模式、探索信息时代教育治理新模式；"两高"即信息化应用水平和师生信息素养普遍提高。其中的内在逻辑为：以"三全一大"建设为基础，推动"三变"，形成"三新"，最后达到"两高"。

## 1.2 信息与信息素养

我国已经进入信息化社会，新时代数字经济发展是其重要的特征，对人们的生活和工作技能提出了新的要求。每一个人都必须具备较好的信息素养，才能适应高度发达的信息化社会，为终身学习奠定能力基础，融入社会并胜任数字经济体系中的职业岗位。

## 1.2.1 信息的概念

**1. 信息的定义**

信息（information）是指数据、消息中所包含的意义。

在这个定义中，数据、消息是信息的载体，通过这些载体传递的"意义"就是信息。例如：数字9（m）和某人的一声召唤"小李，请过来一下"，它们是数字、消息，而它们所传递的信息是形象的"9 m长度"概念和"请小李从此处移动到彼处，有事情要当面沟通"。

**2. 信息的基本属性**

理解了信息的定义之后，就不难分析理解信息的基本属性。

（1）客观性：有物质便有物质特性，这就是反映物质的信息；信息与客观事物共存，无处不在、无时不有。

（2）传递性：表现在人与人、人与机器、机器与机器之间的信息交换。

（3）存储性：信息可以被保存，在需要时提取出来加以利用。

（4）可处理性：可以通过人脑或者机器对信息进行加工处理。

（5）可共享性：信息可被多个用户使用，而不改变其本质。

信息除了具有以上基本属性外，还有时效性（特定的信息过时会失效），相对价值性（信息的价值因人、因事而异），积累性（信息不因加工处理而损失，只会积累增加），依附性（信息需要依附一定的载体才能传递和存储）。

**3. 知识、文献与情报**

信息与知识、文献、情报密切相关，如图1-14所示。要掌握它们之间的联系和区别。

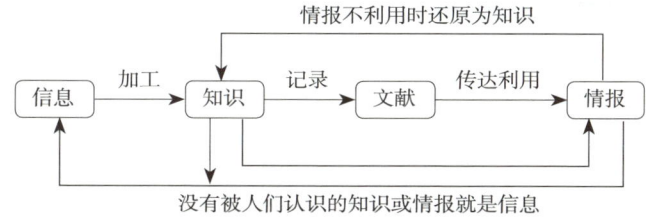

图 1-14 信息与知识、文献、情报的关系

知识（knowledge）是人类对客观事物及其运动规律的认识。知识是人类通过对大量客观世界的信息进行分析、概括、总结形成的对客观世界的认识。由信息产生知识。

文献（document）指记录有知识的一切载体。人类为了把知识传播开来和继承下去，用文字、图像、符号、声音、视频等手段将其记录在甲骨、青铜器、竹简、纸张、胶片、磁带、磁盘、光盘等载体上，这种附着在各种载体上的记录被统称为文献。知识是文献的内容。

情报（information）指在特定需要时、获得的有用的知识和信息。情报的本质仍然是知识和信息，但是它对时效性要求很高。只有及时将有用的知识和信息传达到需要的人（们）手中，并利用它解决了问题，才能称其为情报。

**4. 信息的表现形式**

信息以人类便于表达、传递、接收、记录和处理的形式表现。

（1）文字信息。这是人们最常用、最常见的表现形式。

（2）图像信息。这是最直观的信息，最易于理解的表现形式。

（3）数值数据信息。以数字形式表达的信息，这是易于加工处理和传输的表现形式。

（4）语音信息。这是最常使用的表现形式。

这些表现形式的信息都可以通过配备一定的设备，实现人机交互，如用计算机进行接收、存储、加工、传输等。

### 1.2.2 信息素养及其基本内涵

#### 1. 信息世界纷繁复杂

20世纪90年代初，因特网的应用从单纯的科学计算与数据传输开始向社会的各个方面扩展，图书馆、信息服务机构和科研机构以及一些大的数据库生产厂商纷纷加入因特网，为信息需求者提供各种各样的服务，构成极其丰富的网络信息资源。因特网为人们获取文献信息提供了前所未有的方便，也彻底打破了信息检索的区域性和局域性，加速了科研效率和产业进步，推进现代社会快速发展。如图1-15所示为全球最大中文知识网站"中国知网（CNKI）"（http:/cnki.net/）的页面。

图1-15 中国知网（CNKI）页面

因特网的普及应用与人类社会"信息爆炸"同步发生，信息量增长的速度远比人类理解的速度要快，并如海浪一般从四面八方涌入生活。信息爆炸伴随着"信息泛滥"，随着信息传播速度、广度和便捷性大大提高，新闻信息飞速增加、娱乐信息急剧攀升、广告信息铺天盖地，个人网站、专题网站、社交网站、微信、微博等无处不在，人们迷失在"混沌"的信息环境中，如图1-16所示。

图 1-16 信息爆炸

面对极度膨胀的信息量，面对"混沌信息空间"和"数据过剩"的巨大压力，人们对于信息的苦苦追求和期待忽然间变得踟蹰了。因为，即使每天 24 小时看这些信息，也阅读不完。更何况，其中存在着大量无用的甚至不真实的信息。每个人都会遇到这样的问题：当需要时如何去寻找真正有价值的信息呢？应该具备什么样的素养才能更好地适应如此纷繁复杂的信息世界呢？

#### 2. 信息素养的基本内涵

生活在现代信息社会，身处信息爆炸的时代，一方面要善于利用信息资源，提高生活质量、提升工作效率，促进各项事业创新发展；另一方面要掌握科学的方法、形成良好的习惯，以避免被错误信息所误导，"迷失"在复杂的信息环境中。这就要求每个人具备良好的"信息素养"。

"素养"的意思是通过学习和训练，在人们身上所形成的知识、能力、习惯、气质、身体状况等的综合水平。人的素养是可以培养的，是可以通过学习和训练形成的，这就是许多人通过刻苦学习和训练，成为品德高尚的人而受人尊敬的原因。人的素养是多层面、综合的，从心理素质、思想意识、言谈举止、行为习惯、知识积累到实践能力，没有孤立的单方面的素养。因此，每一个人在成长过程中，要时刻注意从多个方面持续学习修炼，不断提高自身素养。

"信息素养"是指以掌握信息技术知识和技能为基础在人身上形成的对信息意识、信息加工与运用、信息活动规范与安全等方面的综合能力与品行。信息素养的定义有许多版本，但其共同的意思都是：具有较高信息素养的人，必须能够充分地认识到何时需要信息，并能检索、评价和有效地利用所需信息。为适应信息社会的发展和数字经济对职业岗位的新要求，我们必须高度重视提高自身的信息素养水平，要通过信息技术课程的学习奠定坚实的信息素养基础。信息素养内容主要包括信息意识、计算思维、数字化创新与发展、信息社会责任四个方面。

（1）信息意识。信息意识是指个体对信息的敏感度和对信息价值的判断力。具备信息意识的学生，能了解信息及信息素养在现代社会中的作用与价值，主动地寻求恰当的方式捕获、提取和分析信息，以有效的方法和手段判断信息的可靠性、真实性、准确性和目的性，对信息可能产生的影响进行预期分析，自觉地充分利用信息解决生活、学习和工作中的实际问题，具有团队协作精神，善于与他人合作、共享信息，实现信息的更大价值。

（2）计算思维。计算思维是指个体在问题求解、系统设计的过程中，运用计算机科学领域的思想与实践方法所产生的一系列思维活动。具备计算思维的学生，能采用计算机可以处理的方式界定问题、抽象特征、建立模型、组织数据，能综合利用各种信息资源、科学方法和信息技术工具解决问题，能将这种解决问题的思维方式迁移运用到职业岗位与生活情境相关问题的解决过程中。

（3）数字化创新与发展。数字化创新与发展是指个体综合利用相关数字化资源与工具，完成学习任务并具备创造性地解决问题的能力。具备数字化创新与发展素养的学生，能理解数字化学习环境的优势和局限，能从信息化角度分析问题的解决路径，并将信息技术与所学专业相融合，通过创新思维、具体实践使问题得以解决；能合理运用数字化资源与工具，养成数字化学习与实践创新的习惯，开展自主学习、协同工作、知识分享与创新创业实践，形成可持续发展能力。

（4）信息社会责任。信息社会责任是指在信息社会中，个体在文化修养、道德规范和行为自律等方面应尽的责任。具备信息社会责任的学生，在现实世界和虚拟空间中都能遵守相关法律法规，信守信息社会的道德与伦理准则；具备较强的信息安全意识与防护能力，能有效维护信息活动中个人与他人的合法权益和公共信息安全；关注信息技术创新所带来的社会问题，对信息技术创新所产生的新观念和新事物，能从社会发展、职业发展的视角进行理性的判断和负责的行动。

如同人们具备文化素养、运动素养等其他素养一样，信息素养不会一朝一夕形成，需要在掌握信息技术基本知识和技能的基础上，在自身正确的世界观、人生观和价值观指导下，在不断的解决实际问题的过程中通过分析思考、实践探索、提高认识，从而形成并不断提高自身的信息素养水平。

信息技术及其应用的发展，迅速改变着人类的生活和生产方式，信息的生产、传播和运用水平空前提高，大学生无时无处不面临着网络、移动设备、社交媒体、在线公开的教学资源等，每个人既是信息的使用者，也在其中扮演着信息生产、共享和整合的角色。因此，这种信息社会环境的发展演变，对当代大学生信息素养的要求越来越高，特别是强调思考问题的批判能力、信息的甄别能力和终身学习能力等。因此，自身信息素养也需要随着技术进步和社会发展不断刷新和升级，这样才能适应生活、学习和工作岗位的需要。

### 3. 运用信息解决问题

学习知识，训练实践能力，提升自身的综合素养，为的是在未来的生活和工作中有能力解决面临的问题。例如，应对生活中的衣、食、住、行等各项问题，胜任某一职业岗位的常规工作，应用新技术创新地解决问题等。

通常，解决问题分为如下六个步骤。

（1）界定问题。主要是收集与问题相关的信息，确定信息的种类、规格、质量。

（2）分析问题。对收集的信息进行加工、处理，把握问题的本质。

（3）规划方案。基于已经掌握的经验和科学技术，结合目标规划解决问题的方案（可能会有多个方案）。

（4）决策方案。从多个方案中遴选出最优方案，并加以完善。

（5）执行方案。将解决问题的方案，转变成具体的行动步骤，执行实施计划。

（6）评估效果。根据执行方案的实际结果，综合评估目标达成情况，并决定是否回到上述某个步骤循环改进。

以上称为解决问题六步法，如图 1-17 所示。

上述的解决问题六步法，适用于大多数情况，需要在学习和生活中结合具体问题加以练习才能熟练掌握。

在上述解决问题的六个步骤中，每一步骤都与信息有关，每一步骤都伴随着以下的信息思考和操作。

（1）信息意识。掌握准确、全面的相关信息是做好任何事情的前提条件。

（2）信息需求分析。要明确解决当前问题（或实施当前步骤）需要什么信息，弄清所需信息的性质和范围。

（3）获取信息。明确信息应从何处获得，并采用合适的方法获取信息。

图 1-17　解决问题六步法

（4）评价信息。评价所获得信息的可靠性以及是否符合要求，将有价值的信息融入自己的知识体系。

（5）处理信息。对信息进行必要的组织、加工、管理，以显示事物规律。

（6）运用信息。依据信息反映的事实，做出解决问题（或实施当前步骤）的决策，解决问题（完成当前步骤）。

（7）合理合法。获取信息的动机、手段、方法和信息的使用，要遵从伦理道德，不能违背相关法律法规。

做到以上七个方面，需要具备较好的信息素养，其中包括许多相关知识和技术技能，这些将在后面的章节中讲解说明。

在日常生活和工作中，对于信息素养水平较高的人，当面临需要解决的问题时能够表现出具有较高的信息意识，能够高效高质量地收集相关信息，能够运用信息处理技术将问题的本质充分反映出来，能够收集、借鉴、规划多种解决方案，能够科学考虑各项因素决策方案，能够在执行方案过程中随时收集信息、记录反映事实的信息，能够根据信息反应的事实来评估问题解决的效果。而对于信息素养水平较低的人，面临问题就难以弄清问题的本质，难以利用信息资源帮助自己分析、规划和决策，解决问题的成功率大大降低。

#### 4. 信息化职业能力的发展

新时代职业教育改革要求深化复合型职业人才培养，更好地服务产业发展，促进青年就业。学校大力开展信息素养教育，一方面是为了让学生更好地适应信息化社会的生活和学习环境，构建终身学习能力；另一方面是使就读于各专业的学生形成信息化职业能力。

在信息化深入发展，数字经济大潮汹涌而来的社会背景下，一些即将淘汰产业的职业岗位将消失，一些转型升级产业的职业岗位将被信息化改造，一些新的建立在新一代信息技术基础上的职业岗位将出现。总之，未来各行各业的职业岗位都将对就业者提出信息素养的要求。这种信息化职业能力的发展趋势是必然的，在校学生必须了解这个趋势，努力提高信息化职业能力发展水平。

以下是各专业学生提高自身信息化职业能力发展水平需要做的几个方面。

（1）掌握信息技术基础知识和技能。包括掌握计算机基础知识，熟练掌握计算机的基本操作技能，熟练操作基本的信息处理和信息展示应用软件，掌握因特网的基本应用，掌握计算机安全使用和信息安全基本知识，掌握基本的编程知识，了解新一代信息技术的基本知识和部分应用场景等。

（2）提高自身信息素养。

（3）关注和收集本专业密切相关的信息源。了解并掌握一批本专业密切相关的专业知识库、行业专题网站等，了解本专业信息分类和检索的基本方法。

（4）在所学专业领域努力提升信息化实践水平。在本专业所学课程中，每门课程至少拿出一个学习项目，在完成这个项目过程中融合信息素养实践要求，进行信息化职业能力训练。

## 1.3 网络安全与信息活动规范

### 1.3.1 安全使用计算机

关于计算机的安全使用主要有设备安全和数据安全两个方面。

#### 1. 设备安全

设备安全主要是指计算机硬件的安全。对计算机硬件设备安全产生影响的主要是电源、环境与使用操作三个方面的因素。

（1）电源

在正常的连接下，电网电压的突变会对计算机造成损坏。如果附近有大功率、经常启停的用电设备，为保证计算机安全正常地工作，需要配备一台具有净化、稳压功能的 UPS 电源。这种电源可以过滤电网上的尖峰脉冲，保持供给计算机设备稳定的 220 V 交流电压，并且在停电时电源内部的蓄电池可以为用户提供保存程序和数据的操作时间。

（2）环境

① 计算机设备要放置稳定，与周边物体距离保持在 10 cm 以上，在室温状态下，使计算机处于通风良好便于散热的环境中。

② 要使计算机处在灰尘较少的空气环境中。灰尘进入计算机机箱可能使计算机运行出错，磁盘读写出错甚至损坏设备。

③ 要防止潮湿。空气湿度大，或水滴进入计算机任何一个部件都可能造成计算机工作错误或损坏设备。

④ 要防止阳光直射计算机屏幕。阳光照射会降低显示器的使用寿命或损坏显示性能。

⑤ 要防止振动。经常性的振动对计算机的任何一个部件都是有害的。

（3）使用操作

① 计算机中的各种芯片，很容易被较强的电脉冲损坏。在计算机中这种破坏性的电脉冲来自显示器中的高压、电源线接触不良的打火以及各部件之间接触不良，造成电流通断的冲击等。因此，在操作时要先开显示器后开主机，先关主机后关显示器；在开机状态下，不要随意插拔各种接口卡和外设电缆；特别不要在开机时随意搬动各种计算机设备，这样做对计算机设备和人身安全都很不利。

② 各种操作不能强行用力。在键盘操作、插拔磁盘、插拔各种接口卡以及连接各种外部设备的电缆线时，如果适当用力还不能完成操作，一定要停下来仔细观察分析问题的原因，纠正错误，再继续操作。

③ 要选择质量较好的打印纸。如果打印机纸上有硬块杂质，会损坏打印机的打印头。

④ 光盘驱动器要通过按钮操作打开与闭合，不要用手推拉。否则有可能对驱动器造成损坏。

### 2. 数据安全

这里的数据包括了所有用户需要的程序和数据，以及其他以存储形式存在的信息资料。这些数据有的是用户长期工作的成果，有的是当前处理工作的重要现场信息，一旦被破坏或丢失，可能给用户造成重大损失。因此，保证数据安全就是保证计算机应用的有效性，保证用户的生活和工作正常有序。造成数据破坏或丢失，有计算机故障、操作失误和计算机病毒感染等几种原因。

（1）计算机故障

① 最常见的情况是外存储器（硬盘或移动存储设备）工作出现故障，使数据无法读出或读出错误。因此，要注意对存储设备的保护，防止潮湿、划伤或受到强磁场的影响；要防止计算机在对磁盘（特别是硬盘）做读写操作时振动机器，造成磁头和盘片的损伤。

② 软件故障也是造成数据破坏的原因之一。系统软件和应用软件或多或少都存在一些缺陷，当计算机运行程序恰好经过缺陷点时，会造成数据的混乱。

（2）操作失误

① 在操作使用计算机的过程中，误将有用的数据删除。

② 未将有用的数据保存起来或无法找到已经保存的数据。

③ 数据文件的读写操作不完整，使存储的数据无法读出。

对于计算机故障和操作失误造成数据破坏或丢失的问题，可以通过以下几个措施来避免或减少损失。

① 经常地做数据备份，保留最新阶段成果。

② 加强对移动存储设备的保护。

③ 养成数据管理的良好习惯（包括对硬盘目录下的数据文件和 U 盘的管理）。

④ 深入理解各种软件操作命令的执行过程，保证数据文件存储完整。

（3）计算机病毒感染

计算机病毒感染是目前最常见的破坏数据的原因。

## 1.3.2 网络安全

进入 21 世纪特别是党的十八大以来，我国信息化取得长足进展。目前，我国网民数量、网络零售交易额、电子信息产品制造规模已居全球第一，一批信息技术企业和互联网企业进入世界前列。信息技术应用不断深化，"互联网＋"各行各业的发展模式，推动着智能交通、智能物流、智能电网、智能制造等领域快速发展，加快了经济社会数字化、网络化转型。

在网络空间中，正能量进一步汇聚增强，信息化在现代化建设全局中的引领作用日益凸显。同时，网络安全也面临着严峻挑战。在全球范围内，计算机病毒、网络攻击、垃圾邮件、系统漏洞、网络窃密、虚假有害信息和网络违法犯罪等问题日渐突出，如应对不当，可能会给我国经济社会发展和国家安全带来不利影响。

### 1. 网络安全隐患

（1）黑客（hacker）经常会侵入互联网中的计算机系统，或窃取机密数据、盗用特权，或破坏重要数据，或使系统功能得不到充分发挥直至瘫痪。

（2）信息在互联网中传输过程中可能被窃取或篡改。

（3）操作系统和应用软件的漏洞问题会直接影响安全服务。

（4）电子邮件存在着被拆看、误投和伪造的可能性与泄密风险。

（5）计算机病毒通过互联网传播给联网用户的计算机，造成计算机网络系统瘫痪、数据和文件丢失。

### 2. 网络安全的定义

网络安全（network security）是指通过采取必要措施，防范对网络的攻击、侵入、干扰、破坏和非法使用以及意外事故，使网络处于稳定可靠运行的状态，保障网络数据的完整性、保密性、可用性的能力。

### 3. 网络安全措施

网络安全措施主要包括保护网络安全、保护应用服务安全和保护系统安全三个方面，各个方面都要结合考虑物理安全、防火墙、信息安全、Web 安全、媒体安全等因素。

（1）保护网络安全

保证机密性、完整性、认证性和访问控制性是保护网络安全的重要因素。保护网络安全的主要措施有：全面规划网络平台的安全策略；制定网络安全的管理措施；使用防火墙；尽可能记录网络上的一切活动；注意对网络设备的物理保护；检验网络平台系统的脆弱性；建立可靠的识别和鉴别机制。

（2）保护应用服务安全

保护应用服务安全，主要是针对特定应用（如 Web 服务器、网络支付专用软件系统等）所建立的安全防护措施，它独立于网络的任何其他安全防护措施。

（3）保护系统安全

保护系统安全，是指从整体电子商务系统或网络支付系统的角度进行安全防护。涉及网络支付结算的系统安全主要包括：在安装的软件中，如浏览器软件、电子钱包软件、支付网关软件等，检查和确认未知的安全漏洞；技术与管理相结合，使系统具有最小穿透风险性，如通过诸多认证才允许连通，对所有接入数据必须进行审计，对系统用户进行严格安全管理；建立详细的安全审计日志，以便检测并跟踪入侵攻击等。

> **拓展知识**
>
>
> 视频
> 网络信息安全
>
> 全面加强国家信息安全保障体系建设。坚持积极防御、综合防范，探索和把握信息化与信息安全的内在规律，主动应对信息安全挑战，实现信息化与信息安全协调发展。坚持立足国情，综合平衡安全成本和风险，确保重点，优化信息安全资源配置。建立和完善信息安全等级保护制度，重点保护基础信息网络和关系国家安全、经济命脉、社会稳定的重要信息系统。加强密码技术的开发利用。建设网络信任体系。加强信息安全风险评估工作。建设和完善信息安全监控体系，提高对网络安全事件应对和防范能力，防止有害信息传播。高度重视信息安全应急处置工作，健全完善信息安全应急指挥和安全通报制度，不断完善信息安全应急处置预案。从实际出发，促进资源共享，重视灾难备份建设，增强信息基础设施和重要信息系统的抗毁能力和灾难恢复能力。

#### 4. 网络安全相关法律法规

我国高度重视网络安全，早在 2000 年国务院就颁布《互联网信息服务管理办法》，对互联网上的信息服务活动进行规范。

党的十八大以来，以习近平同志为总书记的党中央从总体国家安全观出发，就网络安全问题提出了一系列新思想、新观点、新论断，对加强国家网络安全工作作出重要部署。党的十八届四中全会决定要求完善网络安全保护方面的法律法规。

2016 年 11 月 7 日第十二届全国人民代表大会常务委员会第二十四次会议通过《中华人民共和国网络安全法》。该法规针对当前我国网络安全领域的突出问题，以制度建设提高国家网络安全保障能力，掌握网络空间治理和规则制定方面的主动权，切实维护国家网络空间主权、安全和发展利益。

2017 年，国家互联网信息办公室颁发《互联网新闻信息服务管理规定》。该规定对加强互联网信息内容管理，促进互联网新闻信息服务健康有序发展做出规范要求。

2019 年，国务院颁布《互联网上网服务营业场所管理条例》的三次修订版。该条例对互联网上网服务营业场所的管理，规范经营者的经营行为，维护公众和经营者的合法权益，保障互联网上网服务经营活动，以及营造积极健康的网络文化等方面做出规范要求。

2025 年 1 月 1 日起实施的《网络数据安全管理条例》，在网络数据处理活动，保障网络数据安全，促进网络数据依法合理有效利用，保护个人、组织合法权益，维护国家安全和公共利益等方面做出法律规范。

## 1.3.3　信息活动规范

#### 1. 知识产权的概念

知识产权是一种无形财产权，是从事智力创造性活动取得成果后依法享有的权利，其通常分为两部分，即"工业产权"和"版权"。工业产权又称"专利权"，是发明专利、实用新型、外观设计、商标的所有权的统称。版权（copyright）亦称"著作权"，是指权利人对其创作的文学、科学和艺术作品所享有的独占权或专有权。这种专有权未经权利人许可或转让，他人不得行使，否则构成侵权行为（法律另有规定者除外）。

文本

网络安全
相关法规

专利权通过权利人向国家专利管理部门申报，经过一定的法律程序获得。版权一般因创作而自动产生，它包括精神权利（发表权、身份权、修改权等）和经济权利（复制权、发行权、公演权、广播权、追偿权等）。前者不可转让、不可剥夺、也无时间限制；后者则可转让、可继承或者许可他人使用。

从法律上讲，知识产权具有 3 种特征：地域性，即除签有国际公约或双边、多边协定外，依一国法律取得的权利只能在该国境内有效，受该国法律保护；独占性或专有性，即只有权利人才能享有，他人不经权利人许可不得行使其权利；时间性，各国法律对知识产权分别规定了一定期限，期满后则权利自动终止。

对于专利权，《中华人民共和国专利法》第五十七条规定，未经专利权人许可，实施其专利，即侵犯其专利权。对于著作权（版权），《中华人民共和国著作权法》规定，未经著作权人许可，复制、发行、表演、放映、广播、汇编、通过信息网络向公众传播其作品，即侵犯其著作权。

依据我国《计算机软件保护条例》规定，中国公民、法人或者其他组织对其所开发的软件，不论是否发表，依照条例享有著作权。通常所说"软件盗版"即是未经软件著作权人许可而进行软件复制，是违法行为。

### 2. 信息活动行为规范

（1）分类管理。要自觉养成信息分类管理的好习惯，使自己的信息处理工作更加快捷、高效。

（2）友好共处。与他人共用计算机时，要注意保护他人的数据，珍惜别人的工作成果。

（3）拒绝病毒。提高预防计算机病毒的意识，维护良好的信息处理工作环境。

（4）遵纪守法。在信息活动中，要遵守国家法律法规，不做有害他人、有害社会的事情。

（5）爱护设备。文明实施各种操作，爱护信息化公共设施。

（6）注意安全。认真管理账号、密码和存有重要数据的存储器、笔记本电脑等，防止丢失。

## 练 习 题

一、结合关键词通过信息检索扩展阅读，并完成下列填空题。

1. 信息技术是指_____。
2. 通信技术是指_____。
3. IT 和 ICT 分别代表_____。
4. 信息产业是指_____。
5. 信息化的定义是_____。
6. 数字经济指的是_____。
7. "两化融合"指的是_____。
8. 虚拟化指的是_____。
9. 云计算指的是_____。
10. 物联网指的是_____。
11. 大数据指的是_____。
12. 人工智能指的是_____。
13. 数字经济是_____。
14. 因特网是_____。
15. 互联网是_____。
16. 工业互联网是_____。
17. 《国家信息化发展战略纲要》提出的主要目标是_____。
18. 《教育信息化2.0行动计划》提出的发展途径和目标是_____。
19. 信息的基本定义：_____。
20. 信息的属性：_____、_____、_____、_____、_____。
21. 知识是指_____。
22. 文献是指_____。
23. 情报是指_____。

24. 信息的表现形式有_____、_____、_____、_____。
25. 电子计算机是_____。
26. 典型的计算机硬件系统由_____、_____、_____、_____、_____五个部分组成。
27. 计算机系统由_____和_____组成。
28. BIOS 是_____。
29. 操作系统是_____。
30. 高级语言是_____。
31. 数据库是_____。
32. 应用软件是_____。
33. （计算机）科学计算是指_____。
34. （计算机）数据处理是指_____。
35. （计算机）过程控制是指_____。
36. CAD/CAM 是指_____。
37. "信息爆炸"是指_____。
38. 信息素养是指_____。
39. 解决问题的六个步骤是_____。
40. 在解决问题过程中，需要对信息进行思考与操作的几个方面是_____。
41. 信息化职业能力发展需要努力的几个方面是_____。
42. 网络安全的定义：_____。
43. 网络安全隐患有_____。
44. 网络安全措施主要包括_____。

## 二、通过阅读教材或信息检索，回答下列问题。

1. 在现代社会环境下，为什么要大力提升每个人的信息素养？
2. 信息技术与信息素养是什么关系？
3. 通过网络信息检索，进一步加深对新一代信息技术发展与应用的理解。
4. 研究一下自己预期的就业岗位将会是怎样的信息化发展趋势。
5. 用自己的例子说明信息与信息载体的关系。
6. 撰写一个解决某一具体问题的报告，说明在这个过程中是如何对信息进行思考和操作的。
7. 举例说明所遇到过的网络安全问题。
8. 阅读《中华人民共和国专利法》《中华人民共和国著作权法》《计算机软件保护条例》等法规和相关案例，谈谈心得体会。
9. 阅读《中华人民共和国网络安全法》以及其他相关法规，谈一谈自己对网络安全的认识。

# 第2章 网络与信息检索

本章介绍网络基础知识、网络信息资源检索基础、搜索引擎与搜索方式、常用学习信息资源，以及信息鉴别与筛选。

## 2.1 网络基础知识

计算机网络是计算机技术和通信技术相结合的产物，它使人们可以不受时间、地域等限制，实现信息交换和资源共享。

### 2.1.1 计算机网络的基本概念

计算机网络是计算机技术与通信技术高度发展、紧密结合的产物，是随着社会对信息共享和信息传递的日益增强的需求而发展起来的。

#### 1. 计算机网络的定义

随着计算机网络的发展，其从不同角度有多种定义。从资源共享的角度来定义比较符合目前计算机网络的基本特征，即将地理位置不同并具有独立功能的多个计算机系统通过通信线路互联在一起，在网络软件的管理下实现资源共享和相互通信的系统。计算机网络的主要功能如下：

（1）数据通信

数据通信是计算机网络最基本的功能之一。在计算机网络中可以实现计算机与计算机或计算机与服务器之间的数据传输。数据通信主要包括电子邮件、传真、数据交换、远程登录、文件传输、信息浏览、信息查询以及电子商务等。

（2）资源共享

资源共享是计算机网络的重要功能。计算机资源包括硬件资源、软件资源和数据资源。资源共享是指网络中各台计算机的资源可以共同享有，以提高计算机资源的利用率。

#### 2. 计算机网络的发展历史

计算机网络的发展历史可分为五个阶段。

（1）第一阶段——远程终端联机阶段

远程终端联机阶段是由一台中央主机通过通信线路连接大量地理上分散的终端，构成面向终端的通信网络，终端分时访问中央主机的资源，中央主机将处理结果返回终端。

（2）第二阶段——计算机网络阶段

计算机网络阶段强调了网络的整体性，用户不仅可以共享与之直接相连的主机的资源，而且还可以通过通信子网共享其他主机的软、硬件资源。第二阶段计算机网络采用分组交换技术，它奠定了互联网的基础。

（3）第三阶段——计算机网络互联阶段

第三阶段计算机网络的特点是制定了统一的不同计算机之间互联的标准，从而实现了不同厂家的设备在广域网、局域网之间的互联，网络体系结构与网络协议实现标准化。

（4）第四阶段——国际互联网与信息高速公路阶段

第四阶段计算机网络是随着数字通信的出现而产生的，其特点是综合化和高速化。综合化是指采用可交换的数据传送方式将多种业务综合到一个网络中完成。例如，将多种业务，如语音、视频、图像等信息以二进制代码的数字形式综合到一个网络之中进行传送。

（5）第五阶段——未来网络融合阶段

随着电信、电视、计算机"三网融合"趋势的加强，未来的互联网将是一个真正的多网合一、多业务综合、智能化的平台，它能融合现今所有的通信业务，并能推动新业务的迅猛发展，给整个信息技术产业带来一场革命。

## 2.1.2　计算机网络的分类、拓扑结构和组成

从资源构成的角度划分，计算机网络由硬件和软件组成的。硬件包括各种主机、终端等用户端设备，以及交换机、路由器等通信控制处理设备。软件则由各种系统程序和应用程序以及大量的数据资源组成。

### 1. 计算机网络的分类

计算机网络的分类方法有很多种，主要有：根据网络覆盖的地理范围和规模分类、根据网络的拓扑结构分类、根据网络协议分类等。根据网络覆盖的地理范围和规模分类是一种普遍采用的分类方法，它能较好地体现出网络的本质特征。由于网络覆盖的地理范围不同，所采用的传输技术也就不同，因此形成不同的网络技术特点与网络服务功能。

按照网络覆盖的地理范围和规模，计算机网络可分为以下三种。

（1）局域网

局域网（local area network，LAN）是将各台计算机通过高速通信线路相连（传输速率通常在 10 Mb/s 以上），但在地理上则局限于较小的覆盖范围（10 km 以内）。

（2）城域网

城域网（metropolitan area network，MAN）的地理范围在广域网和局域网之间，城域网传输速率比局域网更高，规模局限在一座城市的范围内，10～50 km 的区域。目前城域网使用最多的是基于光纤的千兆或万兆以太网技术。

（3）广域网

广域网（wide area network，WAN）的地理范围通常为几十到几千千米，其网络跨越国

界、洲界，甚至全球范围。

在以上三种网络类型中，传统的局域网常采用单一的传输介质，而城域网和广域网采用多种传输介质。目前，局域网和广域网是网络的热点，局域网是组成其他两种类型网络的基础，城域网一般都加入了广域网，广域网的典型代表是 Internet。需要说明的是，局域网的发展速度十分迅猛，所能覆盖的地理范围日渐扩大，使用的传输介质也呈多样化，所以局域网和城域网的界限就更加模糊了。

**2. 计算机网络的拓扑结构**

计算机网络的拓扑结构是引用拓扑学中的方法，把网络单元定义为节点，两节点间的线路定义为链路，则网络节点和链路的几何位置就是网络的拓扑结构。网络的拓扑结构主要有星形、环形、总线、树形和网状。

（1）星形拓扑结构

星形拓扑结构由一个中央节点和若干从节点组成，如图 2-1 所示。中央节点可以与从节点直接通信，而从节点之间的通信必须经过中央节点的转发。

（2）环形拓扑结构

环形拓扑结构中，所有设备被连接成环，信息沿着环进行广播式的传送，如图 2-2 所示。在环形拓扑结构中，每一台设备只能和相邻节点直接通信。与其他节点的通信时，信息必须依次经过二者间的每一个节点。

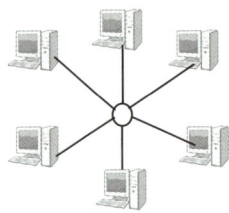

图 2-1　星形拓扑结构

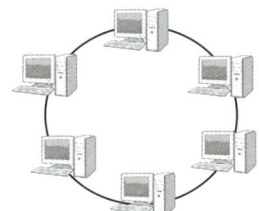

图 2-2　环形拓扑结构

（3）总线拓扑结构

总线拓扑结构将网络中的所有设备都通过一根公共总线连接，通信时信息沿总线进行广播式传送，如图 2-3 所示。

（4）树形拓扑结构

树形拓扑从总线拓扑演变而来，形状像一棵倒置的树，顶端是树根，树根以下是分支，每个分支还可再有子分支，如图 2-4 所示。树根接收各站点发送的数据，然后再广播发送到全网。树形拓扑的特点大多与总线拓扑的特点相同，但也有一些特殊之处。

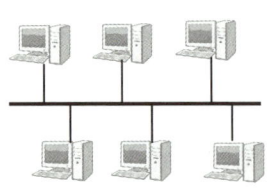

图 2-3　总线拓扑结构

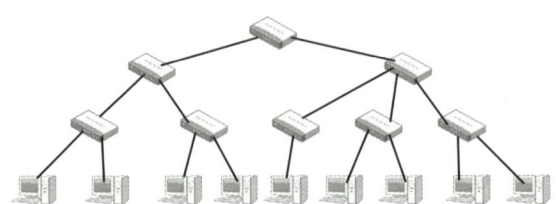

图 2-4　树形拓扑结构

（5）网状拓扑结构

网状拓扑结构没有上述四种拓扑结构那么明显的规则，节点的连接是任意的，没有规律。网状拓扑的优点是系统的可靠性高，但是由于结构复杂，就必须采用路由协议、流量控制等方法。广域网中基本都采用网状拓扑结构，如图2-5所示。

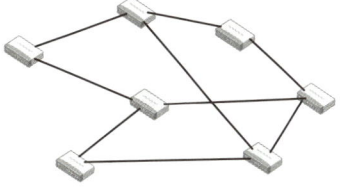

图 2-5 网状拓扑结构

（6）混合结构

混合结构可以是不规则的网络，也可以是点—点相连结构的网络。

（7）蜂窝结构

蜂窝结构是无线局域网中常用的结构。它的特征是通过无线传输介质（微波、红外线、激光等）实现点到点和多点传输，是一种无线网，适用于城市网、校园网、企业网。

### 3. 计算机网络的组成

与计算机系统类似，计算机网络也由网络硬件和网络软件两部分组成，如图2-6所示。

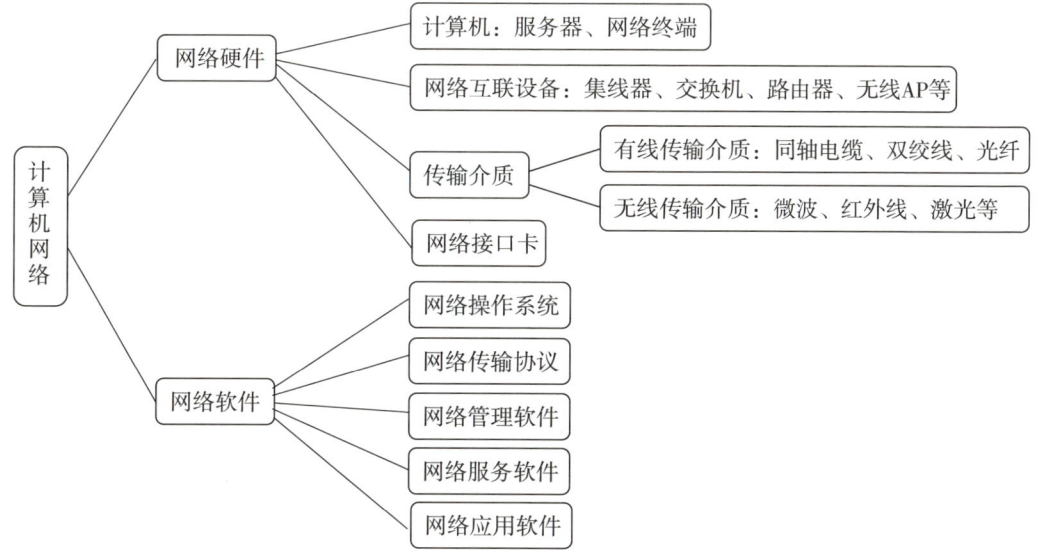

图 2-6 计算机网络的组成

（1）网络硬件

网络硬件是构成网络的节点，包括计算机（服务器和网络终端）、网络互联设备、传输介质、网络接口卡。

① 服务器

服务器是网络管理、控制的核心，负责为网络中其他网络终端提供各种网络服务。服务器可以是专用的，也可以是一台配置较高的个人计算机。服务器通常配备有大容量存储器，具有较高的运算速度。服务器的质量直接影响整个网络的性能。图2-7所示为不同外观的服务器和服务器机房。

服务器机房展示

图 2-7　不同外观的服务器和服务器机房

② 网络终端

网络终端包括个人计算机、笔记本电脑、平板电脑、智能手机等，用户通过网络终端来访问网络的共享资源。每台网络终端都有一个或多个网络接口卡，通过网络接口卡和传输介质，与其他网络硬件连接。

③ 网络互联设备

网络互联设备包括交换机、路由器、无线 AP 等。

交换机（switch）是一种在通信系统中完成信息交换功能的设备，交换机可以为接入交换机的任意两个网络节点提供独享的电信号通路。交换机的主要功能包括物理编址、网络拓扑结构、错误校验、帧序列以及流控。目前交换机还具备了一些新的功能，如对虚拟局域网（virtual local area network，VLAN）的支持、对链路汇聚的支持，甚至有的还具有防火墙的功能。最常见的交换机是以太网交换机，如图 2-8 所示。

路由器（router）是实现局域网与广域网互联的主要设备。路由器是连接因特网中各局域网、广域网的设备，它会根据信道的情况自动选择和设定路由，以最佳路径，按前后顺序发送信号。常见的路由器如图 2-9 所示。

图 2-8　以太网交换机　　　　　　图 2-9　路由器

无线 AP（access point）即无线访问接入点，它是用于无线网络的无线交换机，也是无线网络的核心。无线 AP 是移动用户进入有线网络的接入点，主要用于家庭、大楼以及园区内，典型距离覆盖几十至上百米，目前主要技术标准为 IEEE 802.11 系列。常见的无线 AP 如图 2-10 所示。

无线路由器是无线 AP 与宽带路由器的结合。借助于无线路由器，可实现无线网络中的 Internet 连接共享。如果不使用无线路由，则需要在无线网络中设置一台代理服务器才可以实现 Internet 连接共享。常见的无线路由器如图 2-11 所示。无线路由器通常拥有一个或多个以太网接口。

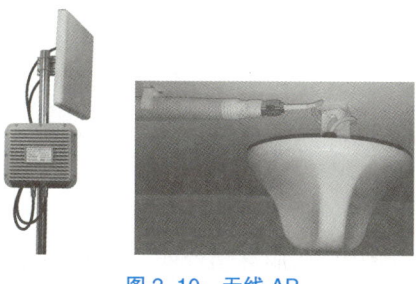
图 2-10　无线 AP

图 2-11　无线路由器

④ 传输介质（media）

传输介质是把网络节点连接起来的数据传输通道，包括有线传输介质和无线传输介质。同轴电缆、双绞线、光纤都是有线传输介质，如图 2-12、图 2-13、图 2-14 所示。微波、红外线激光等都是无线传输介质。传输介质是网络数据传输的通路，所有的网络数据都要经过传输介质进行传输。因此，一个网络所选用传输介质的种类和质量对网络性能的好坏有很大的影响。

图片

传输介质

图 2-12　同轴电缆及其 BNC 插头　　图 2-13　双绞线及其 RJ45 插头　　图 2-14　光纤及其 SC 插头

⑤ 网络接口卡（network interface card，NIC）

网络接口卡也称网络适配器，简称网卡，它是构成网络必需的基本设备，用于将计算机与传输介质连接起来。根据网络技术的不同，网卡有许多类型，它们各有自己适用的传输介质和网络协议。按照网络结构不同，可以分为 ATM 网卡、Token Ring 令牌环网卡、Ethernet 以太网卡（也就是最常见的局域网卡）。按照网卡所支持的带宽不同，可以分为 10 Mb/s 网卡、100 Mb/s 网卡和 1 000 Mb/s 网卡。按照有无连线，可以分为有线网卡（图 2-15）、无线网卡（图 2-16）。

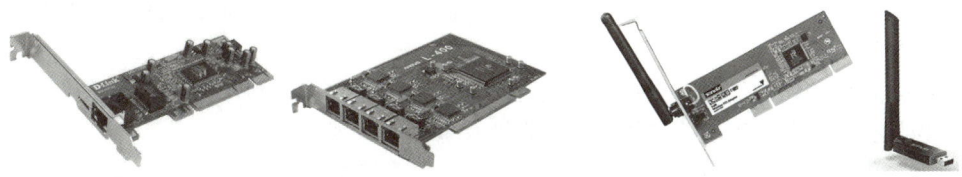

图 2-15　有线网卡　　　　　　　　图 2-16　无线网卡

（2）网络软件

网络软件是负责实现数据在网络硬件之间通过传输介质进行传输的软件系统，包括网络操作系统、网络传输协议、网络管理软件、网络服务软件、网络应用软件。

① 网络操作系统

网络操作系统是指在计算机或其他网络硬件上安装的，用于管理本地和网络资源，以及它们之间相互通信的操作系统，如 UNIX、Linux、Windows Server 等。

② 网络传输协议

协议指两个或两个以上实体为了开展某项活动，经过协商后达成的一致意见。网络传输协议就是接入网络的计算机必须共同遵守的一组规则和约定，它可以保证数据传送与资源共享能顺利完成。

③ 网络管理软件

网络管理软件是能够通过对网络节点进行管理，以保障网络正常运行的管理软件。网络管理软件有免费的，也有商用需付费的。

④ 网络服务软件

网络服务软件是运行于特定的操作系统下，提供网络服务的软件。在 Windows 7/8/10 下，因特网信息服务（internet information server，IIS）可以提供 WWW 服务、FTP 服务和 SMTP 服务等。Apache 是在各种 Windows 和 UNIX 系统中使用频率很高的 WWW 服务软件。

⑤ 网络应用软件

网络应用软件是能够与服务器进行通信，直接为用户提供网络服务的软件。用户需要网络提供一些专门的服务时，就要使用相应的网络应用软件。例如，要去因特网上漫游，需要使用 Internet Explorer 或 Firefox 浏览器；要收发电子邮件，需要使用 Outlook Express 或 Foxmail；要在因特网上传或下载文件，可使用迅雷等；要参加网络会议，可使用 NetMeeting 等。随着网络应用的普及，将会有越来越多的网络应用软件为用户带来丰富的网络服务，这些软件也必将推动网络应用的普及。

### 2.1.3 数据通信基础知识

数据通信是通信技术和计算机技术相结合而产生的一种新的通信方式。数据通信是指两台或两台以上的计算机或终端之间，以二进制的形式进行信息传输与交换的过程，它的实质是数据的互传。

#### 1. 数据通信的基本概念

（1）信息

信息是对客观事物属性和特性的表征，反映了客观事物的存在形式与运动状态。它可以是对物质的形态、大小、结构、性能等全部或部分特性的描述，也可以是物质与其外部的联系。信息是字母、数字及符号的集合，其载体可以是数字、文字、语音、视频和图像等。

（2）数据

数据是指数字化的信息。在数据通信过程中，被传输的二进制代码（或者说数字化的信息）称为数据。数据是传递信息的载体，它涉及事物的表现形式。

数据与信息的区别：数据是装载信息的实体，信息则是数据的内在含义或解释。

数据有两种类型：数字数据和模拟数据，前者的值是离散的，如电话号码、邮政编码等；而后者的值则是连续变化的量，如身高、体重等。

（3）信号

简单地说，信号就是携带信息的传输介质。数据通信中，信号是数据在传输过程中的电磁波的表示形式。根据信号参量的取值不同，信号有两种表示形式：模拟信号（analog signal）与数字信号（digital signal）。

（4）信道

信道是信息从信息的发送地传输到信息接收地的一个通路，它一般由传输介质（线路）及相应的传输设备组成。同一传输介质上可以同时存在多条信号通路，即一条传输线路上可以有多条信道。

信道的分类如下。
- 按传输介质来划分，可分为有线信道和无线信道。
- 按信号传输方向与时间关系来划分，可分为单工、半双工和全双工信道。
- 按传输信号的类型划分，可分为模拟信道和数字信道。
- 按数据的传输方式划分，可分为串行信道和并行信道。
- 按通信的使用方式划分，可分为专用信道和公共信道。

（5）数字信号与模拟信号

模拟信号是一种在时间和数值上都是连续变化的信号。模拟信号用连续变化的物理量表示信息，其信号的幅度、频率、相位随时间作连续变化。

数字信号指幅度的取值是离散的，且被限制在有限个数值之内的信号。计算机产生的电信号用两种不同的电平 0 和 1 来表示。

（6）调制与解调

计算机内的信息是由 "0" 和 "1" 组成的数字信号，而在电话线上传递的却只能是模拟电信号。所以，要利用电话交换网实现计算机的数字脉冲信号的传输，就必须首先将数字脉冲信号转换成模拟信号。将发送端数字信号转换成模拟信号的过程称为调制（modulation），也称 D/A 转换；将接收端模拟信号还原成数字信号的过程称为解调（demodulation），也称 A/D 转换。将调制和解调两种功能结合在一起的设备称为调制解调器（modem）。正是通过这样一个"调制"与"解调"的数模转换过程，实现了计算机之间的数据通信。

**2. 数据通信系统的组成**

一个数据通信系统通常由三个部分组成：源系统、传输系统、目的系统，如图 2-17 所示。

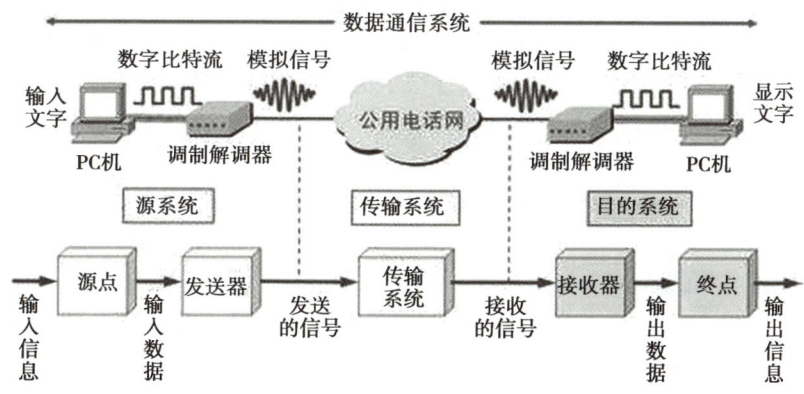

图 2-17　数据通信系统的组成

（1）源系统一般包括以下两个部分。
- 源点：源点产生所需要传输的数据，如文本、图像等。
- 发送器：通常源点生成的数据要通过发送器编码后才能够在传输系统中进行传输。

（2）目的系统一般包括以下两个部分。
- 接收器：接收传输系统传送过来的信号，并将其转换为能够被目的设备处理的信息。
- 终点：终点从接收器获取传送来的信息。终点也称为目的站。

（3）传输系统一般包括以下两个部分。

- 传输信道：它一般表示向某一方向传输的介质，一条信道可以看成一条电路的逻辑部件。一条物理信道（传输介质）上可以有多条逻辑信道（多路复用技术）。
- 噪声源：包括影响通信系统的所有噪声，如信道噪声、发送设备噪声、接收设备噪声等。

### 3. 数据通信系统的主要技术指标

数据通信系统的技术指标主要涉及数据传输的质量和数量。质量指信息传输的可靠性，一般用误码率来衡量。而数量指标包括两方面：一是信道的传输能力，用信道容量来衡量；二是指信道上传输信息的速度，相应的指标是数据传输速率。

（1）数据传输速率

数据传输速率有两种度量单位：波特率和比特率。

- 波特率：指数据通信系统中，线路上每秒传送的波形个数，单位是波特（band）。
- 比特率：指一个数据通信系统每秒所传输的二进制位数，单位是比特每秒，以 bit/s 或 b/s 表示，其常用的单位还有 kb/s、Mb/s、Gb/s、Tb/s，它们之间的换算关系如下。

$1 \text{ kb/s} = 1 \times 10^3 \text{ b/s}$

$1 \text{ Mb/s} = 1 \times 10^3 \text{ kb/s} = 1 \times 10^6 \text{ b/s}$

$1 \text{ Gb/s} = 1 \times 10^3 \text{ Mb/s} = 1 \times 10^6 \text{ kb/s} = 1 \times 10^9 \text{ b/s}$

$1 \text{ Tb/s} = 1 \times 10^3 \text{ Gb/s} = 1 \times 10^6 \text{ Mb/s} = 1 \times 10^9 \text{ kb/s} = 1 \times 10^{12} \text{ b/s}$

（2）误码率

误码率是衡量通信系统线路质量的一个重要参数。它的定义为：二进制符号在传输系统中被传错的概率，近似等于被传错的二进制符号数与所传二进制符号总数的比值。计算机网络通信系统中，要求误码率低于 $10^{-6}$。

（3）信道带宽

信道带宽（band width）是指信道所能传送的信号的频率宽度，也就是可传送信号的最高频率与最低频率之差。它在一定程度上体现了信道的传输性能，是衡量传输系统性能的一个重要指标。通常，信道的带宽大，信道的容量也大，其传输速率相应也高。

（4）信道容量

信道容量是指信道能传输信息的最大能力，以信道每秒钟能传送的信息比特数为单位，用 b/s 来表示。

### 4. 网络体系结构的基本概念

在计算机网络中，为了使通信双方能够正确地传送信息，必须有一套关于信息传输顺序、信息格式和信息内容等形式的约定，这一整套约定称为通信协议。为了降低协议设计的复杂程度，大多数网络按层的方式来组织。不同的网络，其层的数量、各层的内容和功能都不尽相同。

层和协议的集合称为网络体系结构。它是对构成计算机网络的各个组成部分以及计算机网络本身所必须实现的功能的一组定义、规定和说明。

国际标准化组织于 1978 年制定了"开放系统互联"（open system interconnection，OSI）参考模型，如图 2-18 所示，该模型将整个网络的通信功能分成 7 个层次，包括低三层（物理层、数据链路层和网络层）、传输层、高三层（会话层、表示层和应用层）。通常将计算机网络分成通信子网和资源子网两大部分。OSI 的低三层属于通信子网范畴；高三层属于资源子网范畴，传输层起着衔接上三层和下三层的作用。

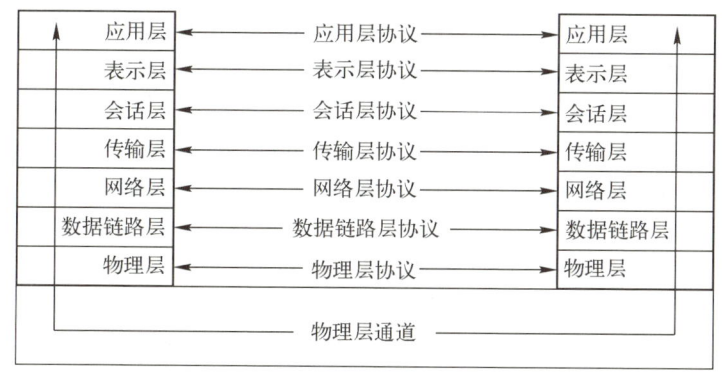

图 2-18　OSI 开放系统互联参考模型

OSI 参考模型定义了一种网络互联的标准框架结构，并且得到了全世界的公认。OSI 中的"系统"是指计算机及其外部设备、各类终端、传输设备、操作人员以及相应软件。"开放"是指按照参考模型建立的，任意两系统之间的连接操作。当一个系统能按 OSI 模式与另一个系统进行通信时，就称该系统是"开放系统"。

**5. 网络通信协议的概念**

通信协议是一组规则的集合，是进行交互的双方必须遵守的约定。在网络系统中，为了保证数据通信双方能够正确而自动地进行通信，针对通信过程的各种问题，制定了一整套约定，这就是网络通信协议。

通信协议是一套语义和语法规则，用来规定有关功能部件在通信过程中的操作，其特点和组成如下。

（1）通信协议的特点

通信协议具有层次性：这是由于网络体系结构是有层次的。通信协议分为多个层次，在每个层次内又可以被分为若干子层次，协议各层次有高低之分。

通信协议具有可靠性和有效性：如果通信协议不可靠，就会造成通信混乱和中断，只有通信协议有效，才能实现系统内各种资源的共享。

（2）通信协议的组成

网络通信协议主要由以下三个要素组成。

语法：语法是数据与控制信息的结构或格式，如数据格式、编码、信号电平等。

语义：语义是用于协调和进行差错处理的控制信息，如需要发出何种控制信息、完成何种动作、做出何种应答等。

同步：也称为定时或时序。同步是对事件实现顺序的详细说明，如速度匹配、排序等。

需要说明的是，协议只能确定各种规定的外部特点，不对内部的具体实现作任何规定。计算机网络软、硬件厂商在生产网络产品时，必须遵守协议规定的规则，使产品符合协议规定的标准，但生产商选择何种电子元件、使用何种语言是不受约束的。

## 2.1.4　无线局域网

无线局域网（wireless local area network，WLAN）是计算机网络与无线通信技术相结合的产物。无线局域网使用无线电波作为数据传送的媒介，传送距离一般只有几十米，无线局域网用户通过一个或多个无线接入点接入无线局域网。

### 1. 无线局域网的标准

IEEE 802.11 标准是电气和电子工程师协会（institute of electrical and electronics engineers，IEEE）制定的无线局域网标准。目前，已经产品化的无线网络标准主要有 3 种，即 802.11b、802.11a 和 802.11g。

1999 年，IEEE 802.11b 被正式批准，该标准规定 WLAN 工作在 2.4 GHz 的频带，数据传输速率达到 11 Mb/s，传输距离控制在 50 m，可采用点对点模式和基本模式两种工作模式。在数据传输速率方面可以根据实际情况在 11 Mb/s、5.5 Mb/s、2 Mb/s、1 Mb/s 间自动切换。IEEE 802.11b 已成为当前主流的 WLAN 标准，被多数厂商所采用，所推出的产品广泛应用于办公室、家庭、宾馆、车站、机场等众多场合。

1999 年，IEEE 802.11a 标准制定完成，该标准规定 WLAN 工作在 5.15 GHz 的频带，数据传输速率达到 54～72 Mb/s，传输距离控制在 10～100 m。

2003 年，IEEE 推出 IEEE 802.11g 标准，IEEE 802.11g 工作在 2.4 GHz 的频带，最高传输带宽高达 54 Mb/s。由于该标准与 IEEE 802.11b 同工作在 2.4 GHz 频带，所以两者可以相互兼容，可与原有的 IEEE 802.11b 产品实现正常通信。需要注意的是，IEEE 802.11b 与 IEEE 802.11g 必须借助于无线接入点才能进行通信，如果只是单纯地将 IEEE 802.11g 和 IEEE 802.11b 混合在一起，彼此之间将无法联络。

### 2. 无线局域网的硬件

无线局域网的硬件设备主要包括：无线网卡、无线接入点、无线路由器、智能手机等无线终端。

（1）无线网卡

无线网卡的作用类似于以太局域网中的网卡。作为无线网络的接口，无线网卡实现无线终端与无线网络的连接。无线网卡根据接口类型的不同，有 PCMCIA 无线网卡、PCI 无线网卡和 USB 无线网卡。

（2）无线接入点

无线接入点也称无线 AP（access point），其作用类似于以太局域网中的交换机。当网络中增加一个无线 AP 后，即可成倍地扩展网络覆盖范围，也可使网络中容纳更多的网络设备。无线 AP 通常拥有一个或多个以太网接口，用于无线与有线网络的连接，从而实现无线与有线的无缝融合。安装于室外的无线 AP 通常称为无线网桥。当需要扩大网络规模时，或者需要将无线网络与传统的局域网连接在一起时，才需要使用无线 AP。

（3）无线路由器

无线路由器是应用于用户上网、带有无线覆盖功能的路由器。当接入 Internet 时，才需要使用无线路由器。无线路由器可以看作一个转发器，将接出的宽带网络信号通过天线转发给附近的无线终端（笔记本电脑、智能手机等）。无线路由器就是一个带路由功能的无线 AP，接入在 ADSL 宽带线路上，通过路由器功能实现自动拨号接入网络，并通过无线功能，建立一个独立的无线局域网。

### 3. 无线局域网的网络结构

无线局域网使用的端口访问技术 IEEE 802.11b 标准支持两种网络结构。

（1）基于 AP 的网络结构

所有工作站都直接与 AP 无线连接，由 AP 承担无线通信的管理及与有线网络连接的工作，是理想的低功耗工作方式。可以通过放置多个 AP 来扩展无线覆盖范围，并允许便携设备在不同 AP 之间漫游。目前实际应用的 WLAN 建网方案中，一般采用这种结构。

（2）基于 P2P（peer to peer）的网络结构

用于连接 PC、智能手机等终端，允许终端在无线网络所覆盖的范围内移动并自动建立点到点的连接。

P2P 是一种对等网络技术，主要依赖网络中参与者的计算能力和带宽，不需要服务器。

#### 4. 简单的家庭无线局域网

在家庭无线局域网中，最通用和最便宜的方案是购买一台无线路由器，这台路由器具有防火墙、路由器、交换机和无线接入点的功能。无线路由器允许共享一个因特网服务提供商（internet service provider，ISP）的单一 IP 地址，一般可为 4 台 PC 提供有线以太网服务，为多个无线设备作一个无线接入点。

### 2.1.5 因特网基础

Internet 是全球性的、最具影响力的、信息资源最丰富的计算机互联网。Internet 是由分布在世界各地的、数以万计的各种规模的计算机网络，借助网络互联设备，相互连接而形成的全球性的互联网。中文称为"因特网"，也称为"国际互联网"。

#### 1. Internet 的起源和发展

Internet 是世界上最大的互联网络，但它本身不是一种具体的物理网络，把它称为"网络"是为了容易理解的"虚拟"概念，它不属于任何国家或个人。实际上它是把全球各地已有的各种网络（局域网、数据通信网、公共电话交换网等）互联起来，组成一个跨国界的庞大的互联网，因此，也将其称为"网络中的网络"。

（1）Internet 的起源

20 世纪 60 年代末，美国国防部高级研究计划署（advanced research projects agency，ARPA）建立了著名的 ARPANET。它是由四个节点组成的分组交换网，是最早出现的计算机网络之一。

20 世纪 70 年代，ARPANET 从一个实验性网络变成一个可运行网络。在 ARPANET 规模不断增长的同时，ARPA 开发研制了卫星通信网与无线分组通信网，并想将它们联入 ARPANET，由此导致网络互联协议 TCP/IP 的出现。

20 世纪 80 年代中后期，美国国家科学基金会（national science foundation，NSF）围绕其 6 个超级计算机中心建立了 NSFNET，并与 ARPANET 相连。NSFNET 代替 ARPANET 成为 Internet 的新主干。

20 世纪 90 年代，Internet 以惊人的速度发展，成为全球连接范围最广、提供服务最多、涉及各个领域、用户最多的互联网络。

（2）Internet 在中国的发展

我国从 1994 年实现了与因特网的连接，到 1996 年初，中国的因特网已经形成了四大具有国际出口的网络体系：中国科技网（CSTNET）、中国教育与科研计算机网（CERNET）、中国公用计算机互联网（CHINANET）、中国金桥信息网（CHINAGBN）。前两个网络主要面向科研和研究机构，后两个网络面向社会提供因特网服务，以经营为目的，属于商业性质。

### 2. TCP/IP 协议

TCP/IP 是 Internet 中使用的主要通信协议，它是目前最完整、应用最普遍的通信协议标准，它可以使不同的硬件结构、使用不同操作系统的计算机之间相互通信。TCP/IP 是用于计算机通信的最重要的两个核心协议。TCP/IP 是一个公开标准，完全独立于硬件或软件厂商，可以运行在不同体系的计算机上。

（1）TCP/IP 的体系结构

TCP/IP 由网络接口层、网际层、传输层、应用层 4 个层次组成。TCP 是指传输控制协议，IP 是指网际协议，如图 2-19 所示。

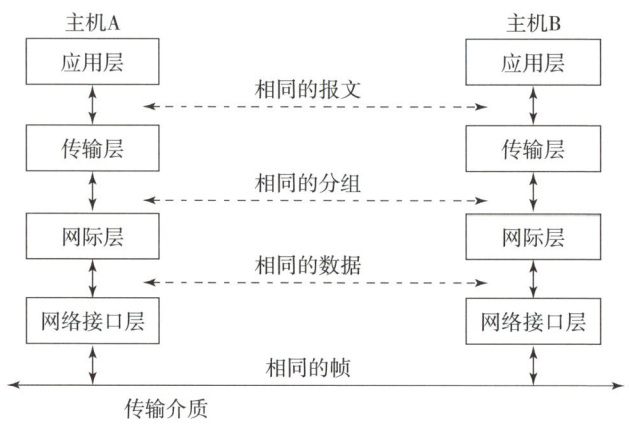

图 2-19　TCP/IP 的体系结构

（2）TCP（transmission control protocol）协议

传输控制协议 TCP 向应用层提供面向连接的服务，以确保所发送的数据报的可靠性。一旦数据报丢失或破坏，TCP 将负责重新传输。

（3）IP（internet protocol）协议

网际协议 IP 的功能是将不同格式的物理地址转换为统一的 IP 地址，将不同格式的数据帧转换为"IP 数据报"。在 Internet 上发送 IP 数据和接收 IP 数据的主机均需要按 IP 协议处理数据与地址。

### 3. IP 地址、子网掩码

（1）IP 地址

接入 Internet 的计算机均有一个由授权机构分配的号码，称为 IP 地址。一个 IP 地址由网络号和主机号两部分组成。网络号用于识别一个逻辑网，主机号则用于识别该逻辑网中的一台主机。Internet 中的每台主机至少有一个 IP 地址。

网际协议版本 4（internet protocol version 4，IPv4），其 IP 地址由 4 个字节共 32 位二进制数表示。为方便用户，用圆点"."将 IP 地址分隔为四个部分，每个部分用十进制数字表示，每个十进制数的范围是 0~255，占一个字节。

例如，IP 地址 202.93.120.21，其前三个字节为网络号，即 202.93.120，最后一个字节为主机号，即 21。

ICANN（the internet corporation for assigned names and numbers，因特网名称与数字地址分配机构）成立于 1998 年 10 月，是一个集合了全球网络界商业、技术及学术各领域专家的非营利性国际组织，负责网际协议（IP）地址的空间分配、协议标识符的指派、通用顶级域名（general top-level domains，gTLDs）以及国家和地区顶级域名（country code top-level domains，ccTLDs）系统的管理以及根服务器系统的管理。

为充分利用 IP 地址资源，考虑到不同规模网络的需要，IP 地址被划分为不同的地址级别，并定义了 5 类地址，A～E 类。其中 A、B、C 三类由 ICANN 在全球范围内统一分配，D、E 类为特殊地址，其地址编码方法和应用见表 2-1。为了确保 Internet 中 IP 地址的唯一性，IP 地址由 Internet IP 地址管理组织统一管理，如果需要建立网站，要向管理本地区网络的机构申请和办理 IP 地址。

表2-1　IP地址编码方法和应用

| 类　型 | 第一字节数字范围 | 应　用 |
| --- | --- | --- |
| A | 1～126 | 大型网络 |
| B | 128～191 | 中等规范网络 |
| C | 192～223 | 校园网 |
| D | 224～239 | 备用 |
| E | 240～254 | 试验用网络 |

随着 Internet 的不断发展，地址空间的不足已经成为 Internet 进一步发展的障碍。为了扩大地址空间，拟通过 IPv6 重新定义地址空间。IPv6 采用 128 位地址长度。在 IPv6 的设计过程中除了解决地址短缺问题外，还考虑了在 IPv4 中未彻底解决的其他问题。

（2）子网掩码（subnet mask）

子网掩码又称地址掩码，用于划分子网，与 IP 地址相似。掩码包含网络域和主机域，默认情况下，网络域地址全部为 1，主机域地址全部为 0。表 2-2 列出的是各类网络与子网掩码的对应关系。

表2-2　各类网络与子网掩码的对应关系

| 网络类别 | 默认子网掩码 |
| --- | --- |
| A | 255.0.0.0 |
| B | 255.255.0.0 |
| C | 255.255.255.0 |

4. 域名、默认网关与 DNS 服务器

（1）域名（domain name）

IP 地址有效地标识了网络的主机，但也存在不便记忆的问题。为了方便用户使用，同时也为了方便维护和管理，Internet 中使用了域名系统（domain name system，DNS），该系统采用分层命名的方法，对 Internet 上的每一台主机赋予一个直观且唯一的名称。

域名与 IP 地址一一对应，用户使用域名时需要通过 DNS 服务器进行转换，将域名转换成对应的 IP 地址。也就是说，计算机是不能直接识别域名的。

Internet 域名的命名格式如下：

主机名 . 单位名 . 单位性质类型名 . 国家或地区代码

其中，"单位名""单位性质类型名""国家或地区代码"称为"域名"。"单位名"由该单位自行命名，并在网上注册以避免重名，其余部分由网络管理机构确定。

例如：www.pku.edu.cn，表示中国（cn），教育与科研网（edu），北京大学（pku），名为 www 的主机。

① 国家或地区代码

国家或地区代码部分也称为顶级域名，由 Internet 国际特别委员会制定，表 2-3 列出了部分国家或地区的顶级域名。

表2-3 部分国家或地区的顶级域名

| 国　家 | 国家代码 | 国　家 | 国家代码 |
| --- | --- | --- | --- |
| 中国 | cn | 德国 | de |
| 瑞典 | sc | 日本 | jp |
| 英国 | uk | 加拿大 | ca |
| 法国 | fr | 澳大利亚 | au |

② 单位性质类型名

单位性质类型名遵循 Internet 规定的通用标准代码。类型名也称为二级域名，表示主机所在单位的类型。我国的二级域名分为类别域名和行政区域名两种，见表 2-4 和表 2-5。

表2-4 部分类别域名表

| 类别域名 | 含　义 |
| --- | --- |
| edu | 教育机构 |
| gov | 政府部门 |
| mil | 军事部门 |
| net | 网络服务机构 |
| com | 工商机构 |
| org | 非营利性组织 |
| web | www活动为主的单位 |
| info | 提供信息服务的单位 |

表2-5 部分行政区域名表

| 行政区域名 | 含　义 |
| --- | --- |
| bj | 北京市 |
| sh | 上海市 |
| tj | 天津市 |
| cq | 重庆市 |
| hn | 河南省 |
| hb | 河北省 |
| sx | 山西省 |
| ln | 辽宁省 |

③ 单位名

这部分不做规定，但不能与网上已经注册的名称重名。

④ 主机名

主机名表示服务器的用途，例如：WWW 表示提供万维网服务的服务器，FTP 表示提供文件传输服务的服务器。

（2）默认网关

在网络通信过程中，当收发的数据无法找到指定的网关时，则会尝试从"默认网关"中收发数据，所以"默认网关"是需要设置的。默认网关的 IP 地址通常是具有路由功能的设备（如路由器、代理服务器等）的 IP 地址。

（3）DNS 服务器

DNS 服务器的主要作用是将域名地址翻译成 IP 地址。TCP/IP 中有两个 DNS 服务器，分别是"首选 DNS 服务器"和"备用 DNS 服务器"，当 TCP/IP 需要对一个域名进行 IP 地址翻译时，首先使用"首选 DNS 服务器"翻译，而当首选 DNS 服务器失效时，为保证用户正常访问网站，则会启用"备用 DNS 服务器"翻译。

### 5. Internet 服务

（1）WWW 服务

WWW 是 world wide web（环球信息网）的缩写，也可以简称为 Web，中文名字为"万维网"。WWW 服务是 Internet 上应用最广泛的一种网络服务，也称为 Web 服务、万维网服务。通过 WWW 服务，用户可以在世界范围内任意查找、检索、浏览及添加信息。由于 WWW 服务使用的是超文本链接，所以可以很方便地从一个信息页转换到另一个信息页。

用户可以使用基于图形界面的浏览器使用 WWW 服务，WWW 还可集成电子邮件、文件传输、多媒体服务和数据库服务，成为一种多样化的网络服务形式。

除了传统的信息浏览之外，通过 WWW 还可实现广播、电影、游戏、电子邮件、聊天、购物等服务。由于 WWW 的流行，许多上网的新用户最初接触的都是 WWW 服务，因而把 WWW 服务与 Internet 混为一谈，甚至产生 WWW 就是 Internet 的误解。

WWW 服务的核心部分由三个标准构成。

- 统一资源标识符（URL）：负责给万维网资源定位的系统。
- 超文本传输协议（HTTP）：负责规定浏览器和服务器的交流。
- 超文本标记语言（HTML）：定义超文本文档的结构和格式。

万维网联盟（W3C）创建于 1994 年，其职能是使计算机能够将万维网不同形式的信息更有效地存储和通信。WWW 服务的原理如图 2-20 所示。

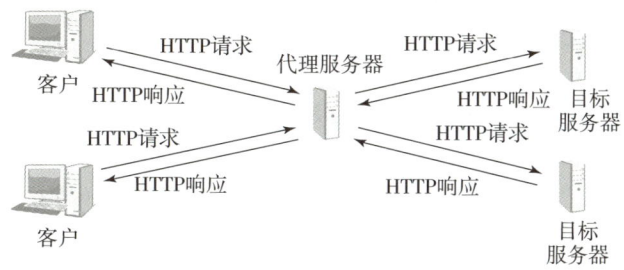

图 2-20　WWW 服务的原理

（2）电子邮件（E-mail）服务

E-mail 是目前 Internet 上使用最频繁的服务之一，也是 Internet 最重要、最基本的应用。E-mail 可以发送和接收文字、图像、声音等多媒体信息，并且可以同时发送给多个接收者。

通过网络的电子邮件系统，用户可以以非常低廉的价格（不管发送到哪里，都只需负担网费），非常快速的方式（几秒钟之内可以发送到世界上任何指定的目的地），与世界上任何一个角落的网络用户联系。

Internet 上的电子邮件是一种极为方便的通信工具，已经成为多媒体信息传输的重要手段之一。Internet 上有大量的邮件服务器，用户需要使用 E-mail 时，必须在该邮件服务器上注册，在服务器中建立自己的邮箱。在 Internet 中，每个用户的邮箱具有一个全球唯一的通信地址，这个通信地址由两部分组成，前一部分是用户在邮件服务器中的账号，后一部分是邮件服务器的主机名与域名，中间由 @ 分隔。邮箱地址的格式如下：

用户名 @ 主机名 . 域名

例如：liuk@soho.com 是一个邮箱地址，其中 liuk 为用户在邮件服务器上的账号，sohu.com 为邮件服务器的主机名与域名。

（3）文件传输（FTP）服务

FTP（file transfer protocol）是网络上两台计算机传送文件的协议，是 Internet 提供的基本服务，使得主机间可以共享、传送文件。

文件下载是指将文件从服务器传输到客户机，如果将文件从客户机传输到服务器则称为上传文件。

FTP 服务是一种实时的联机服务，FTP 使用客户机/服务器模式工作，在本地计算机上运行 FTP 客户端软件，由这个客户端软件实现与 Internet 上 FTP 服务器之间的通信。在 FTP 服务器上运行 FTP 服务器程序，由它负责为客户机提供文件的上传、下载、创建或改变服务器上的目录等服务。FTP 服务器一般通过 FTP 账号和密码登录，有些服务面向大众，不需要身份认证，即提供了匿名（anonymous）FTP 登录服务。

（4）远程登录（Telnet）服务

Telnet 是 Internet 提供的一种协议，为用户在 Internet 上提供登录服务，因此又称为远程登录协议。用户可通过 Telnet 命令使自己的计算机暂时成为远程计算机的终端，直接调用远程计算机的资源和服务。利用远程登录，用户可以实时使用远程计算机对外开放的全部资源。例如，可以查询数据库、检索资料，或利用远程计算机完成只有巨型机才能完成的工作。Internet 的许多服务也是通过 Telnet 实现的。

此外，Internet 还提供新闻组（Usenet）、电子公告板（BBS）、文件查询（Archie）、关键字检索（WAIS）、菜单检索（Gopher）、聊天室（IRC）、网上购物、网络电话等服务。

### 6. 接入 Internet 的方式

要接入 Internet，首先找一个合适的因特网服务提供商（ISP），与该服务商签定服务合同并注册。ISP 应提供用户名、用户密码以及接入的方式，然后按照提供的安装和操作方法，在用户的计算机上安装并设置。各地小区都有 ISP 提供的接入服务，如联通、移动、电信和其他网络服务公司。许多学校、企业、住宅小区（小区宽带）等均采用局域网方式接入 Internet。局域网接入传输容量较大，可提供高速、高效、安全、稳定的网络连接。现在常用的通过局域网接入 Internet 的方式有：有线连接局域网和无线连接局域网等。

（1）有线连接局域网

有线连接局域网采用双绞线，速率一般为 10～100 Mb/s。如果使用的是联通或电信的宽带网络，一般不用手工设置，宽带程序会自动设置。如果使用的是学校、企业等单位的局域网，还要手工设置 IP 地址、子网掩码、网关、DNS 等项目。

【实例 2-1】将计算机通过局域网接入 Internet。单位购置了一台 PC，要对 PC 做相关的配置，使之能通过单位局域网访问 Internet。Windows 10 操作系统已经安装好，网卡驱动程序已经安装完成，RJ45 双绞线已经插好并接入局域网。网络中心分配的配置内容如下。

IP 地址：192.168.12.7

子网掩码：255.255.255.0

默认网关：192.168.12.1

首选 DNS 服务器：202.96.64.68

备用 DNS 服务器：202.96.69.38

计算机名称：TEA-00

设置方法如下。

① 在桌面任务栏右端的通知区域，右键单击网络图标，如图 2-21 所示，单击"打开网络和 Internet 设置"，在弹出的"设置"窗口中单击"网络和共享中心"。也可以在"控制面板"窗口的小图标视图中，单击"网络和共享中心"。

图 2-21　右键单击网络图标

② 显示"网络和共享中心"窗口，如图 2-22 所示。在"网络和共享中心"窗口中可以看到当前计算机与网络的连接情况。在左侧的窗格中，单击"更改适配器设置"。

③ 显示"网络连接"窗口。鼠标右键单击"本地连接"，打开"本地连接"的快捷菜单，如图 2-23 所示。从快捷菜单中单击"属性"命令。

图 2-22　"网络和共享中心"窗口

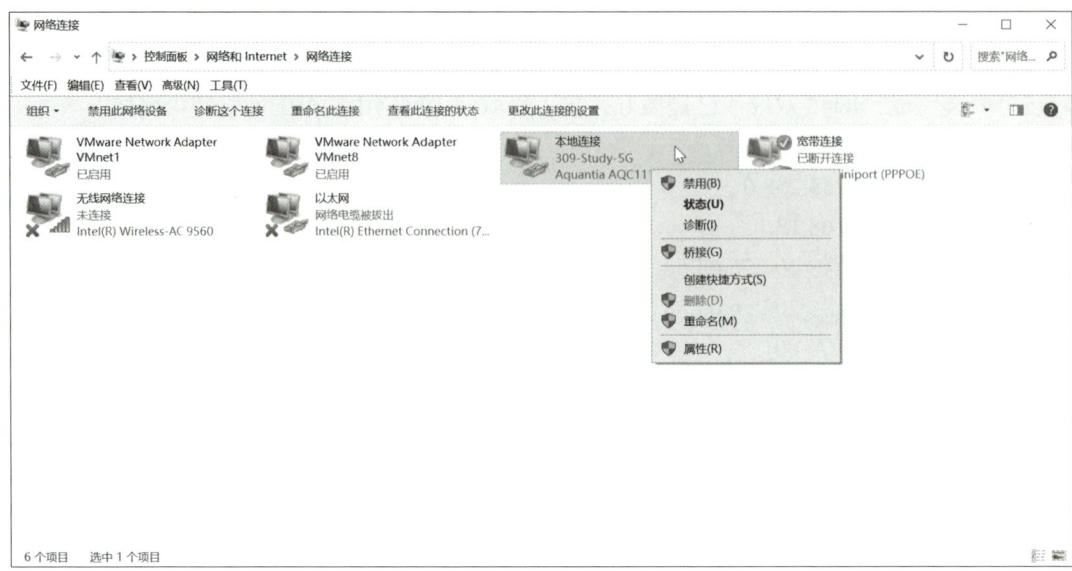

图 2-23 "网络连接"窗口

④ 打开"本地连接 属性"对话框，如图 2-24 所示，也可在"网络和共享中心"窗口右侧窗格中，单击"本地连接"来打开"本地连接 属性"对话框。在"此连接使用下列项目"选项中，单击"Internet 协议版本 4（TCP/IPv4）"复选框，再单击右下方的"属性"按钮。

⑤ 打开"Internet 协议版本 4（TCP/IPv4）属性"对话框，"常规"选项卡中包括 IP 地址、子网掩码、默认网关、DNS 服务器等项目，这些项目中的具体数字和选项，由网络用户的服务商或网络中心的管理人员提供，如图 2-25 所示。如果是"自动获得 IP 地址""自动获得 DNS 服务器地址"，则均不用填写。

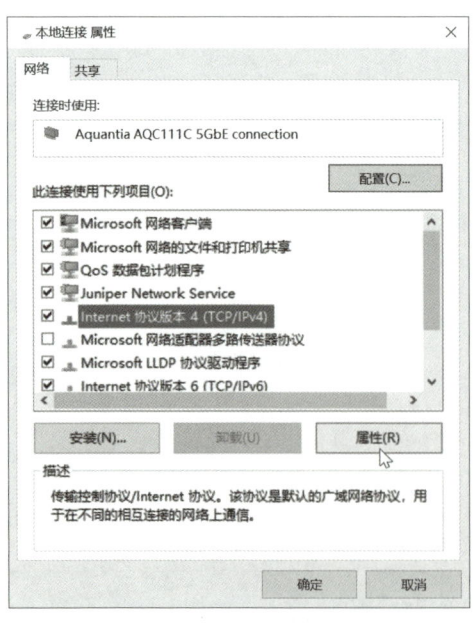

图 2-24 "本地连接 属性"对话框

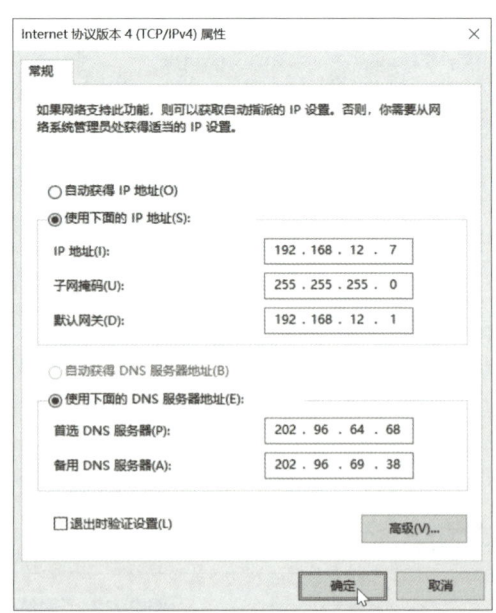

图 2-25 "常规"选项卡

单击"确定"按钮关闭对话框。回到"网络和共享中心"窗口，在窗口中可以看到网络已经连接到 Internet，完成网络设置。

（2）无线连接局域网

无线连接局域网现在已经广泛应用于商务区、大学、机场、家庭等场所，无线网络通过有线网络接入 Internet。

【实例 2-2】单位和家庭都是通过无线路由器接入 Internet，接入方法如下。

① 在 Windows 任务栏右端的通知区域，单击无线网络图标，打开无线网络列表，如图 2-26a 所示；单击要连接的无线网络名称（如 309-Study-5G），显示如图 2-26b 所示，单击"连接"按钮。

② 显示"输入网络安全密钥"密码框，如图 2-27 所示，在密码框中输入密码。单击"下一步"按钮，验证之后将连接到网络，此时，无线网络图标显示为 。

③ 在如图 2-22 所示的"网络和共享中心"窗口中可以看到已经连接的网络。

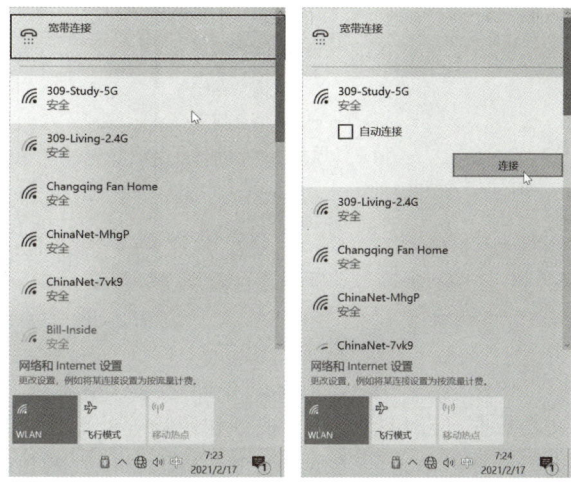

（a）　　　　　　（b）

图 2-26　无线网络列表

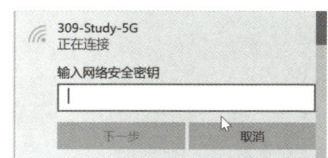

图 2-27　"输入网络安全密钥"密码框

## 2.2　网络信息资源检索基础

### 2.2.1　信息检索和计算机检索

**1. 信息检索**

（1）信息检索的定义

信息检索有广义和狭义之分。广义的信息检索全称为"信息存储与检索（information storage and retrieval）"，是指将信息按一定的方式组织和存储起来，并根据用户的需要找出有关信息的过程。狭义的信息检索为"信息存储与检索"的后半部分，通常称为"信息查找（information search）"或"信息搜索"，是指从信息集合中找出用户所需要的有关信息的过程。狭义的信息检索包括 3 个方面的含义：了解用户的信息需求、信息检索的技术或方法、满足用户的信息需求。

信息检索过程包括 3 个部分：信息的存储、信息的检索、信息的展示。信息检索过程如图 2-28 所示。

视频

信息检索的发展

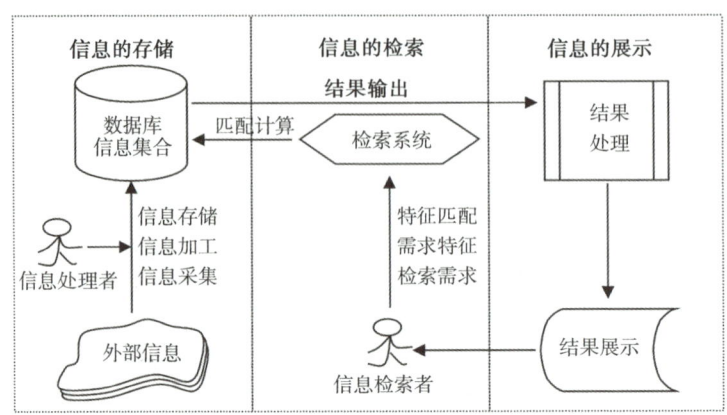

图 2-28 信息检索过程

由图 2-28 可知，信息的存储是实现信息检索的基础。这里要存储的信息不仅包括原始文档数据，还包括图片、视频和音频等外部信息，首先信息处理者要将这些外部信息采集并进行计算机语言的转换，加工成机器可识别的数据，然后将这些数据存储在数据库中。待信息检索者根据检索需求输入查询请求后，检索系统根据查询请求在数据库中搜索与查询相关的信息，通过一定的匹配机制计算出信息的相似度大小，并按从大到小的顺序将信息转换输出。

（2）信息检索方式

① 手工检索

手工检索是人们利用图书馆、资料部门等，直接查找印刷型文献的检索方式。

② 计算机检索

计算机检索是指通过计算机对已经数字化的信息按设计好的程序进行查找和输出的过程。

### 2. 计算机检索

（1）计算机检索的定义

通过计算机进行的信息检索称为计算机检索。计算机检索是在计算机和人的共同作用下，按照一定的方法组织和存储信息；人们在计算机上使用特定的检索指令、检索词和检索策略，从数据库中检索出需要的信息，继而显示或打印的过程。

（2）计算机检索的特点

与手工检索比较，计算机检索具有检索方便快捷、检索功能强大、获得信息类型多、检索范围广泛、信息更新快、资源共享等特点。

（3）计算机检索的原理

计算机检索包括计算机信息的存储过程和信息的检索过程。

① 计算机信息的存储过程

用手工或者自动方式将大量的原始信息进行加工，将收集到的原始文献进行主题分析，根据一定的检索语言抽取出主题词、分类号以及文献的其他特征进行标识或者写出文献的内容摘要。然后再把这些经过处理的数据按一定格式输入计算机存储起来，使用计算机对数据进行处理，形成数据库，完成信息的加工存储过程。

② 计算机信息的检索过程

用户对检索课题分析，明确检索范围，弄清主题概念，然后用系统检索语言表示主题概念，形成检索标识及检索策略，输入计算机进行检索。计算机按照用户的要求将检索策略转换成一系列提问，在专用程序的控制下进行高速逻辑运算，选出符合要求的信息输出。

计算机检索的原理示意图如图 2-29 所示。

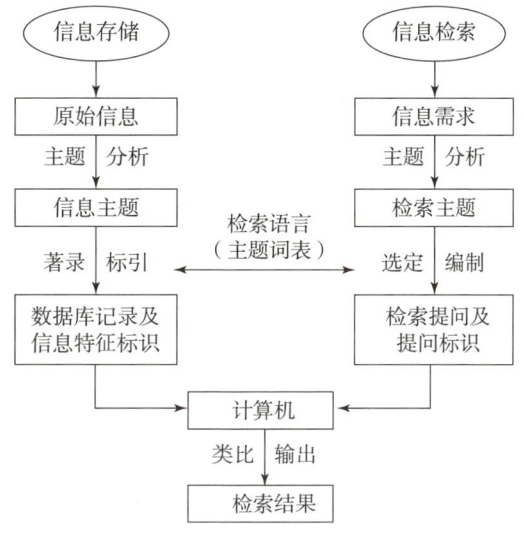

图 2-29　计算机检索的原理示意图

## 2.2.2　计算机检索的表达式

检索表达式是检索策略的具体体现之一，简称检索式。检索式一般由检索词和各种逻辑运算符组成。具体来说，它是用检索系统规定的各种算符将检索词之间的逻辑关系、位置关系等连接起来，构成的计算机可以识别和执行的检索式。检索式构造的优劣关系到检索策略的成败。

检索表达式主要有逻辑表达式、截词表达式等类型，其中，最为常用的是逻辑表达式。

### 1. 逻辑表达式

逻辑表达式是指利用逻辑算符，对检索词的关系进行表达，又称布尔表达式。逻辑表达式是目前计算机检索中最简单、最基本的匹配模式，也是计算机检索领域广泛采用的检索表达式。逻辑算符有 AND（逻辑与）、OR（逻辑或）、NOT（逻辑非）等，如图 2-30 所示。

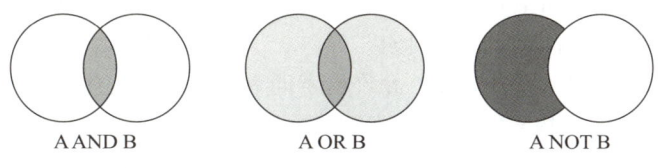

图 2-30　逻辑算符

（1）AND（逻辑与）

AND 表示它所连接的两个检索词必须同时出现在结果中，其检索式可写为：A AND B。也有些数据库中用 * 或其他符号表示。例如，要查找关于"计算机检索"方面的信息，检索需求可以表述为：计算机 AND 检索。目前，在一些网站（如中国期刊网）的数据库中提供的二次检索，实质上也是逻辑与的运算。逻辑与的检索能增强检索的专指性，使检索范围缩小。

（2）OR（逻辑或）

OR 表示它所连接的两个检索词中任意一个出现在结果中就满足检索条件，其检索式可写为：A OR B。在一些中文数据库中，用 + 表示逻辑或。例如，想检索关于"计算机检索"和"计算机信息检索"的信息，可以表达为：计算机检索 + 计算机信息检索。逻辑或主要用于表达检索词的近义词、同义词、全称和缩写等，以便全面、完整地表达相关的概念。

（3）NOT（逻辑非）

NOT 表示它所连接的两个检索词中，应从第一个概念中排除第二个概念，其检索式可写为：A NOT B。在一些中文数据库中，用－表示逻辑非。例如，想查找关于"计算机检索"的资料，但要求不包括"文献检索"，可以将检索式写为：计算机检索－文献检索。逻辑非表示具有不包含某种概念关系的一组匹配，用来缩小检索范围。但在实际检索中要慎重使用。

逻辑表达式在实际检索过程中，易于理解，便于使用。例如，想检索"计算机信息检索"，用逻辑表达式可写成：计算机＊信息＊检索，表示要求查找的文献的相应字段中同时包含"计算机""信息""检索"这三个词，而排列形式不限。

以上逻辑算符中，运算优先级顺序为："非""与""或"，但是可以用小括号改变它们之间的运算顺序。对于同一个逻辑表达式来说，不同的运算顺序有不同的运算结果。

### 2. 截词表达式

截词表达式指在检索式中用专门符号（截词符号）表示检索词的某一部分，检索词允许有部分变化，检索词的不变部分加上由截词符号所代表的任何变化形式所构成的词汇都是合法检索词。截词表达式在西方语言检索中应用比较广泛，在中文信息检索中也有一定的应用。采用截词表达式，既能防止漏检，又能节省时间，是提高检索效率的有力措施。不同检索系统采用的截词符号不完全相同，一般常采用？、＊等。

截词表达式的截词方式有多种，按截断的位置来分，有后截词、中间截词、前截词等；按截断的字符数量来分，可分为有限截断和无限截断两种。

后截词，又称右截词、前方一致，允许检索词尾部有若干变化形式。例如，检索式"Comput?"将检出包含 Computer、Computing、Computed、Computerization 等词汇的结果。检索式"计算机检索？"，表示检索以"计算机检索"开头的信息。

中间截词，允许检索词中间有若干变化形式，例如，检索式"计算机？检索"，检索结果为"计算机信息检索""计算机情报检索"等。

前截词，又称左截词、后方一致，允许检索词头部有若干变化形式，例如，检索式"？检索"，检索结果为"基本检索""全文检索""情报检索"等。

截词表达式在使用时，一定要合理，截断部分要适当，不要截得太短，以免增加检索噪音而查出很多无关的文献。

## 2.3 搜索引擎

视频

搜索引擎简介

搜索引擎（search engine）是指根据一定的策略、运用特定的计算机程序从互联网上采集信息，在对信息进行组织和处理后，按用户的检索需求将检索的相关信息展示给用户的系统。搜索引擎运用的是一门工作于互联网上的检索技术，它旨在提高人们从互联网上获取、搜集所需信息的速度，为人们提供更好的网络使用环境。

## 2.3.1 搜索引擎的分类

搜索引擎从功能和原理上大致分为全文搜索引擎、目录搜索引擎、元搜索引擎、垂直搜索引擎、集合式搜索引擎、门户搜索引擎等。

### 1. 全文搜索引擎

全文搜索引擎是目前广泛应用的主流搜索引擎,如谷歌(Google)、百度等,其搜索方式是从互联网上提取各个网站的信息,建立起数据库,并能检索与用户查询条件相匹配的记录,按一定的排列顺序返回结果。

全文搜索引擎适用于一般网络用户。其搜索方式方便、简捷,并容易获得所有相关信息。但搜索到的信息过于庞杂,因此用户需要逐一浏览并甄别出所需信息。尤其在用户没有明确搜索意图的情况下,这种搜索方式非常有效。

### 2. 目录搜索引擎

目录搜索引擎是网站内部常用的搜索系统。其搜索方式是对网站内信息整合处理并分目录后呈现给用户,但缺点在于用户需预先了解本网站的内容,并熟悉其主要模块构成。这种搜索方式的适应范围非常有限,且需要较高的人工成本来维护。

目录搜索引擎虽然有搜索功能,但严格意义上不能称为真正的搜索引擎,其只是依靠按目录分类的网站链接列表来进行搜索。目录搜索引擎中最具代表性的有雅虎(Yahoo)、新浪的分类目录搜索引擎。

### 3. 元搜索引擎

元搜索引擎的搜索方式是在接受用户查询请求后,同时在多个搜索引擎(基本搜索引擎)上搜索,并将结果返回给用户。在搜索结果排列方面,有的直接按来源排列搜索结果,有的则按自定的规则将结果重新排列组合。

元搜索引擎适用于广泛、准确地收集信息。不同的搜索引擎,由于性能和信息反馈能力的差异而各有利弊。元搜索引擎的出现恰恰解决了这个问题,有利于各基本搜索引擎间的优势互补。而且其搜索方式有利于对基本搜索方式进行全局控制,引导各基本搜索引擎进行持续的改善。

### 4. 垂直搜索引擎

垂直搜索引擎为2006年后逐步兴起的一类搜索引擎。不同于通用的网页搜索引擎,垂直搜索引擎适用于有明确搜索意图情况下的检索。例如,用户购买机票、火车票、汽车票时,或想要浏览网络视频资源时,都可以直接选用行业内专用的垂直搜索引擎,以准确、迅速获得相关信息。

### 5. 集合式搜索引擎

集合式搜索引擎类似元搜索引擎,区别在于它并非同时调用多个基本搜索引擎,而是由用户从提供的若干搜索引擎中选择来进行搜索。

### 6. 门户搜索引擎

门户搜索引擎虽然提供搜索服务,但自身既没有分类目录,也没有网页数据库,其搜索结果来自其他搜索引擎。

## 2.3.2 常用搜索引擎

下面按搜索引擎公司创建的先后介绍主要的搜索引擎公司。

#### 1. 雅虎（https://www.yahoo.com/）

1994年杨致远和大卫·费罗在美国创立了雅虎。雅虎是著名的互联网门户网站，也是20世纪末互联网奇迹的创造者之一。其服务包括搜索引擎、电子邮件、新闻等，业务遍及几十个国家和地区，为全球超过5亿的独立用户提供多元化的网络服务。雅虎是全球第一家提供因特网导航服务的网站，是最重要的搜索服务网站之一。它建立了最早的"分类目录"搜索数据库，其目录分类比较合理、层次深，类目设置好，网站提要严格清楚，网站收录丰富，检索结果精确度较高。

#### 2. 谷歌（http://www.google.com）

谷歌公司于1998年9月4日，由拉里·佩奇和谢尔盖·布林共同创立。谷歌的使命是整合全球范围的信息，使人人皆可访问并从中受益。谷歌目前被公认为全球最大的搜索引擎，它的业务包括互联网搜索、云计算、广告技术等，同时开发并提供大量基于互联网的产品与服务。

谷歌按照关键词的接近度确定搜索结果的先后次序，优先考虑关键词较为接近的结果，节省搜索时间。谷歌储存网页的快照，当存有网页的服务器暂时出现故障时，保证用户仍可浏览该网页的内容。

#### 3. 百度（http://www.baidu.com）

百度公司于2000年1月，由李彦宏等人在北京中关村创立。最开始百度是以谷歌为蓝本开发的，通过多年努力，现在的百度搜索已经摆脱了当年谷歌的影子。百度基于字词结合的信息处理方式，解决了中文信息的理解问题，极大地提高了搜索的准确性和查全率。百度还支持主流的中文编码标准，并且能够在不同的编码之间转换。百度搜索支持二次检索，可在上次检索结果中继续检索，逐步缩小查找范围，直至达到范围较小、查找较准确的结果集。

百度是全球最大的中文搜索引擎，常用于搜索网页、资讯、视频、图片等。

#### 4. 搜狗（http://www.sogou.com）

搜狗是搜狐公司旗下的子公司，主要经营搜狐公司的搜索业务。2004年8月搜狐公司推出搜狗搜索引擎，目的是增强搜狐网的搜索功能，其在经营搜索业务的同时，也推出搜狗输入法、搜狗高速浏览器等产品。搜狗的产品线包括了网页应用和桌面应用两大部分，网页应用以网页搜索为核心，在音乐、图片、视频、新闻、地图等领域提供垂直搜索服务。

#### 5. 必应（https://cn.bing.com/）

必应（英文名Bing）是微软公司于2009年5月推出的搜索引擎服务。为符合中国用户使用习惯，Bing中文品牌名为"必应"。必应提供网页、图片、视频、词典、翻译、资讯、地图等全球信息搜索服务。

微软必应一直致力于为中国用户提供美观、高质量、国际化的中英文搜索服务。必应的特点包括：每日首页美图；与Windows操作系统深度融合；全球搜索与英文搜索；输入中文，全球搜图等。

## 2.3.3 搜索引擎的一般查询规则

当在搜索引擎的搜索框中输入关键词后，会出现成百上千个查询结果，可能这些结果中并没有多少用户想要的信息。每种搜索引擎都有自己的查询方法，不同的搜索引擎提供的查询方法不完全相同，有一些通用的查询方法，各个搜索引擎基本上都具有。下面以百度为例，介绍搜索引擎的一般查询规则。

### 1. 简单查询

在搜索引擎中输入关键词，比如"计算机检索"，然后单击搜索按钮，就会显示查询结果，这是最简单的查询方法，使用方便，但是查询的结果却很繁杂，可能包含着许多无用的信息，如图 2-31 所示。

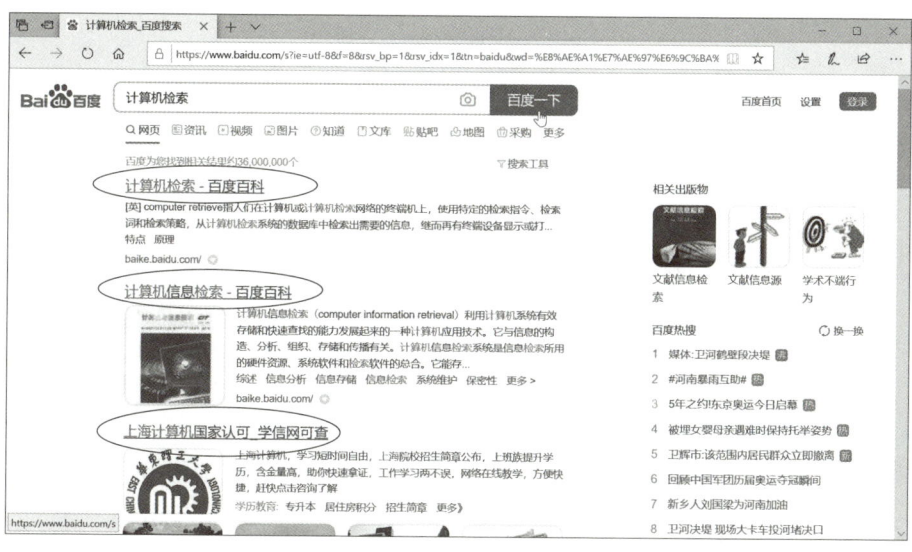

图 2-31 简单查询

### 2. 使用逻辑检索

逻辑检索（布尔检索）是通过逻辑关系表达关键词与关键词之间逻辑关系的一种查询方法，这种查询方法允许输入多个关键词，各个关键词之间的关系用逻辑算符（AND、OR、NOT 等）表示。

### 3. 使用空格、逗号

空格的作用与逻辑与（AND）相同。例如，"计算机 信息检索"。

逗号（,）的作用与逻辑或（OR）相同。例如，"计算机,信息,检索"。

### 4. 使用英文双引号（""）

给要查询的关键词加上英文双引号，可以实现精确的查询，这种方法要求查询结果要精确匹配，不加英文双引号搜索的结果中关键词可能会被拆分，例如，"计算机检索"会分成"计算机"和"检索"。在搜索引擎的文字框中输入 ""计算机检索"，就不再拆分，而是把"计算机检索"作为一个词。如图 2-32 所示，使用双引号查询后，不会返回诸如"计算机信息检索"之类的网页。

图 2-32　使用双引号查询

### 5. 使用加号（+）

在要查询的关键词前使用加号（+）表示所有查询结果中都必须包含该词，加号的左边是空格。例如，"+计算机检索 +搜索引擎"表示要查询的内容必须同时包含"计算机检索"和"搜索引擎"这两个关键词。"计算机检索 +搜索引擎"表示查询的内容必须有"搜索引擎"，但不一定有"计算机检索"，如图 2-33 所示。

图 2-33　使用加号查询

### 6. 使用减号（-）

在要查询的关键词前使用减号（-）表示任何查询结果中都不包含该词，减号的左边是空格。例如，在搜索引擎中输入"计算机检索 -搜索引擎"，它表示查询结果中不包含"搜索引擎"。

### 7. 使用通配符（*和?）

通配符包括星号（*）和问号（?），前者表示匹配的数量不受限制，后者匹配的字符数要受到限制，主要用在英文搜索引擎中。例如，输入"computer*"，就可以找到"computer""computers""computerised""computerized"等单词，而输入"comp?ter"，则只能找到"computer""compater""competer"等单词。

#### 8. 使用括号（ ）

当两个关键词用另外一种操作符连在一起，而又想把它们列为一组时，就可以对这两个词加上圆括号。例如，输入"（电脑＋网络）–（硬件＋价格）"，搜索包含"电脑"与"网络"的信息，但不包含"硬件"与"价格"的信息。

#### 9. 区分大小写

这是查询英文信息时要注意的一个问题，许多英文搜索引擎可以让用户选择是否要求区分关键词的大小写，这一功能对查询专有名词有很大的帮助，例如，Web 专指万维网，而 web 则表示蜘蛛网。

#### 10. 查询指定的文件格式

查询指定的文件格式，支持的文件格式可以是 pdf、txt、doc 等。查询结果只会出现文件类型为指定文件类型的内容。其查询格式如下：

关键词　filetype: 文件后缀名

例如，查询包含"计算机检索"的 Word 文档，可以用"计算机检索　filetype:doc"。关键词后必须有空格。

#### 11. 在某一个站点上查询

限定在特定域或网站中查询，查询内容只有该特定域或网站中的内容，其查询格式如下：

关键词　site: 域名

site 只搜索某一个站点。例如，只想看 sina.com.cn 上的武侠小说，可以用"武侠小说　site:sina.com.cn"。

#### 12. 指定查询网页标题内容

查询网页标题中含有关键词的网页，其查询格式如下：

title: 标题关键词

例如，可以用"title: 信息检索"，查询网页标题中包含"信息检索"的网页。

## 2.4 国内常用图书、期刊、论文数据库

国内常用图书、期刊、论文数据库网站有中国知网、万方数据、维普网、超星数字图书馆等。

### 2.4.1 中国知网

#### 1. 中国知网（https://www.cnki.net/）简介

中国知网 CNKI 由清华大学、清华同方发起，始建于 1999 年 6 月。中国知网已经发展成为集期刊杂志、博士论文、硕士论文、会议论文、报纸、工具书、年鉴、专利、标准、国学、海外文献资源为一体的、具有国际领先水平的网络出版平台。中国知网提供的检索服务有：文献搜索、数字搜索、翻译助手、图形搜索等。

中国知识资源总库提供 CNKI 源数据库，包括外文类、工业类、农业类、医药卫生类、

经济类和教育类等多种数据库。其中综合性数据库为中国期刊全文数据库、中国博士学位论文数据库、中国优秀硕士学位论文全文数据库、中国重要报纸全文数据库和中国重要会议论文全文数据库。每个数据库都提供初级检索、高级检索和专业检索三种检索功能。高级检索功能最为常用。

视频
中国知网搜索

### 2. 中国知网的检索方法

中国知网涵盖了大量的论文期刊，下载论文后就可以查阅。中国知网的检索方法如下。

（1）一框检索

中国知网首页显示一框检索文本框，如图 2-34 所示。采用一框检索，用户只需在检索框中输入检索词，选择检索字段，即可检索，简单方便。一框检索除了可以单库检索外，还可以跨库检索，选中检索框下方的"跨库"复选框，勾选多个数据库，实现跨库检索。

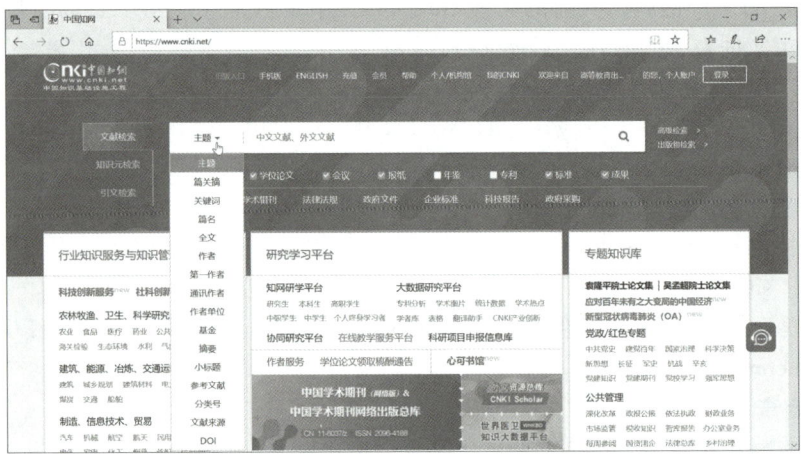

图 2-34　中国知网的一框检索

（2）高级检索

高级检索是在指定的范围内，按一个以上（含一个）检索项表达式进行检索。高级检索可以实现多表达式的逻辑组合检索，其优点是查询结果冗余少，命中率高。在中国知网的首页单击检索框右侧的"高级检索"，则显示高级检索页面，如图 2-35 所示。高级检索可以同时选择多个检索入口，并进行一定的逻辑组合检索。

图 2-35　中国知网的高级检索页面

## 2.4.2 万方数据

**1. 万方数据（http://www.wanfangdata.com.cn/）简介**

万方数据是由万方数据公司开发的，涵盖期刊、会议纪要、论文、学术成果、学术会议论文的大型网络数据库，也是和中国知网齐名的专业学术数据库。

万方期刊集纳理、工、农、医、人文五大类的期刊全文。

万方的《中国学术会议论文全文数据库》是国内唯一的学术会议文献全文数据库，主要收录自1998年以来国家级学会、协会、研究会组织召开的全国性学术会议论文，数据范围覆盖自然科学、工程技术、农林、医学等领域，是了解国内学术动态必不可少的工具。

**2. 万方数据的检索方法**

万方数据的检索方法分为一框检索、高级检索等检索方式。

（1）一框检索

万方数据的首页显示一框检索文本框，用户只需在检索框中输入检索词，选择检索字段，即可检索，简单方便，如图2-36所示。

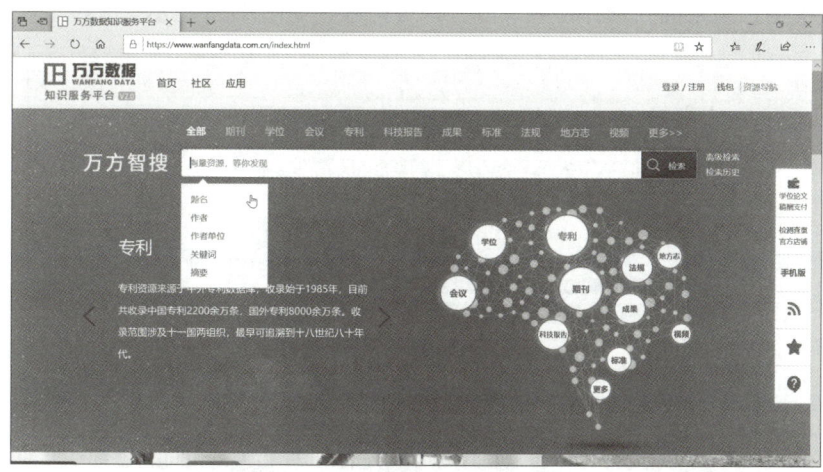

图 2-36 万方数据的一框检索

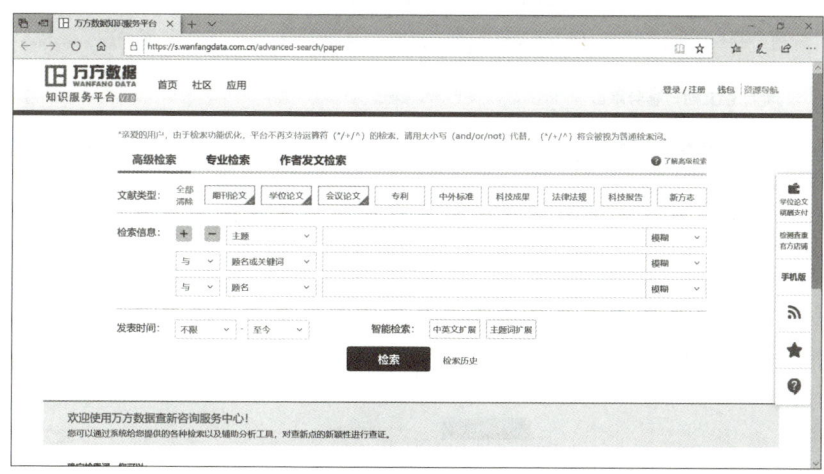

图 2-37 万方数据的高级检索页面

（2）高级检索

在万方数据的首页单击检索框右侧的"高级检索"，则显示高级检索页面，如图2-37所示。高级检索为多行检索，系统默认为三行，单击"+""–"按钮增加或减少检索行。在高级检索中可供检索的字段包括主题、题名或关键词、第一作者、作者单位、作者、摘要等。

### 2.4.3 维普网

**1. 维普网（http://www.cqvip.com/）简介**

维普网创立于2000年。经过多年的商业运营，维普网已经成为全球著名的中文专业信息服务网站，以及中国最大的综合性文献服务网站。

维普网建立了与谷歌学术搜索频道、百度文库、百度百科的战略合作关系，在数字出版领域处于领先地位，名列中国出版业网站百强，并在中国图书馆类、情报类网站排名中名列前茅。

**2. 维普网的检索方法**

（1）基本检索

维普网首页默认的检索方式是基本检索，也称一站式检索。基本检索方式简单方便，只需在检索框中输入检索词，选择检索字段，即可检索，如图2-38所示。

图2-38 维普网的基本检索

图2-39 维普网的高级检索页面

（2）高级检索

在维普网首页单击检索框下方的"高级检索"，进入高级检索页面，如图 2-39 所示，高级检索运用逻辑组合关系，查找同时满足几个检索条件的中文期刊文献。

（3）期刊大全

在维普网首页单击"期刊大全"，显示期刊大全检索页面，如图 2-40 所示，在此页面可以按照多种方式检索期刊。

图 2-40　维普网的期刊大全检索页面

## 2.4.4　超星数字图书馆

### 1. 超星数字图书馆简介

超星数字图书馆成立于 1993 年，是国内专业的数字图书馆解决方案提供商和数字图书资源供应商。超星数字图书馆是目前世界最大的中文在线数字图书馆之一，其产品包括超星读书、超星期刊、超星发现等。

图 2-41　超星读书的检索页面

### 2. 超星读书（http://book.chaoxing.com/）的检索方法

超星读书收录从 1977 年至今的电子图书资源，包括文学、经济、计算机等 50 余大类，数百万册电子图书（包括大量免费的电子图书），并且每天仍在不断增加与更新。超星读书提供的检索方式有书名、作者和全部字段，其检索页面如图 2-41 所示。在检索框中输入相关检索词，单击"搜索"按钮，即可检索。

### 3. 超星期刊（https://gtqikan.chaoxing.com/）的检索方法

超星期刊涵盖中、外文期刊，实现与上亿条外文期刊元数据联合检索，其内容涉及理学、工学、农学、社科、教育、文化、哲学、医学、管理学等学科领域。超星期刊不仅提供传统 PDF 格式文件的下载，更创新性地实现了流式媒体的全文直接阅读，构建了全终端、全过程、多渠道的传播神经网络，最大限度地提高了用户精准获取文献的速度。

超星期刊的检索方式简单方便，只需在检索框中输入检索词，即可检索，其检索页面如图 2-42 所示。

图 2-42　超星期刊的检索页面

## 2.5　国内常用学习网站

大型开放式网络课程 MOOC（massive open online coures），又称为慕课，它具有与传统课程类似的作业评结体系和考核方式。MOOC 通常有众多来自全球各地的学习者参与，其课程结构较为完整，有基础性的课本知识讲解、实验操作、在线问题解答等，同时还有社区互动平台，学习者可以在线与不同地区的人交流经验。在课程开始前，教师会采用邮件等方式通知学生课程的基本信息，在学习过程中提出的问题也有及时的反馈，并且提供单元测试和机器测试功能，对学生的学习情况做出评估。国内知名的 MOOC 网站有爱课程、网易公开课、网易云课堂、中国大学 MOOC、学堂在线等。

### 2.5.1　爱课程

爱课程（http://www.icourses.cn/home/）是教育部、财政部"十二五"期间启动实施的

"高等学校本科教学质量与教学改革工程"支持建设的一个高等教育课程资源共享平台,该平台集中展示"中国大学视频公开课"和"中国大学资源共享课",并对课程资源进行运行、更新、维护和管理。爱课程利用现代信息技术和网络技术,面向高校师生和社会大众,提供优质教育资源共享和个性化教学资源服务,具有资源浏览、搜索、重组、评价、课程包的导入导出、发布、互动参与等功能。爱课程的主要栏目有中国大学 MOOC、中国职教 MOOC、中国大学先修课等,如图 2-43 所示。

图 2-43 爱课程网主页

## 2.5.2 网易公开课

2010 年 11 月 1 日,门户网站网易上线"全球名校视频公开课项目",用户可以在线免费观看来自哈佛大学、牛津大学、耶鲁大学等世界级名校的公开课程,以及可汗学院、TED 等教育性组织的精彩视频,内容涵盖人文、社会、艺术、科学、金融等领域,其中有很多课程和视频配有中文字幕。网易公开课(https://open.163.com/)力求为爱学习的用户创造一个公开的免费课程平台,如图 2-44 所示。

图 2-44 网易公开课主页

## 2.5.3 网易云课堂

网易云课堂（https://study.163.com/）是网易公司打造的在线实用技能学习平台，该平台于 2012 年 12 月底正式上线，主要为学习者提供海量、优质的课程，用户可以根据自身的学习程度，自主安排学习进度。网易云课堂立足于实用性的要求，与多家教育、培训机构建立合作，其课程涵盖实用软件、IT 与互联网、外语学习、生活家居、兴趣爱好、职场技能、金融管理、考试认证、中小学培训、亲子教育等十余大门类。网易云课堂的特色板块有学习计划、技能图、题库、笔记、进度管理与学习监督、问答等，如图 2-45 所示。

图 2-45　网页云课堂主页

## 2.5.4 中国大学 MOOC

中国大学 MOOC（https://www.icourse163.org/）是由网易云课堂与爱课程合作推出的大型开放式在线课程学习平台，于 2014 年 5 月上线。它联合北京大学、复旦大学、浙江大学、新加坡国立大学、微软亚洲研究院等几百所知名高校和机构推出了上千门精品大学课程，其宗旨是让每一个有提升愿望的用户都能在此学习到中国最好的大学课程，并获得认证证书，如图 2-46 所示。

图 2-46　中国大学 MOOC 主页

## 2.5.5 学堂在线

学堂在线（https://www.xuetangx.com/）是由清华大学研发的中文 MOOC 平台，于 2013 年 10 月 10 日正式启动，面向全球提供在线课程。任何拥有上网条件的用户均可通过该平台在线学习课程视频，如图 2-47 所示。

图 2-47 学堂在线主页

## 2.5.6 B 站

哔哩哔哩（英文名称：bilibili，简称 B 站）现为国内领先的年轻人文化社区，该网站于 2009 年 6 月 26 日创建，又被称为"B 站"。B 站的特色之一是悬浮于视频上方的实时评论功能，爱好者称其为"弹幕"，这种独特的视频体验让基于互联网的弹幕能够超越时空限制，构建出一种奇妙的共时性的关系，形成一种虚拟的部落式观影氛围，让 B 站成为极具互动分享和二次创造的文化社区。B 站目前也是众多网络热门词汇的发源地之一。

## 2.6 信息鉴别与筛选

对于检索到的信息，还要对它的内容进行鉴别与筛选。所谓信息鉴别，主要是分析并判断信息的可靠性、先进性和适用性。筛选是在鉴别的基础上，对信息内容进行取舍，将陈旧的、重复的、无关的资料剔除出去，保留或提炼有价值的信息内容。

### 2.6.1 批判性思维

**1. 批判性思维的定义**

批判性思维是一种专挑他人思维毛病的技巧，或是避免受他人观点影响的方法，美国学者、批判性思维运动的倡导者罗伯特·恩尼斯给出的定义是"批判性思维是理性的、反思性的思维，其目的在于决定该相信什么或做什么"。

批判性思维是一种理性抉择的方法，一个深思熟虑的思考过程，它公正地对待正反两方面的证据，分析与综合多种观念，从中得出合理的结论，因而它是富于建设性的。当然，批判性思维不能保证料事如神、一定正确或成功，因为历史、知识和信息等方面的条件会制约人们接近真理的程度。但批判性思维是以可靠的方式，即通过质疑与反思，寻找问题的答案，因此它可以保证在现有的条件下所得出的结论是最佳的，因而正确或成功的可能性更大。从这一点来说，批判性思维是接近真理、获得新知的有力工具。

批判性思维的价值体现在两个方面。首先，它让人学会理性思考。它帮助人们在面临问题时弄清自己应该相信什么或做什么。换句话说，具有批判性思维能力的人，在面临问题需要抉择时，能明白自己应该思考什么，如何通过思考得出合理的结论。其次，批判性思维能帮助人们得出一个合理的结论与最佳的答案，因为它是通过质疑与反思的方式来寻找问题的答案。当然，这并不是说所推出的结论都是正确的。如果不是根据事实来推论，那么结论就只是简单地建立在道听途说的信息基础之上。如果得出的结论与事实不符，那么答案肯定也是错误的。

### 2. 批判性思维的原则

批判性思维的基本原则归纳如下。

（1）即便是"真理"也需要质疑。世上并不存在绝对的真理。任何理论都是有瑕疵的。此外，对于同一个问题，可能会存在更好的理论或假设。

（2）独立思考，不盲从权威和专家。"独立思考"要求一个观点的获得纯粹是基于自己对事实的思考，而不是他人的影响。

（3）不抱偏见与成见。偏见是指偏于一方面的见解，成见是指对人或事物所抱的固定不变的看法，两者都会导致判断错误。不抱偏见与成见意味着在下结论前能够考虑所有的可能性，公正地考察所有已知的事实和不同的观点，并能够在一种新的、更具说服力的证据到来时接受这种观点。

（4）证据有质量差异。不同的证据在质量上有差异，而证据质量的好坏将关系到所得出的结论是否正确。

## 2.6.2 网络信息的可靠性鉴别

与学术期刊文章不同，网络上的信息并没有同行评审这一质量把关过程。因此，尽管网上有许多有用的信息，但仍需要谨慎对待。对网络信息的可靠性仍可以从多方面加以判断，如网站提供者的资格、资料的时效性及来源的准确性、网站内容的观点是否中立等。下面给出了对网络信息进行评估的一些建议。

### 1. 网站是谁提供的

从网上获取信息最大的风险是倾向性。网络开放且缺乏审查制度，任何人都可以在网络上发布信息。所以，首先应该关注谁是网站的"作者"，是一个组织还是个体？

在政府等官方网站上搜寻资料通常是一个好办法。官方机构给出的资料有专门的审查机构和制度来保证其客观性。

与政府研究机构一样，各大专院校的研究中心通常也都是比较可靠的信息源，它们有相应的同行评审制度等作保证。

### 2. 资料的客观性、准确性与时效性

了解网站更新是否及时，提供的资料是否过时。

看到资料时，能够说出其来源吗？它们是如何得来的？网站是否给出了准确、完整的参考文献？如果网站上的资料是由其他人收集的，它是否提供原始研究者的联系方式？如果资料是网站编辑汇编的，那么网站是否对其汇编方式给出了充分的详细描述？如果资料来源不清楚，应该弃用，另行选择。

（1）该网站是否支持某特定立场

有很多网站都是得到特定的政治或宗教团体支持的。此时，要注意网站内容是否客观，或者网站是否有解决倾向性的机制。

（2）该资料是否与其他网站的资料相一致

一定要核实资料。网络搜索的结果通常都不止一个，要花点时间去比较一下各个网站上的资料。

### 一、选择题。

1. 计算机网络从资源共享的角度定义比较符合目前计算机网络的基本特征，主要表现在（　　）。

Ⅰ. 计算机网络建网的目的就是实现计算机网络资源的共享

Ⅱ. 联网计算机是分布在不同地理位置的多台计算机系统，之间没有明确的主从关系

Ⅲ. 联网计算机必须遵循全网统一的网络协议

A. Ⅰ和Ⅱ　　　　B. Ⅰ和Ⅲ　　　　C. Ⅱ和Ⅲ　　　　D. 全部

2. 将数字脉冲信号转换成模拟信号的过程称为（　　）。

A. 链路传输　　　B. 调制　　　　C. 解调　　　　D. 数字信道传输

3. 下列指标中，属于数据通信系统的主要技术指标之一的是（　　）。

A. 误码率　　　　B. 重码率　　　　C. 分辨率　　　　D. 频率

4. 在计算机网络中，英文缩写 WAN 的中文名是（　　）。

A. 局域网　　　　B. 无线网　　　　C. 广域网　　　　D. 城域网

5. Internet 实现了分布在世界各地的各类网络的互联，其最基础和核心的协议是（　　）。

A. HTTP　　　　B. TCP/IP　　　　C. HTML　　　　D. FTP

6. 实现局域网与广域网互联的主要设备是（　　）。

A. 交换机　　　　B. 集线器　　　　C. 网桥　　　　D. 路由器

7. 在 Internet 中完成从域名到 IP 地址或者从 IP 地址到域名转换的是（　　）。

A. DNS　　　　B. FTP　　　　C. WWW　　　　D. ADSL

8. 当个人计算机以拨号方式接入 Internet 时，必须使用的设备是（　　）。

A. 网卡　　　　　　　　　　　　B. 调制解调器（modem）

C. 电话机　　　　　　　　　　　D. 浏览器软件

9. 调制解调器（modem）的作用是（    ）。
A. 将数字脉冲信号转换成模拟信号
B. 将模拟信号转换成数字脉冲信号
C. 将数字脉冲信号与模拟信号进行互相转换
D. 为了上网与打电话两不误

10. TCP 协议的主要功能是（    ）。
A. 对数据进行分组
B. 确保数据的可靠传输
C. 确定数据传输路径
D. 提高数据传输速度

11. 以下说法中，正确的是（    ）。
A. 域名服务器（DNS）中存放 Internet 主机的 IP 地址
B. 域名服务器（DNS）中存放 Internet 主机的域名
C. 域名服务器（DNS）中存放 Internet 主机域名与 IP 地址的对照表
D. 域名服务器（DNS）中存放 Internet 主机的电子邮箱地址

12. 下列关于电子邮件的叙述中，正确的是（    ）。
A. 如果收件人的计算机没有打开时，发件人发来的电子邮件将丢失
B. 如果收件人的计算机没有打开时，发件人发来的电子邮件将退回
C. 如果收件人的计算机没有打开时，当收件人的计算机打开时再重发
D. 发件人发来的电子邮件保存在收件人的电子邮箱中，收件人可随时接收

13. 假设 ISP 提供的邮件服务器为 bj163.com，用户名为 liufang 的正确电子邮箱地址是（    ）。
A. liu fang @ bj163.com
B. liufang_bj163.com
C. liufang#bj163.com
D. liufang @ bj163.com

14. 下列关于电子邮件的说法，正确的是（    ）。
A. 收件人必须有 E-mail 地址，发件人可以没有 E-mail 地址
B. 发件人必须有 E-mail 地址，收件人可以没有 E-mail 地址
C. 发件人和收件人都必须有 E-mail 地址
D. 发件人必须知道收件人住址的邮政编码

15. 以下关于电子邮件的说法，不正确的是（    ）。
A. 电子邮件的英文简称是 E-mail
B. 加入因特网的每个用户通过申请都可以得到一个电子邮箱
C. 在一台计算机上申请的电子邮箱，以后只有通过这台计算机上网才能收信
D. 一个人可以申请多个电子信箱

16. 下列关于因特网上收/发电子邮件优点的描述中，错误的是（    ）。
A. 不受时间和地域的限制，只要能接入因特网，就能收发电子邮件
B. 方便、快捷
C. 费用低廉
D. 收件人必须在原电子邮箱申请地接收电子邮件

17. 用户在 ISP 注册拨号入网后，其电子邮箱建在（    ）。
A. 用户的计算机上
B. 发件人的计算机上
C. ISP 的邮件服务器上
D. 收件人的计算机上

18. 英文缩写 ISP 指的是（　　）。
   A. 电子邮局　　　　B. 电信局　　　　C. Internet 服务商　　D. 供他人浏览的网页
19. 下列的英文缩写和中文名字的对照中，正确的是（　　）。
   A. WAN（广域网）　　　　　　　　B. ISP（因特网服务程序）
   C. USB（不间断电源）　　　　　　D. RAM（只读存储器）
20. Internet 提供的最常用、便捷的通信服务是（　　）。
   A. 文件传输（FTP）　　　　　　　B. 远程登录（Telnet）
   C. 电子邮件（E-mail）　　　　　　D. 万维网（WWW）

## 二、操作题。

1. 打开搜狐新闻中的任意一条新闻，把网页保存到 C 盘根目录下。用"Windows 资源管理器"查看保存在 C 盘根目录下的网页文件，包括子文件夹中的图片文件。然后用"Windows 资源管理器"打开该网页文件。

2. 打开一个网页，把网页中的图片保存到 C 盘根目录下。

3. 打开一个网页，把网页内容粘贴到 Word 文档中。分别采用快捷键 Ctrl+V 和只保留文字的方法，看看二者的区别。

4. 申请免费邮箱，然后给老师发一封问候邮件。

5. 使用搜索引擎搜索"计算机网络发展历程"相关的 Word 文档，并下载到本地硬盘。

## 三、思考题。

阅读以下两则产品广告，请问这两个产品可信吗？为什么？

（1）量子水杯。量子水杯处理过的水的特点：水杯经过高科技量子植入舱 48 小时的时间植入加载，量子能量源源不断的植入到水杯当中，变成量子能量水杯。量子的二象性：①微小能量粒子，能快速达到细胞，不留痕迹，无任何副作用。②与人体细胞高频和谐共振，促进细胞活化，排出毒素，疏通微循环，调理亚健康。把量子能量植入水杯当中，安全卫生，不含任何对人体有毒有害及有异味的物质。小分子团仅由三个水分子组成，半幅宽小于 100 赫兹，且充满活力。具有溶解力、渗透力、扩散力、代谢力、乳化力、洗净力等功能。

（2）太赫兹能量鞋。太赫兹是波动频率单位之一，通常用于表示电磁波频率。有论文显示，太赫兹波通常定义为波长在 0.03～3 mm、频率在 0.1～10 THz 范围内的电磁波。以"太赫兹"为名的养生鞋品牌纷杂，在各大电商平台和销售公司的官方商城中都有售卖，价格从一二百元到几千元不等。太赫兹能量鞋运用先进的太赫兹技术，具有打通人体微循环、激活细胞等功效，可治疗偏瘫、脑梗等多种疾病。这款鞋内装有一块太赫兹芯片，鞋垫采用了纳米技术，布料为含负离子的远红外纳米布。其中，太赫兹芯片可将自然界能量转换为太赫兹波，用于打通人体微循环、激活细胞，一位骨头坏死的患者穿上 5 分钟即可正常行走。

# 第 3 章

# 文档编辑排版（Word 2016）

使用文字处理软件可以轻松地编辑、排版出漂亮的文档。Word 2016 是办公软件套装 Microsoft Office 2016 中最常用的组件之一。Word 2016 充分利用 Windows 操作系统图文并茂的特点，为处理文字、表格、图形、图片等提供了一整套功能齐全、运用灵活、操作方便的运行环境，同时也为用户提供了"所见即所得"的使用界面。本章通过几个应用实例，介绍 Word 2016 的使用。

## 3.1 上行文的编辑排版

### 3.1.1 任务要求

党政机关公文格式（GB/T 9704—2012）

上行文样文

公文是指机关、团体、企事业单位在公务活动中所使用的书面材料的总称。我国各级党政机关公文执行《党政机关公文格式》（GB/T 9704—2012）的国家标准。

行文是指一个机关单位给另一个机关单位发送的公文。行文关系是指发文机关单位和收文机关单位之间的关系，亦即由组织系统、领导关系和职权范围所确定的机关单位之间的公文授受关系。我国国家机关的行文有以下 3 种关系。

下行文：处于领导、指导地位的上级机关向被领导、指导的下级机关使用的行文，例如批复、命令、通报等。

上行文：被领导、指导的下级机关向上级领导、指导机关使用的行文，例如请示、报告等。上行文首页上部的空白是给上级负责人批示用的区域。

平行文：具有平行关系或不相隶属关系的机关之间使用的行文，例如函。

上行文样文如图 3-1 所示。

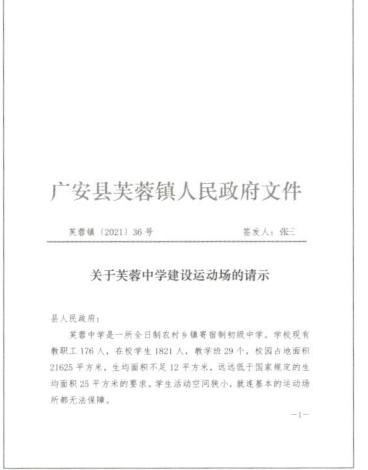 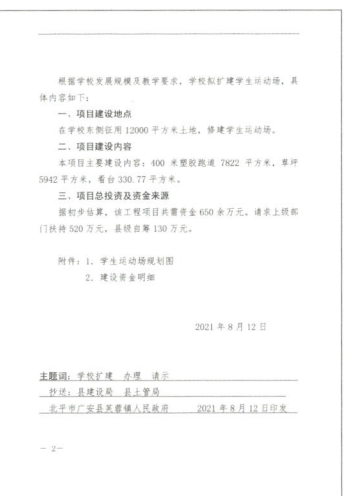

图 3-1　上行文样文

行文排版要求如下。

### 1. 页面设置

（1）纸张大小为 A4。

（2）页边距。上：3.7 cm，下：3.5 cm，左：2.8 cm，右：2.6 cm。

（3）版式中的页脚距边界值为 25 mm。同时，勾选"奇偶页不同"。

### 2. 行数和字数

一般每面排 22 行，每行排 28 个字，并撑满版心。

### 3. 公文排版要素要求

（1）密级

如需标注密级一般用三号黑体字。顶格编排在版心左上角第一行。

（2）标题

一般用二号方正小标宋体字，标题分一行或多行居中排布，通常不超过 3 行，行距为 35 磅。

（3）主送机关

编排于标题下空 1 行位置，居左顶格，回行时仍顶格，最后一个机关名称后标全角冒号。如主送机关名称过多导致公文首页不能显示正文，应当将主送机关名称移至版记。

（4）正文

一般用三号仿宋体字，编排于主送机关下一行，每个自然段左空 2 字，回行顶格。行距推荐为 28.9 磅。

正文结构层次一般不超过如下 4 层。

- 第一层为"一、"，后面跟的是顿号，用黑体字。
- 第二层为"（一）"，后面不跟标点符号，用楷体字。
- 第三层为"1."，后面跟的是小圆点，且是全角小圆点，不是顿号，用仿宋体字。
- 第四层为"（1）"，后面不跟标点符号，用仿宋体字。

（5）附件说明

- 编排于正文下空 1 行，左空 2 字，用三号仿宋字体编排"附件"2 字，后标全角冒号和附件名称。如有两个或两个以上的附件，附件名称前面用阿拉伯数字标注附件的顺序号，顺序号后面跟全角小圆点。

- 附件名称较长需回行时，应与上一行附件名称的首字对齐。
- 附件名称后不加标点符号。
- 附件说明的表述应当与附件顺序号和附件标题一致。

（6）成文日期

成文日期一般右空 4 字，用三号仿宋体字，用阿拉伯数字将年、月、日标全，月日不编虚位（即 1 不编为 01）。与正文间隔 4 行（如为加盖印章的公文，则需调整行距使所盖印章的顶端距正文或附件说明一行之内）。

（7）附注

左空 2 字加圆括号编排在成文日期下一行，用三号仿宋体字。

"请示"和"报告"均在附注处标明联系人和联系电话。联系人和联系电话为并列关系，两者之间用分号间隔。联系人人名若为两字，中间空 1 字。联系电话若有手机和座机，则手机和座机间用顿号间隔。

（8）附件

"附件" 2 字及附件顺序用三号黑体字顶格编排在版心左上角第一行。附件标题居中编排在版心第三行，用二号方正小标宋体字。附件顺序号和附件标题应当与附件说明的表述一致，附件格式要求同正文。

### 4. 注意事项

（1）上行文应标注签发人姓名，签发人应是机关的主要负责人或者其他经授权的负责人，签发人标注姓名，不标注职务。

（2）行政规范性文件中，章用三号方正小标宋体字，章与名称之间空 1 行，章与章间隔 1 行，章与条不空行，"总则"和"附则"要空 2 字，条用三号黑体，空 1 字后接正文。

（3）发文字号由机关代字、年份、发文顺序号组成。机关代字要求准确、规范、精练、无歧义、易识别；年份应标全称，用六角括号"〔 〕"括入；发文顺序号用阿拉伯数字标注，前不加"第"字，不编虚位（即 1 不编为 01）；上行文的发文字号标注在红色间隔线左上方位置，居左空 1 字编排，与最后一个签发人姓名处在同一行。

（4）页码用四号半角宋体阿拉伯数字编排在公文版心下边缘之下，数字左右各标注一条一字线，一字线距版心下边缘 7 mm。单页码居右空 1 字，双页码居左空 1 字。

（5）若编排表格，字体转换 22 号字体相当于 Word 中的二号字体，16 号字体相当于 Word 中的三号字体。

按照上行文的公文格式及排版要求，编辑一份"请示"文档，如图 3-1 所示。

## 3.1.2 操作步骤

### 1. 新建文档

启动 Word 2016，新建一个空白文档。文档名为"芙蓉中学运动场.docx"，保存到文件夹"D:\上行文"中。

### 2. 录入文字

文档中闪烁的插入点光标"|"和鼠标指针"I"具有不同的外观和作用。插入点光标

用于指示在文档中输入文字和图形的当前位置，它只能在文档区域移动；鼠标指针则可以在桌面上任意移动，移动鼠标指针或者拖动滚动块，并不改变插入点的位置，只有用鼠标在文档中单击才改变插入点。用鼠标单击需要输入文字的位置，或按键盘上的光标控制键，可以改变插入点的位置。

从输入法工具栏中选取一种中文输入法。输入标题，然后按 Enter 键另起一段，使插入点移到下一行。输入其他正文，插入点会随着文字的输入向后移动。在输入文字时可以按空格键。如果输错了文字，可按 Backspace 键删除输入的错字，然后输入正确的文字。输入过程中，当文字到达右页边距时，插入点会自动折回到下一行行首。一个自然段输入完成后按一次 Enter 键，段尾有一个"↵"符号，代表一个段落的结束，如图 3-2 所示。

### 3. 选定文本

Windows 环境下的应用程序，都遵循"先选定，后操作"的原则。在 Word 中，体现在对文本、图形等处理对象的选定上。选定文本内容后，被选定的部分变为突出显示，一旦选定了文本就可以对它进行多种操作，如删除、移动、复制、更改格式等。用鼠标选定文本的方法是：在要开始选择的位置单击，按下鼠标左键，然后在要选定的文本上拖动鼠标。

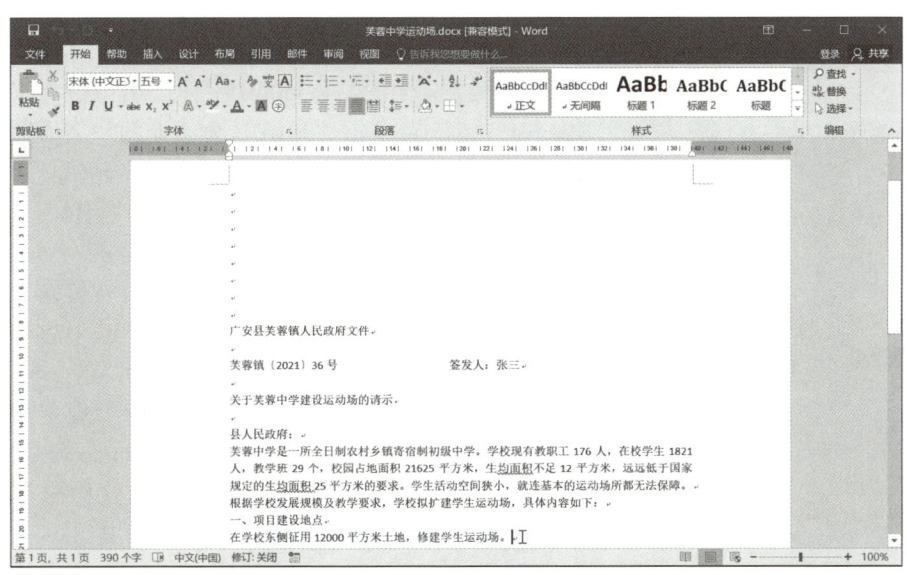

图 3-2　录入文字

### 4. 设置字符格式

字符格式包括字符的字体、字号、颜色、字形（如粗体、斜体、下划线）等。默认字号是五号字，中文字体是宋体，西文是 Times New Roman。可以根据需要重新设置文本的字体。

设置字符格式的方法有两种：一种是在未输入字符前设置，其后输入的字符将按设置的格式显示；另一种是先选定文本，然后再设置，此方法只对该选定文本起作用。

选中"广安县芙蓉镇人民政府文件"文本后，在自动出现的浮动工具栏上，单击"字体"框 宋体　 右端的箭头 ，从"字体"下拉列表中选择"华文中宋"；单击"字号"框 五号 右端的箭头 ，从"字号"下拉列表中选择"小初"；单击"字体颜色"按钮 A ，设置字体颜色为红色。完成后如图 3-3 所示。

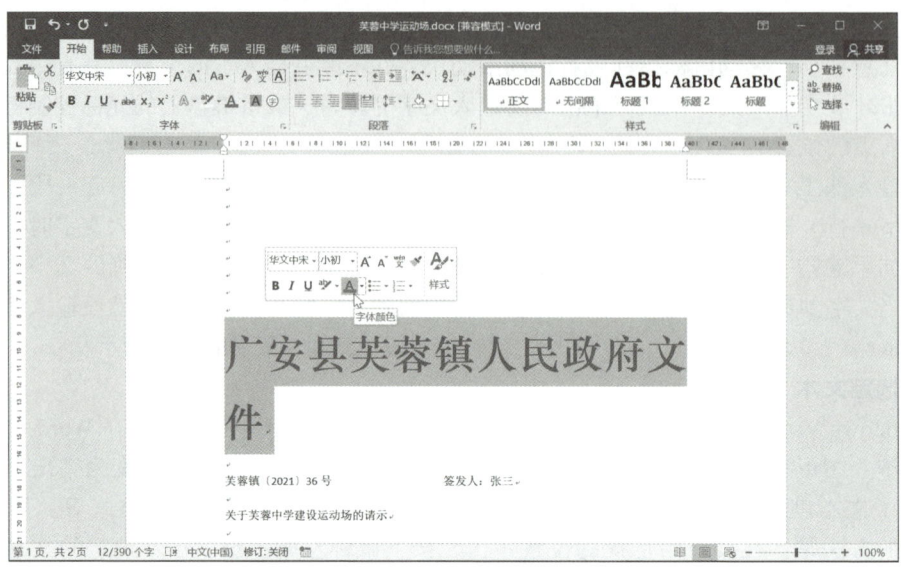

图 3-3 使用浮动工具栏设置字符格式

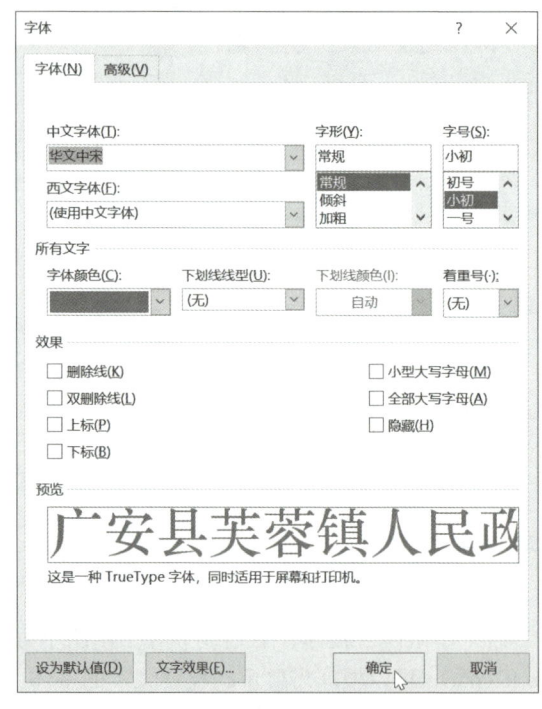

图 3-4 "字体"对话框

也可以选定要更改的文本后，在"开始"选项卡的"字体"组中进行设置。或者单击"开始"选项卡的"字体"组右下角的对话框启动按钮，显示"字体"对话框，如图 3-4 所示，在"字体"对话框中对字符格式进行详细设置。

在红头文件下选中所有段落，把字体设置为"仿宋""三号"。选中签发人"张三"，把字体设置为"楷体"。

标题"关于……请示"规定用二号方正小标宋体字，由于 Windows 中默认不安装这个字体，可用"华文中宋""二号"。"一、……""二、……""三、……""主题词："等用"黑体""三号"。

#### 5. 设置段落格式

段落是文本、图片及其他对象的集合，每个段落结尾跟一个段落标记"↵"，每个段落都有自己的格式。段落格式包括段落的对齐方式、段落的行距、段落之间的间距等。

（1）设置段落的水平对齐方式

在"开始"选项卡的"段落"组中，有"左对齐"、"居中"、"右对齐"、"两端对齐"、"分散对齐"按钮。单击需要对齐的段落，把插入点置于该段落中，然后单击需要的对齐方式按钮。把红头文件段落、标题段落，设置为"居中"。

（2）设置段落首行缩进

在"开始"选项卡中，单击"段落"组中的对话框启动按钮，显示"段落"对话框的"缩进和间距"选项卡，如图3-5所示。对于中文段落，最常用的段落缩进是首行缩进2个字符。在"缩进"选项组的"特殊格式"下拉列表框中，选择"首行缩进"选项，"缩进值"数值选择框中会自动显示"2字符"，则该段落以及后续输入的所有段落的首行都将缩进2个字符。

选中"县人民政府："至"主题词"之间的段落，设置段落首行缩进2个字符。

### 6. 更改行距

行距是从一行文字的底部到下一行文字底部的间距。Word会自动调整行距以容纳该行中最大的字体和最高的图形。如果某行包含大字符、图形或公式，将自动增加该行的行距。单击要更改行距的段落，在"开始"选项卡的"段落"组中，单击"行和段落间距"按钮，打开列表如图3-6所示。

执行下列操作之一：

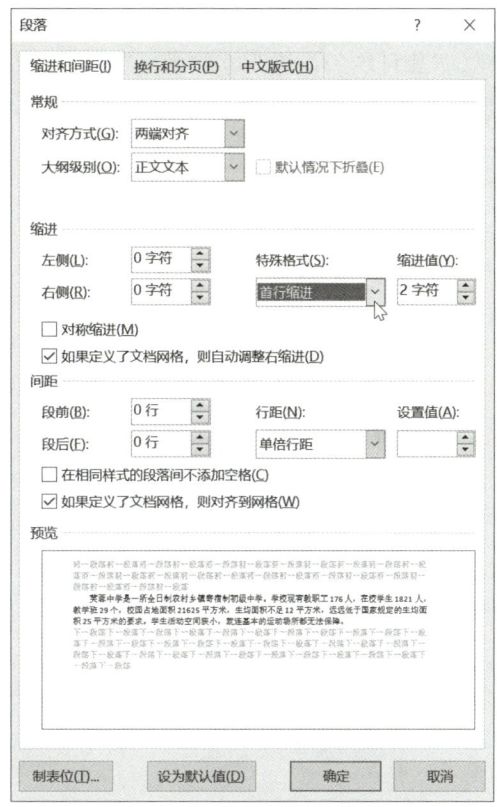

图3-5 "缩进和间距"选项卡

- 如果要应用预设的行距设置，则单击所需行距对应的数字。例如，单击"2.0"，所选段落将采用双倍行距。

- 如果要设置更精确的行距，则在列表中单击"行距选项"，显示"段落"对话框的"缩进和间距"选项卡，如图3-5所示，在"行距"下拉列表框及其右侧的"设置值"数值选择框中设置所需的精确行距。

选中"县人民政府："及之后的段落，设置行距为"固定值""28磅"。

### 7. 页面设置

（1）在"布局"选项卡的"页面设置"组中，单击"纸张大小"，如图3-7所示，从弹出的下拉列表中选取需要的纸张大小为A4。

或者，单击"页面设置"组右下角的对话框启动按钮，显示"页面设置"对话框，在"纸张"选项卡中，选择"纸张大小"为"A4"，如图3-8所示。

（2）页边距是页面上打印区域之外四周的空白区域。在"页面设置"对话框的"页边距"选项卡中，"纸张方向"设置为"纵向"；在"页边距"选项组中，

图3-6 "行和段落间距"列表

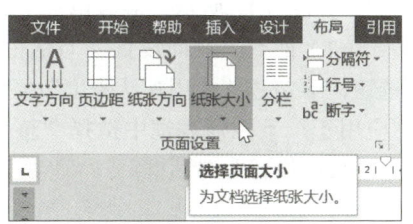

图3-7 "布局"选项卡的"页面设置"组

"上"设置为3.7厘米,"下"设置为3.5厘米,"左"设置为2.8厘米,"右"设置为2.6厘米,"装订线"设置为0厘米,"装订线位置"设置为"左"。如图3-9所示,按此数值设定即可实现版心尺寸156毫米×225毫米(不含页码)。

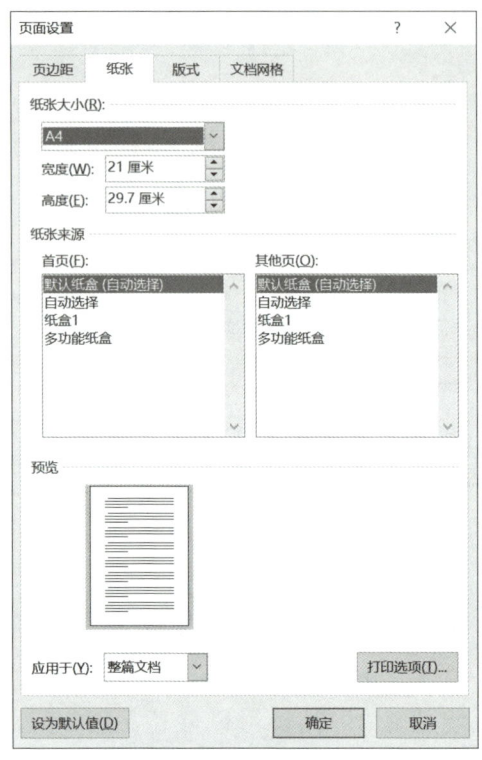

图3-8 "纸张"选项卡

图3-9 设置页边距

#### 8. 设置页眉和页脚

在"页面设置"对话框的"版式"选项卡中,将"距边界"后的"页脚"设置为2.5厘米,可实现一字线距版心下边缘7毫米;设置"页眉"为1厘米。勾选"奇偶页不同",这样可实现单、双页码分置左、右;设置"节的起始位置"为"新建页","垂直对齐方式"为"顶端对齐",如图3-10所示。

#### 9. 设置每页行数与每页字数

(1)在"页面设置"对话框的"文档网格"选项卡中(图3-11),单击"字体设置"按钮,显示"字体"对话框,在"字体"选项卡的"中文字体"下拉列表框中选中"仿宋",在"西文字体"下拉列表框中选中"(使用中文字体)",在"字号"数值选择框中选中"三号",如图3-12所示,最后单击"确定"按钮。

(2)回到"页面设置"对话框的"文档网格"选项卡,选中"指定行和字符网格"单选钮,不勾选"使用默认跨度"复选框;设置"每行"字符数为28,"每页"行数为22,在"应用于"下拉列表框中选择"整篇文档",如图3-13所示。最后,单击"确定"按钮,关闭"页面设置"对话框。

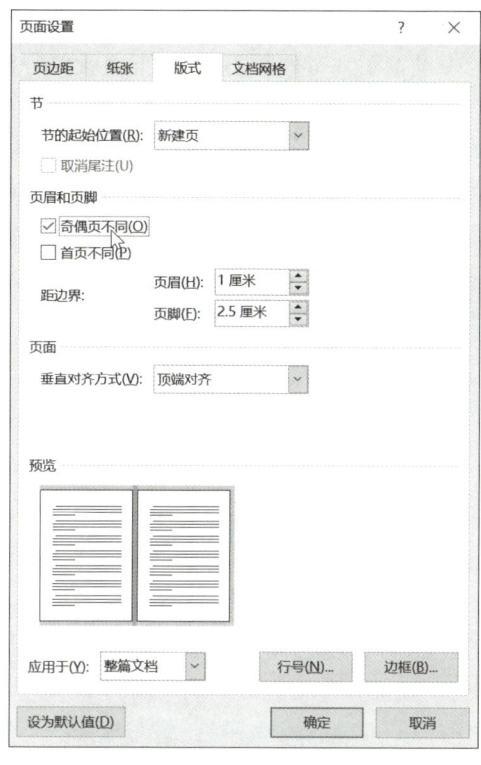

图 3-10 设置页眉和页脚

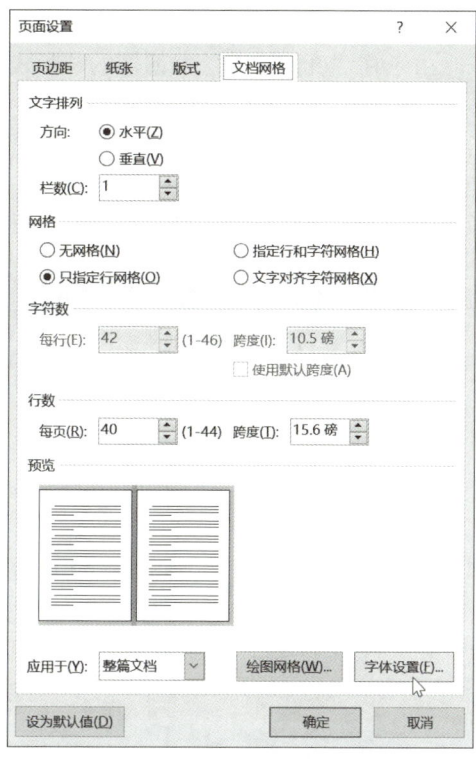

图 3-11 "页面设置"对话框的"文档网格"选项卡

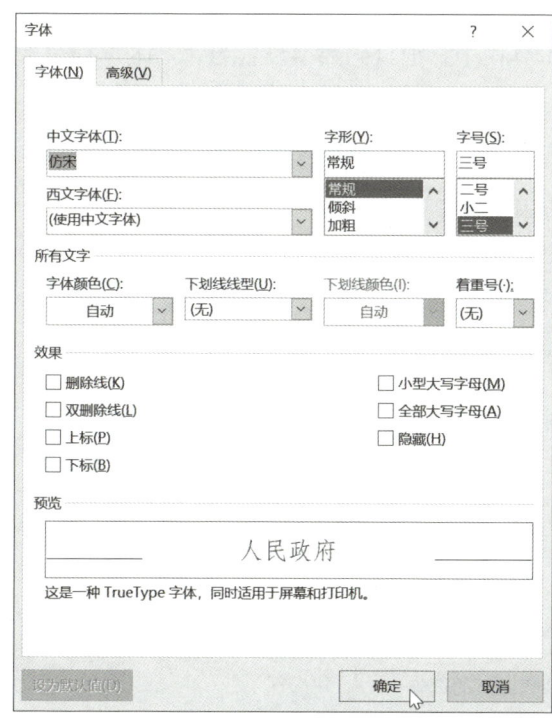

图 3-12 设置正文字体

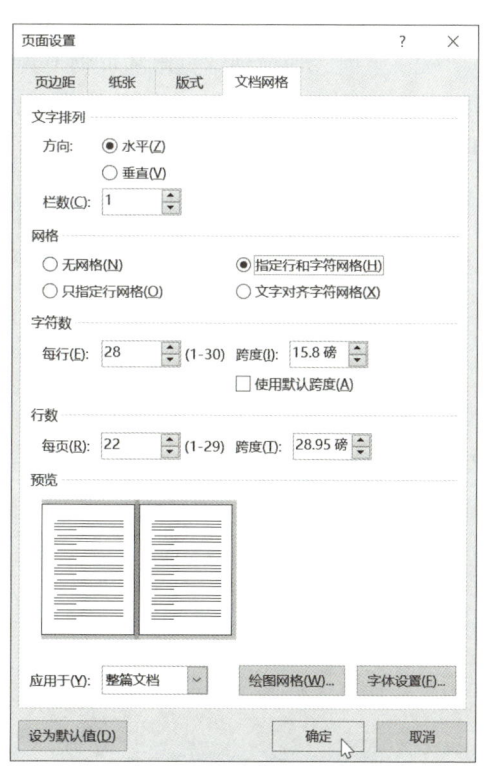

图 3-13 设置每页行数和每行字数

### 10. 插入页码

由于在"页面设置"对话框的"版式"选项卡中设置了"奇偶页不同",下面就要分别设置奇数页的页码和偶数页的页码。

(1)把插入点光标放置到奇数页中,在"插入"选项卡的"页眉和页脚"组中,单击"页码"按钮,打开下拉列表,鼠标指向"页面底端"选项,在弹出的二级下拉列表中单击页码居右侧的"普通数字3",如图3-14所示。

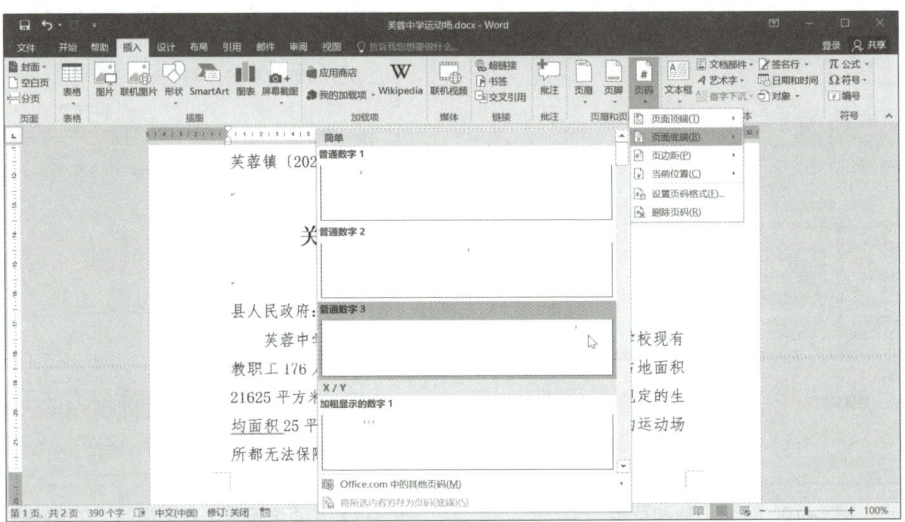

图3-14 插入奇数页的页码

(2)这时,切换到"页眉和页脚工具"视图,文档部分显示为灰色,插入点光标在页码上闪烁。选定页码"1",在自动出现的浮动工具栏中,把页码数字设置为"宋体""四号",如图3-15所示。

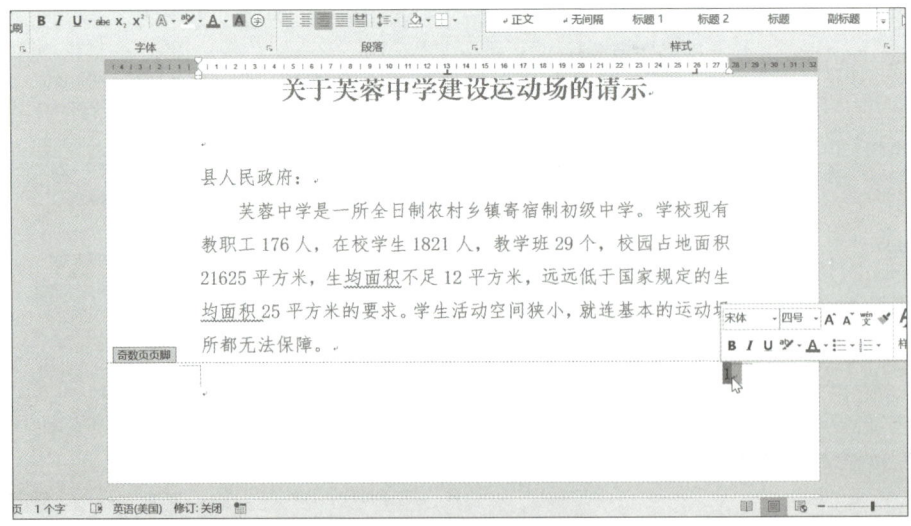

图3-15 编辑奇数页的页码

在页码"1"后面单击，取消对"1"的选定，按一下空格键以便插入一个空格符，再插入一个全角的减号"—"。插入"—"的方法为：在"插入"选项卡中，单击"符号"组中的"符号"。显示符号列表，如图 3-16 所示，单击需要的符号。

如果列表中没有要插入的符号，单击"其他符号"，显示"符号"对话框，如图 3-17 示，在"字体"下拉列表框中选择"（普通文本）"，在"子集"下拉列表框中选择"半角及全角字符"后，将列出该字体包含的符号，如图 3-17 所示。双击全角的减号"—"，或选中全角的减号"—"后单击"插入"按钮即在"1"后面插入一个全角的减号"—"。同样操作，在"1"前面再插入一个全角的减号"—"和空格符。

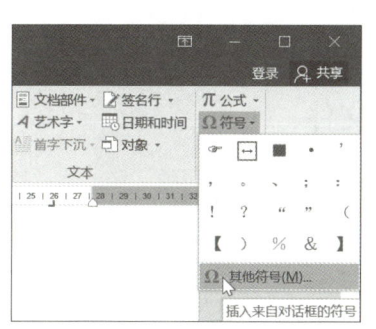

图 3-16 "符号"列表

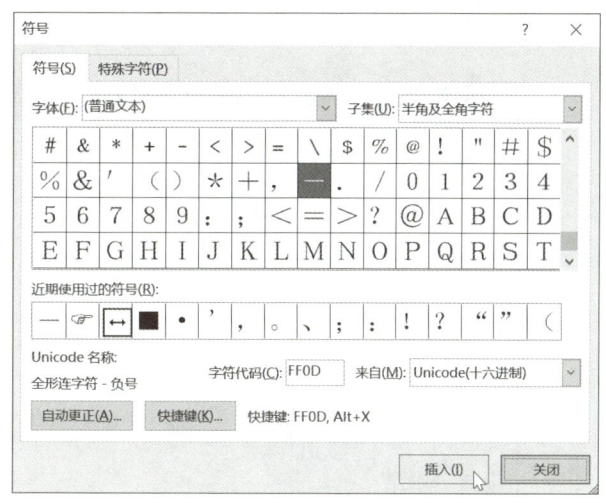

图 3-17 "符号"对话框

（3）选定"— 1 —"，设置为宋体、四号字，如图 3-18 所示，单击"关闭页眉和页脚"按钮。

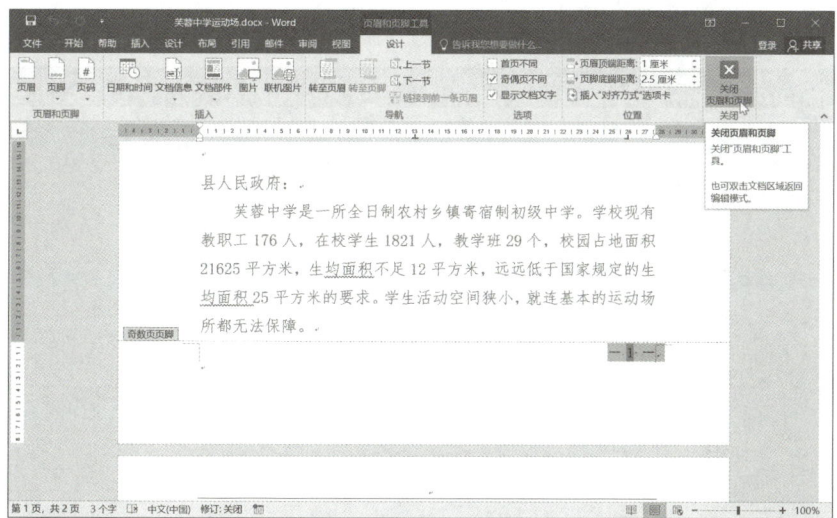

图 3-18 设置完成的奇数页的页码

（4）把插入点光标放置到偶数页中，在"插入"选项卡的"页眉和页脚"组中，单击"页码"。打开下拉列表，鼠标指向"页面底端"选项，在弹出的二级下拉列表中单击页码居左侧的"普通数字1"。用同样方法，设置偶数页的页码。

> **提示：** 如果要删除页码，在"插入"选项卡的"页眉和页脚"组中，单击"页码"，打开下拉列表，单击"删除页码"。

### 11. 绘制红头文件下的横线

红头文件下有一条与版心同宽的红色粗横线，绘制方法是：在"插入"选项卡的"插图"组中，单击"形状"，在下拉列表中单击"直线"，如图3-19所示。

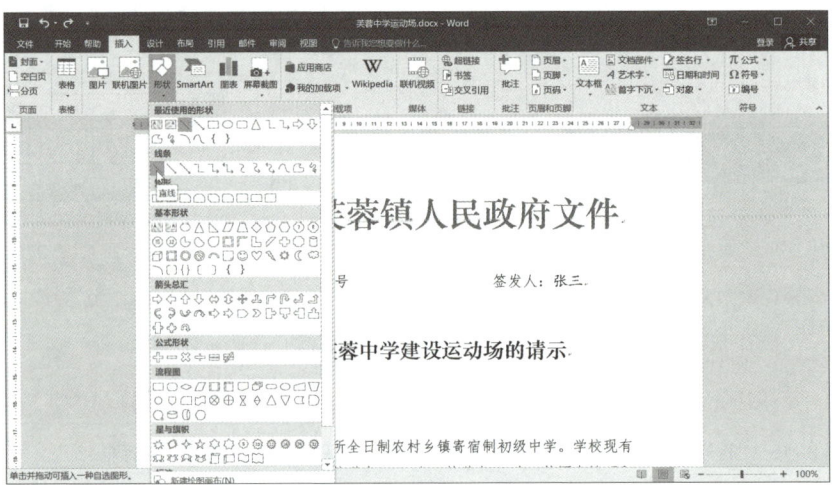

图3-19 "形状"列表

此时鼠标指针变为"+"，按下Shift键不松开，从页面的左侧向右拖动鼠标，画出与页面版心同宽的一条横向直线，如图3-20所示。先松开鼠标左键，再松开Shift键。

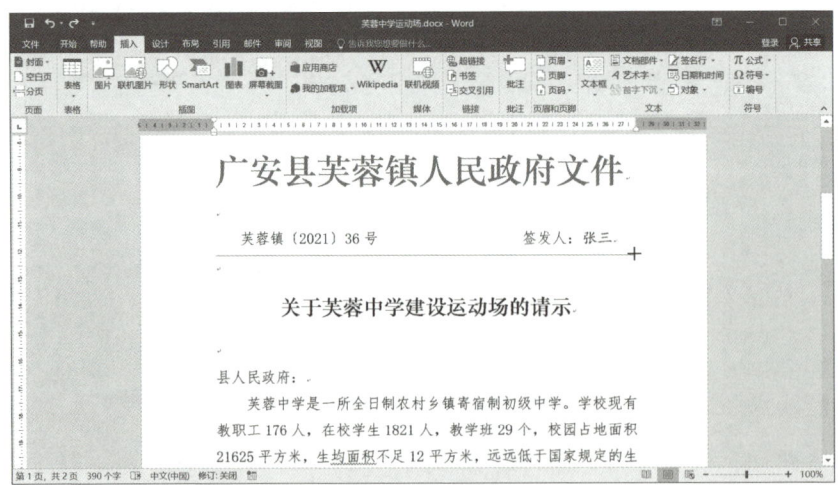

图3-20 绘制横线

单击横线，切换到"绘图工具"视图，单击"形状轮廓"按钮，在"标准色"下选择"红色"。再次单击"形状轮廓"按钮，选择"粗细"下拉列表中的"2.25 磅"，如图 3-21 所示。

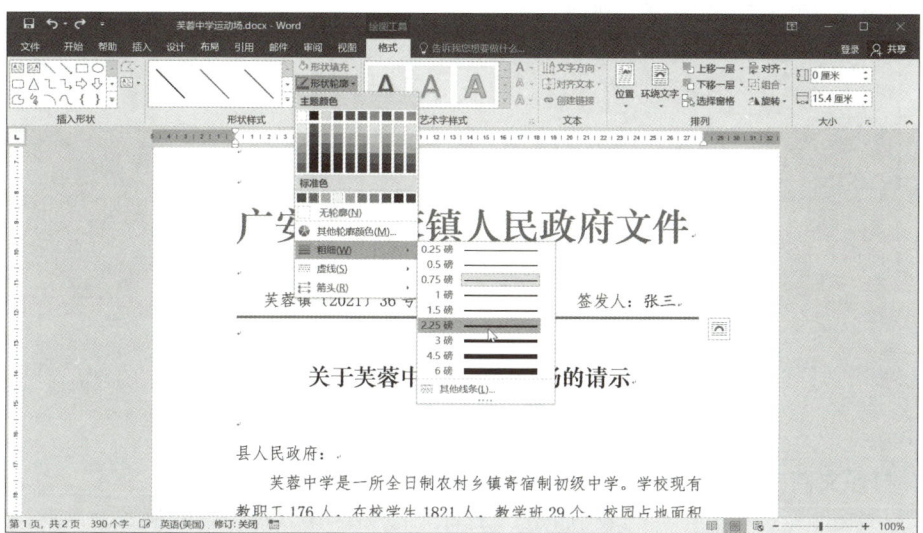

图 3-21　设置横线的颜色和粗细

### 12. 设置下划线

主题词等 3 行带有下划线，选定这 3 行，在"开始"选项卡的"字体"组中，单击"下划线"按钮，如图 3-22 所示。

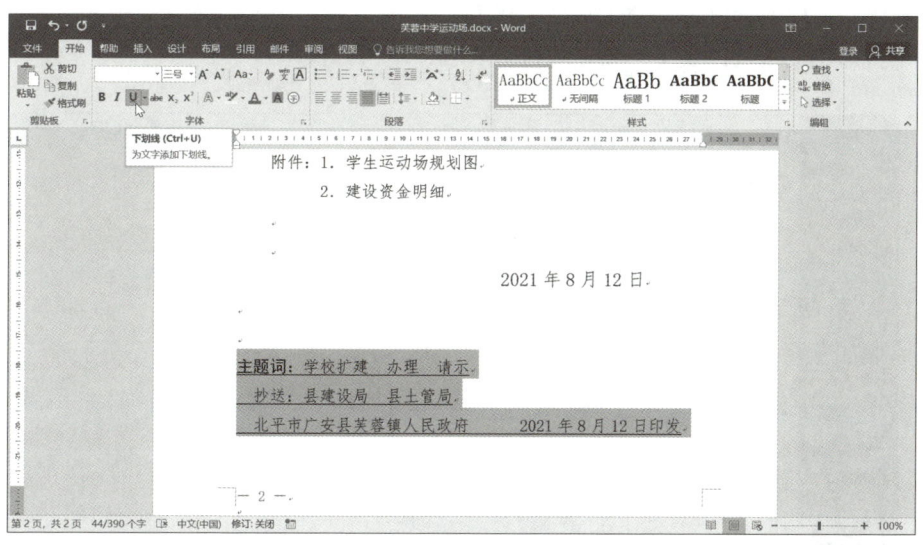

图 3-22　设置下划线

为了使下划线与版心同宽，在行尾按空格键，直到与版心同宽。这时会发现这 3 行的下划线右端总是无法对齐，可在设置完制表位后，分别在这 3 行的行尾按 Tab 键，使之右对齐，完成后如图 3-23 所示。

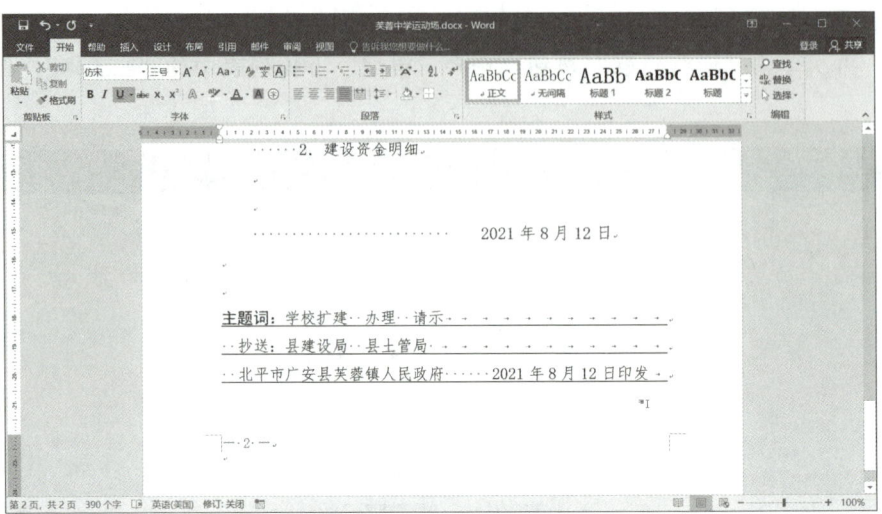

图 3-23　使下划线右端对齐

### 13. 打印文档

单击"文件"选项卡，在列表中单击"打印"按钮。在"打印"选项卡上，默认打印机的属性显示在第一部分中，文档的预览显示在第二部分中，如图 3-24 所示。在第二部分中，可以按不同显示比例预览文档。如果需要返回到文档并进行更改，单击返回按钮。在第一部分中，可以设置打印选项。在"份数"数值选择框中键入需打印的份数。可以指定要打印的页（打印所有页、打印当前页、打印自定义范围），可以单面打印、双面打印等。如果打印非连续页，要键入页码，并以逗号相隔；对于某个范围的连续页码，可以键入该范围的起始页码和终止页码，并以连字符（减号）相连。

如果打印机的属性以及文档预览均符合要求，单击"打印"。

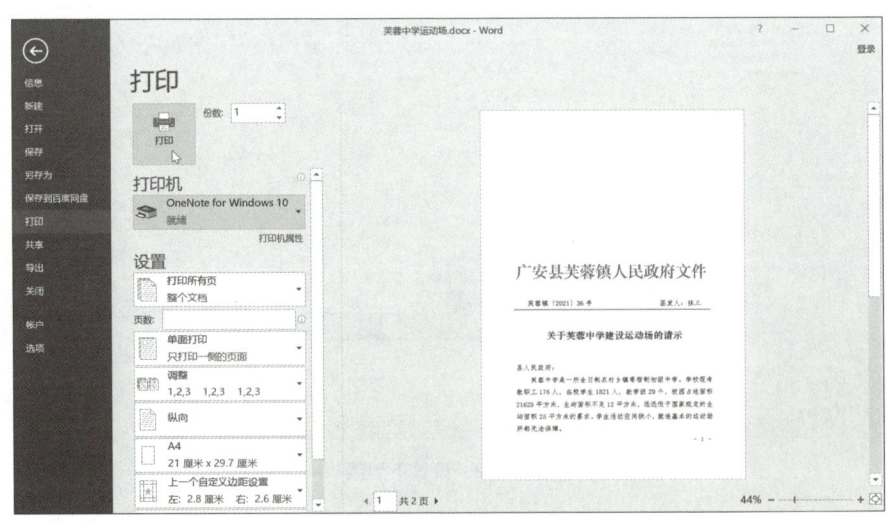

图 3-24　"打印"选项卡

## 3.2 制作自荐简历

### 3.2.1 任务要求

自荐简历的内容一般包括封面、自荐书和个人简历。一份给面试者留下深刻印象的自荐简历包括内容和版面设计两个方面。

#### 1. 内容

通过自荐简历，用人部门能了解该自荐人的专业能力、语言修辞和文字表达能力。所以，自荐书要精炼，不宜太长，一般不超过 1 页，清晰便于阅读。针对不同的应聘岗位，自荐书也不同，因此要突出重点，具有针对性。自荐书要尽量避免使用第一人称"我"，要尽可能客观，并提供客观的事实与数据。不要试图编造工作经历或业绩履历，也不可过于夸大，采用文字和排版的小技巧是十分必要的。

#### 2. 版面设计

自荐简历的封面要简洁而有特色，避免繁杂和花哨。封面上除了必要的文字外，可以添加有特色的图片，图片要能烘托主题，图片可以是学校的大门、特色建筑物等，例如申请的是文体职位，可以添加文体方面的剪贴画等。"自荐书" 3 个字的字号要大小合适，可以在 50～60 磅之间，字体可以采用艺术字。"姓名""电话"等文字的字号可以是三号或四号，宋体，行距可以是 2 倍或更大一些。

自荐书部分单独一页，"自荐书" 3 个字作为标题使用一号字，字间距加宽。正文要方便阅读，字体不能太小，采用四号字比较合适；字体要便于阅读，例如采用宋体、华文细黑等字体。为了表现自荐人的排版能力，可以添加页面边框和底纹，以提升自荐书的表现力。

个人简历用表格的形式表现，比较符合一般人的习惯。当然也可以采用无线表格，只要设计得当，都能起到很好的效果。

因为自荐简历要通过打印机打印出来投递给用人单位，而在屏幕上看到的文稿与打印出来的文稿，还是有差距的，所以要打印出来校对，不合适再修改，直到满意为止。

按照自荐简历的格式及排版要求，制作一简历"自荐简历"文档，如图 3-25 所示。

自荐简历样文

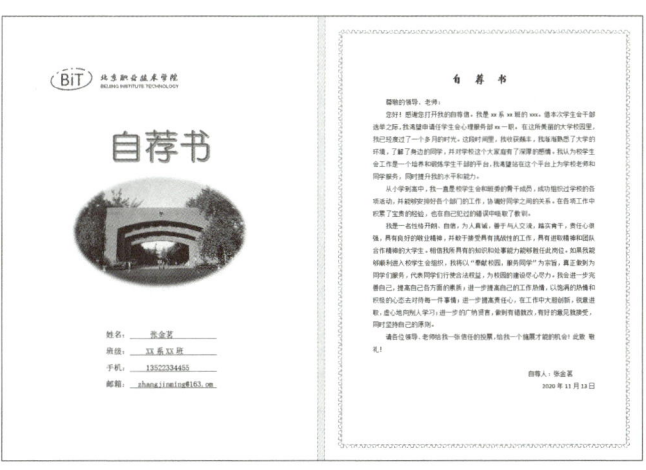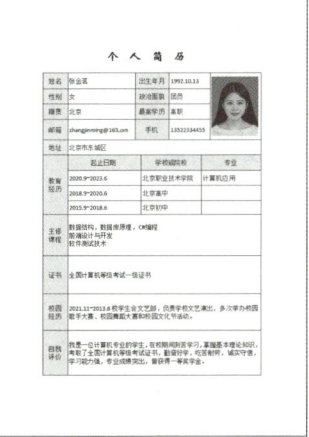

图 3-25 自荐简历

### 3.2.2 操作步骤

**1. 新建文档**

新建一个 Word 文档，将文档命名为"自荐简历"，保存时自动加上扩展名".docx"，保存在文件夹"D:\03 张金茗"中。

**2. 创建 3 张空白页**

3 张空白页分别用来设计封面、输入自荐书内容和制作个人简历表格。空白页可以通过单击"插入"选项卡的"页面"组中的"空白页"按钮来创建，也可以通过插入分页符和分节符来创建。由于这 3 页的页面设置各不相同，所以只能通过插入分页符和分节符来创建。

（1）在新建的空白文档中，按 10 次 Enter 键，插入 10 个空行。

（2）鼠标单击第四行，在"布局"选项卡的"页面设置"组中，单击"分隔符"，显示分隔符下拉列表，如图 3-26 所示。单击"分节符"组中的"下一页"，插入一个分节符。

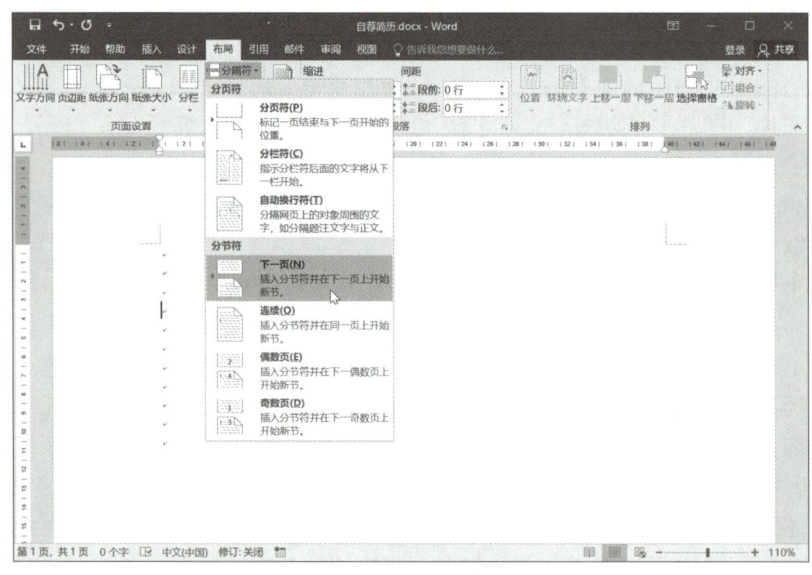

图 3-26 插入分节符

（3）鼠标单击第二页的第四行，再插入一个"下一页"分节符。

这时文档中已经有 3 张空白页，第一页用来设计封面，第二页用来输入自荐书内容，第三页用来制作个人简历表格。

**3. 设计封面**

封面上的元素包括学校名称、LOGO、图片及相关文字。

（1）插入学校名称、LOGO、学校大门图片

① 将插入点光标定位到文档的第一页的第一行。

② 在"插入"选项卡的"插图"组中，单击"图片"按钮，显示"插入图片"对话框，浏览到需要插入的图片所在的文件夹，插入 LOGO 图片到封面页中。

③ 将插入点光标定位到 LOGO 图片之后（不能选中图片，如果选中图片，则新插入的图片将替换选中的图片），分别插入学校名和学校大门图片到封面页中，如图 3-27 所示。

图 3-27 插入图片到封面页后的效果

（2）调整图片位置

插入到文档中的图片，默认的图片环绕方式是嵌入型。为了实现图文混排，需要把图片的文字环绕方式改为文字环绕型，例如，改为"四周型""浮于文字上方"等。

① 单击选中 LOGO 图片，在"图片工具"视图下的"格式"选项卡中，单击"排列"组中的"位置"，显示下拉列表，单击"其他布局选项"，如图 3-28 所示。

图 3-28 "位置"下拉列表

② 显示"布局"对话框，在"文字环绕"选项卡中，单击"环绕方式"组中的"浮于文字上方"，如图 3-29 所示，单击"确定"按钮。这时可以把 LOGO 图片拖动到页面上的任何位置。

③ 右键单击学校名称图片，显示快捷菜单，单击"大小和位置"，显示"布局"对话框，在"文字环绕"选项卡中，单击"浮于文字上方"，如图 3-29 所示，单击"确定"按钮，把学校名称图片也设置成"浮于文字上方"。

图 3-29 "布局"对话框的"文字环绕"选项卡

④ 把 LOGO 图片和学校名称图片拖动到页面上的合适位置。

⑤ 将插入点光标定位到学校大门图片之前，按 Enter 键 6 次，插入 6 行，把大门图片向下移动。

（3）输入"自荐书"

① 把插入点光标定位到学校大门图片上一行，在新的段落上输入"自荐书"，设置居中，选中"自荐书"所在行。

② 在"开始"选项卡的"字体"组中，设置字体为"幼圆"，字号为 65。单击"文本效果和版式"按钮，在下拉列表中，单击"填充-蓝色，着色 1，轮廓-背景 1，清晰阴影-着色 1"，如图 3-30 所示。

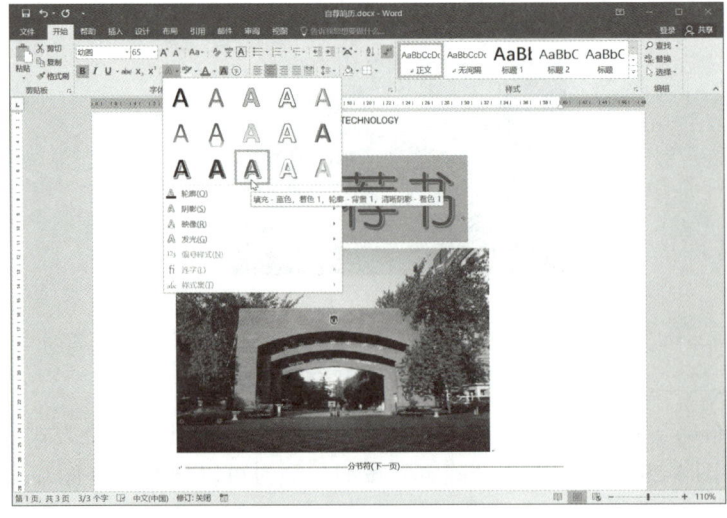

图 3-30 设置"文本效果"

（4）输入并设置联系方式

① 在学校大门图片后，按 5 次 Enter 键。

② 输入"姓名""班级""手机"和"邮箱"的相关信息。然后全部选中，将它们设置为居中。字体设置为宋体、小三号，如图 3-31 所示。

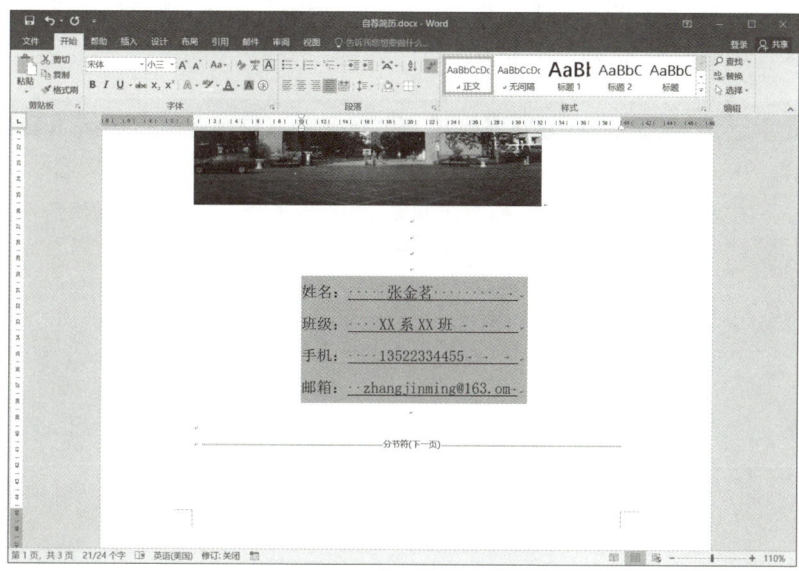

图 3-31　输入并设置联系方式

（5）设置学校大门图片样式

① 单击选中学校大门图片，设置为居中。

② 单击选中学校大门图片，在"图片工具"视图下的"格式"选项卡中，单击"图片样式"组中的"其他"按钮，展开"图片样式"下拉列表。在"图片样式"下拉列表中单击"柔化边缘椭圆"，如图 3-32 所示。

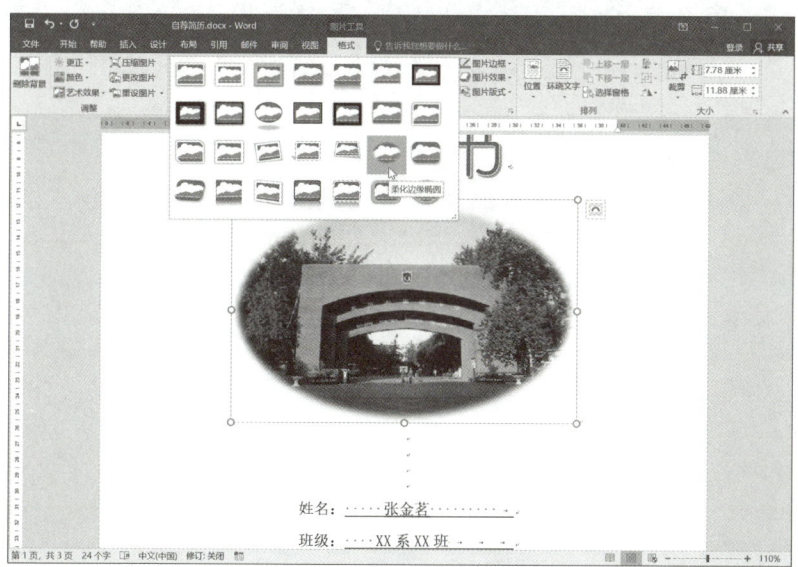

图 3-32　"图片样式"下拉列表

### 4. 制作自荐书

（1）插入文件中的文字

在文档的第二页插入"入学生会自荐书-素材.docx"，操作步骤如下。

① 在第一页的分节符后，即第二页的第一行处单击，设置插入点。

② 在"插入"选项卡的"文本"组中，单击"对象"按钮右侧的下拉箭头，在下拉菜单中单击"文件中的文字"，如图 3-33 所示。

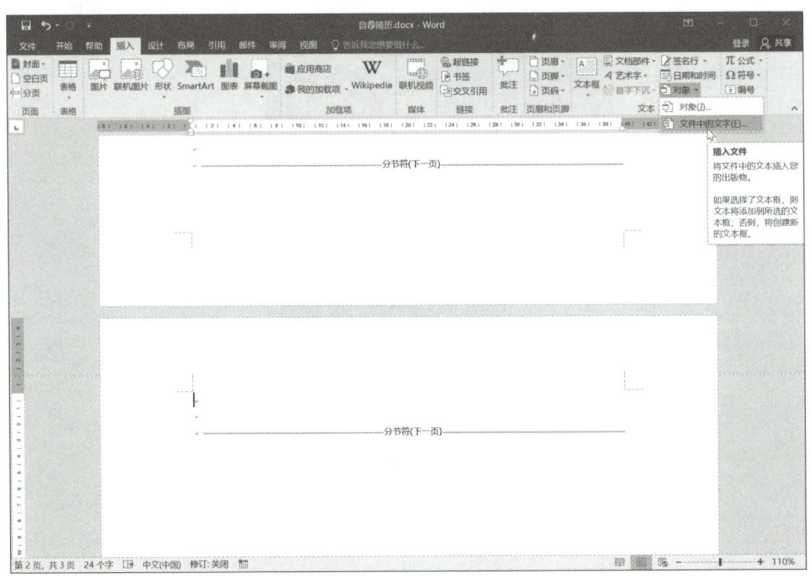

图 3-33 "对象"菜单

③ 显示"插入文件"对话框，浏览到"入学生会自荐书-素材.docx"所在的文件夹，选中该文件，单击"插入"按钮，即插入文件中的文字，如图 3-34 所示。

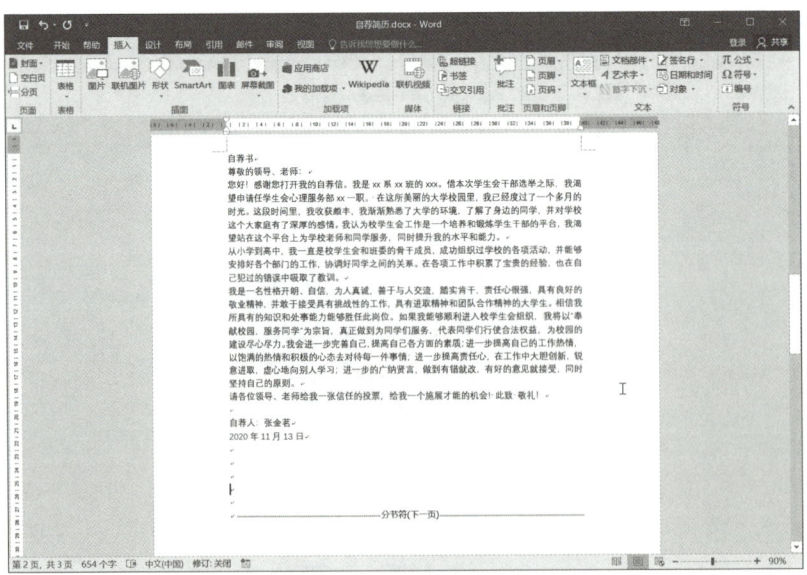

图 3-34 插入文件中的文字

（2）设置段落

① 选中标题"自荐书"所在的行，在"开始"选项卡的"段落"组中，单击"居中"按钮。单击"行和段落间距"按钮，从列表中单击 1.5。

② 选中"自荐书"标题后面的段落。在"开始"选项卡的"段落"组中，单击其右下角的对话框启动按钮。

③ 显示"段落"对话框，在"缩进和间距"选项卡的"常规"组中，"对齐方式"选"两端对齐"。在"缩进"组中，"特殊格式"选"首行缩进"，"缩进值"数值选择框中选择"2 字符"。在"间距"组的"行距"下拉列表框中选"1.5 倍行距"，如图 3-35 所示。单击"确定"按钮。

④ 选中"自荐人"和日期两行，在"开始"选项卡的"段落"组中，单击"文本右对齐"按钮。然后在姓名后单击，按空格键 10 次。

设置段落后的文档如图 3-36 所示。

（3）设置字体

① 选中标题文字"自荐书"，在"开始"选项卡的"字体"组中，"字体"下拉列表选"华文新魏"，"字号"下拉列表选"二号"，单击"加粗"按钮。

图 3-35 "段落"对话框

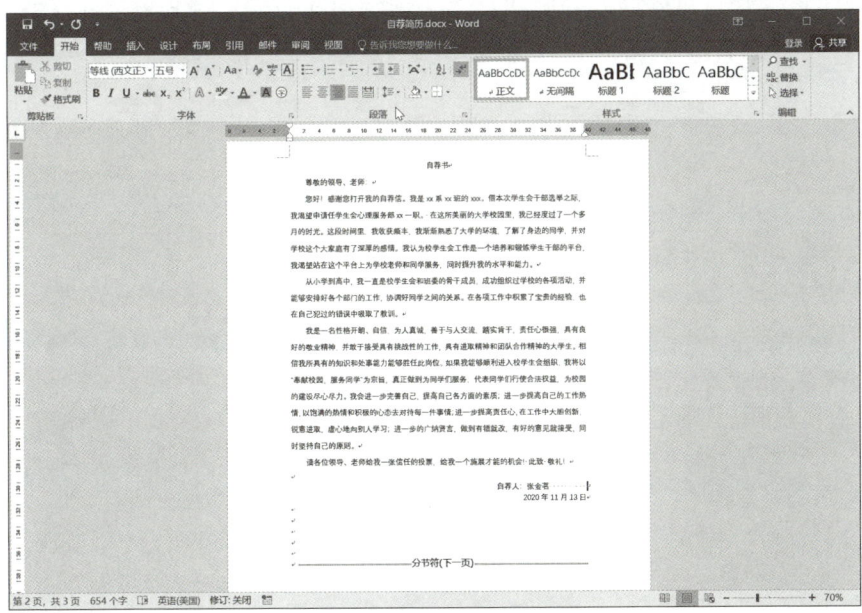

图 3-36 设置段落后的文档

图 3-37 "字体"对话框

② 在"开始"选项卡的"字体"组中，单击其右下角的对话框启动按钮，显示"字体"对话框，单击"高级"选项卡，在"字符间距"组的"间距"下拉列表框中选择"加宽"，在其后对应的"磅值"数值选择框中输入"10磅"，如图 3-37 所示。单击"确定"按钮。

③ 选中标题文字"自荐书"后面的段落，显示浮动工具栏，在"字体"下拉列表中选择"宋体"，在"字号"下拉列表中选择"小四"。

（4）设置自荐书所在页面的边框

默认设置的页面边框应用于整个文档，如果要为文档中的部分页设置不同的边框，就要使用分节符。分节符用于在一个文档中把文档分成不同的部分，分节符所在位置表示该节的结束。每个分节符分开的部分可以设置自己的页面格式，如不同的页眉、页脚、页边框、分栏、不同的纸张大小、页边距、纸张方向等。

① 单击自荐书所在页。在"设计"选项卡的"页面背景"组中，单击"页面边框"按钮，如图 3-38 所示。

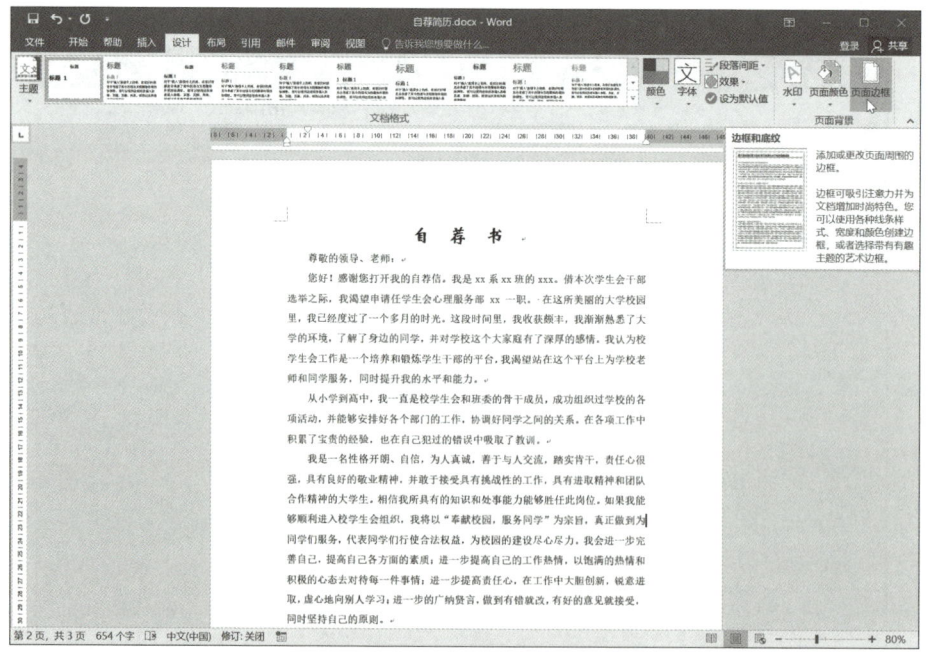

图 3-38 "页面边框"按钮

② 显示"边框和底纹"对话框，在"页面边框"选项卡的"艺术型"下拉列表框中选取需要的艺术边框；在"颜色"下拉列表框的"主题颜色"下，选取"灰色-25%，背景2，深色25%"；在"应用于"下拉列表框中选择"本节"，如图3-39所示，单击"确定"按钮。

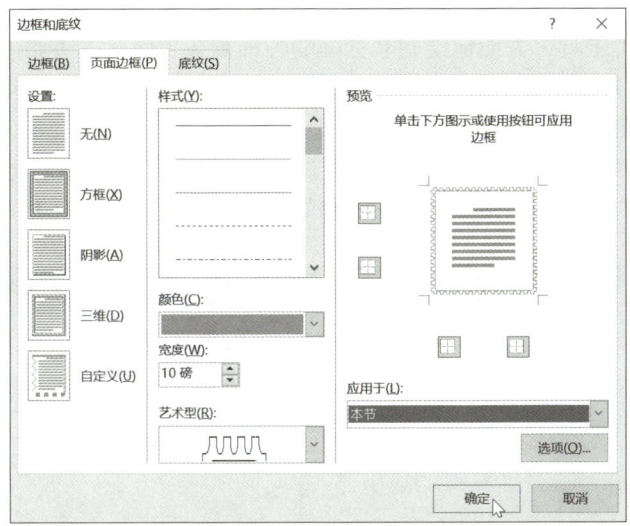

图 3-39 "边框与底纹"对话框的"页面边框"选项卡

③ 设置页面边框后的自荐书，如图 3-40 所示，按 Ctrl+S 键保存文档。

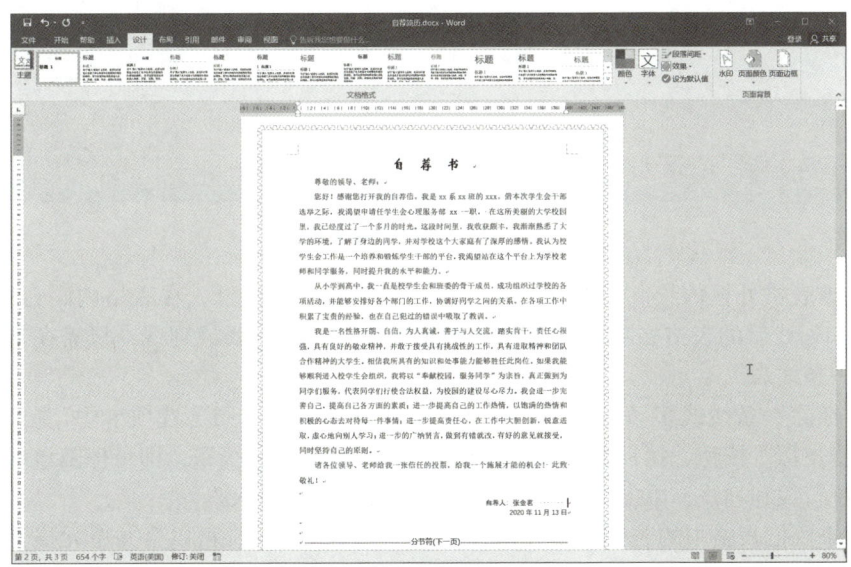

图 3-40 设置页面边框后的自荐书

## 5. 绘制个人简历表格

（1）录入和设置表格标题

① 按 Ctrl+End 快捷键，将插入点光标定位到文档的末尾。单击表格所在节的第一行，输入"个人简历"。

②使用格式刷,把第二页的"自荐书"的格式复制应用到"个人简历"。

③单击"个人简历"末尾,按 Enter 键,产生一个新的段落。

④新段落的格式与标题"个人简历"的格式相同,应该把格式清除,在"开始"选项卡的"字体"组中,单击"清除所有格式"按钮。

（2）绘制表格

用"绘制表格"工具可方便地绘制非标准的各种复杂表格,方法如下。

①在要创建表格的位置单击。在"插入"选项卡的"表格"组中,单击"表格",显示下拉列表,然后单击"绘制表格",鼠标指针会变为铅笔状 🖉。

②要定义表格的外边界,先绘制一个矩形。按下鼠标左键,从左上方到右下方拖动鼠标绘制表格的外框线,松开鼠标左键得到绘制的表格外框,如图 3-41 所示。

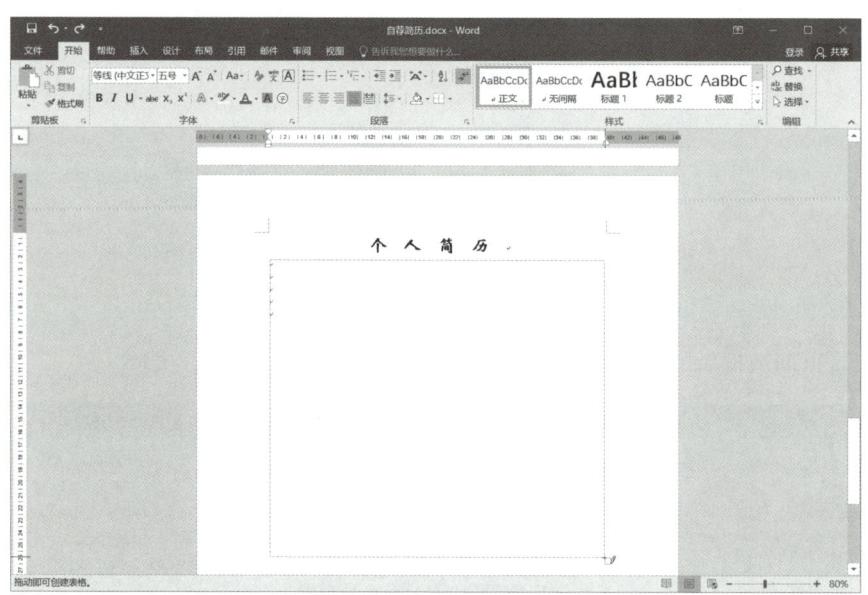

图 3-41　绘制的表格外框

③在该表格外框内绘制行线和列线。拖动铅笔状鼠标指针,在表格内画行线和列线,绘制行线和列线后的表格如图 3-42 所示。如果要添加一个行线或列线,只需在某一行或列上再绘制一条线。

④要擦除一条线或多条线,在"表格工具"视图的"布局"选项卡中,单击"绘图"组中的"橡皮擦"按钮,指针会变为橡皮状 🩹,单击要擦除的线条,即可擦除该线条。如果要继续绘制行线和列线,单击"绘制表格",指针又变为铅笔状 🖉。

⑤如果要把表格中的若干个单元格合并为一个单元格时,可以合并单元格。当需要把一个单元格分为多个单元格时,可以拆分单元格。

选中要合并的单元格,"表格工具"视图被激活。选择"表格工具"视图下的"布局"选项卡,在"合并"组中,单击"合并单元格"按钮。合并单元格也可以用"橡皮擦"工具。

选中要拆分的单元格,在"表格工具"视图下的"布局"选项卡中,单击"拆分单元格"按钮。拆分单元格也可以用"绘制表格"工具。

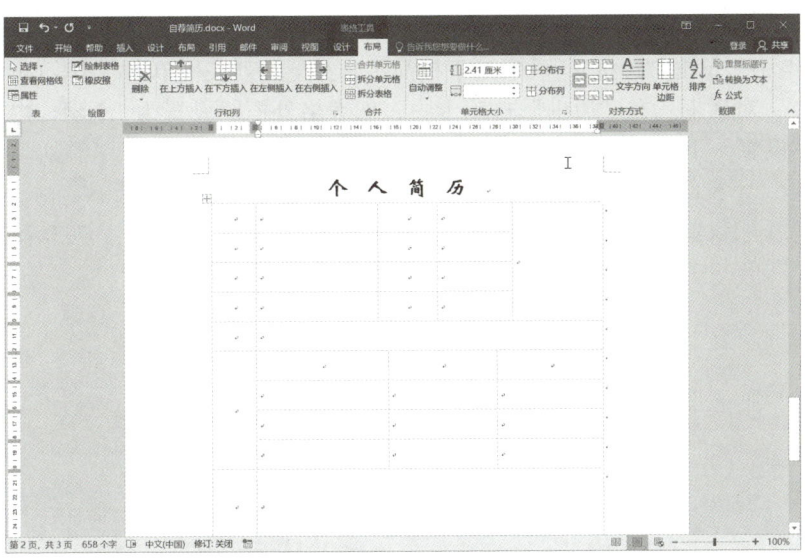

图 3-42 绘制行线和列线后的表格

（3）在表格中输入内容

① 建立空表格后，可把插入点光标放置到单元格中，插入的内容可以是文本、图片和另外的表格。每一个单元格都是一个独立的编辑单元，每个单元格都有自己的段落标记，如果要换行分段，可以按 Enter 键，单元格的高度会增加，可以输入多行文字。当在单元格中输入的内容到达单元格的右边线时，如果没有指定单元格宽度，单元格的宽度会自动加宽，以适应内容。

② 对单元格中的内容设置格式，包括字体（小四）、对齐方式等，如图 3-43 所示。

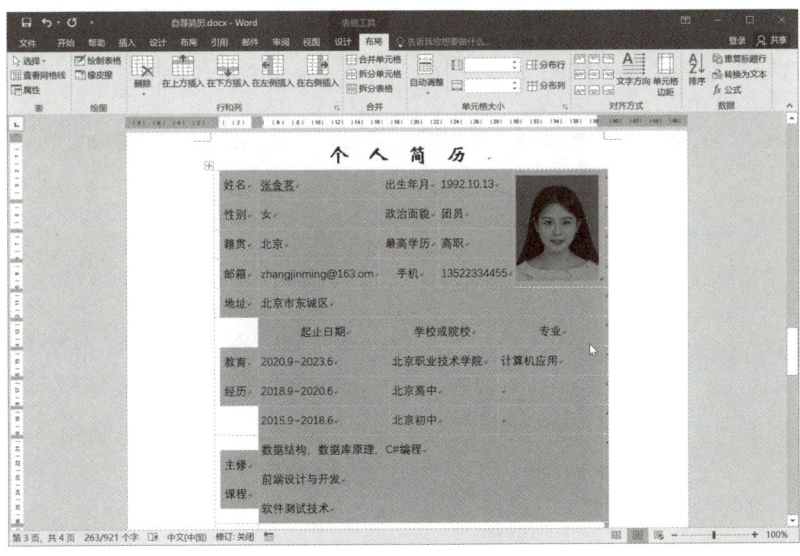

图 3-43 设置单元格内容的格式

（4）更改表格框线

① 单击表格左上角外部的表格移动图柄 ⊕，选中表格。

② 在"开始"选项卡的"段落"组中，或者在"表格工具"视图下的"设计"选项卡的"边框"组中，单击"边框" 后的下拉箭头，在下拉列表中单击"边框和底纹"，显示"边框和底纹"对话框。在"边框"选项卡中，把表格外框线设置为 1.5 磅，内框线设置为 0.5 磅。在"设置"下单击"自定义"，在"宽度"下选"1.5 磅"，在"预览"中分别单击"上框线"、"下框线"、"左框线"、"右框线"，如图 3-44 所示。由于内框线默认是 0.5 磅，就不用设置了，如果是其他宽度，则要先在"宽度"下选择，如 0.75 磅，然后在"预览"中分别单击"横线"、"竖线"。最后单击"确定"按钮。

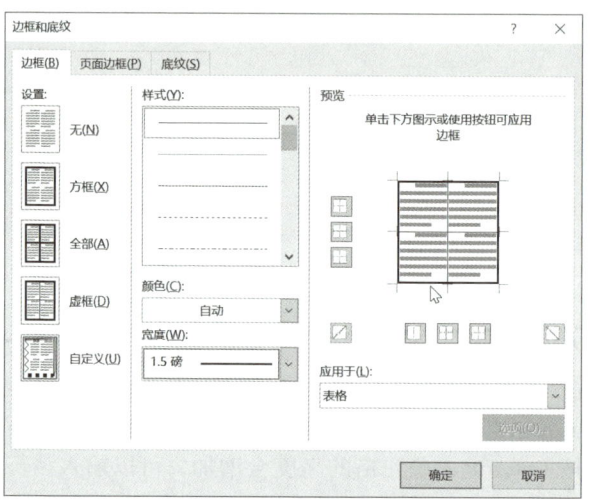

图 3-44 "边框和底纹"对话框的"边框"选项卡

（5）设置单元格底纹

① 选中要设置底纹的单元格。

② 在"表格工具"视图下的"设计"选项卡中，单击"表格样式"组中的"底纹"，从下拉列表中选取需要的底纹，如图 3-45 所示。

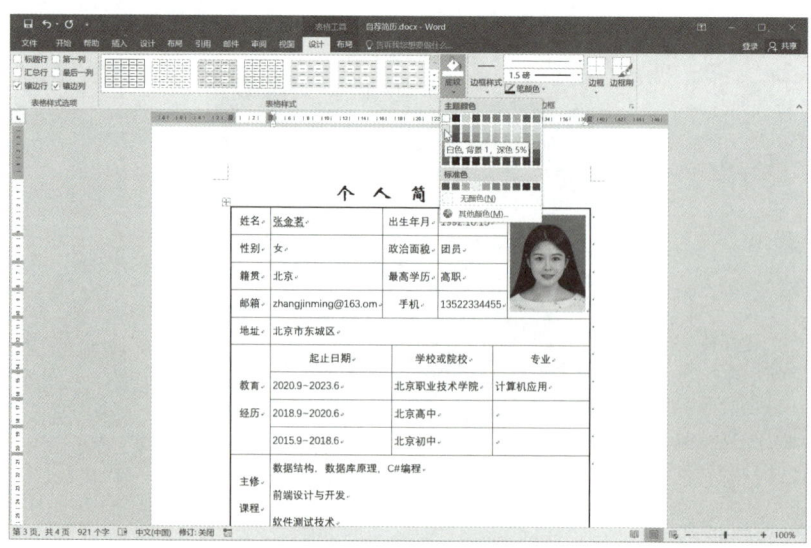

图 3-45 设置单元格底纹

## 3.3 制作一张班级周报

### 3.3.1 任务要求

周报样式如图 3-46 所示。要求纸张为 A4，页边距上、下、左、右分别为 2.5 厘米、2.5 厘米、2 厘米、2 厘米，纵向。正文是五号宋体。标题用艺术字，插入文本框、线条、图片，段落首行缩进 2 字，艺术字、文本框、图片、线条都设置为浮于文字上方。

从周报的样式可以看出，大字体采用的修饰较多，因此可以采用艺术字；其他内容块都有自己独有的外观，如边框、背景、横排或竖排，就要采用文本框功能。

图 3-46 周报样式

### 3.3.2 操作步骤

**1. 设置纸张**

按任务要求设置纸张大小和页边距，保存文件为"班级周报 .docx"。

**2. 插入线条**

① 在"插入"选项卡的"插图"组中，单击"形状"打开下拉列表，单击"线条"下的"直线"。鼠标指针变为十字形状，先按下 Shift 键不松开，在文档中页面第一行从左向右拖动画出直线，与页面版心同宽，如图 3-46 所示。

② 右击刚才画出的线条，从快捷菜单中单击"设置形状格式"。窗口右侧显示"设置形状格式"任务窗格，在"填充与线条"选项卡的"线条"下，设置"颜色"为"蓝色"；"宽度"为"2 磅"；"短划线类型"为"方点"，如图 3-47 所示。

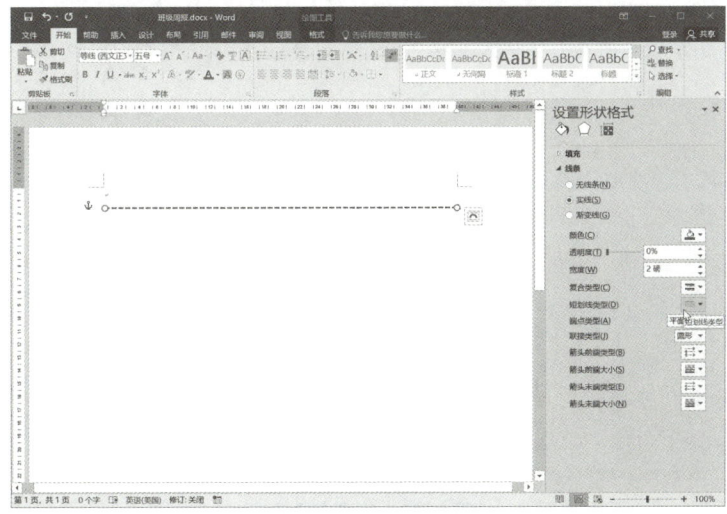

图 3-47 设置线条格式

③ 在"设置形状格式"窗格中,单击"效果"选项卡,在"阴影"下的"预设"下拉列表框中,单击选择一种阴影,如图 3-48 所示。然后关闭任务窗格。

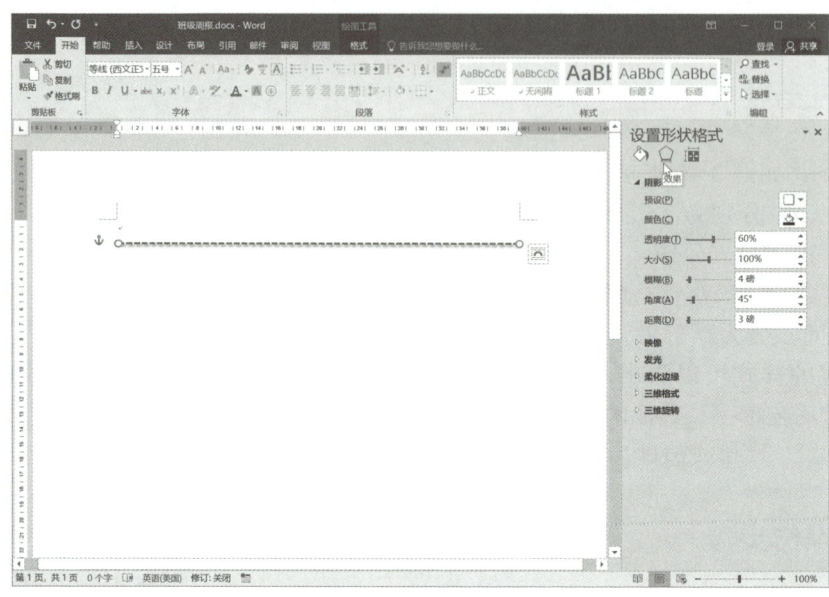

图 3-48　设置线条阴影

④ 复制设置好的线条,拖放到页面合适位置,如图 3-46 所示。

### 3. 插入艺术字

艺术字是添加到文档中的包含特殊文本效果的装饰性文本,可以通过更改文字或艺术字的文本填充、文本边框或添加效果(如阴影、映像、发光、柔化边缘或三维格式等)来更改其外观。

① 在文档中要插入艺术字的位置单击,在"插入"选项卡的"文本"组中,单击"艺术字"。从下拉列表中单击艺术字样式,如图 3-49 所示。

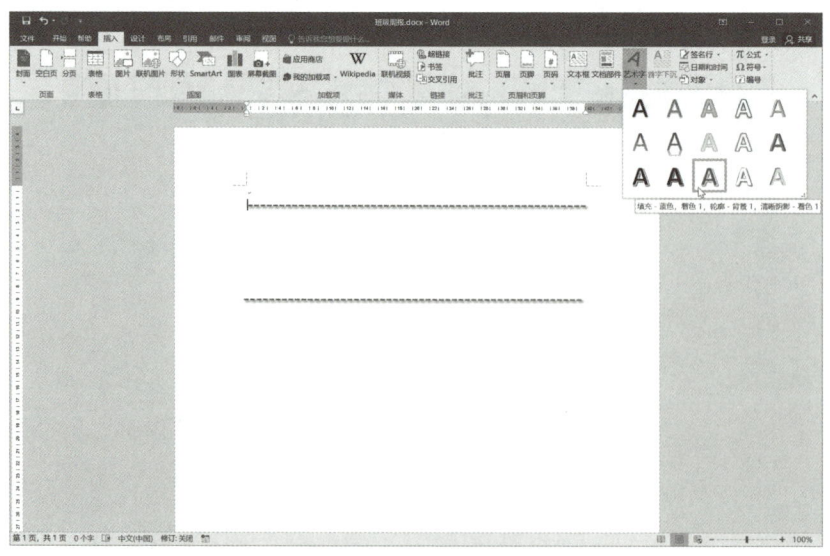

图 3-49　艺术字样式

② 插入后如图 3-50 所示，键入文字"周报"。

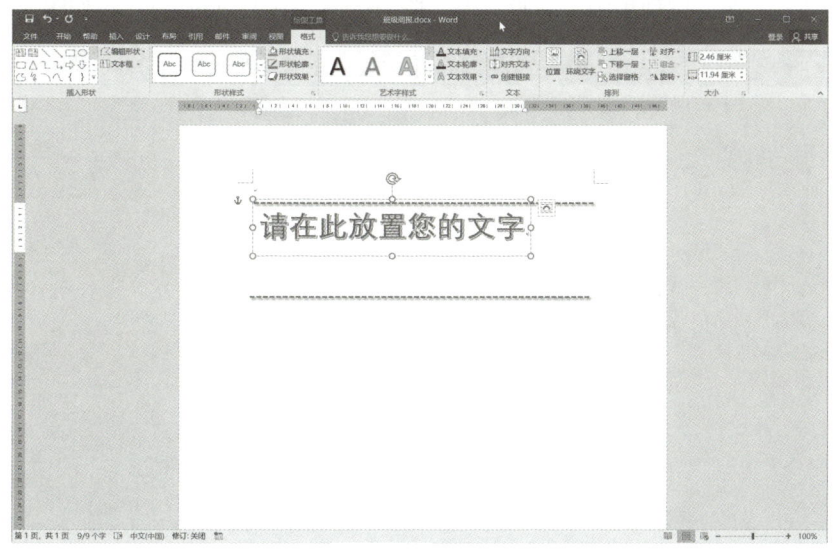

图 3-50　在艺术字框中键入文字

> **注意**：Word 2016 的艺术字不是图形对象，其实就是一种包含文字的特殊文本框。

③ 如果要更改艺术字的样式，双击要更改的艺术字文本框的边框。在"开始"选项卡的"字体"组中，设置为黑体、120 磅。单击"字体"组右下角的对话框启动按钮，显示"字体"对话框，在"高级"选项卡中，从"缩放"下拉列表框中选择"80%"，把字体设置为瘦高型，如图 3-51 所示。

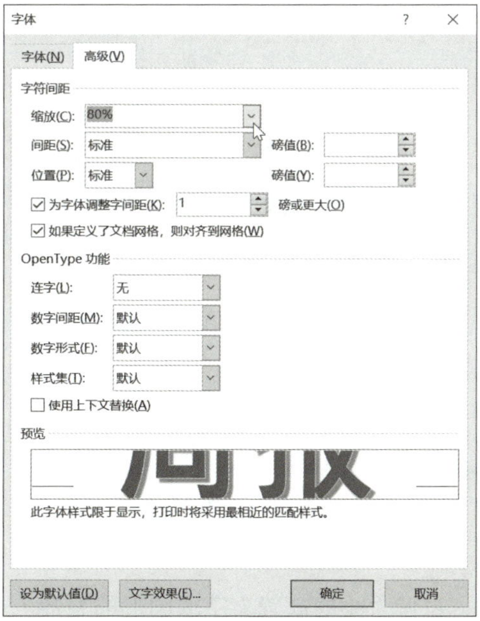

图 3-51　缩放字体

④ 在"绘图工具"视图下的"格式"选项卡中,单击"艺术字样式"组中的"文本效果"下拉按钮,在下拉列表的"阴影"中,单击选择"右上对角透视",如图 3-52 所示。

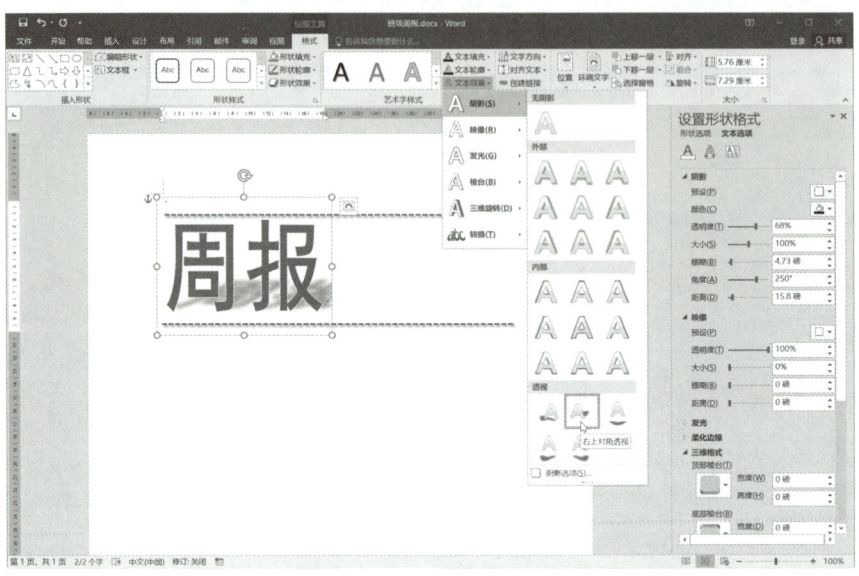

图 3-52　设置透视效果

⑤ 再插入艺术字"健康专刊",设置为隶书、初号,在"康"字后按 Enter 键,分为两行。在"文本效果"中设置为"棱台"效果,设置"文本填充"和"文本轮廓"为绿色,如图 3-53 所示。

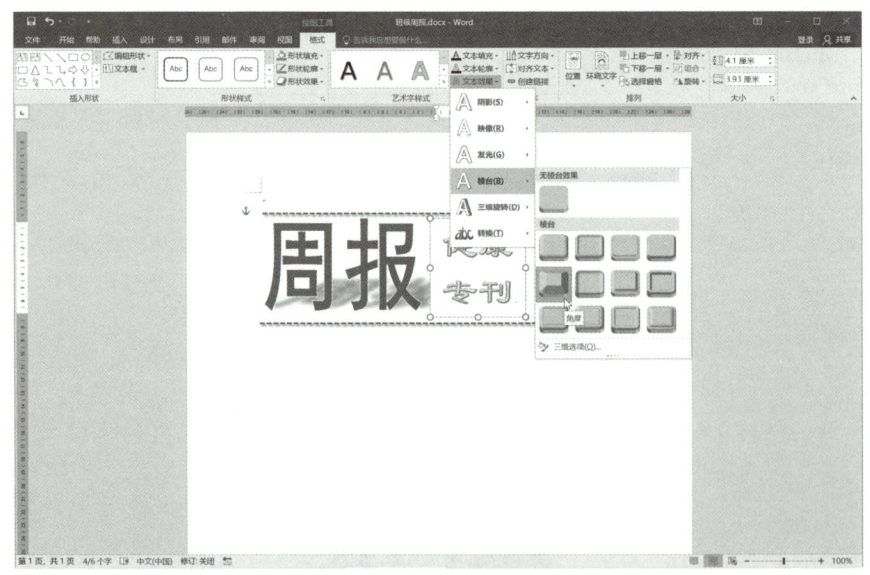

图 3-53　"棱台"效果

### 4. 插入文本框

文本框是一种可移动、可调大小的放置文字或图形的容器。文本框可以像图片一样放置在页面中的任何位置,还可以设置样式、边框、阴影等格式,文本框主要用于设计复杂版面。使用文本框，可以在页面上放置多个文字块，或使文字按与文档中其他文字不同的方向排列。

① 在"插入"选项卡的"文本"组中，单击"文本框"，显示文本框下拉列表。单击"绘制文本框"，如图3-54所示。鼠标指针变为+，在文档中需要插入文本框的位置单击或拖动生成所需大小的文本框。

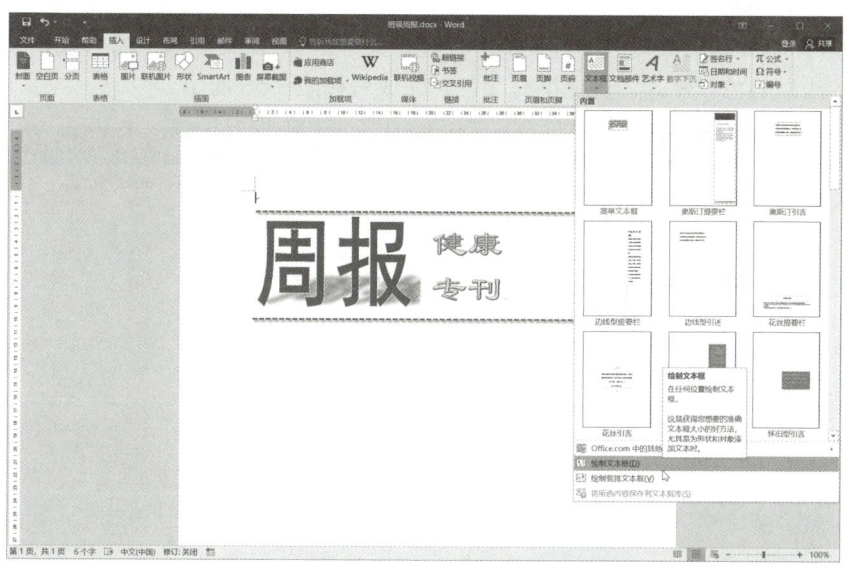

图3-54　文本框下拉列表中的"绘制文本框"

② 在文本框内单击，输入或粘贴文本。若要设置文本框中的文本格式，选择文本，然后使用"开始"选项卡中"字体"组的格式设置选项。若要改变文本框的位置，单击该文本框，移动鼠标至文本框边框，当指针变为✥时，按住鼠标左键，将文本框拖动到新位置。输入文字后的文本框如图3-55所示。

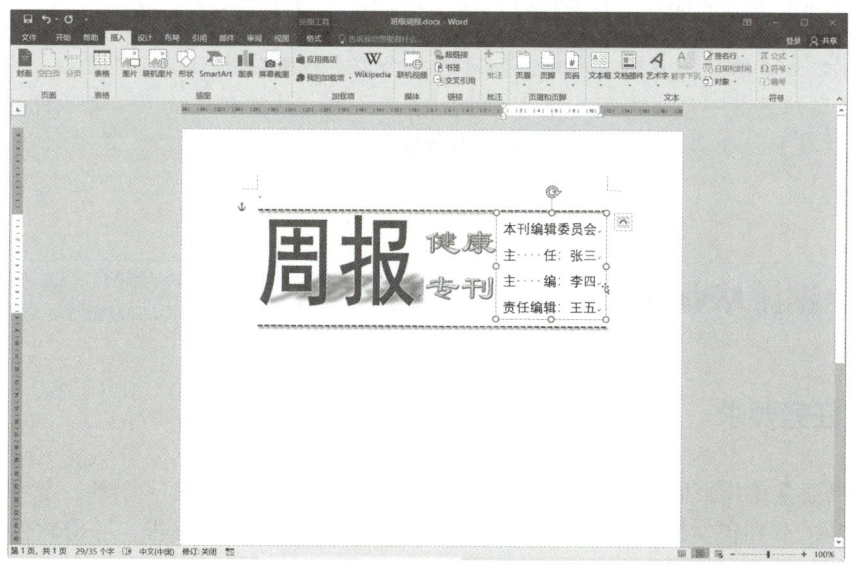

图3-55　在文本框中输入文字

③ 更改文本框的边框。可以更改或删除文本框的边框颜色、粗细或样式，也可以取消整个边框。右击文本框，从快捷菜单中单击"设置形状格式"。显示"设置形状格式"任务窗格，在"填充线条"选项卡的"线条"下，选择"无线条"，关闭任务窗格。

如果要删除文本框，单击要删除的文本框的边框，然后按 Delete 键。须确保指针不在文本框内部，而是在文本框的边框上。如果指针不在边框上，则按 Delete 键会删除文本框内的文本，而不会删除文本框。

④ 插入其他文本框（其中一个文本框是竖排文本框），在文本框中输入或粘贴文字，改变文本框的边框颜色和样式，改变填充颜色。完成后如图 3-56 所示。

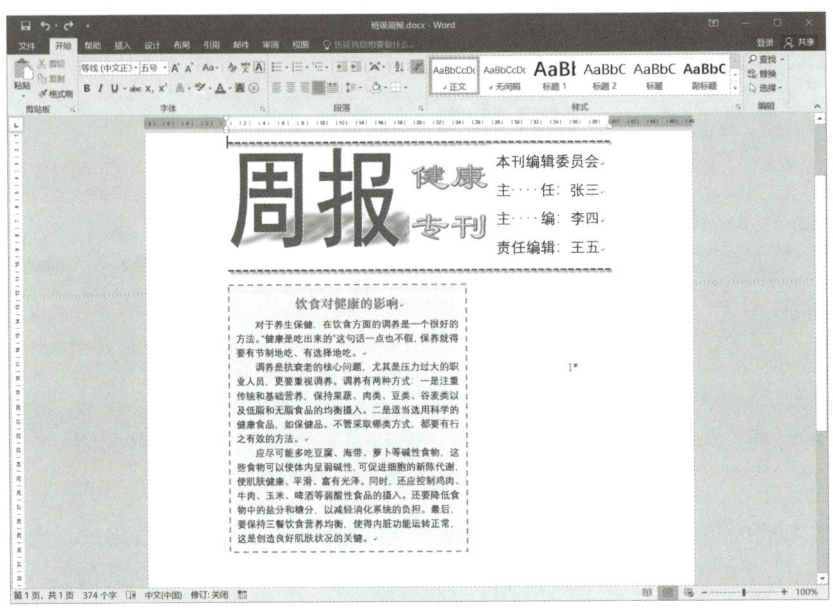

图 3-56 插入其他文本框

⑤ 插入或粘贴一张图片，设置图片的文字环绕方式为浮于文字上方。

> **提示：** 如果绘制了多个文本框，则可将各个文本框链接在一起，以便文本能够从一个文本框延续到另一个文本框。单击其中一个文本框，然后在"绘图工具"视图下选择"格式"选项卡，在"文本"组中单击"创建链接"。

## 3.4 编排毕业论文

### 3.4.1 任务要求

长文档通常是指页面数在 10 页以上的文档，长文档一般都包含多个章、节和正文，级别相同的章、节和正文的格式相同，例如一本图书、一篇论文或报告、一份软件使用说明书等都是典型的长文档。通常一篇长文档由封面、目录、正文、附录等部分组成。为此，

Word 2016 提供了一系列编辑长文档的功能。

将已经录入好的毕业论文按毕业论文的格式要求进行排版，整篇文章使用统一的页面设置，使用一致的标题样式，并自动抽取目录。

对于毕业论文，学校都有严格的撰写规范，除对内容的要求外，对排版也作出了规定，例如纸张大小、章标题、节标题、页眉、页码等格式要求。采用样式功能，可以快速把整篇文档设置成一致的样式，是一种省时、省力的操作。

论文打印用 A4 纸，页边距为上 2.54 cm，下 2.54 cm，左 3.17 cm，右 3.17 cm。段落行间距为 1.5 倍行距。正文为宋体、小四号，英文、数字为 Times New Roman 字体，两端对齐，首行缩进 2 个汉字，1.5 倍行距。

正文的层次为章（如"1"，居中），节（如"1.1"），条（如"1.1.1"），款（如"1."），项（如"（1）"）。章标题（标题 1）为黑体、三号、居中，段前空 1.5 行，段后空 1 行，1.5 倍行距；节标题（标题 2）为黑体、四号、左对齐，单倍行距；条标题（标题 3）为黑体、小四号，左对齐，单倍行距。"节""条"左对齐顶格编排。"款"单独一行，黑体、五号、按正文排版；"项"作为小标题，按正文排版，直接跟正文。

目录按章、节、条三级标题显示，目录中的标题要与正文中标题一致。

目录的页码用罗马数字编排，目录之后正文的页码用阿拉伯数字编排。页码在页脚中居中放置，页码为五号 Times New Roman 字体。

论文除封面外各页均应加页眉，页眉加一粗细双线（粗线在上，宽 3.0 磅），双线上居中打印页眉。奇数页眉为本章的题序及标题，偶数页眉为"××职业技术学院毕业论文"。不同章另起一页，不同章使用不同的页眉。页眉为五号、宋体、居中。论文排版后的效果如图 3-57 所示。

文本

毕业论文样文

## 3.4.2 操作步骤

#### 1. 新建文档、设置页面

新建一个文档，设置纸张大小为 A4；设置页边距为上 2.54 cm，下 2.54 cm，左 3.17 cm，右 3.17 cm；设置页眉和页脚为奇偶页不同。

插入"毕业论文-素材 .docx"，保存文档"毕业论文 .docx"到文件夹中。

#### 2. 应用标题样式

样式是格式的集合，包括字体格式、段落格式、外观格式等，把一组格式命名为一个样式后，可以应用于文档中的段落或文字。设置时只需选择某个样式，就能把其中包含的各种格式一次性快速设置到段落或文字上。使用标题样式，还便于文档的分层查看和生成目录。

标题样式是应用于标题的格式设置，Word 2016 有 9 个不同的内置样式（标题 1～标题 9）。

单击"第 1 章　绪论"所在行，在"开始"选项卡的"样式"组中，单击"标题 1"。如图 3-58 所示。

用同样方法，应用"标题 2"到第 2 级标题，如"1.1　课题背景及介绍"，应用"标题 3"到第 3 级标题，如"2.3.1　全文搜索引擎……"。

#### 3. 修改样式

选中应用"标题 1"样式的"第 1 章　绪论"。设置"第 1 章　绪论"为黑体、三号、居中、段前空 1.5 行、段后空 1 行、1.5 倍行距。在"开始"选项卡的"样式"组中，右键

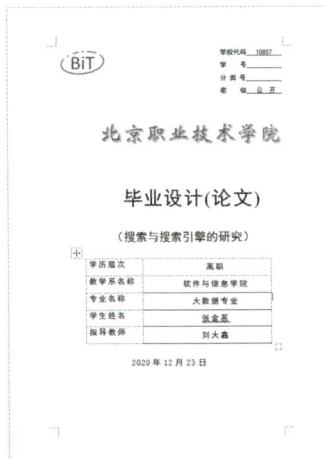
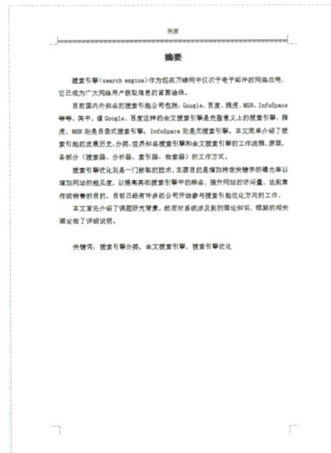
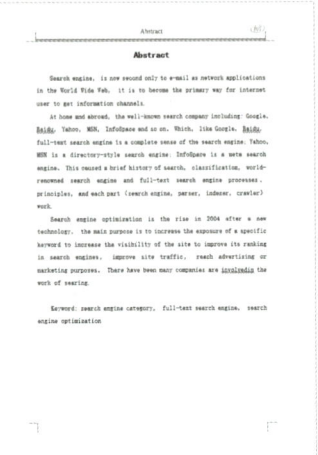
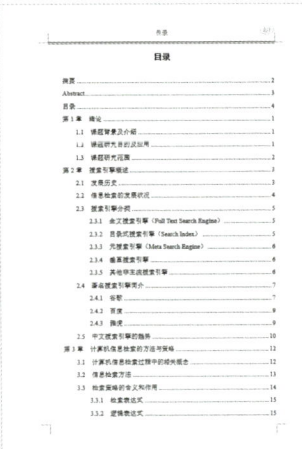

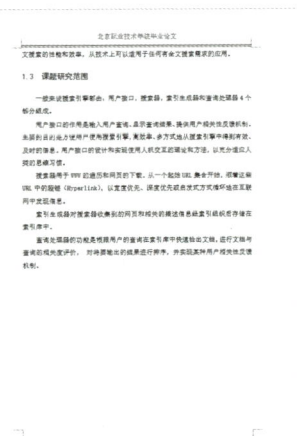

图 3-57　论文排版后的效果

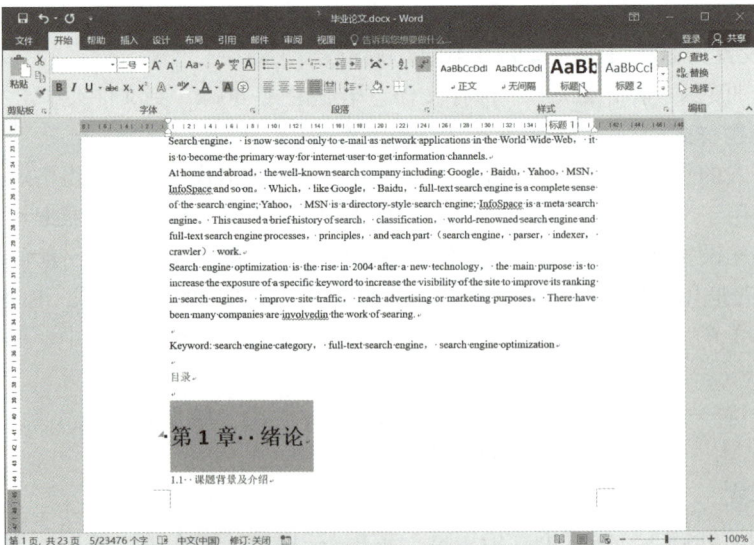

图 3-58　应用"标题 1"样式

单击"标题1",从列表中单击"更新 标题1以匹配所选内容",如图3-59所示,把修改后的格式更新到样式库中。

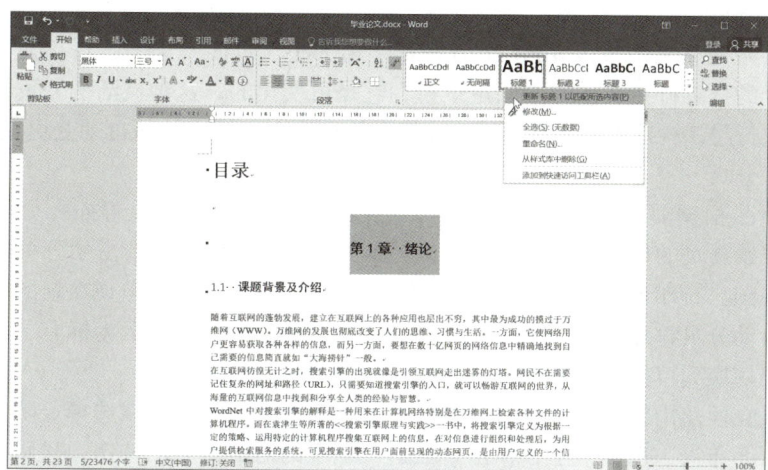

图3-59 更新"标题1"样式

用同样方法,修改并更新"标题2""标题3""正文"的样式。

**注意**:更新"正文"样式后,设置的"标题1""标题2"等会自动设置为首行缩进,这时要重新设置"标题1""标题2"等标题,取消首行缩进。

### 4. 应用标题样式到其他标题

把设置好的"标题1""标题2""标题3"等样式,分别应用到其他标题上。

### 5. 用大纲视图查看文档

在"视图"选项卡的"视图"组中,单击"大纲视图",当前文档即按大纲视图显示。在该模式中,以大纲形式查看文档,其中,内容将显示为项目符号。此视图中,可以调整大纲结构,可以快速移动整节内容,如图3-60所示。

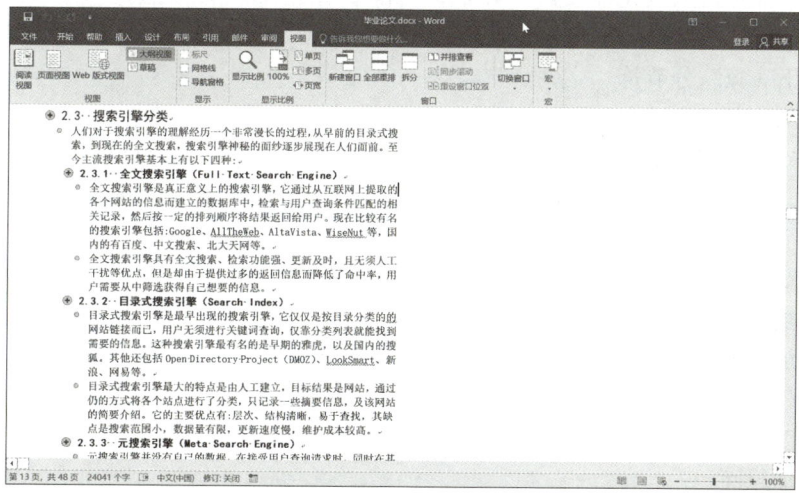

图3-60 用大纲视图查看文档

### 6. 文档分页

Word 2016 提供了自动分页和手工分页两种分页方法。

（1）自动分页

自动分页是建立文档时，Word 2016 根据字体大小、页面设置等，自动为文档作分页处理。自动设置的分页符在文档中不固定位置，它是可变化的，这种灵活的分页特性使得用户无论对文档进行过多少次变动，Word 2016 都会随文档内容的增减而自动变更页数和页码。

（2）手工分页

手工分页是根据需要手工插入分页符，可以在文档中的任何位置插入分页符。在文档中，单击要开始新页的位置，在"插入"选项卡的"页面"组中，单击"分页"按钮。

在页面视图、打印预览和打印的文档中，分页符后面的文字将出现在新的页面上。在草稿视图中，自动分页符显示为一条贯穿页面的虚线，手工分页符显示为标有"分页符"字样的虚线。若要切换到草稿视图，单击状态栏上的"草稿"按钮 ▤。

若要防止在段落中间出现分页符、在段落之间出现分页符，可以选择要防止分为两页的段落，在"页面布局"选项卡上，单击"段落"组中的对话框启动按钮，显示"段落"对话框，单击"换行和分页"选项卡，选中"段中不分页""与下段同页""段前分页"复选框。

文档中如果有多余的分页符，可以将其删除。这些多余的分页符如果是手工分页符，在草稿视图中选定该分页符，按 Delete 键就可以删除。

### 7. 分节

分节符是表示节的结尾插入的标记。分节符包含节的格式设置元素，例如页边距、页面的方向、页眉和页脚，以及页码的顺序。可以使用分节符改变文档中一个或多个页面的版式或格式。分节符控制它前面的文本节的格式。

（1）插入分节符

有时可能要在所选文档部分的前后插入一对分节符。单击要更改格式的位置，在"页面布局"选项卡的"页面设置"组中，单击"分隔符"按钮。在"分隔符"下拉列表中，单击对应的分节符类型："下一页""连续""偶数页"或"奇数页"。

在毕业设计论文中，每章作为一节，所以要在"章"前分节。要将"第 1 章　绪论"分节到下一节，先把插入点光标放到"第 1 章　绪论"的前面，然后选择"分节符"中的"下一页"，则在"第 1 章　绪论"前面插入一个"下一页"分节符。重复这个操作，在每章前插入一个"下一页"分节符。

（2）删除分节符

分节符定义文档中格式发生更改的位置。删除某分节符会同时删除该分节符之前的文本节的格式，该文本节将成为后面节的一部分并采用后面节的格式。确保文档处于普通视图中，并且在"开始"选项卡的"段落"组中，"显示/隐藏编辑标记"按钮为点选状态，这时可以看到双虚线分节符，选择要删除的分节符，按 Delete 键。

### 8. 添加或删除页

（1）添加空白页

单击文档中需要插入空白页的位置。插入的页将位于插入点光标之前。在"插入"选项卡的"页面"组中，单击"空白页"按钮。

（2）添加封面

Word 2016 提供了预先设计的封面样式库，无论插入点光标出现在文档的什么地方，封面始终插入到文档的开头。在"插入"选项卡的"页面"组中，单击"封面"按钮。显示"内置"封面列表。在"内置"列表中选择一个封面布局，然后替换示例文本。

要删除封面，在"封面"列表中单击"删除当前封面"命令。

本例中的封面自行设计，完成后的封面如图3-61所示。

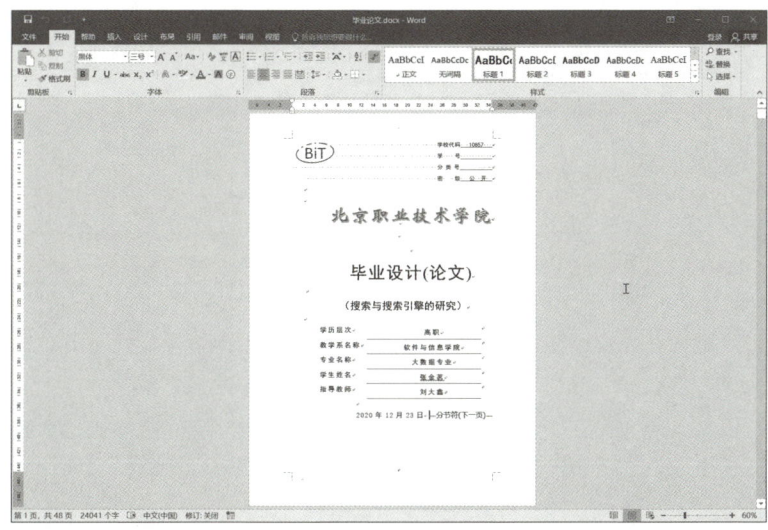

图3-61　封面

（3）删除页

① 删除空白页

确保在草稿视图中（在"视图"选项卡的"视图"组中，单击"草稿"按钮）。如果看不见非打印字符（如段落标记），在"开始"选项卡的"段落"组中，单击"显示/隐藏编辑标记"按钮↵。

要删除空白页，选择页尾的分页符，然后按Delete键。

② 删除单页内容

可以选择和删除文档任意位置的单页内容。将插入点光标定位在要删除的页面的页首，拖动鼠标至页尾选中该页内容，按Delete键。

③ 删除文档末尾的空白页

确保在草稿视图中，如果看不见非打印字符（如段落标记），在"开始"选项卡的"段落"组中，单击"显示/隐藏编辑标记"按钮↵。

要删除文档末尾的空白页，选择文档末尾的分页符或任何段落标记，再按Delete键。

### 9. 设置页眉和页脚

页眉和页脚是文档中每一个页面的顶部和底部的区域。可以在页眉和页脚中插入或更改文本或图形。例如，可以添加页码、公司徽标、文档标题、文件名或作者姓名。

论文要求目录之后正文的页码用阿拉伯数字编排，页码在页脚中居中放置，五号、Times New Roman字体。论文除封面外各页均应加页眉，五号、宋体、居中，页眉加一粗细双线（粗线在上，宽3.0磅），双线上居中打印页眉。

奇数页眉为本章的标题，偶数页眉固定为"北京职业技术学院毕业论文"。不同章使用插入分节符（下一页）来分隔，不同章节使用不同的页眉，页眉内容是该章的名称。

（1）添加页码

① 把插入点光标放置到"第 1 章　绪论"的任意段落中，在"插入"选项卡的"页眉和页脚"组中，单击"页码"按钮，从列表中单击"页面底端"下的"普通数字 2"样式，如图 3-62 所示。

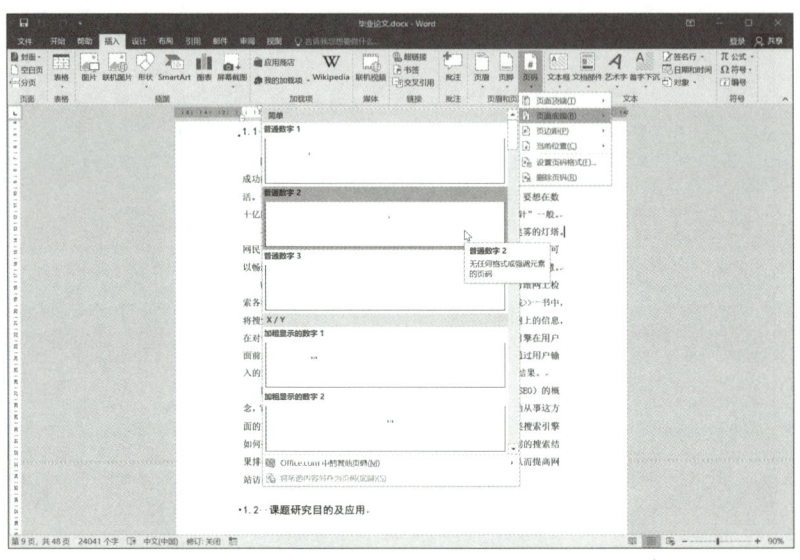

图 3-62　页码样式

② 显示"页眉和页脚"视图，插入的页码出现在页脚区。选中页码，设置为五号字，如图 3-63 所示。在正文区双击，关闭"页眉和页脚"视图，返回到文档正文。

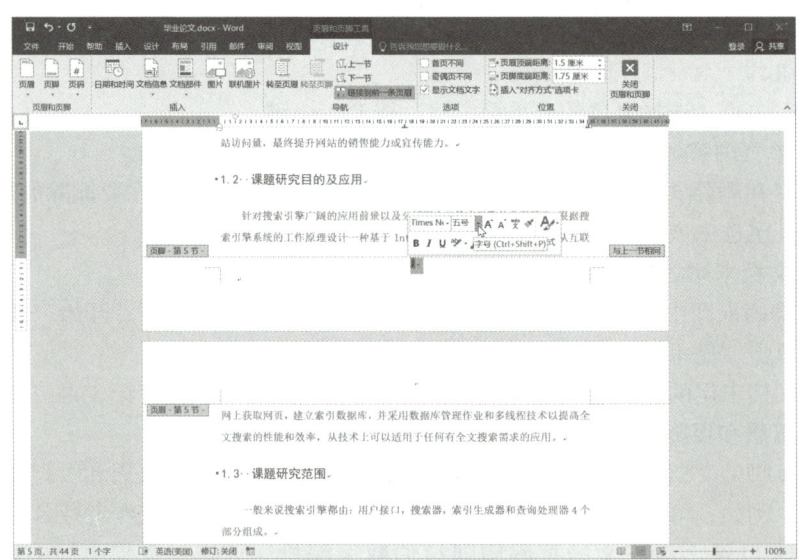

图 3-63　设置页码的字号

③ 在"布局"选项卡的"页面设置"组中，单击对话框启动按钮，显示"页面设置"对话框，在"版式"选项卡中，选中"页眉和页脚"组下的"奇偶页不同"复选框，如图 3-64 所示。单击"确定"按钮。

④ 在"插入"选项卡的"页眉和页脚"组中,单击"页码",从列表中单击"设置页码格式"命令。显示"页码格式"对话框,设置"起始页码"为1,如图3-65所示。浏览正文,可看到各章的奇数页都添加上了页码,但是偶数页没有页码。

⑤ 把插入点光标定位到偶数页,重复步骤①、②。

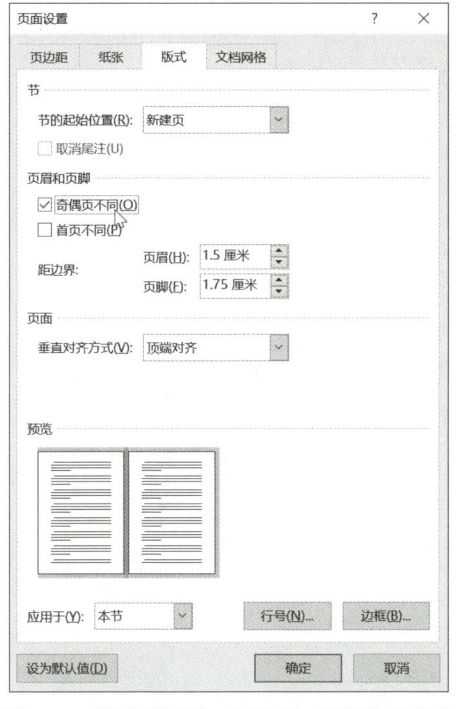 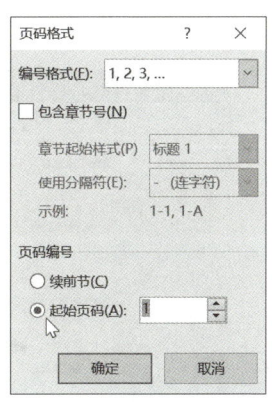

图3-64 "页面设置"对话框的"版式"选项卡　　图3-65 "页码格式"对话框

（2）插入页眉

① 为了给"第1章　绪论"添加页眉,把插入点光标放置到"第1章　绪论"的奇数页段落中。

② 在"插入"选项卡的"页眉和页脚"组中,单击"页眉"按钮,从列表中单击"空白（三栏）"样式,如图3-66所示。

③ 切换到"页眉和页脚工具"视图,打开"设计"选项卡,如图3-67所示。

按Delete键删除两端的占位符"[在此处键入]"。在中间的"[在此处键入]"中输入奇数页的页眉"第1章　绪论",设置为五号、宋体、居中,插入一张图片并缩放合适,如图3-68所示。

④ 默认的页眉线是一条细线,现在将其改为需要的线型。在"开始"选项卡的"段落"组中单击"边框"按钮，从列表中单击"边框和底纹"命令,显示"边框和底纹"对话框。在"边框"选项卡的"设置"组中单击"自定义"按钮,在"样式"列表框中选择上粗下细的双线,在"宽度"下拉列表框中选择"3.0磅",在"应用于"下拉列表框中选择"段落",在预览区只选中下框线,如图3-69所示。如果要删除页眉线,在"边框和底纹"对话框的"设置"组中单击"无"按钮。

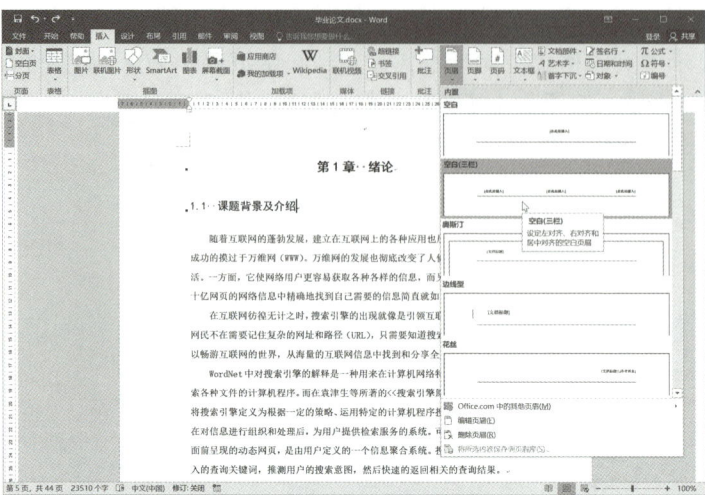

图 3-66 页眉样式

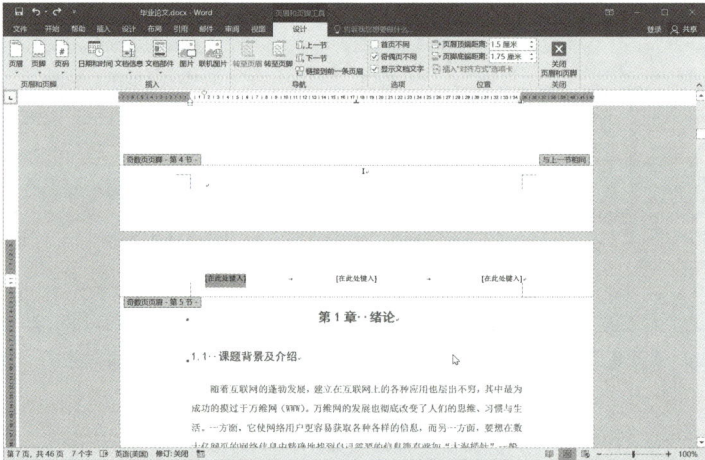

图 3-67 "页眉和页脚工具"视图

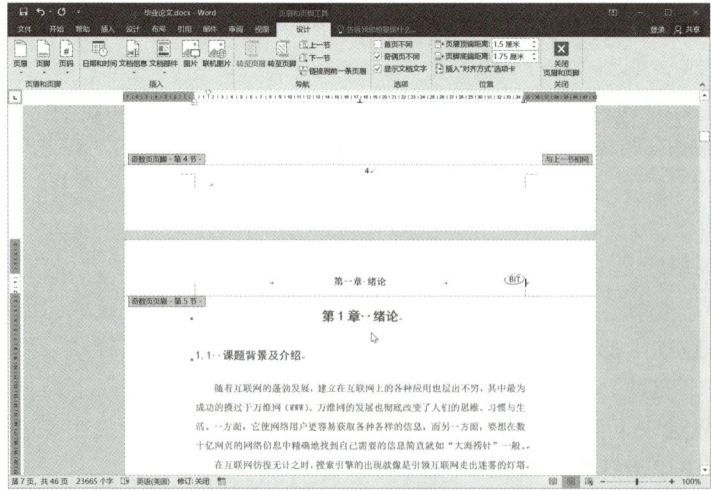

图 3-68 奇数页的页眉

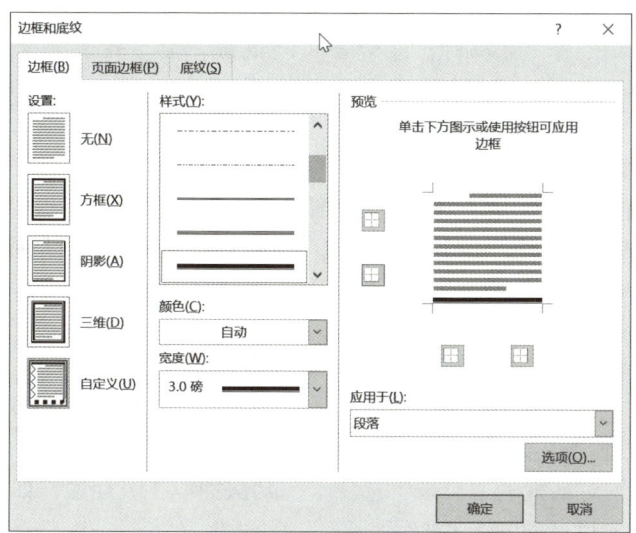

图 3-69　设置页眉线

单击"确定"按钮后，页眉显示如图 3-70 所示。

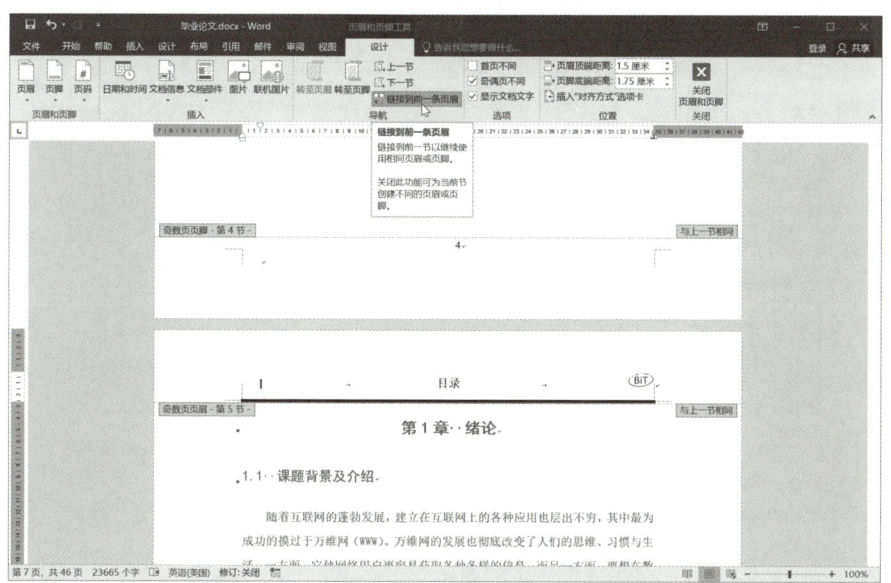

图 3-70　页眉线效果

⑤ 因为默认页眉与上一节相同，所以在"页眉和页脚工具"视图下"设计"选项卡的"导航"组中，可看到自动选中"链接到前一条页眉"按钮，并且在页眉和页码区出现"与上一节相同"提示，如图 3-70 所示。单击"链接到前一条页眉"按钮取消选中这个选项，则本节编辑的页眉不会影响上一节的页眉。向下滚动页面，在不同节的页眉中单击，然后取消每个节中的"链接到前一条页眉"，使之不显示"与上一节相同"提示。

⑥ 用同样方法，为每一节的奇、偶页添加页眉。

在页面视图中，可以在页眉页脚与文档文本之间快速切换，只要双击灰色的页眉页脚或灰色的文档文本区域。

> **注意：** 在插入页眉、页码时，经常会出现混乱，要多设置几次才能做成需要的形式。

（3）删除页眉或页脚

单击文档中的任何位置。在"插入"选项卡的"页眉和页脚"组中，单击"页眉"或"页脚"。从下拉列表中，单击"删除页眉"或"删除页脚"命令，页眉或页脚即被从该节或整个文档中删除。

### 10. 抽取目录

如果使用标题样式创建了文档，则可以按标题自动生成目录。

① 单击要插入目录的位置，在"引用"选项卡的"目录"组中，单击"目录"按钮，显示"目录"列表，如图 3-71 所示，然后单击"自定义目录"命令。

② 显示"目录"对话框的"目录"选项卡，默认抽取 3 级标题，如图 3-72 所示，单击"确定"按钮。生成的目录如图 3-73 所示。

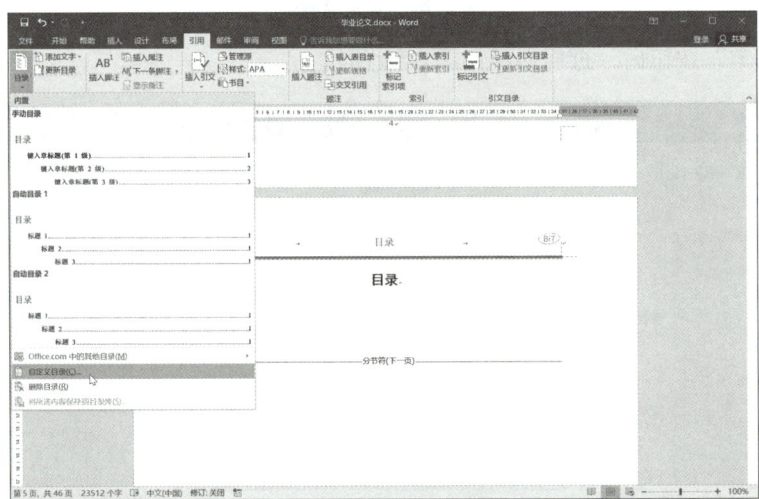

图 3-71 "目录"列表

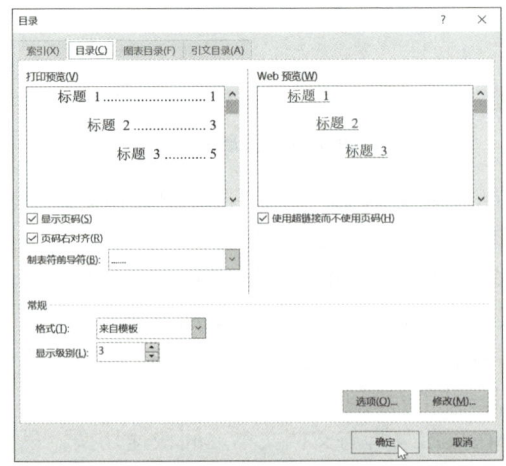

图 3-72 "目录"对话框的"目录"选项卡

图 3-73　生成的目录

## 3.5　批量生成学生成绩通知单

### 3.5.1　任务要求

邮件合并就是先建立两个 Office 文档：一个是 Word 文档，包括所有文件共有内容的主文档（如未填写的信封等）；一个是 Execl 文档，包括变化信息的数据源（如填写的收件人、发件人、邮编等），然后使用邮件合并功能在主文档中插入数据源中的变化信息，合成后的文件可以保存为 Word 文档，可以打印出来，也可以以邮件形式发送出去。

学生成绩通知单如果一张一张依靠手工填写是一件很繁锁的事。用 Word 的"邮件合并"功能，让 Word 和 Excel 协同工作，可以实现成绩报告单"批处理"，省时省力，轻松完成学生成绩通知单的填写工作，如图 3-74 所示。

文本

成绩通知单样文

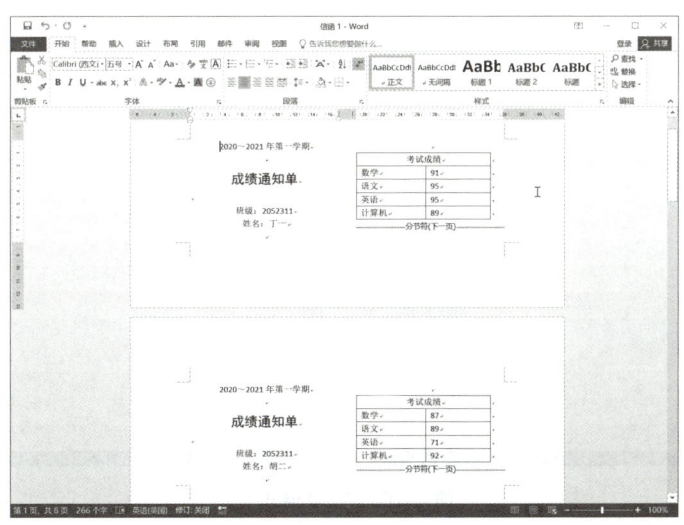

图 3-74　邮件合并的文档

### 3.5.2 操作步骤

**1. 在 Excel 中制作学生成绩统计表**

打开 Excel，将班级、学生姓名和各科成绩等信息输入表格，命名工作表为"2020 级"，如图 3-75 所示，以"学生成绩统计表.xlsx"为文件名，保存文件备用，退出 Excel。

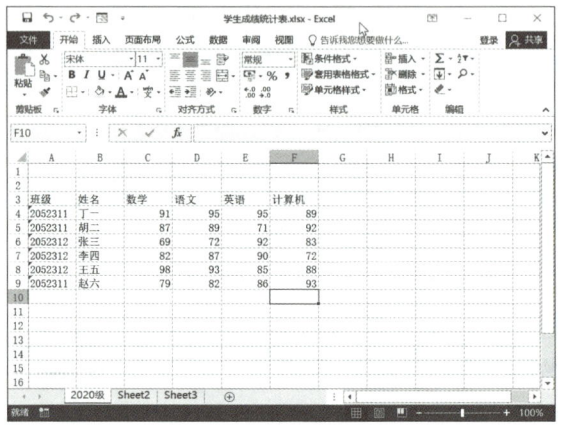

图 3-75　Excel 数据表

**2. 在 Word 中编排学生成绩通知单**

（1）打开 Word，设置"纸张"为自定义大小，宽度为 18.4 厘米，高度为 10 厘米，根据内容设置页边距，分两栏。

（2）根据"学生成绩统计表.xlsx"中工作表"2020 级"的表头中的有关项目，输入并编辑学生成绩通知单，表的第一行一般是标题，第二行起为数据记录。标题和数据记录应与 Excel 表对应，如图 3-76 所示，保存为"成绩通知单.docx"。

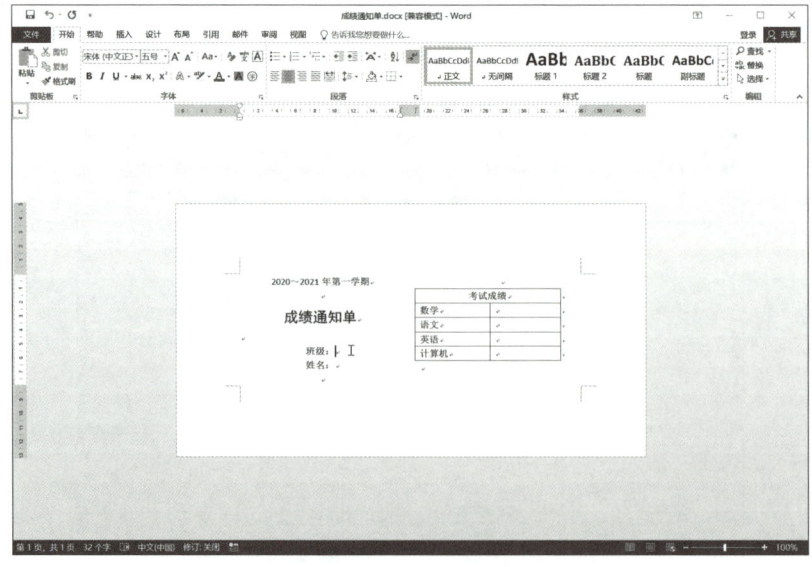

图 3-76　Word 通知单

### 3. 设置批量处理学生成绩通知单

（1）打开建立的"成绩通知单.docx"，在"邮件"选项卡的"开始邮件合并"组中，单击"开始邮件合并"按钮，在下拉列表中选择"普通 Word 文档"。单击"选择收件人"按钮，在下拉列表中选择"使用现有列表"。

（2）显示"选取数据源"对话框，找到并选中前面创建的"学生成绩统计表.xlsx"，单击"打开"按钮，如图 3-77 所示。

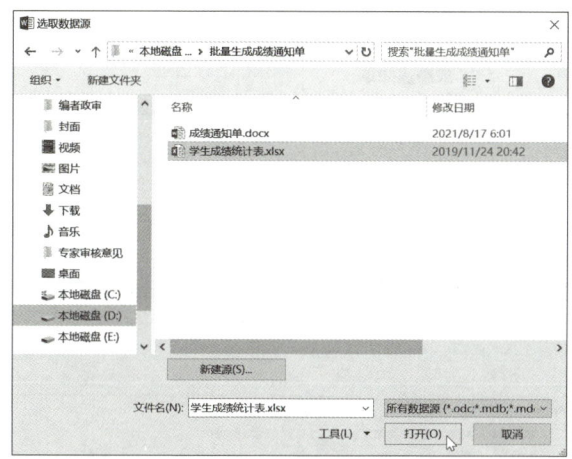

图 3-77 "选取数据源"对话框

（3）显示"选择表格"对话框，选择"2020 级 $"，如图 3-78 所示，单击"确定"按钮。

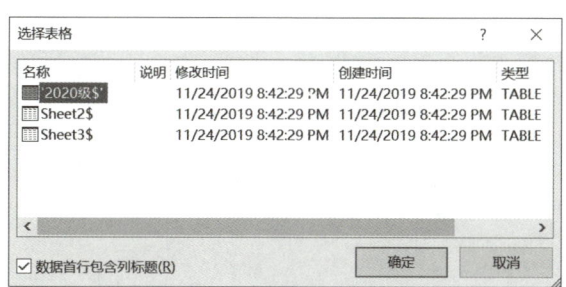

图 3-78 "选择表格"对话框

（4）回到 Word 编辑窗口，将插入点光标定位到成绩通知单中需要插入数据的位置（如"班级："后），然后在"邮件"选项卡的"编写和插入域"组中，单击"插入合并域"按钮，在列表中单击相应的选项（如"班级"），如图 3-79 所示。

重复以上操作过程，将数据源一项一项插入成绩通知单中相应的位置，完成后的学生成绩通知单如图 3-80 所示。

（5）在"邮件"选项卡的"完成"组中，单击"完成并合并"按钮，在列表中选择"编辑单个文档"，显示"合并到新文档"对话框，如图 3-81 所示，根据实际需要选择"全部""当前记录"或指定范围，单击"确定"按钮。

完成邮件合并，系统会自动处理并生成每位学生的成绩通知单，并在新文档中一一列出，如图 3-74 所示。

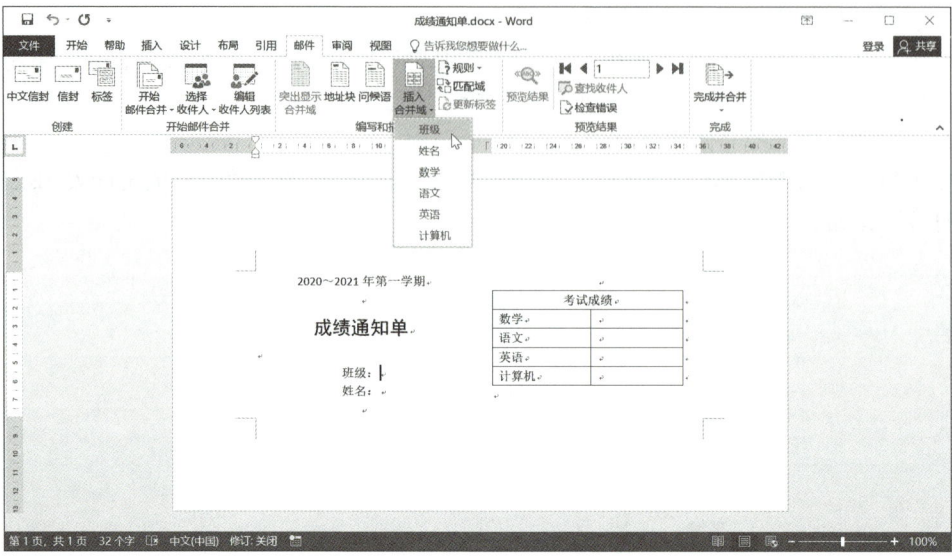

图 3-79　插入合并域

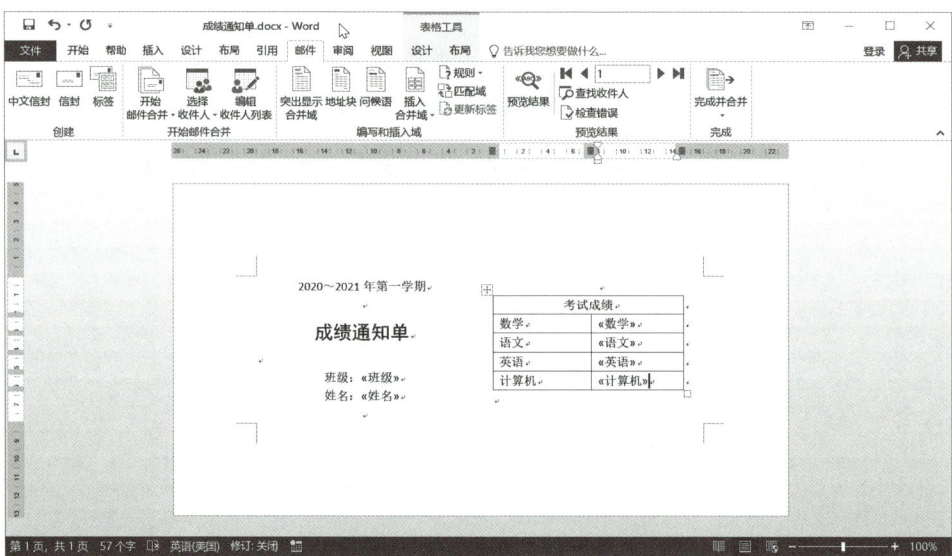

图 3-80　插入合并域完成后的学生成绩通知单

图 3-81　"合并到新文档"对话框

# 练习题

### 一、填空题。

1. 在 Word 的编辑状态下,进行"粘贴"操作的组合键是_____。
2. 在 Word 中,当前插入点在表格某行的最后一个单元格内,按 Enter 键后_____。
3. 在 Word 中,插入的图片与文字之间的环绕方式包括_____。
4. 当前编辑的 Word 文件名为"报告",修改后另存为"总结",则_____。
5. Word 中当用户在输入文字时,在_____模式下,随着输入新的文字,后面原有的文字将会被覆盖。
6. 在 Word 中,段落标记是在文本输入时按下_____键形成的。
7. Word 中左右页边距是指_____。
8. 使图片按比例缩放应选用_____。
9. 新建 Word 文档的快捷键是_____。
10. Word 具有_____五种视图显示方式。

### 二、简答题。

1. Word 的字符格式有哪些?段落格式有哪些?
2. 简述 Word 的格式刷的功能及用法。
3. 简述 Word 中设置选定字体的格式的两种方法。
4. 什么是样式?什么是模板?
5. 什么是文本框?文本框有什么用途?
6. 怎样取消自动更正?
7. 简述行距的概念。如何更改行距?
8. 什么是制表位?如何设置制表位?
9. Word 中的图片有哪些类型?如何更改图片的环绕方式?
10. 在粘贴文本时,如果不需要文本的原始格式,应如何操作?

### 三、操作题。

1. 试对以下"经典红烧肉"文字进行编辑、排版和保存(文档 1.docx),具体要求如下。

(1)将标题段("经典红烧肉")文字设置为三号、红色、黑体、加粗、居中,字符间距加宽 3 磅,并添加阴影效果,阴影效果的"预设"值为"内部右上角"。

(2)将正文各段落["红烧肉是热菜……(即后臀尖)。"]文字设置为 5 号宋体;设置正文各段落左、右各缩进 4 字符,首行缩进 2 字符。

(3)在页面底端(页脚)居中位置插入页码,并设置起始页码为"Ⅰ"。

(4)将文中后 7 行文字转换为一个 7 行 2 列的表格,设置表格居中,表格列宽为 4.5 厘米、行高为 0.7 厘米,表格中所有文字"水平居中"。

(5)设置表格外框线为 1.5 磅绿色单实线、内框线为 0.5 磅绿色单实线;按"用量"列(依据"数字"类型)降序排列表格内容。

经典红烧肉

红烧肉是热菜菜谱之一，是一道百吃不厌的经典菜，经久流传，经得起考验。

红烧肉的做法各地也会稍有不同。南方习惯用酱油（老抽）调色，而北方则偏爱炒糖色儿。不管是逢年过节还是亲朋聚会都不会少了诱人的红烧肉。

红烧肉的特点是浓油赤酱，肥而不腻，入口酥软即化。

制作红烧肉的原料一般选用上好五花肉（所谓上好五花肉要层次分明，一般五层左右为佳，故名"五花肉"），或者"坐臀肉"（即后臀尖）。

食材、配料及用量

| 食材、配料 | 用量 |
|---|---|
| 五花肉 | 1 000 g |
| 葱、姜、蒜 | 适量 |
| 桂皮 | 1 块 |
| 干辣椒 | 1 个 |
| 八角 | 2 粒 |
| 酱油、冰糖、盐、料酒 | 适量 |

**2.** 试对"经典红烧肉"文字进行编辑、排版和保存（文档2.docx），具体要求如下：

（1）将文中所有"红烧肉"替换为"东坡肉"。将标题段（"经典东坡肉"）文字设置为红色、二号、黑体、加粗、居中，并添加波浪下划线（"〰〰"），浅绿色底纹。

（2）设置正文各段落（"东坡肉是热菜……（即后臀尖）。"）文字为五号、宋体，1.25倍行距，段后间距0.5行。设置正文各段落首行缩进2字符。为正文第二、三段（"东坡肉的做法……入口酥软即化。"）添加项目符号"■"。

（3）设置页面"纸张"为16开，上、下页边距均设置为3厘米。

（4）将文中后7行文字转换为一个7行2列的表格，设置表格居中，表格列宽为5厘米、行高为0.6厘米，表格中所有文字"水平居中"。

（5）设置表格所有框线为0.75磅红色双窄线；为表格第一行添加"白色、背景1、15%"的灰色底纹；按"食材、配料"列（依据"拼音"类型）升序排列表格内容。

# 第 4 章
# 电子表格处理（Excel 2016）

计算机因需要解决计算问题而被人们发明创造出来，由于计算机具有能够对数据进行快速、精准的数学和逻辑运算特性，以及高速大容量数据存储和传输功能，使它在数据处理应用领域大放光彩。所谓数据处理是指对数据进行收集、记录、加工、变换从而得到新的信息形式的过程。计算机数据处理主要包括：数据采集、数据转换、数据分组、数据组织、数据计算、数据存储、数据检索、数据排序等。

计算机数据处理需要使用方便、功能适应的计算机硬件和软件设备，才能获得更高的工作效率。本章对常用的电子表格处理软件 Excel 2016 进行介绍，同时说明计算机数据处理的常用方法。

## 4.1 制作学生成绩表

本节以制作学生成绩表为例，介绍 Excel 的数据录入、数据处理和数据输出。用到的 Excel 特性与功能有数据录入、数据类型、单元格的设置、公式与函数、多工作表、单元格的引用、数据排序、数据筛选等。

### 4.1.1 任务要求

某班考试 4 门课程，分别为"大学计算机基础""大学英语""高等数学"和"哲学"，任课教师分别录入自己教授课程的成绩，班主任收集得到 4 个 Excel 文件，分别为"大学计算机基础-成绩表.xlsx""大学英语-成绩表.xlsx""高等数学-成绩表.xlsx"和"哲学-成绩表.xlsx"，如图 4-1、图 4-2、图 4-3、图 4-4 所示。

现在班主任需要把这 4 个 Excel 文件中的 4 门考试成绩整理到一个新的工作簿文件中，得到"20182206 班第 1 学期各科成绩表.xlsx"，如图 4-5 所示。

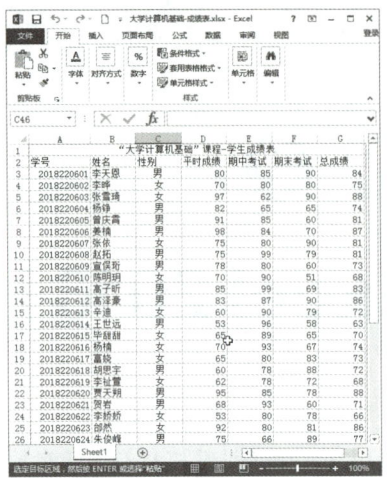

图 4-1　大学计算机基础-成绩表.xlsx

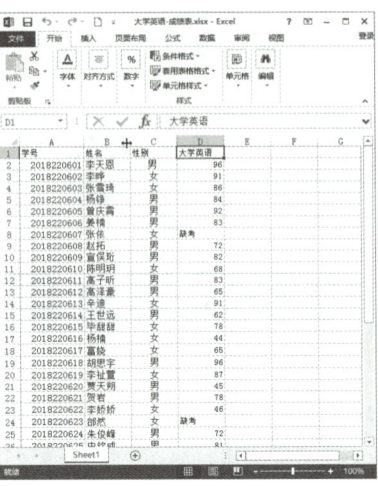

图 4-2　大学英语-成绩表.xlsx

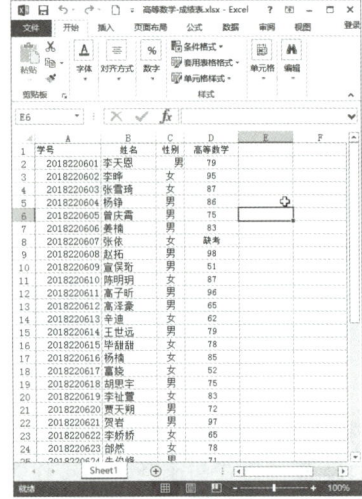

图 4-3　高等数学-成绩表.xlsx

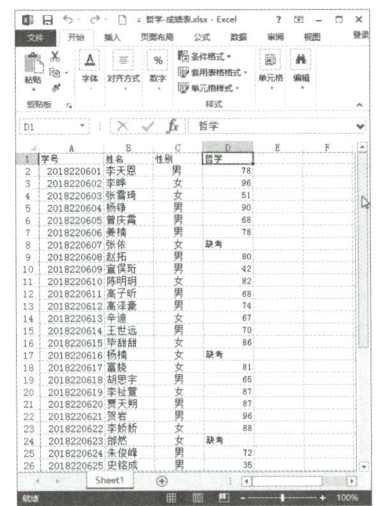

图 4-4　哲学-成绩表.xlsx

图 4-5　20182206 班第 1 学期各科成绩表.xlsx

## 4.1.2 操作步骤

**1. 输入单科成绩**

（1）新建工作簿文件

一个 .xlsx 文件就是一个 Excel 工作簿。一个 Excel 工作簿文件中，包括多个工作表。

① 启动"文件资源管理器"，在 C 盘根目录中新建一个工作文件夹并命名为"成绩"。把 4 个 Excel 文件复制到该文件夹中，如图 4-6 所示。

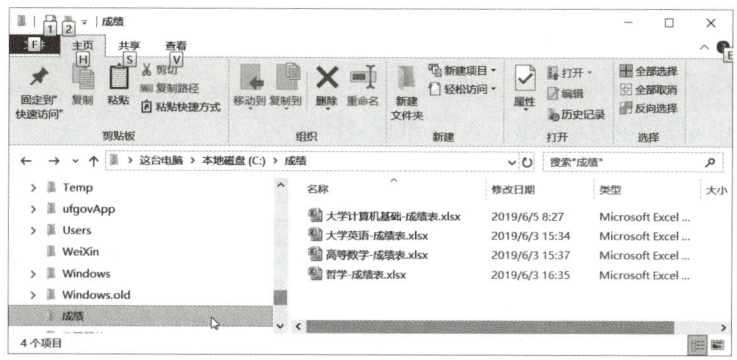

图 4-6 "成绩"工作文件夹

② 启动 Excel 程序。

③ 单击"快速启动工具栏"上的"保存"按钮，显示"另存为"选项卡，单击"浏览"命令。

④ 显示"另存为"对话框，如图 4-7a 所示。在"文件名"下拉列表框中输入"20182206 班第 1 学期各科成绩表"，Excel 在保存文档时会自动加上扩展名 .xlsx。在对话框左侧的导航窗格中浏览到保存的文件夹"成绩"，单击"保存"按钮，如图 4-7b 所示。

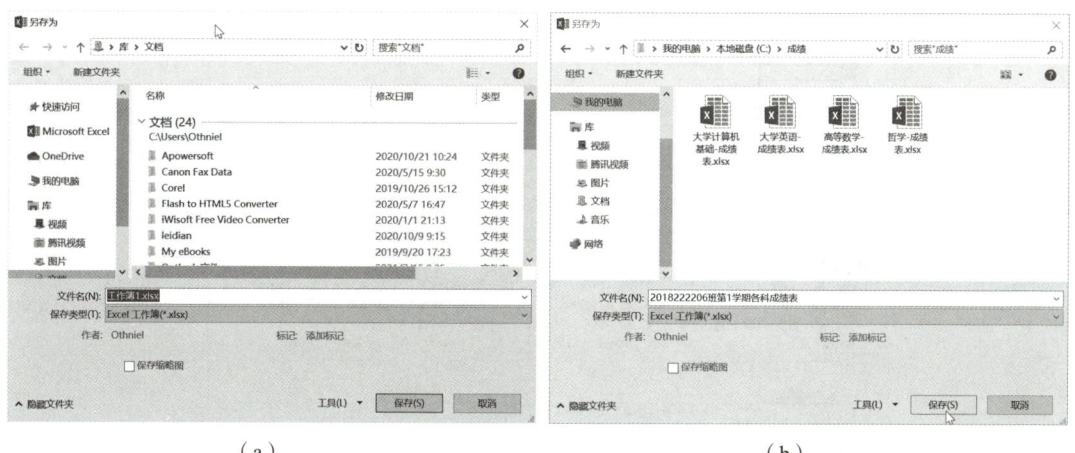

（a） （b）

图 4-7 "另存为"对话框

**注意：** 如果下一次对工作簿进行保存操作时，就可以不打开"另存为"对话框，而是单击保存按钮直接保存。若需要将工作簿更换名称保存，则可以再次单击"另存为"按钮。

（2）自动填充学号

由于学号有一定规律，而且是连续的，所以可以采用自动填充的方法。

① 在当前打开的 Sheet1 工作表中，单击 A1 单元格，输入："大学计算机基础"课程-学生成绩表。单击 A2 单元格，输入"学号"；单击 B2 单元格，输入"姓名"；单击 C2 单元格，输入"性别"。

② 单击 A3 单元格，把输入法切换到英文，输入英文单引号"'"后输入"20182206"，按 Enter 键。

③ 如果单元格中，内容的宽度超过单元格，把鼠标指针放到"列表"分隔线上，待光标变为 ╋ 时，向右拖曳。

④ 单击 A3 单元格，把鼠标指针指向该单元格的填充柄，当鼠标指针变为黑十字时，按住鼠标左键不松开向下拖曳填充柄到目标单元格，松开鼠标左键，在 A3 单元格拖曳区域的单元格内即出现自动填充的数据，填充过程如图 4-8 所示。

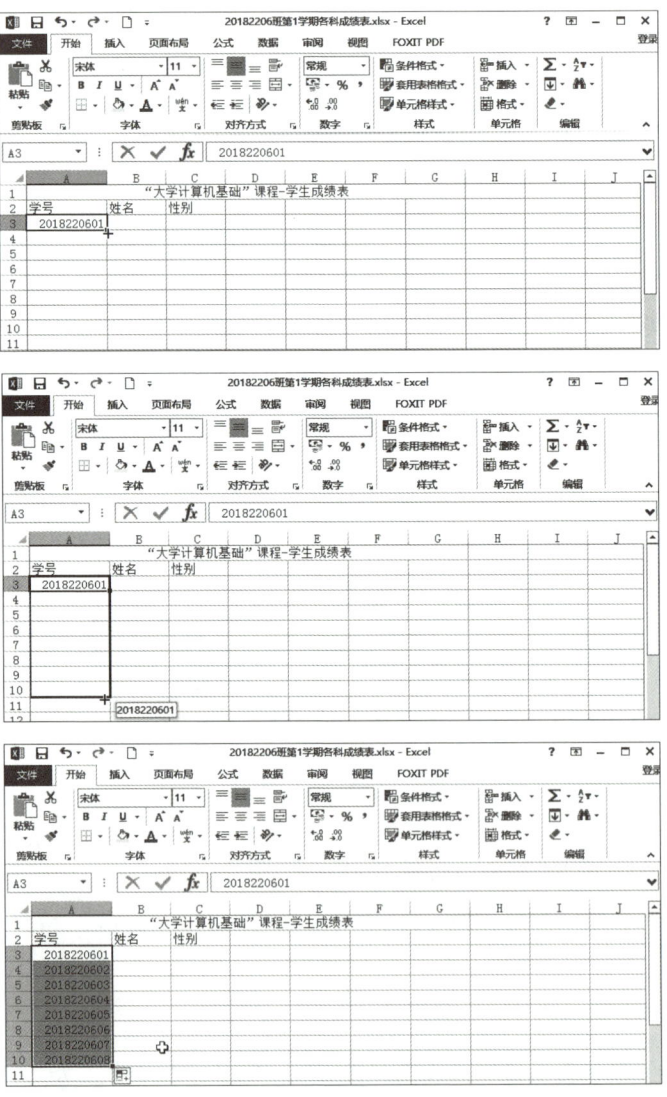

图 4-8 填充过程

（3）输入姓名

由于姓名没有规律，只能一个单元格一个单元格的输入。单击"姓名"列的单元格，输入与学号对应的姓名。

（4）输入性别

性别只有"男""女"两个值，可以采用填充实现快速输入。

① 因为该班女同学多，所以这里以先输入"女"为例来输入。单击C3单元格，在C3单元格中输入"女"，如图4-9所示。虽然该单元格内应该输入"男"，但为了后面更改方便，这里暂时输入"女"。

② 双击C3单元格的填充柄，这时"性别"列中的单元格内容全部自动填充为"女"，如图4-10所示。

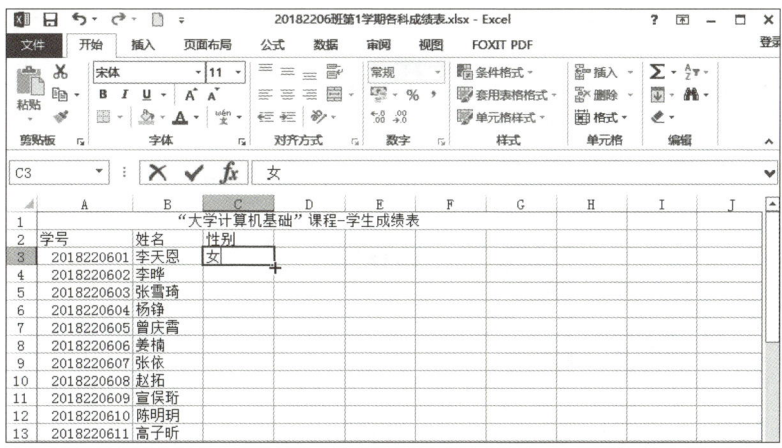

图4-9　输入性别"女"

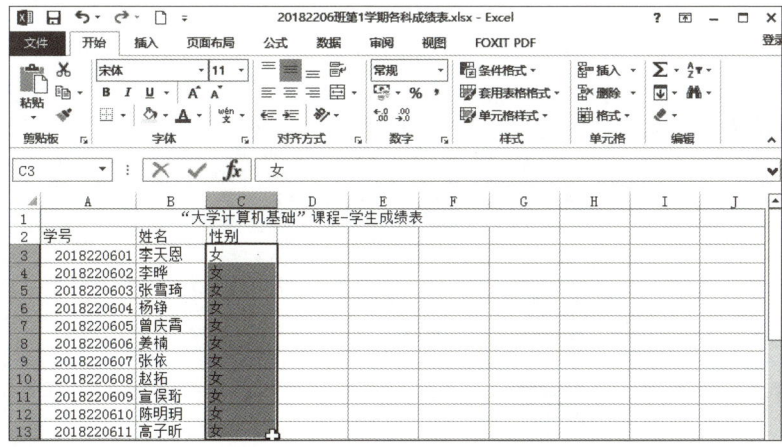

图4-10　双击填充柄，自动填充

③ 首先单击任意一个应该改为"男"的单元格。按下Ctrl键不松开，分别单击其他要更改性别的单元格。在被选中的最后一个单元格中输入"男"（可以不是行号最大的单元格），如图4-11所示。

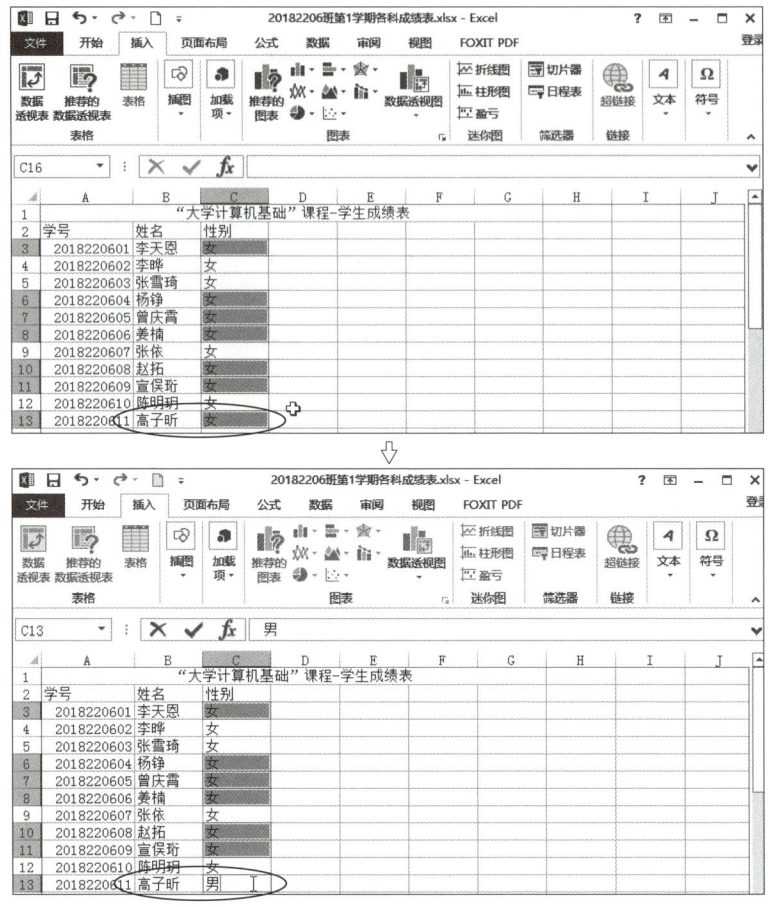

图 4-11 输入要更改的内容

④ 按 Ctrl+Enter 键，则所有被选中单元格的内容同时变为"男"，如图 4-12 所示。

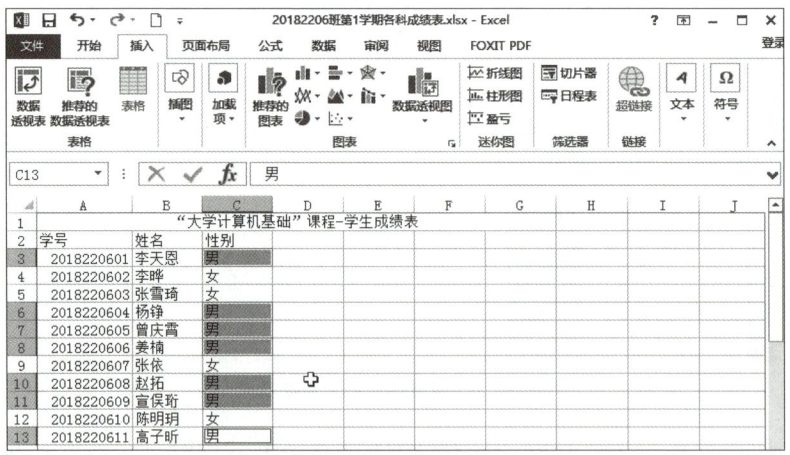

图 4-12 更改后

（5）输入成绩

输入平时成绩、期中考试成绩和期末考试成绩。由于需要输入的成绩多，在输入的过程中很容易看错行而输错数据。为了减少输入错误，下面采用选定单元格区域进行快速输入的方法，例如每次选定 3 行 3 列。请打开"大学计算机基础-成绩表.xlsx"文件，对照着输入。

① 单击 D2 单元格，输入"平时成绩"；单击 E2 单元格，输入"期中考试"；单击 F2 单元格，输入"期末考试"；单击 G2 单元格，输入"总成绩"。

② 单击 D3 单元格，向右下拖曳到 F5 单元格，此时选中 D3:F5 单元格区域，其中 D3 单元格是活动单元格，如图 4-13 所示。

③ 在 D3 单元格中输入 80。按 Tab 键移动活动单元格到右边的 E3 单元格，输入 85。再次按 Tab 键，在 F3 单元格中输入 90。再按 Tab 键时，活动单元格移到下一行 D4 单元格，同样的操作，完成区域中剩余单元格的数据输入，如图 4-14 所示。

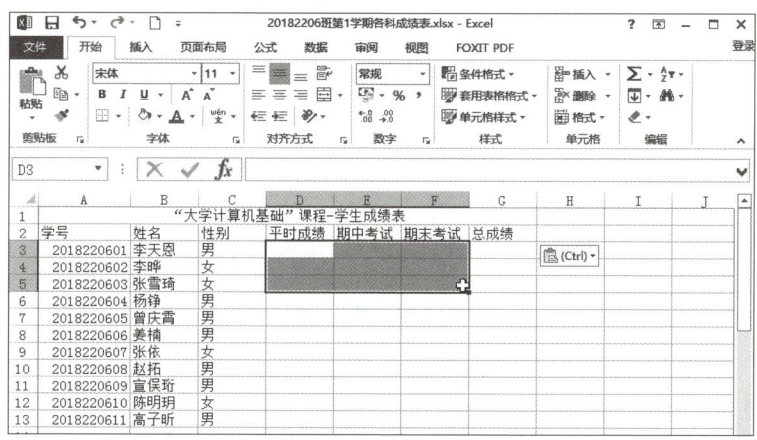

图 4-13　选定输入数据的区域

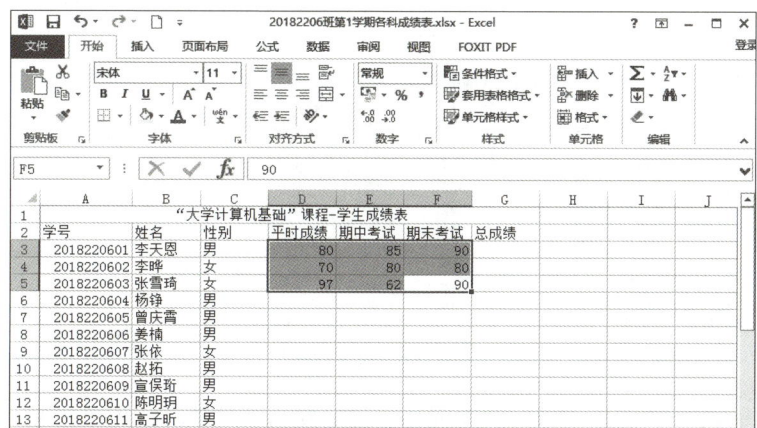

图 4-14　在区域中输入数据

在选定单元格区域中输入数据时，只能使用 Tab 键（向右移动）、Shift+Tab 键（向左移动）、Enter 键（向下移动）和 Shift+Enter 键（向上移动）。不能使用鼠标单击任何单元格，不能用编辑键移动（↑、↓、←、→键），否则选定的单元格区域将被取消。

④ 按照上面介绍的方法，选定其他需要输入成绩的区域，输入成绩。

（6）计算总成绩

总成绩的计算公式是：平时成绩 *50%+ 期中考试成绩 *20%+ 期末考试成绩 *30%。

① 单击 G3 单元格，在单元格中输入“=”，如图 4-15 所示。

② 继续在 G3 单元格中输入公式“d3*0.5+e3*0.2+f3*0.3”，如图 4-16 所示，公式中不区别大小写。注意，输入法要切换到英文半角状态。

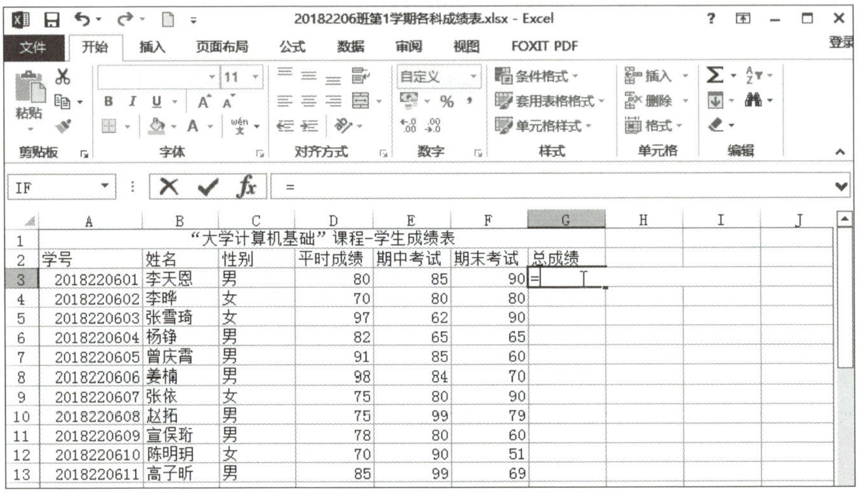


| | A | B | C | D | E | F | G |
|---|---|---|---|---|---|---|---|
| 1 | “大学计算机基础”课程-学生成绩表 | | | | | | |
| 2 | 学号 | 姓名 | 性别 | 平时成绩 | 期中考试 | 期末考试 | 总成绩 |
| 3 | 2018220601 | 李天恩 | 男 | 80 | 85 | 90 | = |
| 4 | 2018220602 | 李晔 | 女 | 70 | 80 | 80 | |
| 5 | 2018220603 | 张雪琦 | 女 | 97 | 62 | 90 | |
| 6 | 2018220604 | 杨铮 | 男 | 82 | 65 | 65 | |
| 7 | 2018220605 | 曾庆霄 | 男 | 91 | 85 | 60 | |
| 8 | 2018220606 | 姜楠 | 男 | 98 | 84 | 70 | |
| 9 | 2018220607 | 张依 | 女 | 75 | 80 | 90 | |
| 10 | 2018220608 | 赵拓 | 男 | 75 | 99 | 79 | |
| 11 | 2018220609 | 宣保珩 | 男 | 78 | 80 | 60 | |
| 12 | 2018220610 | 陈明玥 | 女 | 70 | 90 | 51 | |
| 13 | 2018220611 | 高子昕 | 男 | 85 | 99 | 69 | |

图 4-15　输入“=”

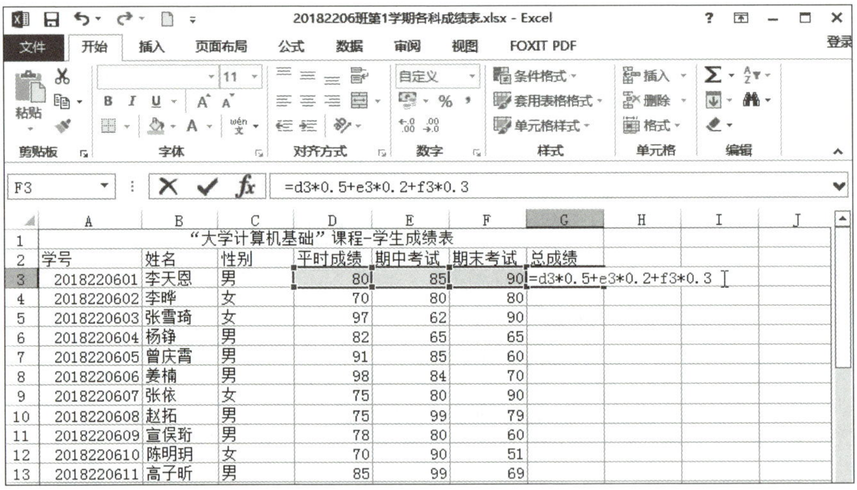


| | A | B | C | D | E | F | G |
|---|---|---|---|---|---|---|---|
| 1 | “大学计算机基础”课程-学生成绩表 | | | | | | |
| 2 | 学号 | 姓名 | 性别 | 平时成绩 | 期中考试 | 期末考试 | 总成绩 |
| 3 | 2018220601 | 李天恩 | 男 | 80 | 85 | 90 | =d3*0.5+e3*0.2+f3*0.3 |
| 4 | 2018220602 | 李晔 | 女 | 70 | 80 | 80 | |
| 5 | 2018220603 | 张雪琦 | 女 | 97 | 62 | 90 | |
| 6 | 2018220604 | 杨铮 | 男 | 82 | 65 | 65 | |
| 7 | 2018220605 | 曾庆霄 | 男 | 91 | 85 | 60 | |
| 8 | 2018220606 | 姜楠 | 男 | 98 | 84 | 70 | |
| 9 | 2018220607 | 张依 | 女 | 75 | 80 | 90 | |
| 10 | 2018220608 | 赵拓 | 男 | 75 | 99 | 79 | |
| 11 | 2018220609 | 宣保珩 | 男 | 78 | 80 | 60 | |
| 12 | 2018220610 | 陈明玥 | 女 | 70 | 90 | 51 | |
| 13 | 2018220611 | 高子昕 | 男 | 85 | 99 | 69 | |

图 4-16　输入公式

也可以在输入“=”后，单击 D3 单元格，然后输入“*0.5+”；再单击 E3 单元格，然后输入“*0.2+”；最后单击 F3 单元格，然后输入“*0.3”。

③ 按 Enter 键或者单击“编辑栏”上的“输入”按钮✔，确认输入。此时该单元中将显示计算结果，如图 4-17 所示。

④ 双击 G3 单元格的填充柄，把 G3 单元格的计算公式复制到该列的其他单元格中，如图 4-18 所示。

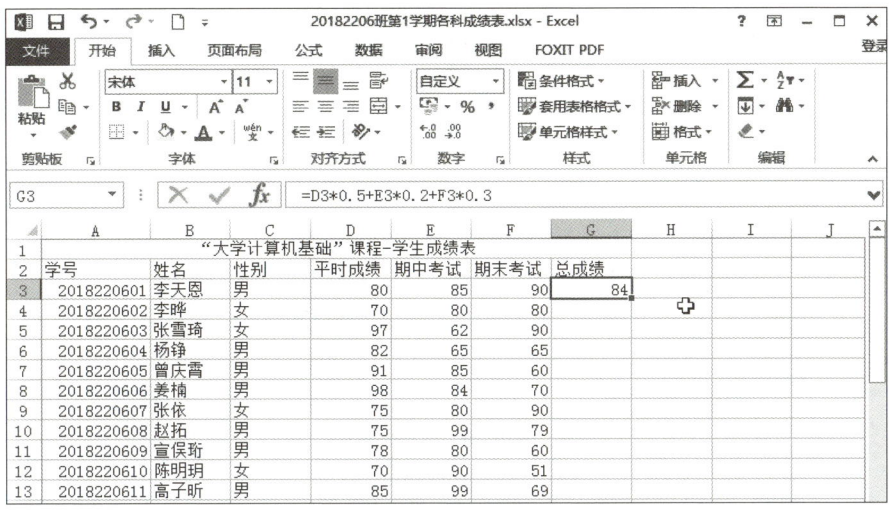

图 4-17 计算结果

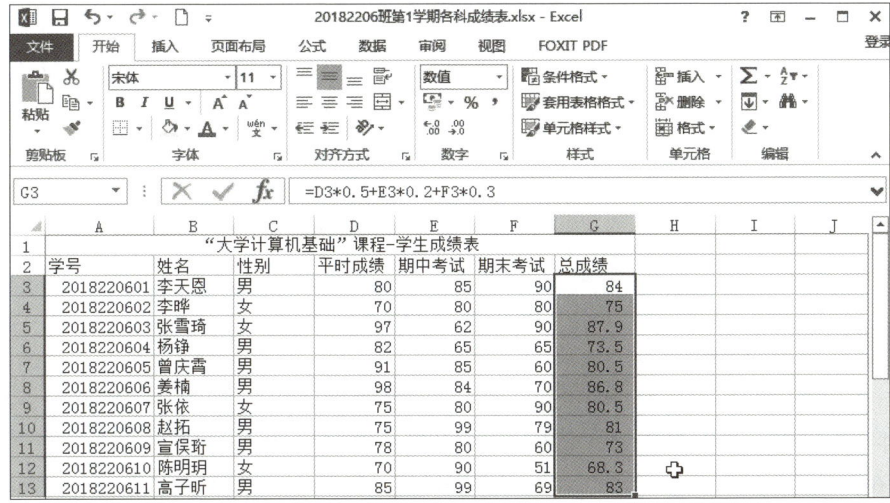

图 4-18 复制公式

> **注意：**
> - 公式必须以等号"="开头，且输入的必须是英文的等号。
> - 通常在单元格中只能看到计算结果。单击相应的单元格就可以在编辑栏中看到公式。

（7）将总成绩改为整数

如果要求总成绩必须是整数，则可以通过减少小数位数来实现。

① 选中 G3:G42 单元格区域。

② 在"开始"选项卡的"数字"组中，先单击"增加小数位数"按钮，把所有数增加一个小数，如图 4-19 所示。然后再单击两次"减少小数位数"按钮，把小数改为整数，如图 4-20 所示。

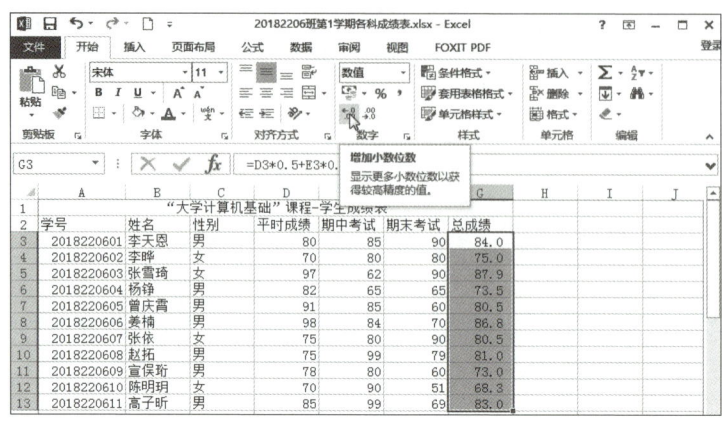

图 4-19 增加小数

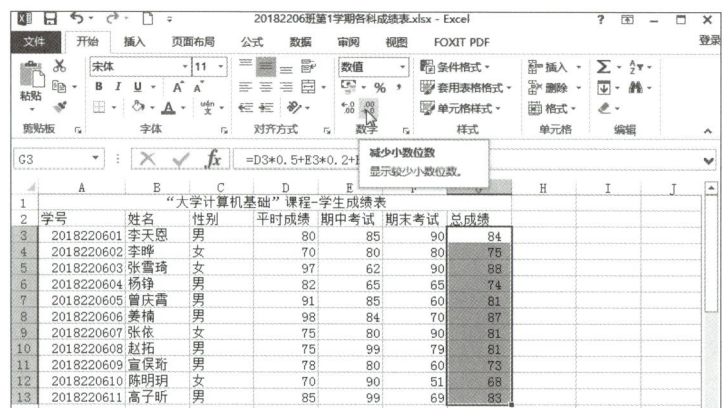

图 4-20 减少小数

（8）更改工作表名称

工作表的名称在默认情况下是"Sheet1""Sheet2"和"Sheet3"3个。如果一个Excel工作簿文件中含有多个工作表，应该把工作表名称改为有意义的名称。

① 在Excel文档窗口左下角，双击工作表标签"Sheet1"，如图4-21所示。

② 输入新的工作表名称"大学计算机应用"，输入完成后按Enter键，如图4-22所示。

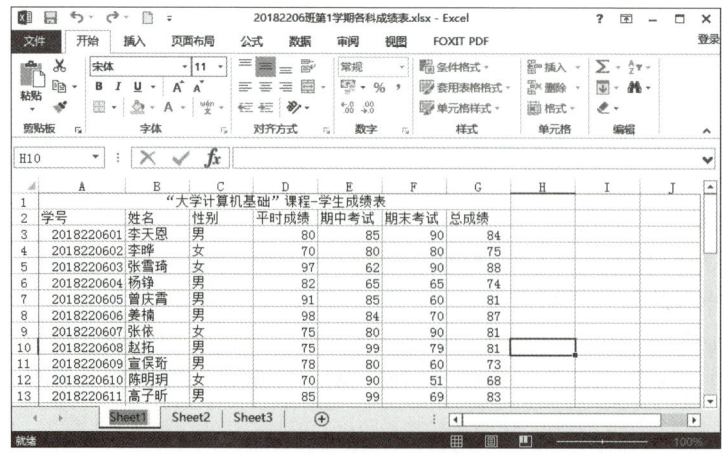

图 4-21 双击工作表名称

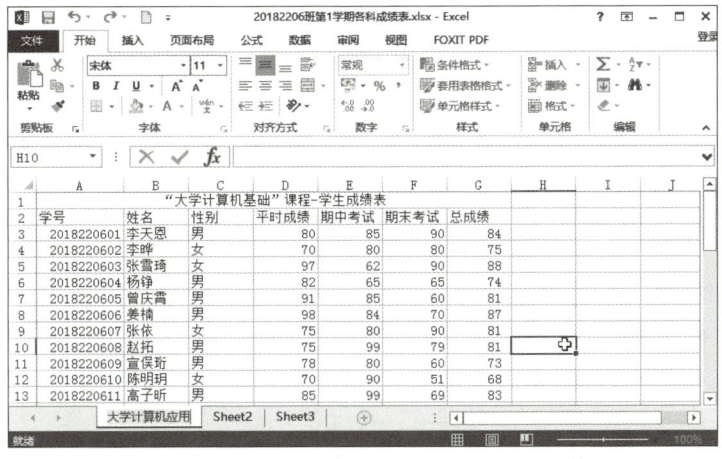

图 4-22 输入新的工作表名称

（9）保存工作簿文件

为了减少断电、死机等故障造成的数据丢失，应该经常保存文档。可以时常单击"保存"按钮，也可以设置为自动保存。

① 单击"文件"菜单，在"文件"菜单中单击"选项"，显示"Excel 选项"对话框。

② 在左侧窗格中单击"保存"。在右侧窗格中，选中"保存自动恢复信息时间间隔"复选框后，调整"分钟"为 1，如图 4-23 所示，单击"确定"按钮。

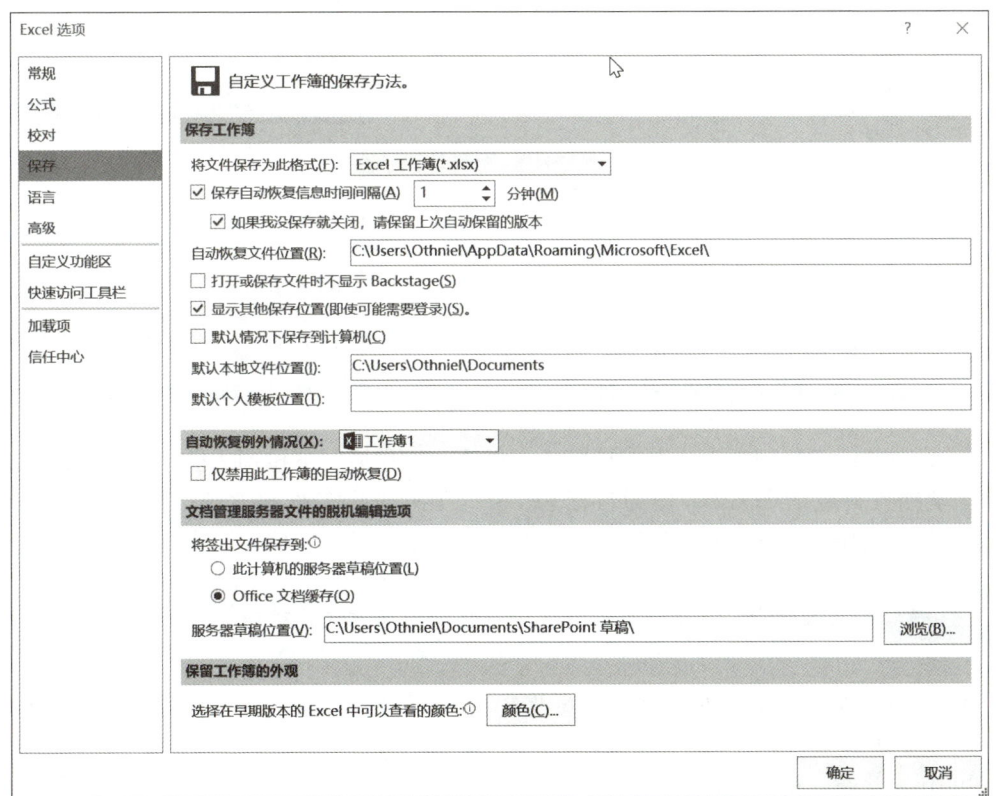

图 4-23 "Excel 选项"对话框

### 2. 合并工作表

合并工作表就是把一个工作簿中的工作表复制或移动到另一个工作簿中。

（1）复制或移动工作表

把"大学英语-成绩表.xlsx""高等数学-成绩表.xlsx"和"哲学-成绩表.xlsx"3个工作簿中的考试成绩，复制到"20182206班第1学期各科成绩表.xlsx"工作簿文件中。

① 分别打开"20182206班第1学期各科成绩表.xlsx"和"大学英语-成绩表.xlsx"文件。

② 把"大学英语-成绩表.xlsx"的Sheet1作为当前工作表，也就是源表。在Sheet1标签上右击，显示快捷菜单，如图4-24所示，在快捷菜单上单击"移动或复制"，显示"移动或复制工作表"对话框，如图4-25所示。

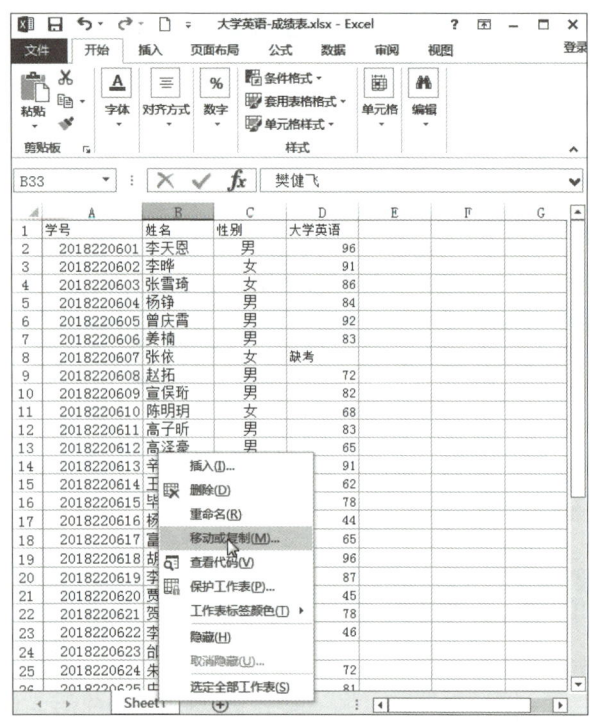

图4-24 工作表标签的快捷菜单

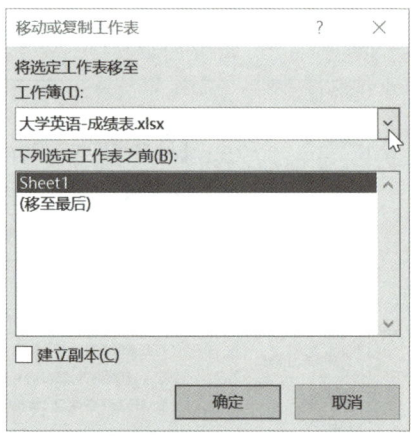

图4-25 "移动或复制工作表"对话框

③ 在"移动或复制工作表"对话框中，单击"工作簿"下拉列表框，选择"20182206班第1学期各科成绩表.xlsx"作为目标表；在"下列选定工作表之前"列表框中，选定Sheet2。同时选中"建立副本"复选框，如图4-26所示，单击"确定"按钮。

> **注意**：如果未选中"建立副本"复选框，执行的操作就是移动工作表。

④ 这时当前工作表变为"20182206班第1学期各科成绩表.xlsx"工作簿的"Sheet1"，其内容为复制过来的大学英语考试成绩，如图4-27所示。

⑤ 在"开始"选项卡的"单元格"组中，单击"格式"，显示其下拉列表，如图4-28所示。

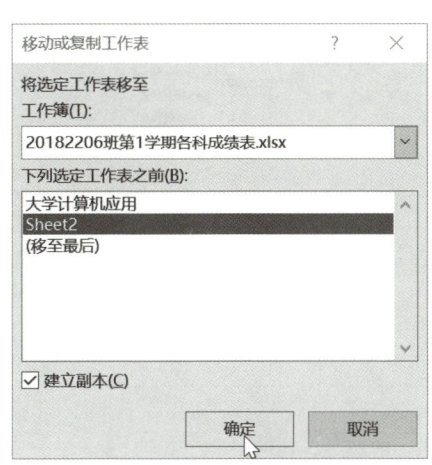

图 4-26 选择目标表及复制位置

图 4-27 复制过来的大学英语考试成绩

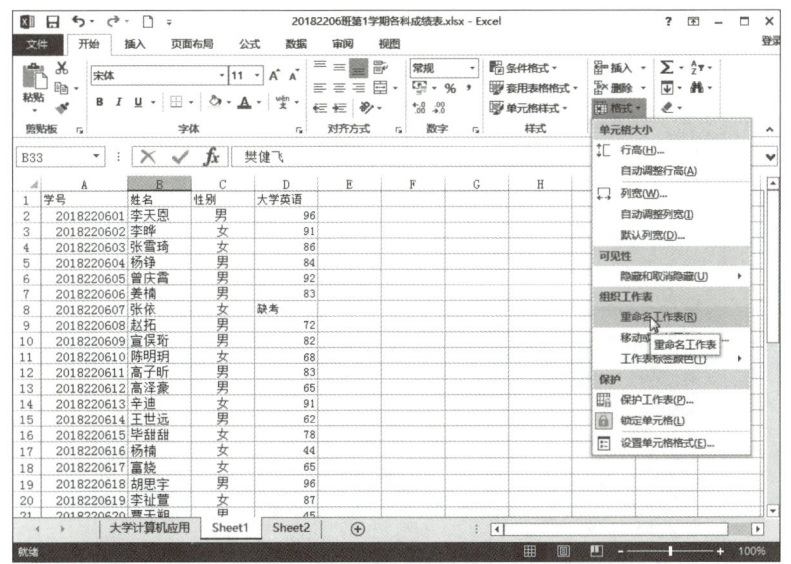

图 4-28 "格式"下拉列表

⑥ 在下拉列表的"组织工作表"组中，单击"重命名工作表"。这时"Sheet1"变为选中状态，输入新的工作表名称"大学英语"，按 Enter 键确认。

（2）复制和粘贴工作表

如果需要合并的数据比较少，采用复制和粘贴工作表会更方便。

① 分别打开"20182206 班第 1 学期各科成绩表.xlsx"和"高等数学-成绩表.xlsx"文件。

② 在 Windows 任务栏上单击"高等数学-成绩表.xlsx"，在 Sheet1 中单击工作表左上角的"全选"按钮，按 Ctrl+C 键把选定的内容复制到剪贴板，被选定的工作表区域边框出现虚线框，如图 4-29 所示。

③ 在 Windows 任务栏上单击"20182206 班第 1 学期各科成绩表.xlsx",单击一个空白工作表的标签,如图 4-30 所示。

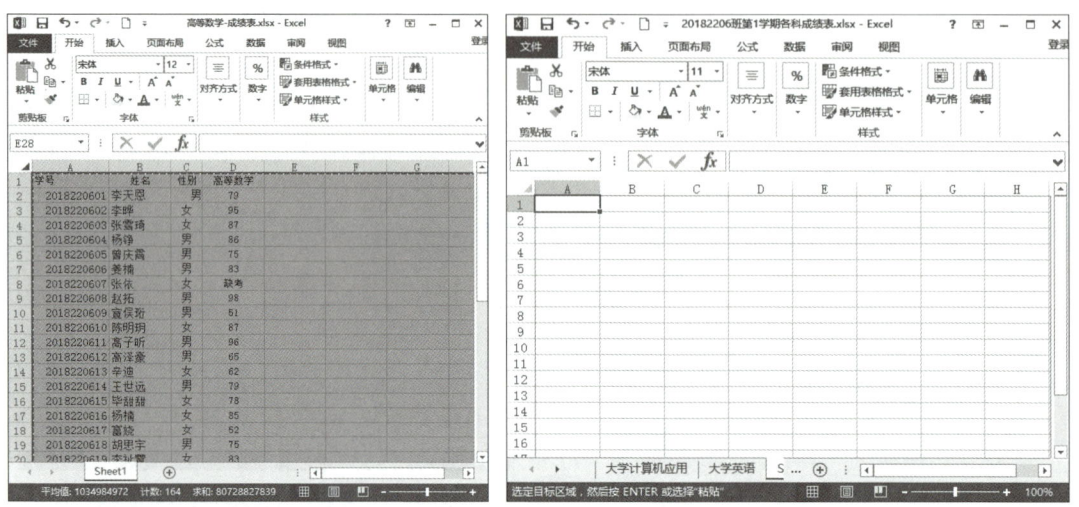

图 4-29　复制选定的工作表(源)　　　　图 4-30　打开目标工作表(目标)

④ 单击 A1 单元格,设置开始复制的单元格。按 Ctrl+V 键,把数据粘贴到目标工作表中,如图 4-31 所示。

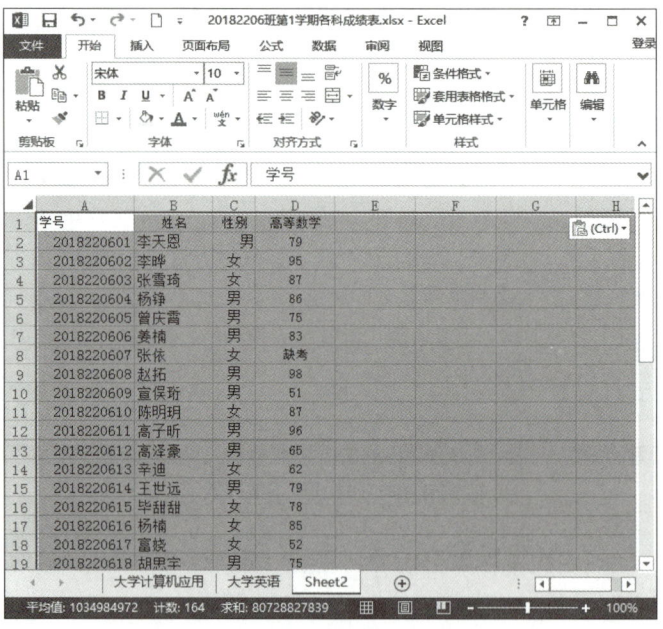

图 4-31　把数据粘贴到目标工作表中

⑤ 把当前工作表的名称改为"高等数学"。

(3) 在不同工作簿之间,使用鼠标拖曳方法复制工作表

把"哲学-成绩表.xlsx"中的成绩复制到"20182206 班第 1 学期各科成绩表.xlsx"文件中。

① 如果使用鼠标拖曳方法在不同工作簿之间复制或移动工作表，则必须同时打开两个工作簿窗口，并且在屏幕上同时可见。单击切换到任何一个工作表，在"视图"选项卡的"窗口"组中，单击"全部重排"命令，如图 4-32 所示。

② 显示"重排窗口"对话框，如图 4-33 所示，选择"平铺"并单击"确定"按钮。

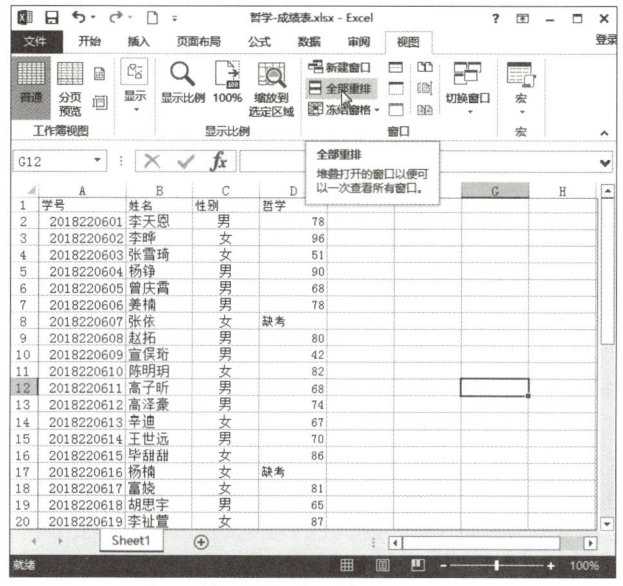

图 4-32 "全部重排"命令

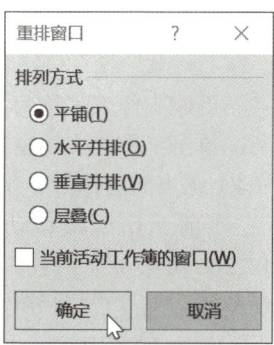

图 4-33 "重排窗口"对话框

重排的平铺窗口如图 4-34 所示。

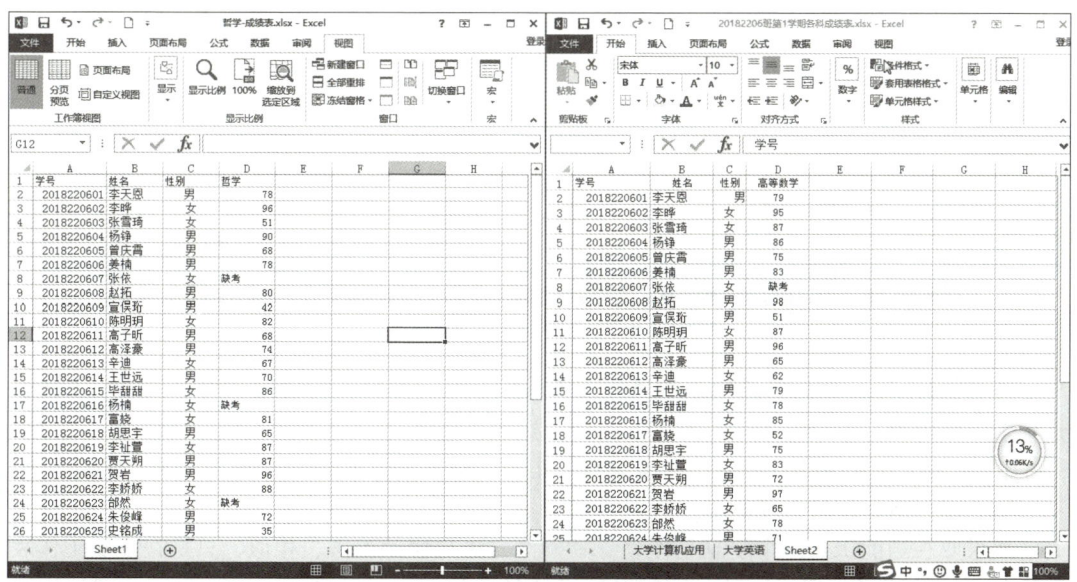

图 4-34 重排的平铺窗口

③ 在源工作簿中选择工作表标签后，按住鼠标左键拖曳到目标工作簿，当鼠标指针到达目标位置后松开鼠标。"哲学"工作表已经复制到汇总表中，如图 4-35 所示。

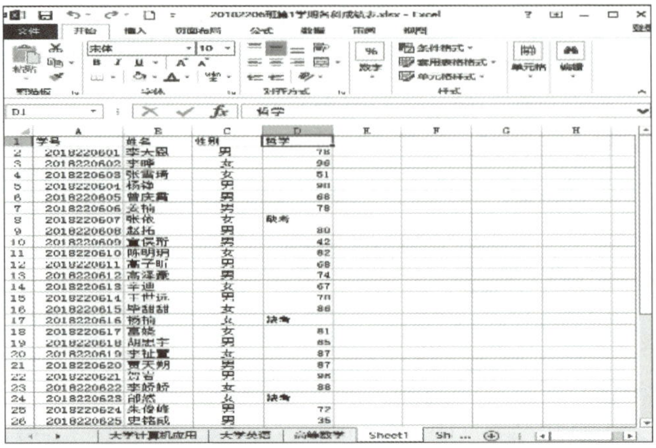

图 4-35 复制后的工作簿

④ 更改工作表名称为"哲学"。

⑤ 单击工作表文档窗口的最大化按钮，使之撑满 Excel 窗口。

（4）在当前工作簿中移动工作表

在当前工作簿中移动工作表就是在当前工作簿中调整工作表标签的先后顺序。在"20182206班第1学期各科成绩表.xlsx"文件中，调整 4 个工作表标签的显示顺序依次为"大学英语""哲学""高等数学""大学计算机应用"。

① 单击工作表标签"大学英语"，按下鼠标左键不松开，向左或向右拖曳，这时工作表标签左上角出现一个黑色小三角，鼠标指针变为移动样式，如图 4-36 所示。

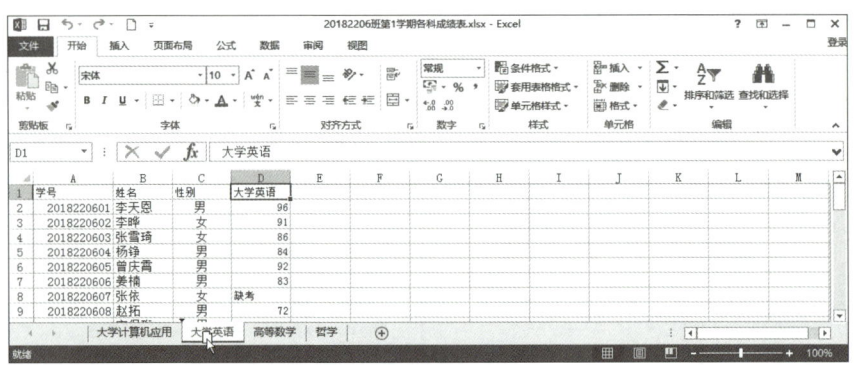

图 4-36 调整工作表标签的顺序

② 拖曳鼠标，当黑色三角到达目标位置后松开鼠标左键，即可把"大学英语"工作表移动到目标位置。

③ 按照上面介绍的方法，移动其他的工作表，调整至要求的显示顺序。

（5）在当前工作簿中复制工作表

如果要在当前工作簿中复制工作表，其操作方法与移动工作表相似，只是在拖曳工作表标签时要先按下 Ctrl 键不松开，这时鼠标指针显示为带＋号的图形。到达目标位置后，要先松开鼠标左键，然后再松开 Ctrl 键。

一般来说，在不同工作簿中复制或移动工作表，使用"移动或复制"最方便；在同一个工作簿中复制或移动工作表，使用鼠标拖曳的方法比较简单。

> **注意：** 删除工作表时一定要慎重，因为一旦工作表被删除就不能再恢复了。

### 3. 制作各科成绩汇总表

为了便于计算、统计、分析各科的考试成绩，需要把学号、姓名、性别，以及各科总成绩放在一个工作表中。

（1）插入工作表

① 打开"20182206班第1学期各科成绩表.xlsx"文件，在要插入位置的工作表标签上右击，在显示的快捷菜单上单击"插入"，如图4-37所示。

② 显示"插入"对话框，如图4-38所示，选中"工作表"，单击"确定"按钮。

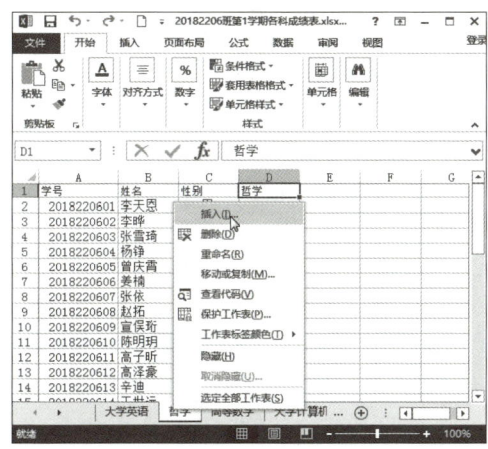

图4-37 工作表标签的快捷菜单

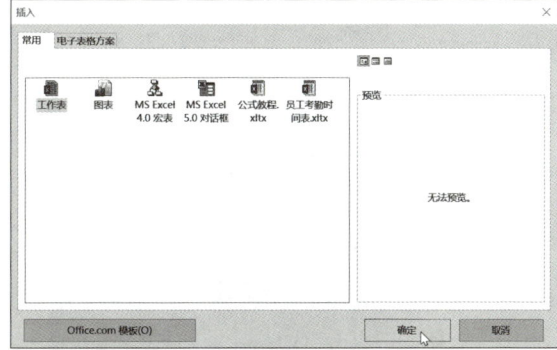

图4-38 "插入"对话框

③ 把新插入的工作表标签名称改为"各科成绩汇总表"。

如果要一次插入多个工作表，应先选定与要插入工作表数量相同的工作表标签（先按下Ctrl键不松开，再单击工作表标签，然后松开Ctrl键）。然后在"开始"选项卡的"单元格"组中，单击"插入"后的下拉按钮，从下拉菜单中单击"插入工作表"，如图4-39所示。这时插入工作表的数量与选中的工作表的数量相等。

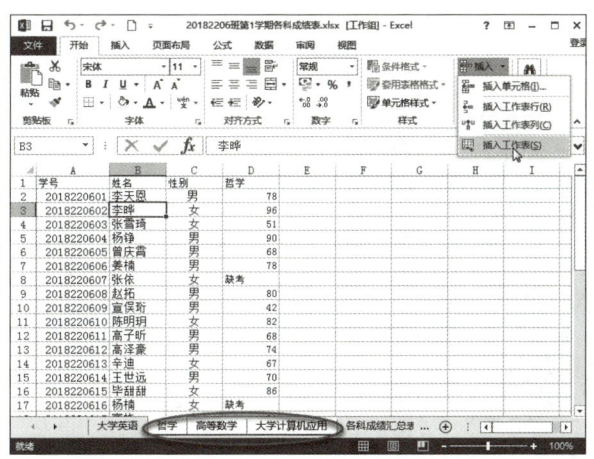

图4-39 插入多个工作表

（2）单元格数据的复制与粘贴

在"20182206班第1学期各科成绩表.xlsx"中，把"大学英语"工作表中的"学号""姓名""性别"和"大学英语"的数据记录复制到"各科成绩汇总表"工作表中。

① 在"大学英语"工作表中，选定要复制的单元格区域 A1:D41。

② 在"开始"选项卡的"剪贴板"组中，单击"复制"按钮，或者直接按 Ctrl+C 键。选定的单元格区域的四周出现一个虚线框，如图 4-40 所示。

③ 单击"各科成绩汇总表"标签，切换到该工作表。在该工作表中单击 A1 单元格。

④ 在"开始"选项卡的"剪贴板"组中，单击"粘贴"按钮。复制过来的数据如图 4-41 所示。

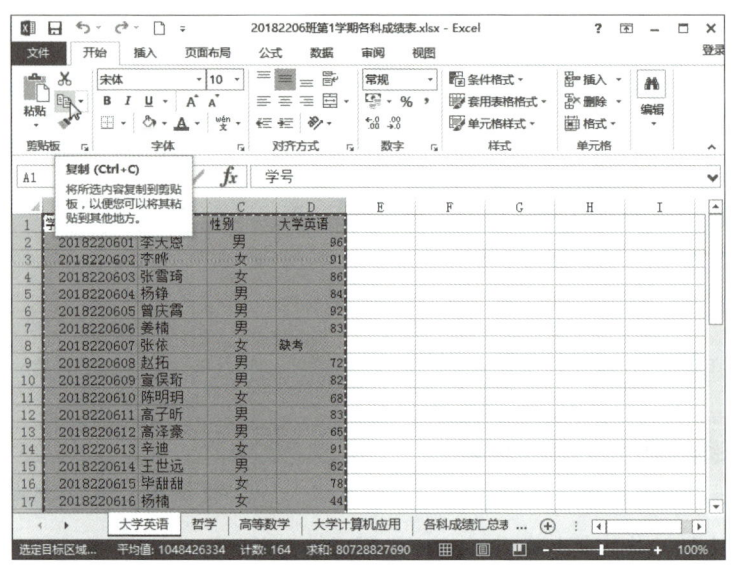

图 4-40　复制单元格区域

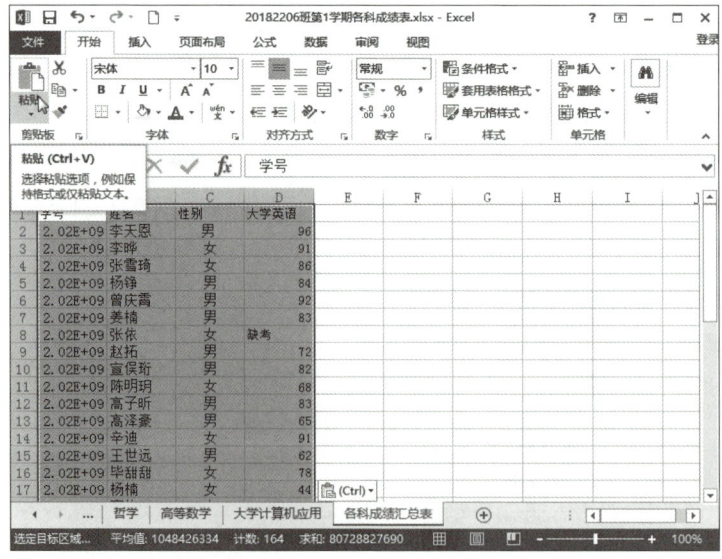

图 4-41　粘贴单元格区域

⑤ 由于"哲学"工作表中的学生顺序与"大学英语"工作表中的学生顺序完全相同，所以可以把"哲学"工作表中的"哲学"列的数据复制到"各科成绩汇总表"中。在"哲学"工作表中选中 D1:D41 单元格区域。按 Ctrl+C 键，把选定区域复制到剪贴板上，如图 4-42 所示。

⑥ 切换到"各科成绩汇总表"工作表，单击 E1 单元格。按 Ctrl+V 键，把剪贴板内容粘贴到当前工作表中，如图 4-43 所示。

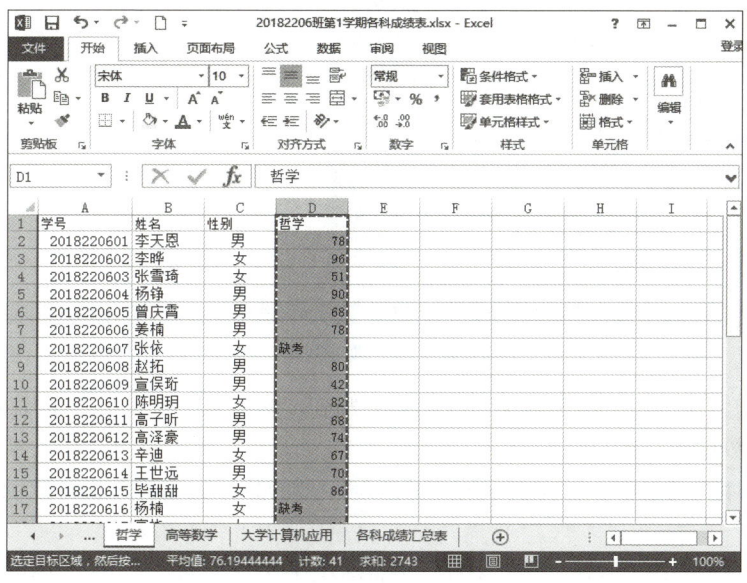

图 4-42　复制选定区域

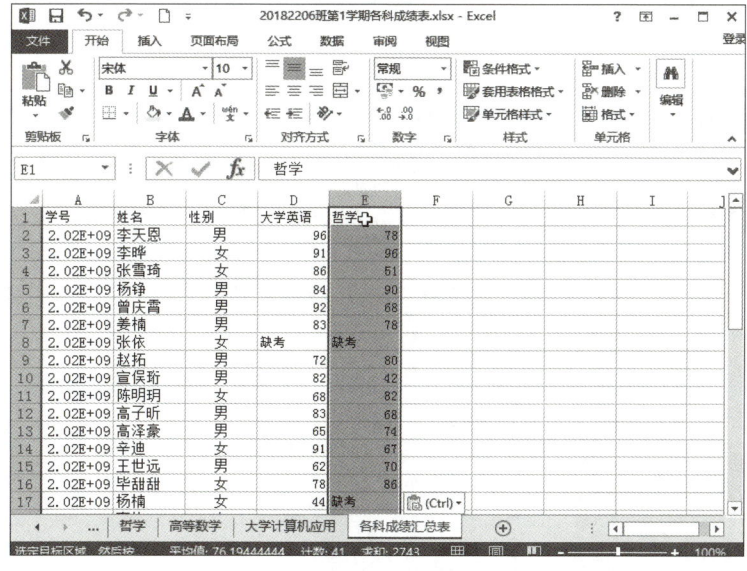

图 4-43　粘贴单元格区域

⑦ 从图 4-43 中发现 A 列的学号变成了浮点表示，这是因为列宽不够造成的，调宽列宽就可以显示正常，如图 4-44 所示。

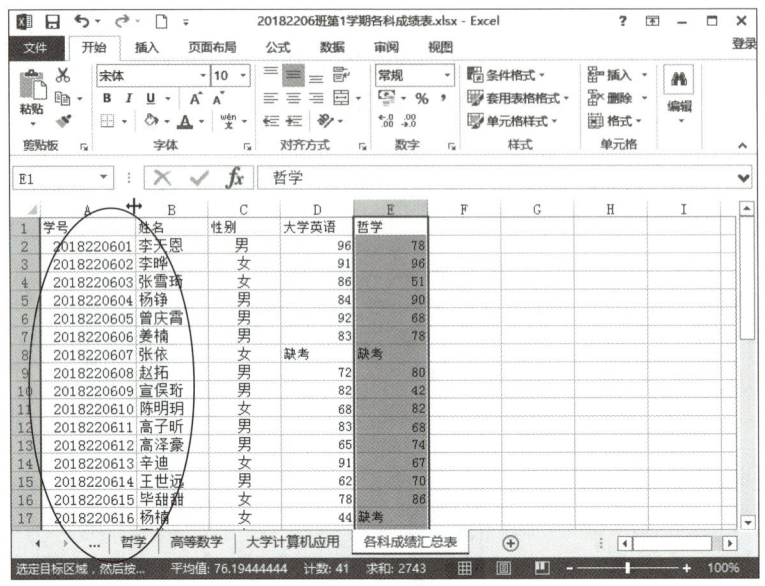

图 4-44 改变列宽

⑧ 按上面方法,把"高等数学"成绩列复制到"各科成绩汇总表"工作表的 F 列。

(3)公式数据的复制与粘贴

把"大学计算机应用"工作表中的"总成绩"列的数据复制到"各科成绩汇总表"工作表中。

① 在"各科成绩汇总表"工作表中,单击 G1 单元格,输入"大学计算机应用"。然后增加列宽,使"大学计算机应用"完全显示。单击 G2 单元格,如图 4-45 所示。

② 在"大学计算机应用"工作表中选定 G3:G42 单元格区域,按 Ctrl+C 键,如图 4-46 所示。

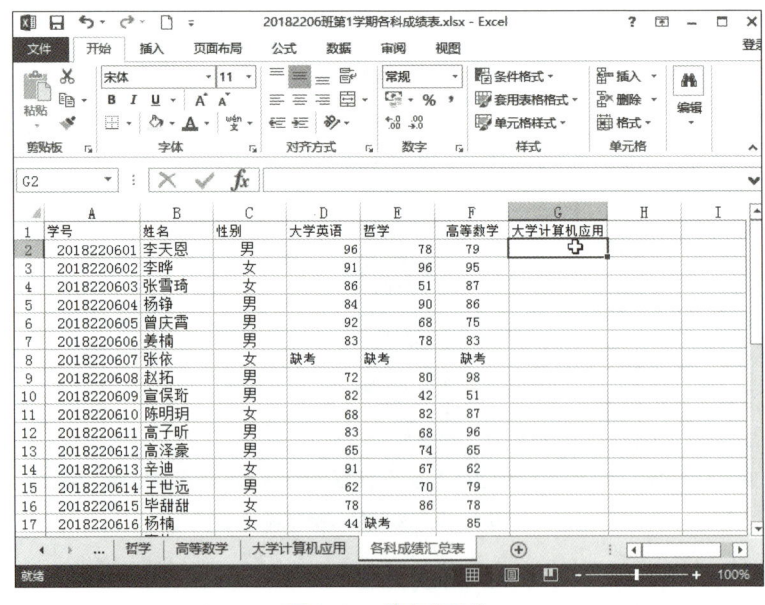

图 4-45 选定单元格

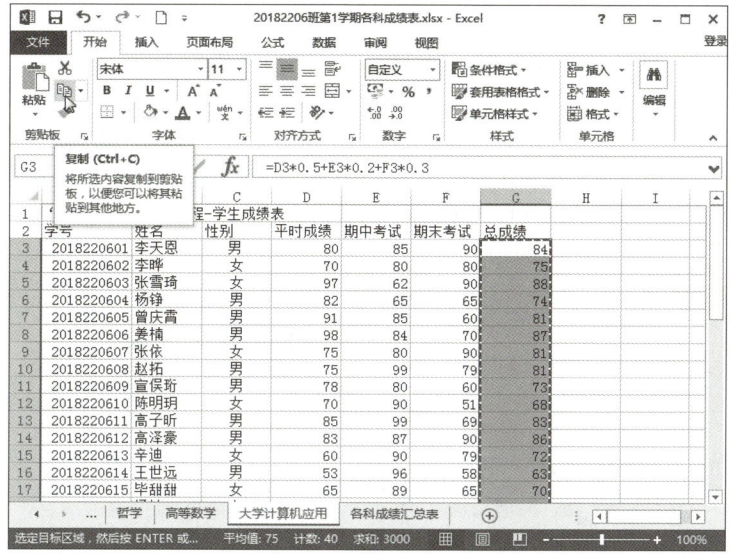

图 4-46　复制单元格区域

③ 切换到"各科成绩汇总表"工作表,单击目标单元格 G1,按 Ctrl+V 键,粘贴过来的单元格出现错误结果,如图 4-47 所示。第一种错误,在图 4-46 中,G3 单元格的值是 84;在图 4-47 中,G3 单元格中的值是 87,其他单元格中的值也都被改变了。第二种错误,在图 4-47 中,G8、G17 单元格中显示"#VALUE!"。

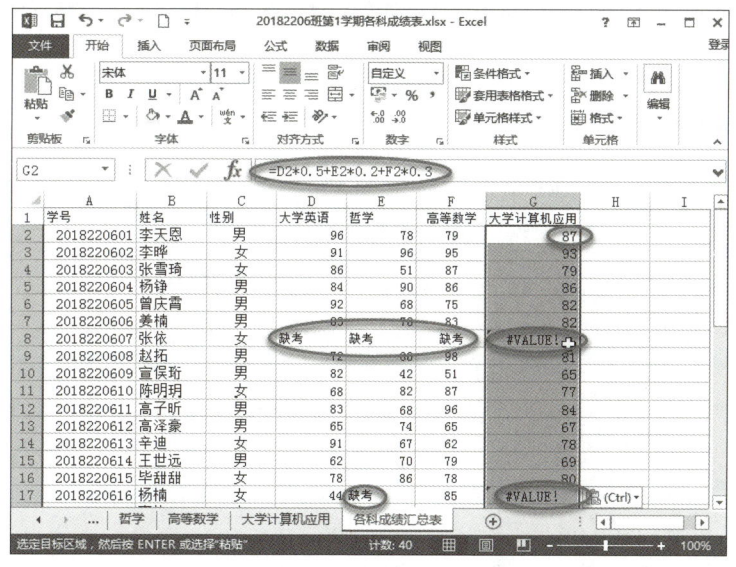

图 4-47　复制后显示错误结果

为什么这一列出现了错误呢？这是因为"总成绩"列含有计算公式。当复制或移动包含公式的单元格时,将会对目标单元格产生影响。将公式粘贴到目标区域后,会自动将源区域的公式调整为目标区域相对应的单元格。例如,"大学计算机应用"工作表中 G3 单元格中包含的公式为"=D3*0.5+E3*0.2+F3*0.3"。而粘贴到"各科成绩汇总表"中的 G2 单元格后,该公式更改为"=D2*0.5+E2*0.2+F2*0.3",G2 单元格的值是按这个公式计算得到的,而不是"大学计算机应用"中的值。对于 G8、G17 单元格，由于其前三列单元格有文本型数据，不能参与数值计算，于是给出"#VALUE!"的错误提示。

对于包含公式的单元格，如图 4-48 所示，至少具有"公式"和"值"两种属性。在图 4-48a 中，G9 单元格中显示"值"为"81"，在"编辑栏"中显示的是计算公式"=D9*0.5+E9*0.2+F9*0.3"。在图 4-48b 图中，G8 单元格中显示值为错误提示"#VALUE!"，在"编辑栏"中显示的是计算公式"=D8*0.5+E8*0.2+F8*0.3"。

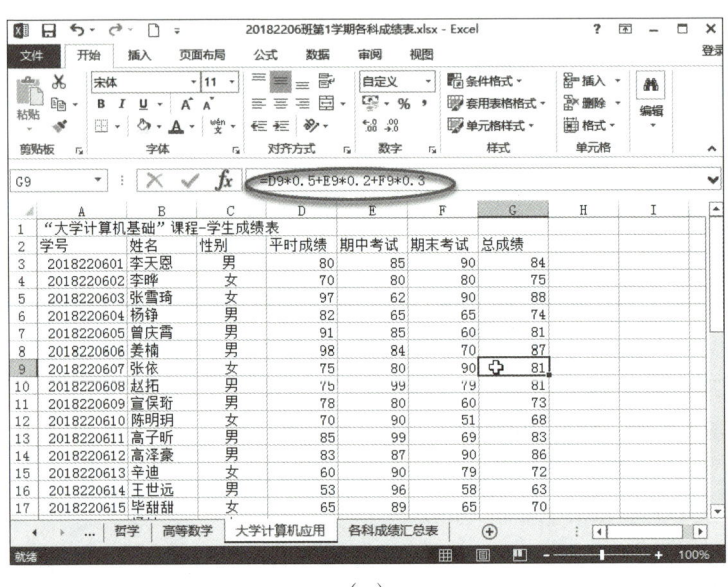

（a）

（b）

图 4-48　包含公式的单元格

在粘贴数据时能否根据需要选择其中的某种属性呢？使用"选择性粘贴"可以实现选择粘贴"值"属性，或是粘贴"公式"属性。

④ 在"各科成绩汇总表"工作表中，单击"快速访问工具栏"上的"撤销 粘贴"按钮，撤销刚才的粘贴。

⑤ 在"大学计算机应用"工作表中复制"总成绩"列，选定 G3:G42 单元格区域，按 Ctrl+C 键复制该列区域。

⑥ 在"各科成绩汇总表"中，单击目标单元格 G2。

⑦ 在"开始"选项卡的"剪贴板"组中单击"粘贴"下拉按钮，显示"粘贴"下拉菜单，如图 4-49 所示。从下拉菜单中单击"粘贴数值"组中的"值和源格式"命令。

⑧ 在目标单元格区域中显示粘贴的"总成绩"数据，其值和格式与源单元格一致，如图 4-50 所示，已经没有"公式"属性。

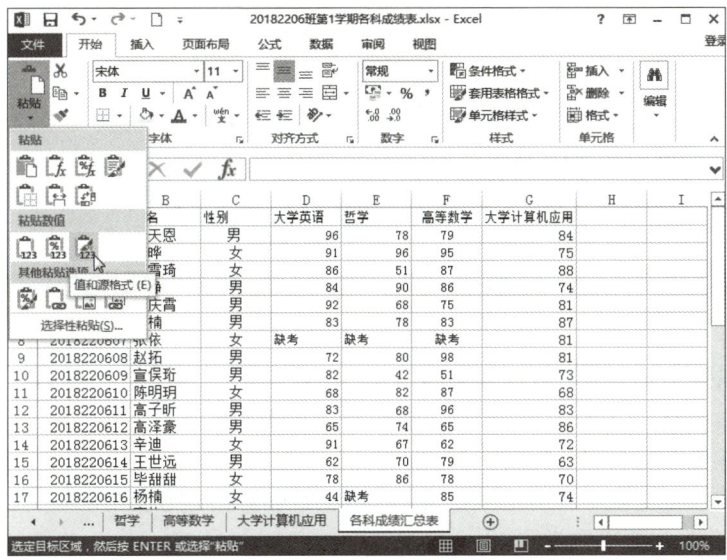

图 4-49 "粘贴"下拉菜单

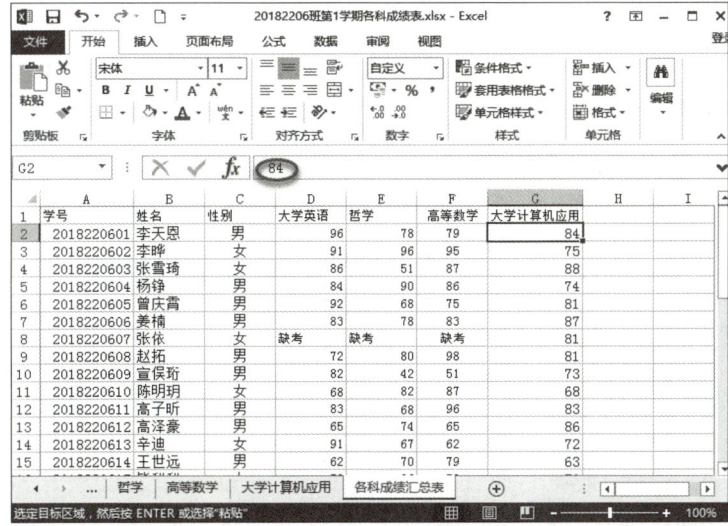

图 4-50 粘贴值和格式

⑨ 把"各科成绩汇总表"中的列名和其他单元格中的文本对齐方式改为居中。单击文档窗口左上角的全选按钮，选中全部单元格；在"开始"选项卡的"对齐方式"组中，单击"居中"按钮，则选中的单元格内容都居中显示，如图 4-51 所示。

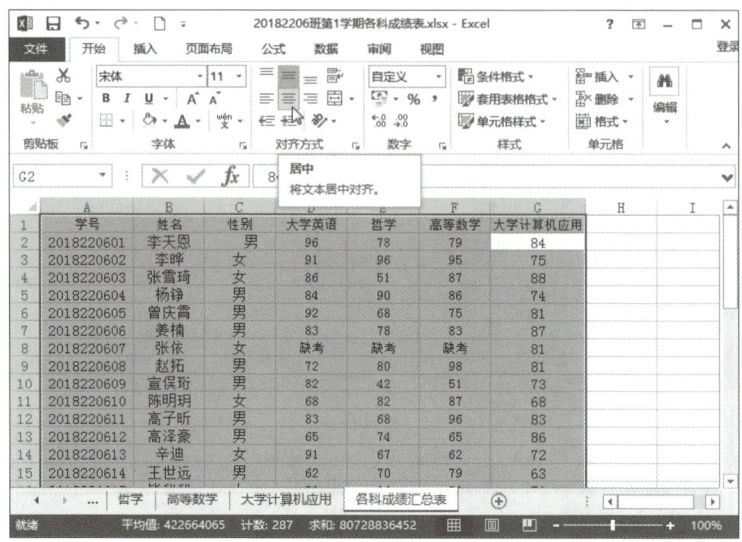

图 4-51　全选并居中显示

（4）单元格或单元格区域数据的移动

对于单元格或单元格区域中的数据，有时需要改换在工作表中的位置，可以使用功能区的命令或鼠标拖曳方法来移动数据。

在"各科成绩汇总表"工作表中，把各科成绩列的排列顺序调整为"哲学""大学计算机应用""大学英语""高等数学"。

① 使用剪切法先把"哲学"列移到成绩列的第一列。

a. 鼠标指针放置在工作表列标 E 上，鼠标指针变为 ⬇，单击鼠标选中 E 列，如图 4-52 所示。

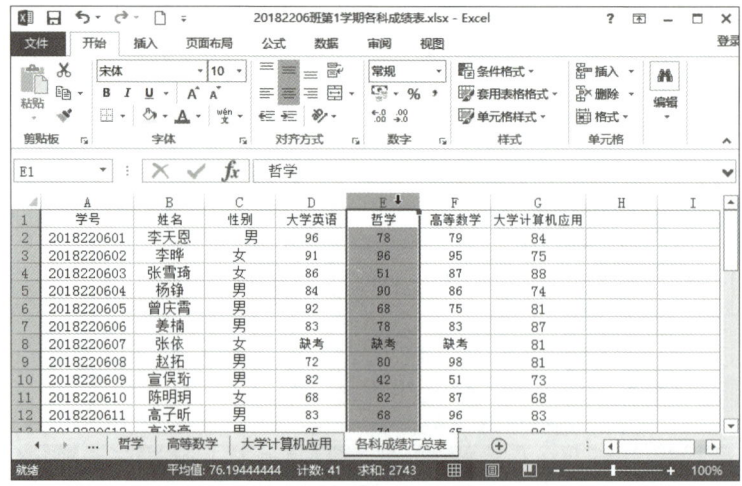

图 4-52　选中 E 列

b. 按 Ctrl+X 键，或者在"开始"选项卡的"剪贴板"组中单击"剪切"按钮将 E 列数据剪至剪贴板。

c. 单击目标单元格的开始单元格 D1。在"开始"选项卡的"单元格"组中单击"插入"后的下拉按钮，在下拉列表中单击"插入剪切的单元格"命令，如图 4-53 所示。

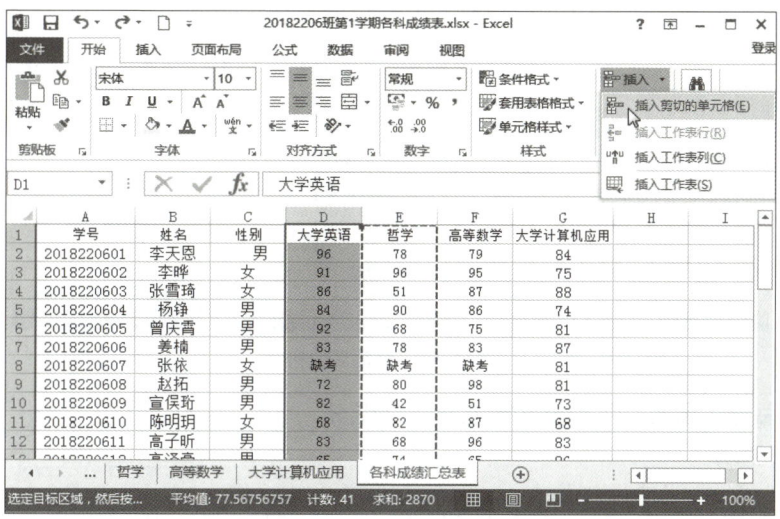

图 4-53 "插入剪切的单元格"命令

执行命令后，成绩列的顺序调整为"哲学""大学英语""高等数学""大学计算机应用"。

② 使用鼠标拖曳方法把"大学计算机应用"移到成绩列的第二列。

a. 单击列标头 G 选中该列。

b. 把鼠标指针放置在选定区域的左边框或右边框（如果选定的是矩形区域，也可以是上、下边框）上，当鼠标指针变为时，如图 4-54 所示。

按下 Shift 键不松开，拖曳该区域到目标位置 E:E，然后释放鼠标左键，最后松开 Shift 键。移动后的列如图 4-55 所示。

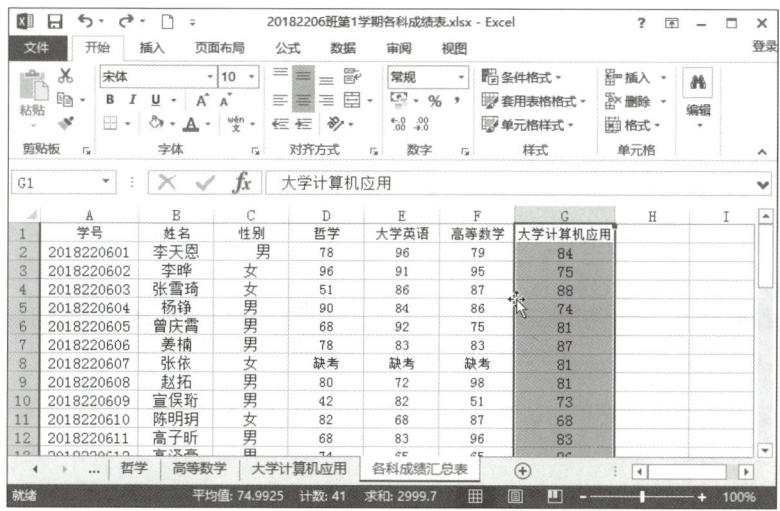

图 4-54 移动列

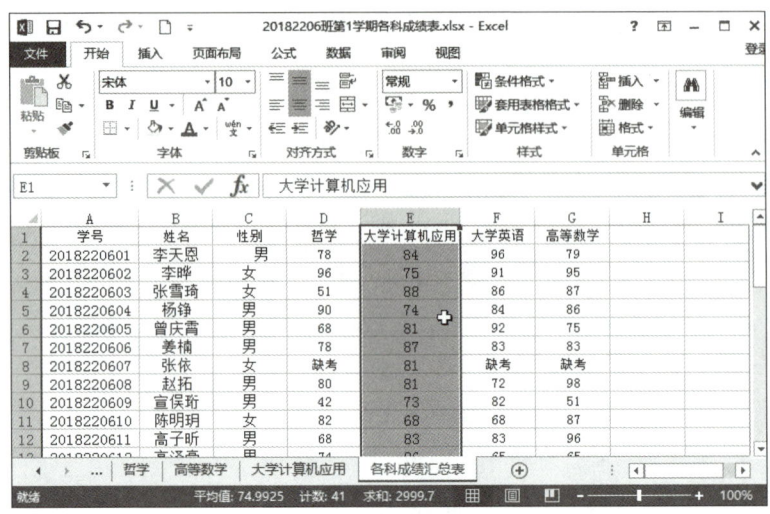

图 4-55 移动后的列

### 4. 计算总分、名次、平均分和最高分、最低分

（1）计算总分

在"各科成绩汇总表"工作表中，计算每位学生的总分。

① 添加"总分"列，单击 H1 单元格，在 H1 单元格中输入"总分"。

② 单击 H2 单元格。在"开始"选项卡的"编辑"组中，单击"自动求和"按钮，单元格中显示求和函数 SUM，并自动选定了求和范围，如图 4-56 所示。如果自动选定的范围正确，则按 Enter 键或单击"编辑栏"左侧的"输入"按钮 ✓ 确认，该单元格中即显示计算结果。如果自动选定的范围不正确，则重新选定正确的范围。

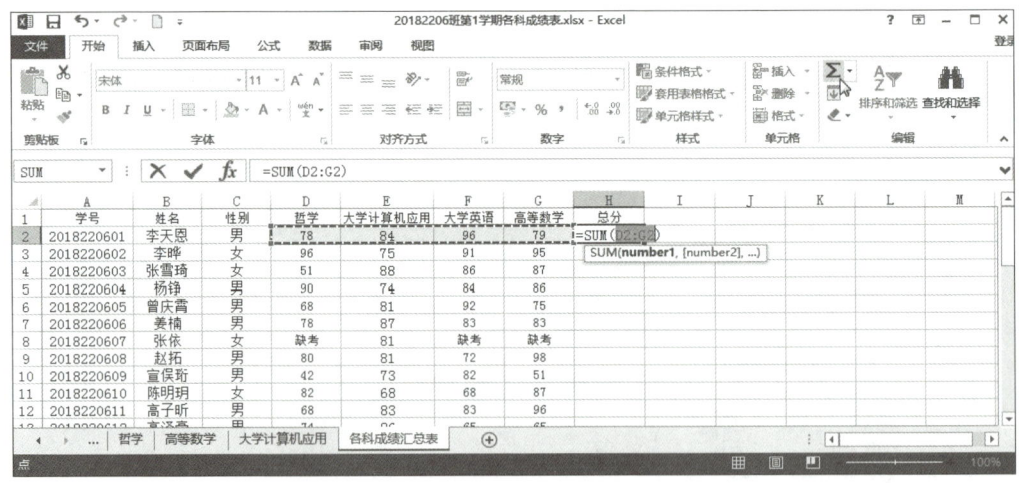

图 4-56 自动求和

③ 双击 H2 单元格的填充柄，则当前行下面的所有总分被计算。

SUM 函数说明如下。

函数格式：SUM（Number1，Number2，…）。

函数功能：计算单元格区域中所有数据的和，参数最多允许有 30 个。

函数举例：
① SUM（A2，B3，D7）：计算 A2、B3 和 D7 单元格中数据的和。
② SUM（A1:A4）：计算 A1 到 A4 单元格区域中数据的和。
（2）计算总分排名
在"各科成绩汇总表"工作表中按总分从多到少计算名次。
① 添加"名次"列，单击 I1 单元格，输入"名次"。
② 单击 I2 单元格。单击"编辑栏"左侧的"插入函数"按钮 $f_x$，如图 4-57 所示。

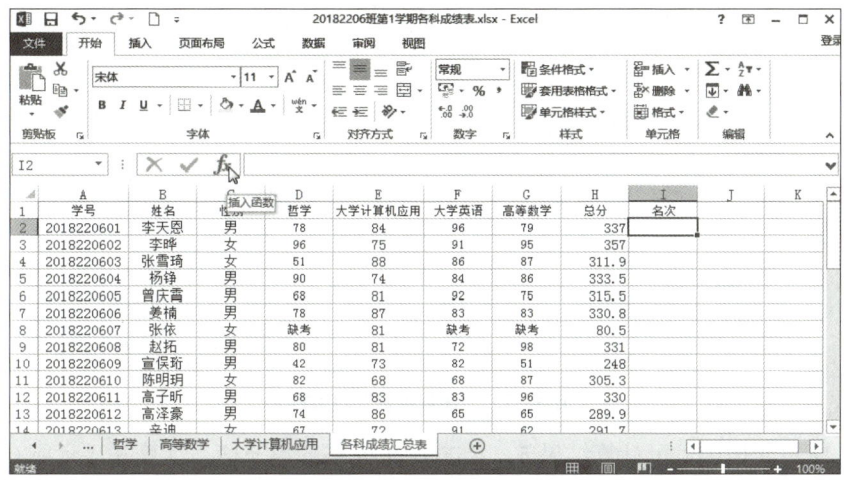

图 4-57 "插入函数"按钮

③ 显示"插入函数"对话框，单击"或选择类别"下拉列表，选择其中的"统计"；然后在"选择函数"列表框中单击选定"RANK.EQ"，如图 4-58 所示，单击"确定"按钮。

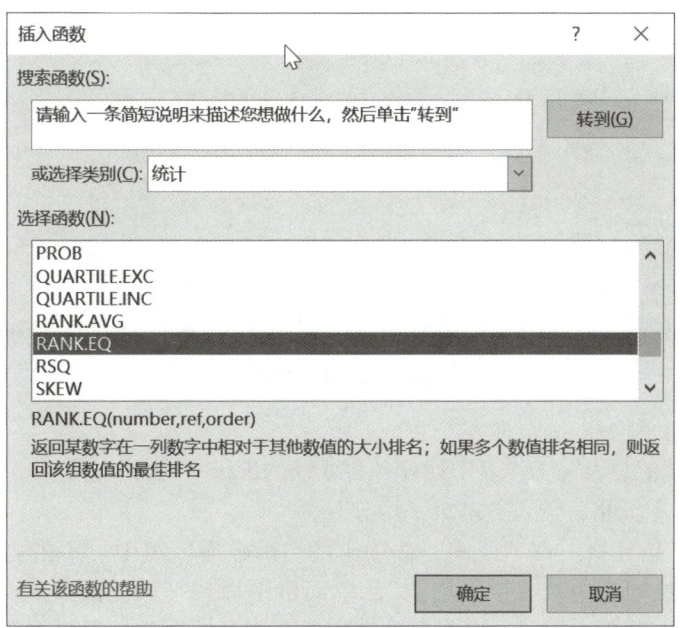

图 4-58 "插入函数"对话框

④ 显示"函数参数"对话框,单击"Number"框,从当前工作表中选择 H2 单元格;单击"Ref"文本框,从当前工作表中选择 H2:H41 单元格区域。由于单元格区域 H2:H41 表示所有学生的总分,不应该随着单元格的复制而变化,成绩范围单元格区域应该用"绝对引用",把单元格范围改为 $H$2:$H$41,如图 4-59 所示,单击"确定"按钮。

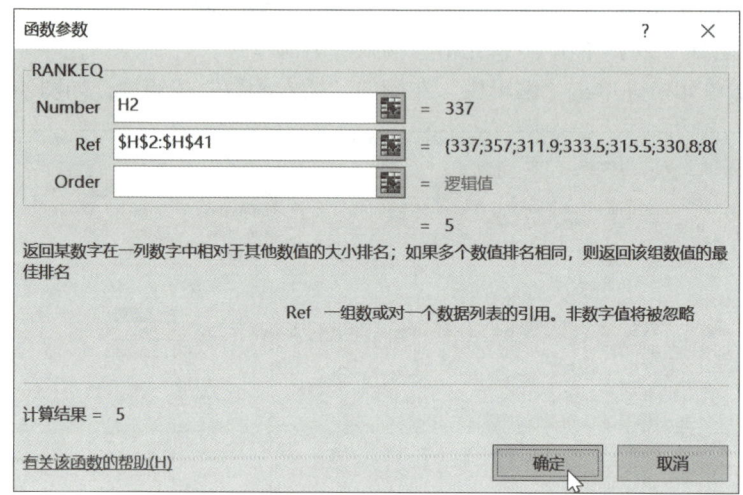

图 4-59 "函数参数"对话框

⑤ 在 I2 单元格中显示计算结果 5,双击 I2 单元格的填充柄,计算并显示所有学生的总分排名结果,如图 4-60 所示。

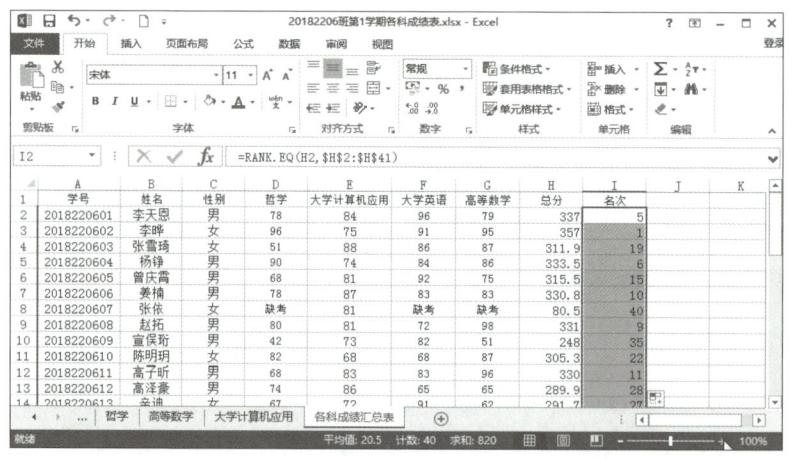

图 4-60 总分排名

(3) 计算各科平均分

在"各科成绩汇总表"工作表中计算各科成绩的班级平均分。

① 单击 A42 单元格,输入"班级平均分"。

② 单击 D42 单元格。在"公式"选项卡的"函数库"组中,单击"自动求和"按钮后的箭头,从下拉列表中选择"平均值",单元格中出现平均值函数 AVERAGE,并自动选定参数范围,如图 4-61 所示,由于自动选定的范围是错误的,需要重新选定计算范围为 D2:D41,按 Enter 键确认,则 D42 单元格中即显示计算结果。

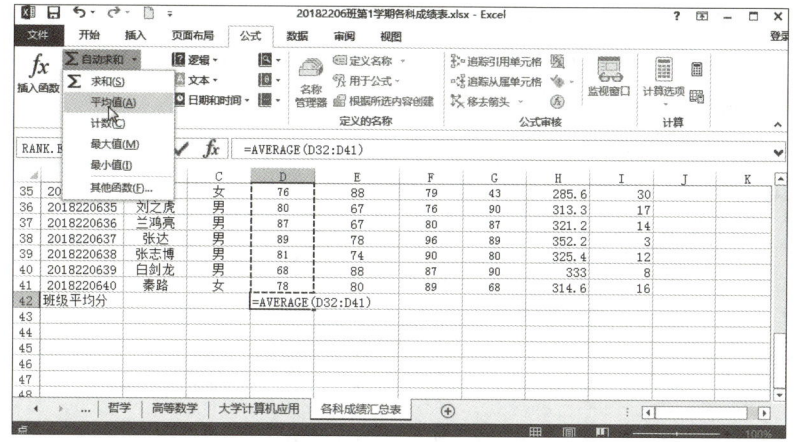

图 4-61 计算平均值

③ 向右拖曳 D42 单元格的填充柄到 G42 单元格，计算其他科的平均成绩，如图 4-62 所示。

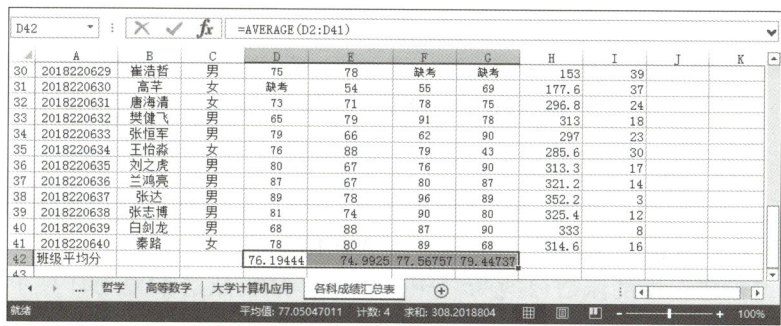

图 4-62 拖曳填充柄

（4）计算最高分、最低分

在"各科成绩汇总表"工作表中计算各科成绩的班级最高分、班级最低分。

① 单击 A43 单元格，输入"班级最高分"；单击 A44 单元格，输入"班级最低分"。

② 单击 D43 单元格，输入公式"=MAX（D2:D41）"，按 Enter 键，计算该单元格范围内的最大数，如图 4-63 所示。向右拖曳 D43 单元格的填充柄到 G43，计算其他科的最高分。

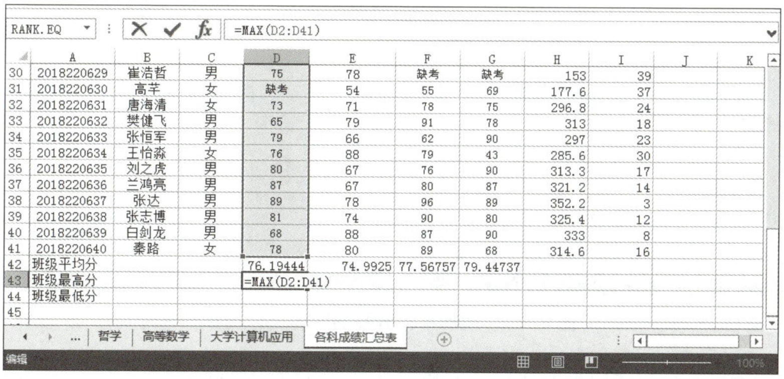

图 4-63 计算最高分

③ 单击 D44 单击格，输入公式"=MIN（D2:D41）"，按 Enter 键，计算该单元格范围内的最小数。向右拖曳 D44 单元格的填充柄，计算其他科的最低分。

班级各科的最高分、最低分的计算结果，如图 4-64 所示。

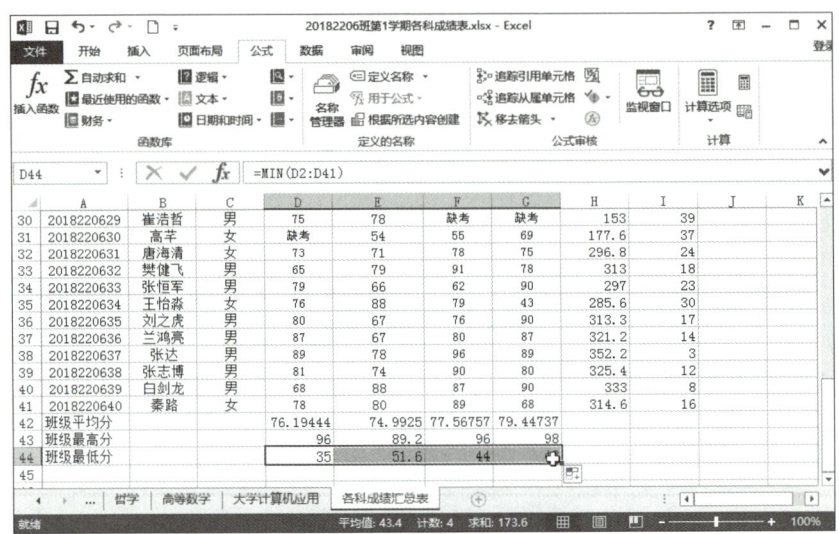

图 4-64　班级各科的最高分、最低分的计算结果

（5）平均分数的四舍五入

在"各科成绩汇总表"工作表中，将班级平均分数四舍五入，保留 1 位小数。

① 单击 D42 单元格，"编辑栏"中显示"=AVERAGE（D2:D41）"。

② 在"编辑栏"中的函数修改为"=ROUND（AVERAGE（D2:D41），1）"，然后按 Enter 键确认，如图 4-65 所示。

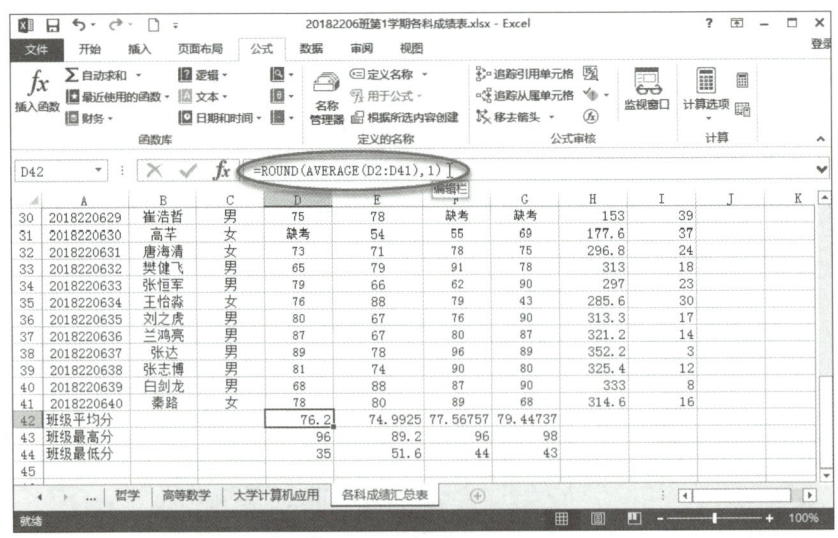

图 4-65　编辑平均分数的四舍五入函数

③ 拖曳 D42 单元格的填充柄到 G42 单元格，最后结果如图 4-66 所示。

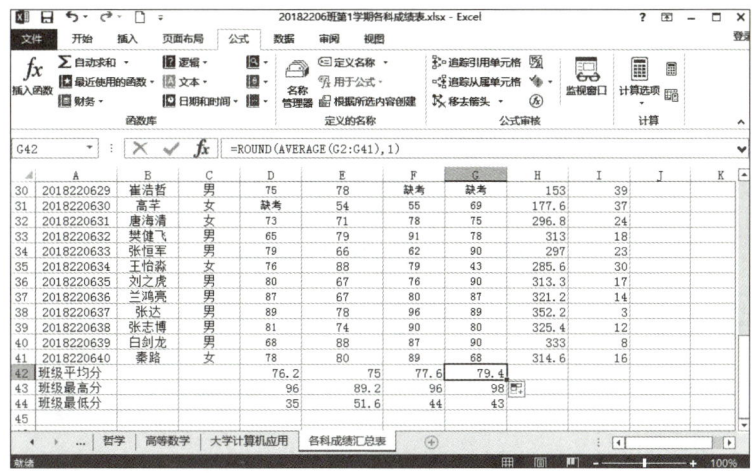

图 4-66　平均分数的四舍五入结果

**注意：** ROUND 函数与"减少小数位数"按钮的区别。ROUND 函数是四舍五入函数，而用"减少小数位数"按钮得到的小数只是显示形式的改变，其值并没有四舍五入。

### 5. 用套用格式美化表格

可以把单元格区域或单元格中的数据套用内置格式，实现快速美化表格。

① 在"各科成绩汇总表"工作表中，在"开始"选项卡的"样式"组中，单击"套用表格格式"按钮，从下拉列表中选择"浅色"组中的"表样式浅色 20"，如图 4-67 所示。

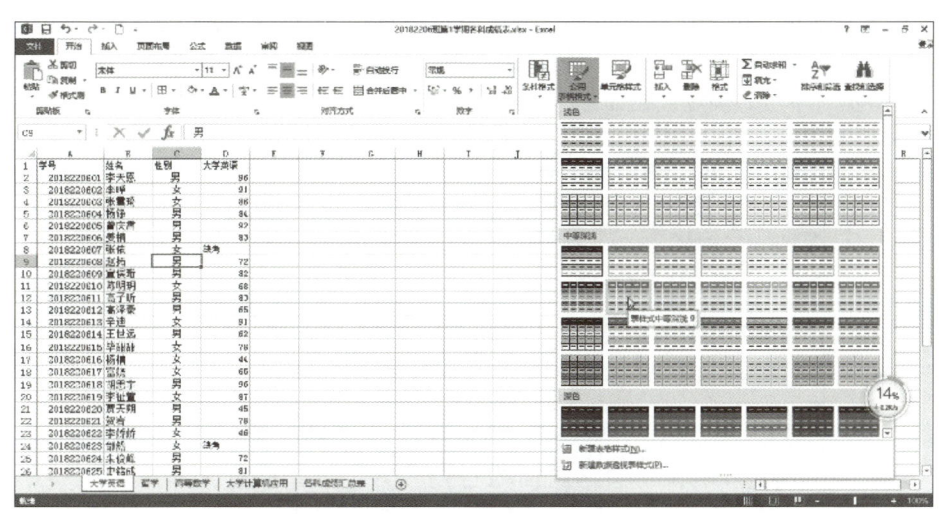

图 4-67　套用表格格式

② 显示"套用表格式"对话框，如图 4-68 所示，并在"表数据的来源"文本框中自动选定单元格范围，选中"表包含标题"复选框。如果自动选定的范围正确，则单击"确定"按钮；如果自动选定的单元格区域不正确，则重新选定单元格区域。

套用表格样式后，显示效果如图 4-69 所示，除应用表格样式外，每列的列标题右侧显示"筛选"按钮。

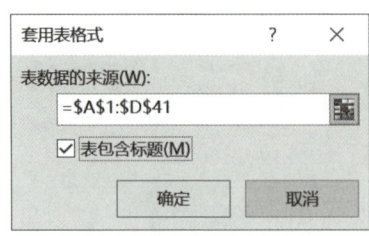

图 4-68 "套用表格式"对话框

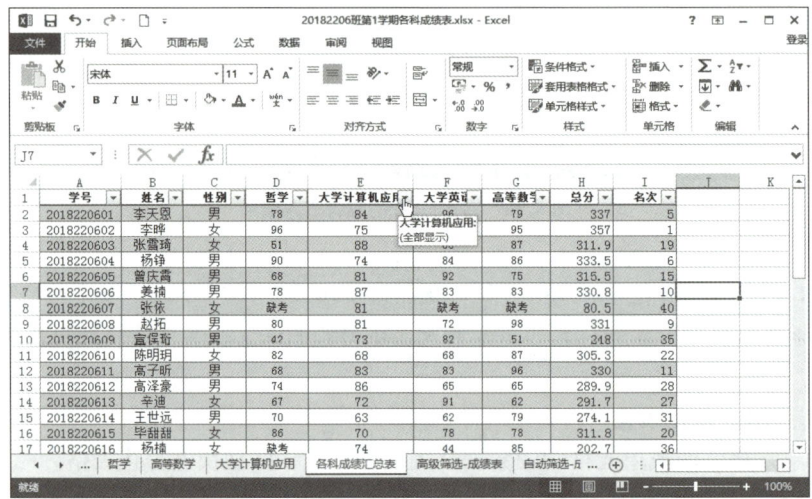

图 4-69 套用表格样式后的显示效果

③ 单击"筛选"按钮，在下拉列表中可以选择对表格中数据的筛选方式，例如希望只显示女生记录，则单击"性别"右侧的筛选按钮，从筛选列表中取消"男"前面的复选框，如图 4-70 所示，单击"确定"按钮。

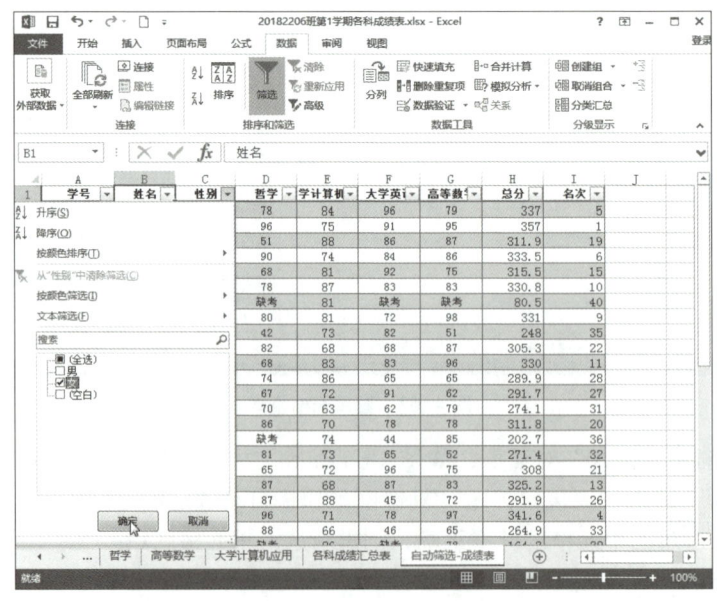

图 4-70 "筛选"下拉列表

④ 单击表格区域中的任意单元格,在"表格工具/设计"选项卡的"工具"组中,单击"转换为区域"按钮,显示"是否将表转换为普通区域?"对话框,如图 4-71 所示,单击"是"按钮。

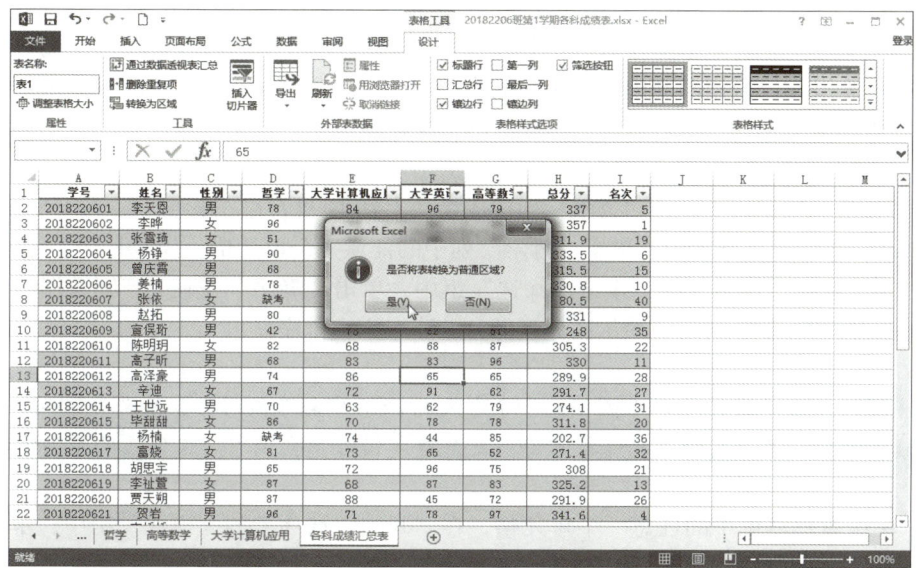

图 4-71 转换区域

转换为普通区域的表如图 4-72 所示。

| 学号 | 姓名 | 性别 | 哲学 | 大学计算机应用 | 大学英语 | 高等数学 | 总分 | 名词 |
|---|---|---|---|---|---|---|---|---|
| 2018220601 | 李天恩 | 男 | 78 | 84 | 96 | 79 | 337 | 5 |
| 2018220602 | 李晔 | 女 | 96 | 75 | 91 | 95 | 357 | 1 |
| 2018220603 | 张雪琦 | 女 | 51 | 87.9 | 86 | 87 | 311.9 | 19 |
| 2018220604 | 杨铮 | 男 | 90 | 73.5 | 84 | 86 | 333.5 | 6 |
| 2018220605 | 曾庆霄 | 男 | 68 | 80.5 | 92 | 75 | 315.5 | 15 |
| 2018220606 | 姜楠 | 男 | 78 | 86.8 | 83 | 83 | 330.8 | 10 |
| 2018220607 | 张依 | 女 | 缺考 | 80.5 | 缺考 | 缺考 | 80.5 | 40 |
| 2018220608 | 赵拓 | 男 | 80 | 81 | 72 | 98 | 331 | 9 |
| 2018220609 | 宣侯珩 | 男 | 42 | 73 | 82 | 51 | 248 | 35 |
| 2018220610 | 陈明玥 | 女 | 82 | 68.3 | 68 | 87 | 305.3 | 22 |
| 2018220611 | 高子昕 | 男 | 68 | 83 | 83 | 96 | 330 | 11 |
| 2018220612 | 高泽豪 | 男 | 74 | 85.9 | 65 | 65 | 289.9 | 28 |
| 2018220613 | 辛迪 | 女 | 67 | 71.7 | 91 | 62 | 291.7 | 27 |
| 2018220614 | 王世远 | 男 | 70 | 63.1 | 62 | 79 | 274.1 | 31 |
| 2018220615 | 毕甜甜 | 女 | 86 | 69.8 | 78 | 78 | 311.8 | 20 |
| 2018220616 | 杨楠 | 女 | 缺考 | 73.7 | 44 | 85 | 202.7 | 36 |
| 2018220617 | 富烧 | 女 | 81 | 73.4 | 65 | 52 | 271.4 | 32 |
| 2018220618 | 胡思宇 | 男 | 65 | 72 | 96 | 75 | 308 | 21 |
| 2018220619 | 李祉萱 | 女 | 87 | 68.2 | 87 | 83 | 325.2 | 13 |
| 2018220620 | 贾天朔 | 男 | 87 | 87.9 | 45 | 72 | 291.9 | 26 |
| 2018220621 | 贺岩 | 男 | 96 | 70.6 | 78 | 97 | 341.6 | 4 |

图 4-72 转换为普通区域后的表

6. 成绩表的排序

(1) 数据清单

当工作表中的数据是由一系列数据行组成的二维表,也就是每一列中的数据是同一类型的数据,来自同一个域,每一列成为一个字段;每一行称作一条数据记录,多行组成一个数据表。这样的数据表在 Excel 中被称作数据清单。例如前面建立的成绩表。

数据清单应该尽量满足以下条件。

① 每一列必须有列名，而且每一列中的数据必须是相同的类型。

② 避免在一个工作表中有多个数据清单。

③ 在一个工作表中，数据清单与其他数据之间至少留出一个空白列和一个空白行。

在执行 Excel 的数据库操作时，例如排序、筛选、分类汇总等，Excel 自动把数据清单作为数据库来操作。数据清单中的列是数据库中的字段，数据清单中的列标题是数据库中的字段名。数据清单中的每一行对应数据库中的一条记录。

（2）一列的排序

在"哲学"工作表中，把"哲学"列按成绩从大到小"降序"排列。

① 在"哲学"工作表中，单击"哲学"列中的任意一个单元格。

② 在"数据"选项卡的"排序和筛选"组中，单击"降序"按钮，则数据清单以记录为单位，按"哲学"列的成绩从高分到低分的降序方式排序。

> **注意：** 只需单击排序列中的任意一个单元格而不要全选该列，如果全选该列，则只排序选定的列，其他列的数据保持不变，就会造成错行，破坏原始工作表的数据结构。

③ 单击数据清单中的任意一个单元格，在"开始"选项卡的"样式"组中，单击"套用表格格式"按钮，从下拉列表中单击"浅色"组中的"表样式浅色 15"。

④ 在"表格工具/设计"选项卡的"工具"组中，单击"转换为区域"按钮，把表格转换为普通区域。

（3）多列的排序

在"大学计算机应用"工作表中，以"总成绩"为主要关键字降序排列，以"学号"为第二关键字升序排序，以"性别"为第三关键字降序排列。

① 在成绩表中单击数据清单中的任意一个单元格。

② 在"数据"选项卡的"排序和筛选"组中，单击"排序"按钮，如图 4-73 所示。

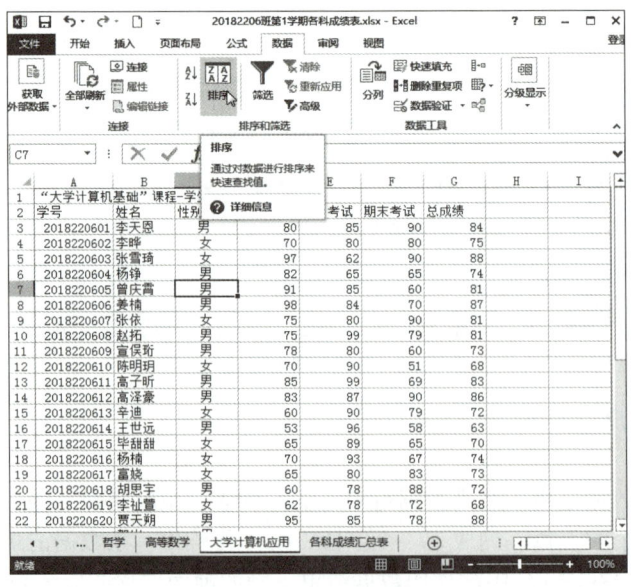

图 4-73 "排序"按钮

③ 显示"排序"对话框,在"列"下的"主要关键字"下拉列表中选择"总成绩";在"排序依据"下拉列表框中保留"数值";在"次序"下拉列表框中选择"降序"。单击"添加条件"按钮,如图 4-74 所示。

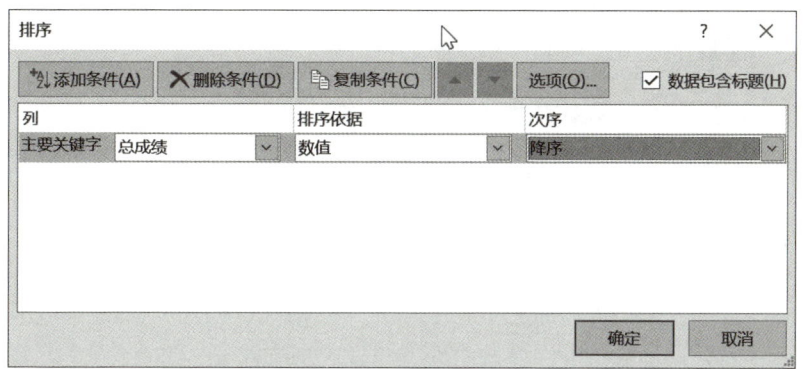

图 4-74 "排序"对话框的主要关键字

④ 显示"次要关键字"条件选项,从其下拉列表框中选择"学号";"排序依据"下拉列表框仍然保持"数值";"次序"下拉列表框中选择"升序"。单击"添加条件"按钮,如图 4-75 所示。

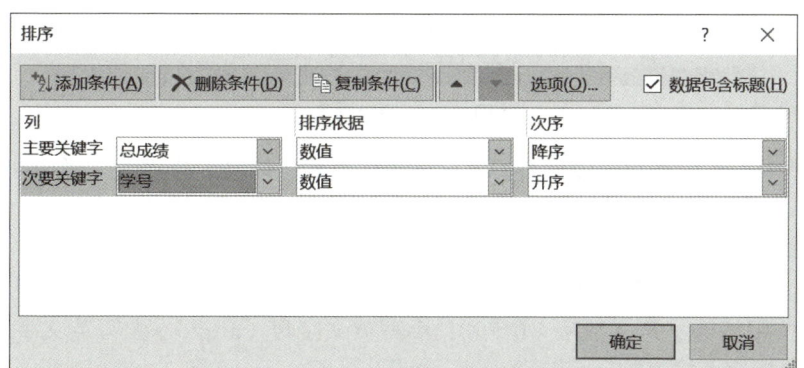

图 4-75 "排序"对话框的次要关键字

⑤ 重复步骤④,分别选择"性别""数值""降序",相同条件下先显示"女",再显示"男"。"排序"对话框中各添加的条件,如图 4-76 所示。

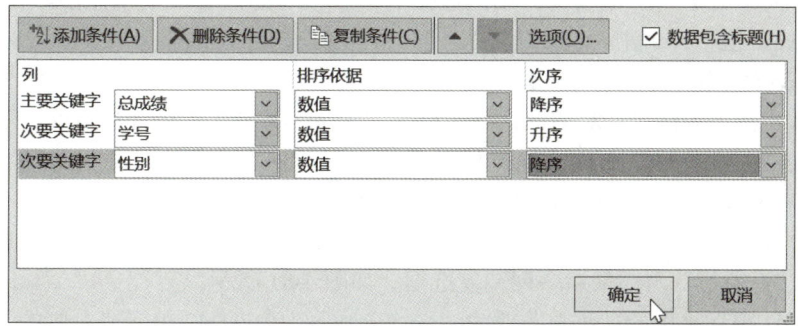

图 4-76 "排序"对话框中各添加的条件

⑥ 如果添加的条件多了或者不再需要，可以先选定要删除的条件，单击"删除条件"按钮即可删除该条件。所有条件选定后，单击"确定"按钮，工作表中即按要求显示排序结果，如图 4-77 所示。

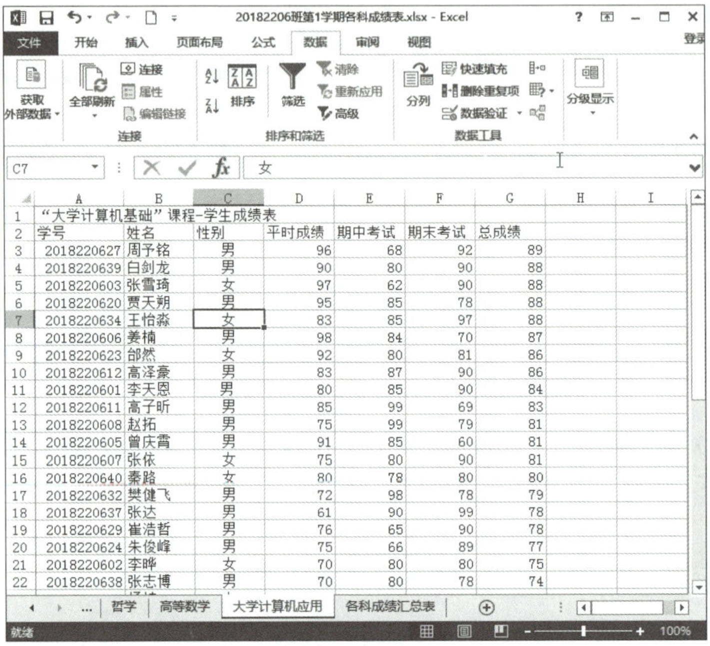

图 4-77 排序结果

在 Excel 中，不同类型的数据有着不同的排序方式，以升序排序为例说明如下（降序正好相反）。

数字：按照从最小负数到最大正数进行排序。

日期：按照从距当前最远的日期到最近的日期进行排序。

文本：按照特殊字符、数字（0~9）、小写英文字母（a~z）、大写英文字母（A~Z）、汉字（以拼音顺序）排序。

空白单元格：总是排在最后。

（4）用套用表格实现排序及计算平均分

把"大学英语"的成绩按降序排列，并利用套用表格的汇总行计算班级平均分。

① 在"大学英语"工作表中，单击数据清单区域中的任意一个单元格。在"开始"选项卡的"样式"组中，单击"套用表格样式"按钮 套用表格格式 ，如图 4-78 所示。从列表中单击"表样式中等深浅 9"。

② 显示"套用表格式"对话框，直接单击"确定"按钮，如图 4-79 所示。

③ 单击"大学英语"右侧的筛选按钮 ，在下拉列表中单击"降序"，该列的下拉按钮变为 ，表示该列按"降序"排列，如图 4-80 所示。

④ 单击数据清单中任意一个单元格，在"表格工具/设计"选项卡的"表格样式选项"组中，选中"汇总行"与"最后一列"复选框，如图 4-81 所示。

⑤ 把 A42 单元格中的"汇总"改为"平均分数"；单击 D42 单元格右侧的下拉按钮 ，从下拉选项中单击"平均值"，如图 4-82 所示。

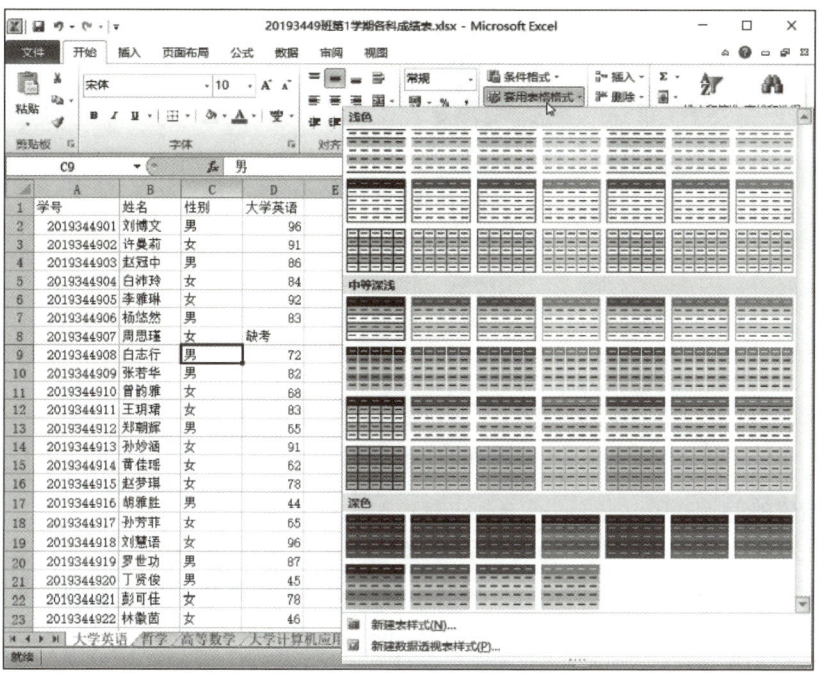

图 4-78 套用表格格式

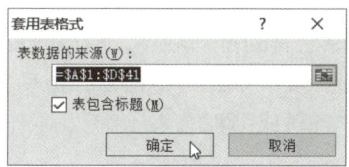

图 4-79 "套用表格式"对话框

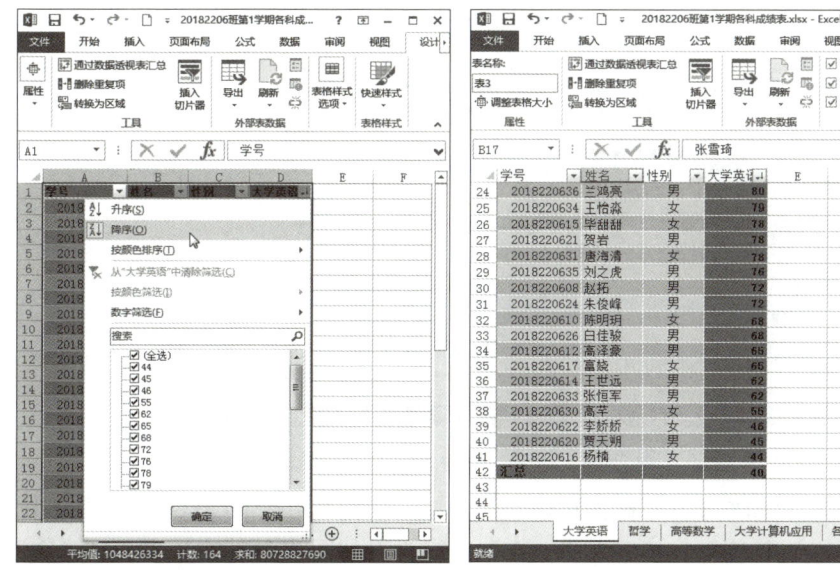

图 4-80 降序排列　　　　图 4-81 选中"汇总行"与"最后一列"复选框

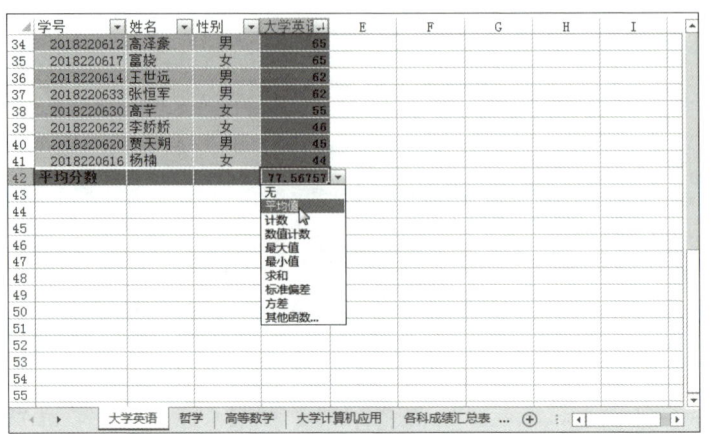

图 4-82 平均值选项

### 7. 成绩表的筛选

筛选分为自动筛选和高级筛选。自动筛选在同一列内可以实现"与"和"或"的运行，通过多次自动筛选也可以实现多个列之间的"与"运算，但无法实现多个列之间的"或"运算。高级筛选可以实现多个列之间的"或"运算。

（1）自动筛选

筛选出同时满足条件："性别"为"女"、姓"李"、"大学英语"成绩在 85~100 之间、"名次"在前 9 名的记录。

① 因为自动筛选后将破坏原始表的排列顺序，所以先复制一份"各科成绩汇总表"，在新复制的工作表中实现自动筛选。按下 Ctrl 键不松开，拖动"各科成绩汇总表"到目标位置后松开鼠标左键和 Ctrl 键。把"各科成绩汇总表（2）"工作表名重新命名为"自动筛选-成绩表"。

② 在"数据"选项卡的"排序和筛选"组中，单击"筛选"按钮，如图 4-83 所示。

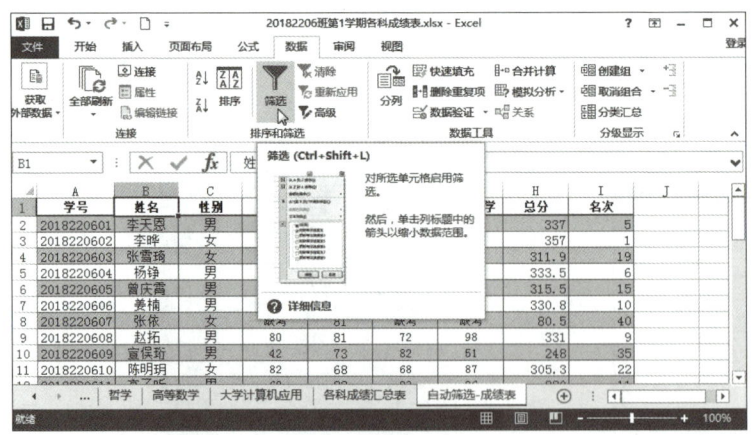

图 4-83 "筛选"按钮

③ 所有列标题右侧自动显示一个筛选按钮 ，单击"性别"右侧的筛选按钮，在下拉列表中取消选中"全选"复选框，然后选中"女"复选框，如图 4-84 所示，单击"确定"按钮。如果要清除筛选，除了用列标题右侧的筛选按钮外，还可以右键单击"性别"列下

的任意一个单元格，从快捷菜单中单击"筛选"→"从'性别'中清除筛选"，如图 4-85 所示。筛选也可以使用快捷菜单。

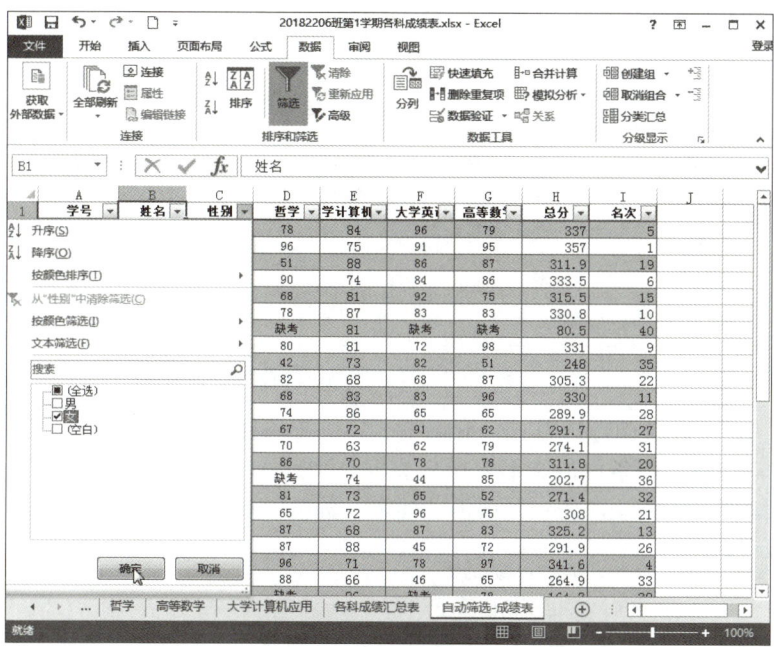

图 4-84 筛选女同学

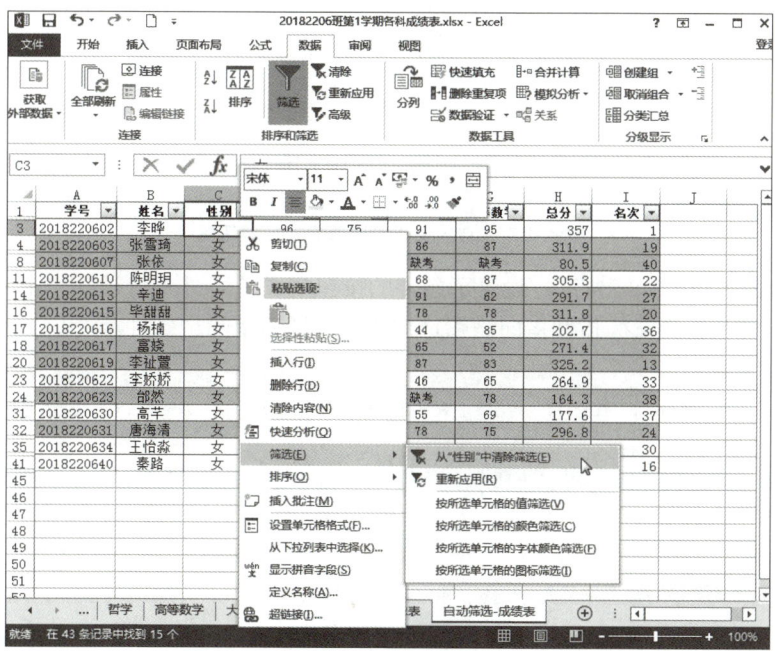

图 4-85 清除筛选

④ 单击"姓名"右侧的筛选按钮，从下拉列表中单击"文本筛选"→"自定义筛选"，如图 4-86 所示。

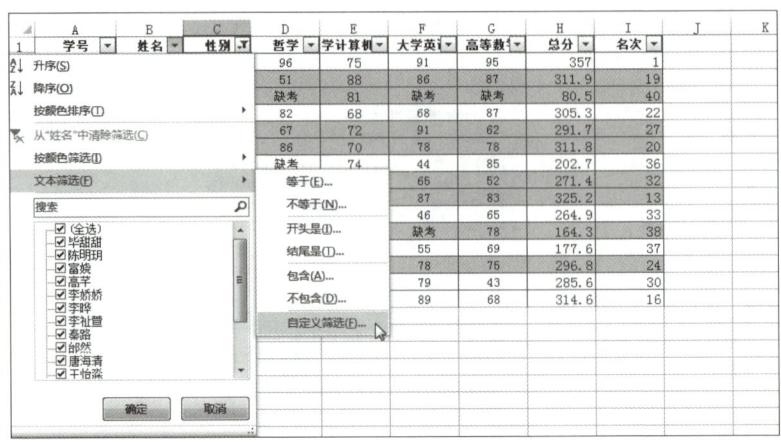

图 4-86 "文本筛选"列表

⑤ 显示"自定义自动筛选方式"对话框,第一个条件的两个下拉列表框分别选择"开头是"和"李";第二格条件的 2 个下拉列表框分别选择"结尾是"和"莉";这两个条件的关系选择"或",如图 4-87 所示,单击"确定"按钮。

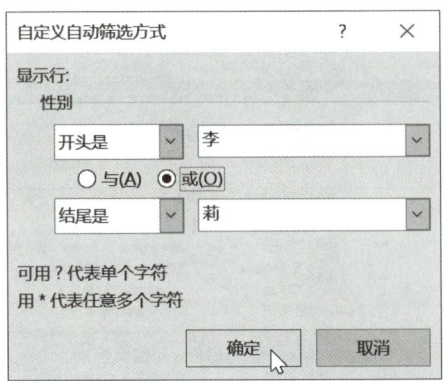

图 4-87 "自定义自动筛选方式"对话框

⑥ 筛选结果如图 4-88 所示,设置了条件的按钮变成了 外观,被筛选出来的满足条件的行号变成了蓝色。当鼠标指针指向该筛选按钮时,即显示筛选条件。

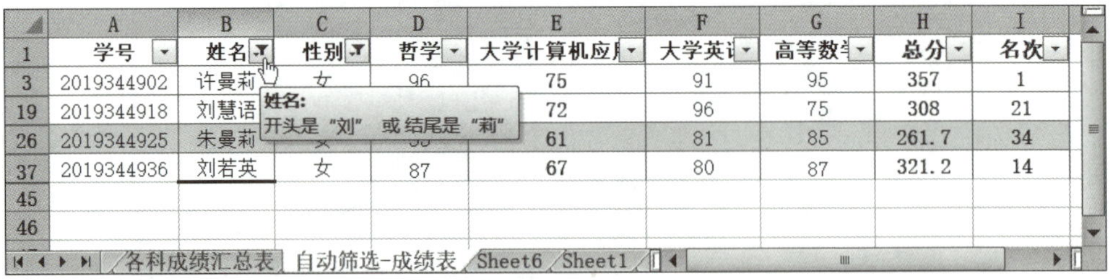

图 4-88 筛选结果

⑦ 单击"大学英语"右侧的筛选按钮,从下拉列表中单击"数字筛选"→"介于"。
⑧ 显示"自定义自动筛选方式"对话框,在"大于或等于"后输入 85,在"小于或等于"后输入 100,如图 4-89 所示,单击"确定"按钮。

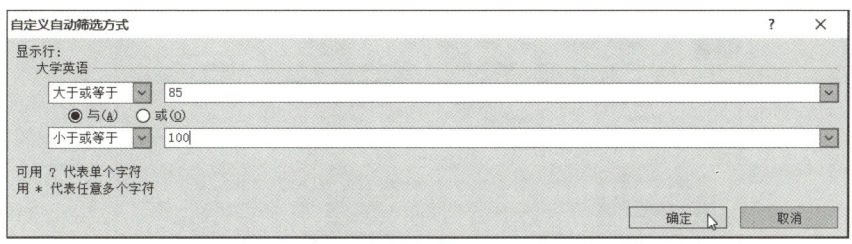

图 4-89 "自定义自动筛选方式"对话框之"数字筛选"

⑨ 单击"名次"右侧的筛选按钮,从下拉列表中单击"数字筛选"→"前 10 项"。

⑩ 显示"自动筛选前 10 个"对话框,设置条件分别为"最小""9""项",如图 4-90 所示,单击"确定"按钮。

图 4-90 "自动筛选前 10 个"对话框

⑪ 满足条件的最终筛选结果,如图 4-91 所示。

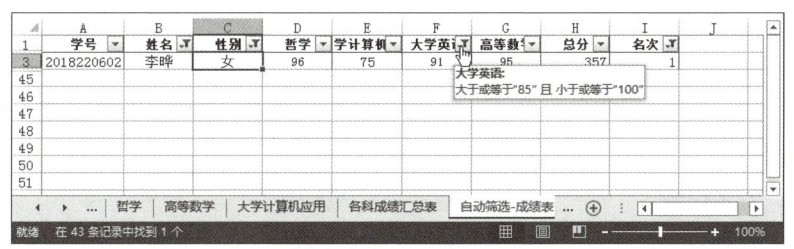

图 4-91 最终筛选结果

在一个数据清单中进行多次筛选时,这次的筛选是在上次筛选结果的基础上进行的,各次筛选的条件是"与"的关系,即都同时满足条件。

如果要取消某一列的筛选,单击该列标题后的筛选按钮 ,在下拉列表中单击"从'×××'中清除筛选"(××× 为列名)。

如果要取消所有列的筛选,在"数据"选项卡的"排序和筛选"组中,单击"清除"按钮 ,将清除所有筛选条件,但保留筛选状态。

如果要撤销数据清单中的自动筛选状态,并取消所有的自动筛选设置,在"数据"选项卡的"排序和筛选"组中,单击"筛选"按钮。"筛选"按钮是一个开关按钮,可以在设置"自动筛选"和取消"自动筛选"之间切换。但是,已经设置的"自动筛选"条件不可恢复。

(2)高级筛选

筛选出总分大于 300 分并且大学英语成绩大于 90 分的学生,或者总分大于 280 分并且大学英语成绩大于 95 分的学生。

① 把"各科成绩汇总表"复制一份,重命名为"高级筛选-成绩表"。
② 构造筛选条件。在条件区域输入筛选条件,如图 4-92 所示的 D47:E49 区域。

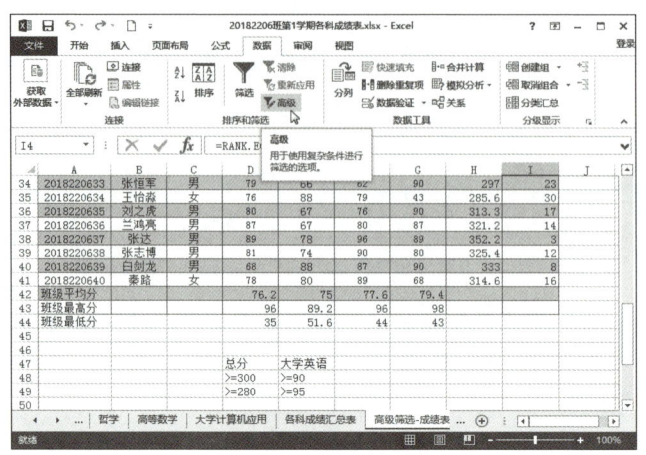

图 4-92 构造筛选条件

③ 执行高级筛选。单击数据清单中的任意一个单元格。在"数据"选项卡的"排序和筛选"组中，单击"高级"按钮 高级 。

显示"高级筛选"对话框，数据清单区域周围出现虚线选定框，筛选区域应该不包括"班级平均分""班级最高分"和"班级最低分"，所以要重新选定列表区域，单击"列表区域"后面的折叠对话框按钮 ，选定列表区域为 $A$1:$I$41，再次单击折叠对话框按钮展开对话框。

在"高级筛选"对话框中，单击"条件区域"后的 按钮，选定条件区域。

在"高级筛选"对话框中，选中"将筛选结果复制到其他位置"单选按钮。单击"复制到"后的 按钮，单击起始单元格为 A51，如图 4-93 所示，单击"确定"按钮。列表的高级筛选结果，如图 4-94 所示。

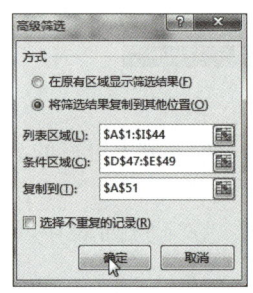

图 4-93 "高级筛选"对话框

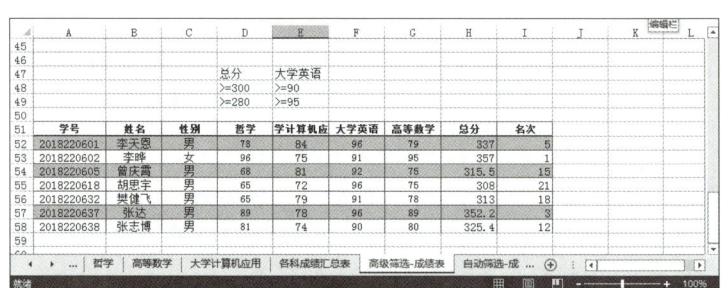

图 4-94 高级筛选结果

**注意：** 在"自定义自动筛选方式"对话框中，如果同时设置两个筛选条件且选择"与"按钮，那么要求筛选的结果同时满足两个条件；如果选择"或"按钮，则筛选的结果只需要满足两个条件中的一个即可。

### 8. 用主题统一表格风格

主题是一组预设的样式，包括字体（标题字体和正文字体）、颜色和效果。

① 打开"20182206班第1学期各科成绩表.xlsx"文件，单击"文件"选项卡，单击"另存为"，显示"另存为"对话框，文件名改为"20182206班第1学期各科成绩表-主

题.xlsx"。

② 在"20182206 班第 1 学期各科成绩表-主题.xlsx"工作簿中，任意选择一个工作表。

③ 在"页面布局"选项卡的"主题"组中，单击"主题"按钮，从下拉选项组中选择的"深度"，如图 4-95 所示。

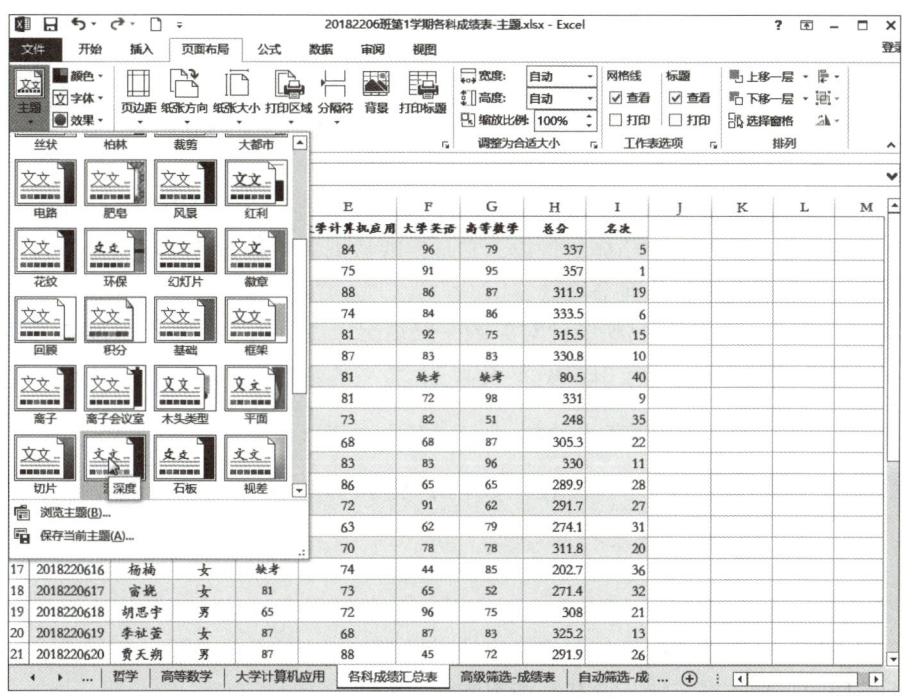

图 4-95　主题

④ 分别切换到不同的工作表中，看到凡是设置过单元格格式或套用了表格样式的工作表中的字体、底纹、边框的颜色都被套用了指定的主题样式。但是，没有设置单元格格式的工作表只有字体发生了变化。

## 4.2　学生成绩表的统计与分析

### 4.2.1　数据统计分析的基本概念

#### 1. 统计学概念

统计是处理数据的一门科学，是收集、分析、解释数据并从数据中得出结论的科学。

统计分析是指选择适当的统计方法对收集来的大量第一手资料和第二手资料进行分析研究，以求最大化地开发数据资料的功能，发挥数据的作用，是为了提取有用信息和形成结论而对数据加以详细研究和概括总结的过程。

#### 2. 简单的数据统计

随着社会、经济和科学技术的飞速发展，统计知识已广泛地应用于各个角落。用统计知识来解决实际问题，可以有助于更好地管理数据。下面介绍一些统计的基础知识。

（1）总体、个体、样本和样本容量

总体是指所要考察对象的全体。个体是指总体中的每一个考察对象。样本是指总体中所抽取的一部分个体。样本容量是指一个样本的必要抽样单位数目。

例如：某市 5 万名学生参加体检，为了解 5 万名学生的身高情况，从中抽取 5 000 名学生的身高进行分析，请问本题中的总体、个体、样本及样本容量分别是什么？

解：本题是为了解 5 万名学生的身高情况，所以总体是 5 万名学生的身高情况；个体是每名学生的身高；样本是抽取的 5 000 名学生的身高；样本容量是 5 000。

（2）平均数

平均数是指在一组数据中所有数据之和除以这组数据的个数。平均数是统计中的一个重要概念，是表示一组数据集中趋势的量数，它是反映数据集中趋势的一项指标。它主要包括算术平均数、调和平均数和几何平均数。

① 算术平均数主要用来反映统计对象的一般情况，也可用它进行不同数据的比较，从而看出组与组之间的差别。设一组数据为 $X_1, X_2, \cdots, X_n$，算术平均数的计算公式为：

$$算术平均数 = (X_1 + X_2 + \cdots + X_n)/n。$$

例如：某小卖部，"十一"放假三天的销售额分别为 540 元、620 元、480 元，求"十一"三天的日平均销售额是多少？

解：日平均销售额 = (540 + 620 + 480)/3 = 540（元）。

② 调和平均数是平均数的一种，是标志值倒数的算术平均数的倒数。主要是用来解决在无法掌握总体单位数的情况下，只有每组的变量值和相应的标志总量，而需要求得平均数的情况下使用的一种数据方法。调和平均数的计算公式为：

$$调和平均数 = \frac{n}{\sum \frac{1}{X}}。$$

例如：某菜店西红柿分为甲乙丙三个等级，甲级每元 0.5 kg，乙级每元 1 kg，丙级每元 1.5 kg，那么若甲乙丙级西红柿各买 1 kg，平均每元可买多少西红柿？

解：$M = \dfrac{n}{\sum \dfrac{1}{X}} = \dfrac{3}{\sum \left( \dfrac{1}{0.5} + \dfrac{1}{1} + \dfrac{1}{1.5} \right)} = \dfrac{3}{3.667} \approx 0.82$（斤/元）。

③ 几何平均数是 $n$ 个观察值连乘积的 $n$ 次方根。主要用于对比率、指数等求平均和计算平均发展速度。几何平均数的计算公式为：

$$几何平均数 = \sqrt[n]{X_1 \cdot X_2 \cdot \cdots \cdot X_n}。$$

例如：一个长方形的边长分别是 4 和 9，求一个和它面积相同的正方形的边长是多少？

解：$a = \sqrt[2]{4 \times 9} = 6$。

（3）众数

众数是指一组数据中出现次数最多的数值。众数简单地说就是一组数据中占比例最多的那个数。

例如：有一组数据 1，2，3，2，4。那么这组数据中的众数就是 2。因为在这组数字中

2出现了两次，而其他数字只出现了1次。

（4）中位数

中位数是指一组数据按从小到大的顺序依次排列，处在中间位置的一个数，或是最中间的两个数的平均数。

例如：有一组数据1，2，3，4，5。那么这组数据中的中位数就是3。

有一组数据1，2，3，4，5，6。那么这组数据中的中位数（3+4）/2=3.5。

（5）标准差

标准差是总体各单位标准值与其平均数离差平方的算术平均数的平方根，是概率统计中最常使用作为统计分布程度上的测量，它反映组内个体间的离散程度。

标准差计算公式：假设有一组数值$X_1, X_2, X_3, \cdots, X_n$（皆为实数），其平均值为$\overline{X}$，标准差$\sigma$公式为：

$$\sigma = \sqrt{\frac{1}{n} \sum_{i=1}^{n} (X_i - \overline{X})^2}$$

例如：A、B两组中各有6位学生参加同一次语文测验，A组的分数为95、85、75、65、55、45，B组的分数为73、72、71、69、68、67。这两组的平均数都是70，但A组的标准差为18.71分，B组的标准差为2.37分，说明A组学生之间的差距要比B组学生之间的差距大得多。

（6）方差

方差是各个数据与其算术平均数的离差平方和的平均数，通常以$\sigma^2$表示。方差的计量单位和量纲不便于从经济意义上进行解释，所以实际统计工作中多用方差的算术平方根——标准差来测度统计数据的差异程度。方差的计算公式为：

$$\sigma^2 = \frac{1}{n-1} \sum_{i=1}^{n} (X_i - \overline{X})^2 。$$

例如：考察一台机器的生产能力，利用抽样程序来检验生产出来的产品质量，抽样的测量结果见表4-1。

表4-1 测量结果

| 测量次数 | 1 | 2 | 3 | 4 | 5 | 6 | 7 | 8 | 9 | 10 | 11 | 12 | 13 | 14 |
|---|---|---|---|---|---|---|---|---|---|---|---|---|---|---|
| 测量结果 | 3.43 | 3.45 | 3.43 | 3.48 | 3.52 | 3.50 | 3.39 | 3.48 | 3.41 | 3.38 | 3.49 | 3.45 | 3.51 | 3.50 |

根据该行业通用法则：如果一个样本中的14个数据项的方差大于0.005，则该机器必须关闭待修。问此时的机器是否必须关闭？

解：根据已知测量结果，计算如下。

平均值 $\overline{X} = \dfrac{\sum X}{n} = 3.459$。

方差 $\sigma^2 = \dfrac{1}{n-1} \sum_{i=1}^{n} (X_i - \overline{X})^2 = 0.002 < 0.005$。

因此，该机器工作正常。

### 3. 统计过程

统计工作过程一般是由四部分组成：统计设计、统计调查、统计资料整理和统计分析。

（1）统计设计

统计设计是统计工作的首要阶段，是根据统计研究的目的和研究对象的特点，明确统计指标和指标体系，以及对应的分组方法，并以统计分析方法指导实施的统计活动。统计设计基本任务是制定出各种统计工作方案，作为统计工作的指导依据。统计设计所制定的方案包括：统计指标体系、统计分类目录、统计报表制度、统计调查方案、统计汇总或整理方案以及统计分析方案等。

（2）统计调查

统计调查是根据调查的目的与要求，运用科学的调查方法，有计划、有组织地搜集数据资料的工作活动。常用的方法有：普查、抽样调查、统计报表等。

（3）统计资料整理

统计资料整理简称统计整理，是指根据统计研究的目的，对统计调查所得到的原始资料进行科学的分类和汇总，或对已初步加工的次级资料进行再加工，使其系统化、条理化、科学化，以反映所研究的现象总体特征。

（4）统计分析

统计分析是指运用统计方法及相关的知识，定量与定性相结合对统计资料进行研究的活动。它是继统计设计、统计调查、统计资料整理之后，对统计数据加以详细研究和概括总结的过程。

## 4.2.2 任务要求

在 4.1 节完成了“各科成绩汇总表”的制作。本节要在此基础上实现“成绩统计表”“各科成绩等级表”的制作，如图 4-96、图 4-97 所示。

成绩统计表

| 课程 | 哲学 | 大学计算机应用 | 大学英语 | 高等数学 |
|---|---|---|---|---|
| 班级平均分 | 76.2 | 75 | 77.6 | 79.4 |
| 班级最高分 | 96 | 89.2 | 96 | 98 |
| 班级最低分 | 35 | 51.6 | 44 | 43 |
| 参考人数 | 36 | 40 | 37 | 38 |
| 应考人数 | 40 | 40 | 40 | 40 |
| 缺考人数 | 4 | 0 | 3 | 2 |
| 90~100(人) | 4 | 0 | 8 | 10 |
| 80~89(人) | 12 | 12 | 12 | 10 |
| 70~79(人) | 11 | 14 | 7 | 10 |
| 60~69(人) | 6 | 8 | 6 | 5 |
| 小于60(人) | 3 | 2 | 4 | 3 |
| 优秀率 | 11.11% | 0.00% | 21.62% | 26.32% |
| 及格率 | 91.67% | 95.00% | 89.19% | 92.11% |

图 4-96　成绩统计表

| 学号 | 姓名 | 性别 | 哲学 | 大学计算机应用 | 大学英语 | 高等数学 |
|---|---|---|---|---|---|---|
| 2018220618 | 胡思宇 | 男 | 及格 | 中 | 优 | 中 |
| 2018220619 | 李祉萱 | 女 | 良 | 及格 | 良 | 良 |
| 2018220620 | 贾天朔 | 男 | 良 | 良 | 不及格 | 中 |
| 2018220621 | 贺岩 | 男 | 优 | 中 | 中 | 优 |
| 2018220622 | 李娇娇 | 女 | 良 | 及格 | 不及格 | 及格 |
| 2018220623 | 邰然 | 女 | 缺考 | 良 | 缺考 | 中 |
| 2018220624 | 朱俊峰 | 男 | 中 | 中 | 中 | 中 |
| 2018220625 | 史铭成 | 男 | 不及格 | 及格 | 良 | 良 |
| 2018220626 | 白佳骏 | 男 | 中 | 不及格 | 及格 | 优 |
| 2018220627 | 周予铭 | 男 | 优 | 良 | 良 | 优 |
| 2018220628 | 董佳琪 | 男 | 良 | 及格 | 良 | 优 |
| 2018220629 | 崔浩哲 | 男 | 中 | 中 | 缺考 | 缺考 |
| 2018220630 | 高芊 | 女 | 缺考 | 不及格 | 不及格 | 及格 |

图 4-97　各科成绩等级表

## 4.2.3 操作步骤

### 1. 制作成绩统计表

（1）准备工作

① 首先把 4.2 节完成的“20182206 班第 1 学期各科成绩表.xlsx”工作簿中的“各科成绩汇总表”，复制到新建的工作簿文件中。打开“20182206 班第 1 学期各科成绩表.xlsx”文件，在“各科成绩汇总表”工作表中，右击工作表标签，如图 4-98 所示，在快捷菜单中单击“移动或复制”。

② 显示“移动或复制工作表”对话框，单击“工作簿”下拉列表按钮，在下拉列表

中选择"（新工作簿）"，并选中"建立副本"复选框，如图4-99所示，单击"确定"按钮。

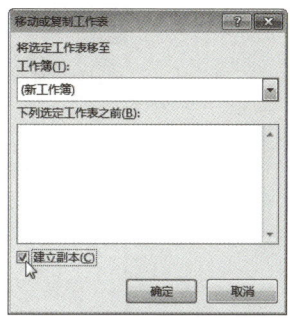

图4-98　工作表的快捷菜单　　　　　　　　　图4-99　"移动或复制工作表"对话框

③ 则新建一个"工作簿1"窗口，单击快速访问工具栏上的"保存"按钮，显示"另存为"对话框，浏览到"C:\成绩"文件夹，在"文件名"文本框中输入新的工作簿名称"各科成绩统计表.xlsx"，单击"保存"按钮。

④ 删掉"名次"列，单击列标I选中该列，在"开始"选项卡的"单元格"组中，单击"删除"按钮 右侧的下拉箭头 ，在下拉列表中单击"删除工作表列"，如图4-100所示。

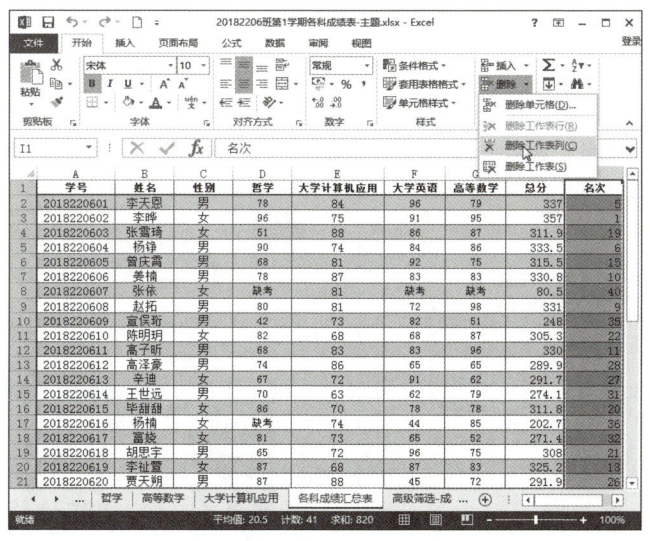

图4-100　删除列

（2）建立"成绩统计表"

在"各科成绩统计表.xlsx"文件中，新建"成绩统计表"工作表，按照如图4-96所示输入各科课程名称和第一列的统计要求。

① 在工作表标签右键菜单中选择"插入",插入一个工作表,并改名为"成绩统计表"。

② 在 A1 单元格输入"成绩统计表"。在 A2 单元格输入"课程"。从"各科成绩汇总表"工作表中,复制 D1:G1 单元格,然后粘贴到"成绩统计表"工作表的 B2:E2 单元格。

③ 由于粘贴过来的"哲学""大学计算机应用""大学英语""高等数学"带有格式,为了与当前工作表的格式一致,单击"粘贴浮动工具栏"按钮 (Ctrl),在下拉列表中单击"值",如图 4-101 所示。或者使用"格式刷" 把粘贴过来的单元格的格式改成 A2 单元格的格式。

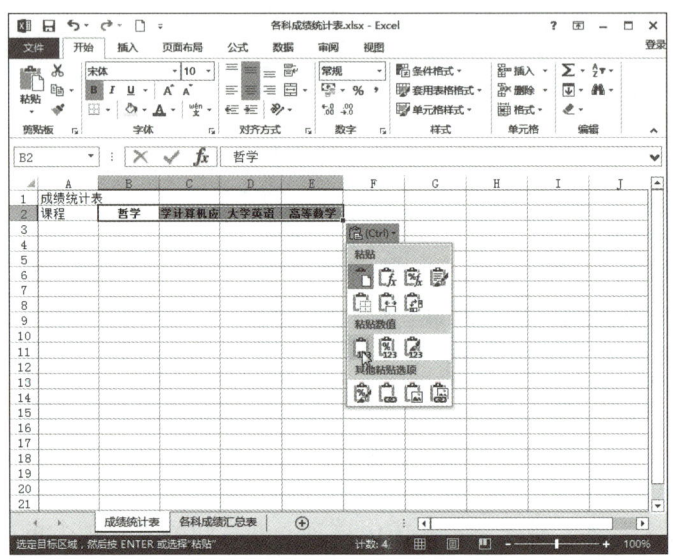

图 4-101　粘贴浮动工具栏下拉菜单

④ 选中 A1:E1 单元格区域,在"开始"选项卡的"对齐方式"组中,单击"合并后居中"按钮 。

⑤ 在 A3:A15 单元格输入相应的统计项目名称并适当改变列距,如图 4-102 所示。

⑥ 把 A1 单元格的标题改为"黑体""14"号字。把 A2:A15、B2:E2 单元格的"填充颜色"改为"橙色",如图 4-103 所示。

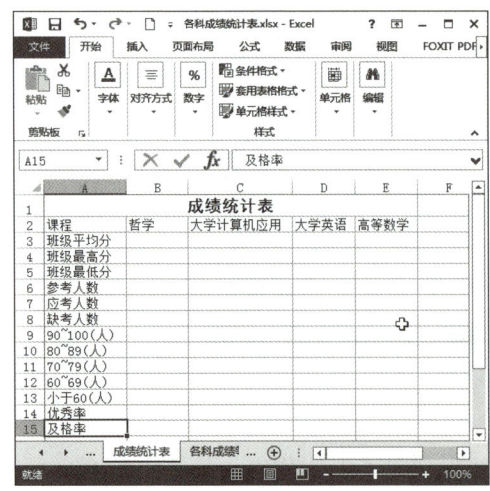

图 4-102　输入统计项目名称

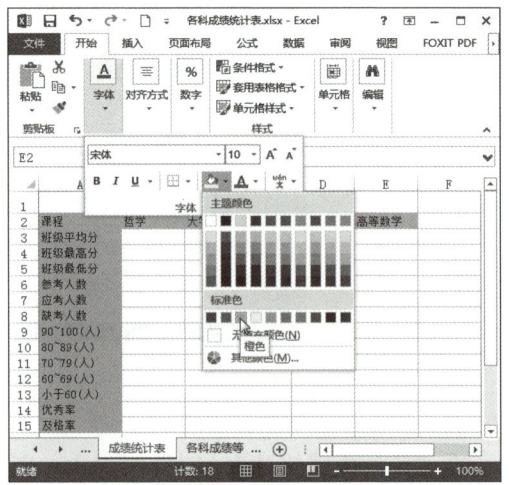

图 4-103　设置标题单元格填充颜色

（3）引用各科课程的相应单元格值

因为4门课程的"班级平均分""班级最高分""班级最低分"已经在"各科成绩汇总表"工作表中计算出来，所以只需把这些数据引用到"成绩统计表"中的相应单元格。

① 由于"各科成绩汇总表"中的记录行比较多，为了在浏览行号大的记录时仍然显示列名，可以冻结首行。在"各科成绩汇总表"中，单击任何一个单元格。在"视图"选项卡的"窗口"组中，单击"冻结窗格"按钮 冻结窗格 ，在下拉列表中单击"冻结首行"，如图4-104所示。

② 在"成绩统计表"中，单击目标单元格B3，输入"="。

③ 单击"各科成绩汇总表"工作表标签，在此工作表中单击该课程对应的"班级平均分"单元格D42，如图4-105所示，按Enter键。

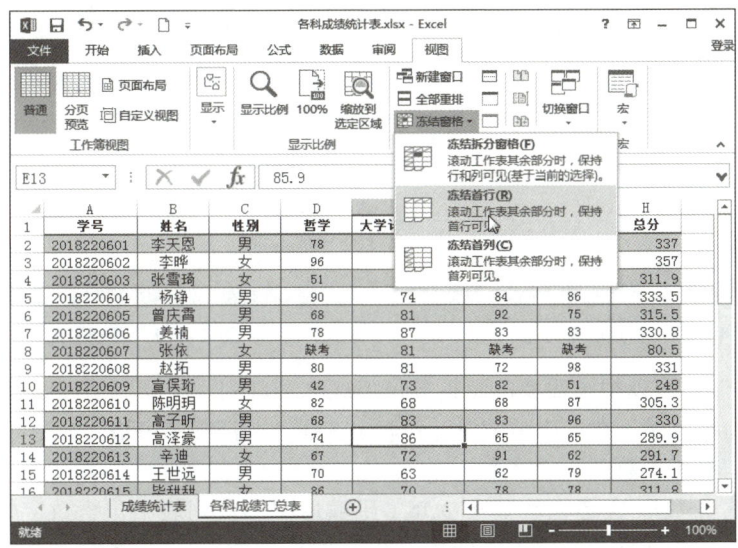

图4-104 "冻结窗格"下拉列表

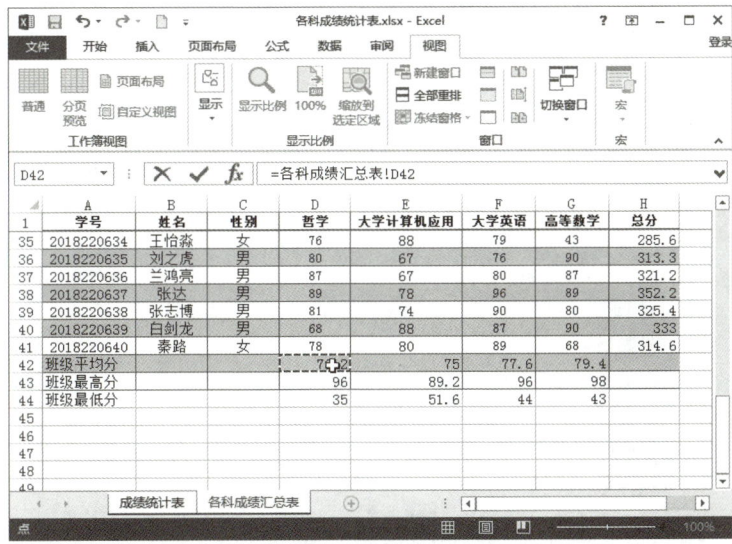

图4-105 选择要引用的单元格

④ 自动切换回"成绩统计表",B3 单元格中显示其值为"76.2",同时编辑栏中的公式为"= 各科成绩汇总表!D42",如图 4-106 所示。

⑤ 向右拖曳 B3 单元格的填充柄到 E3,得到 4 门课程的"班级平均分"。

⑥ 选中 B3:E3 单元格区域,向下拖曳该区域的填充柄到 E5 单元格,得到 4 门课程的"班级最高分""班级最低分",如图 4-107 所示。

图 4-106　引用的单元格

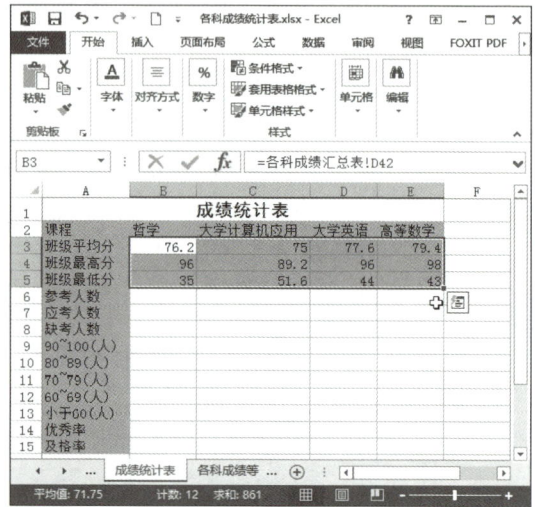

图 4-107　得到最高分和最低分

"冻结窗格"也可以根据需要冻结拆分窗格或冻结首列。若要取消冻结,可以选择工作表中已冻结的窗格,然后在"冻结窗格"列表中选择"取消冻结窗格"命令即可。

(4)计算"参考人数""应考人数"

计算"参考人数""应考人数"。COUNT 函数返回参数列表中包含数字的单元格数目,不包括"缺考"的单元格,所以可以计算"参考人数"。COUNTA 函数返回参数列表中非空值的单元格数目,包括"缺考"的单元格,所以可以计算"应考人数"。

① 在"成绩统计表"中,单击 B6 单元格。在"开始"选项卡的"编辑"组中,单击"求和"按钮 Σ 后的箭头,如图 4-108 所示,在下拉列表中单击"计数"。

图 4-108　"求和"菜单

② 单击"各科成绩汇总表"工作表标签，重新选择参数范围 D2:D41 单元格区域，此时编辑栏中的公式为"=COUNT（各科成绩汇总表!D2:D41）"，如图 4-109 所示，按 Enter 键。

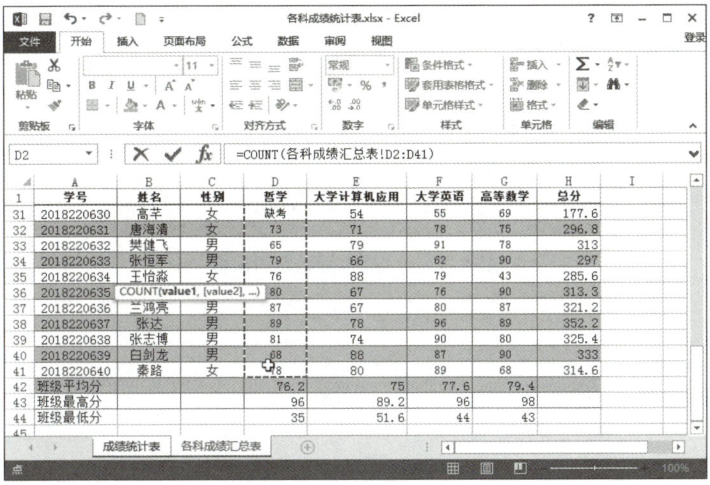

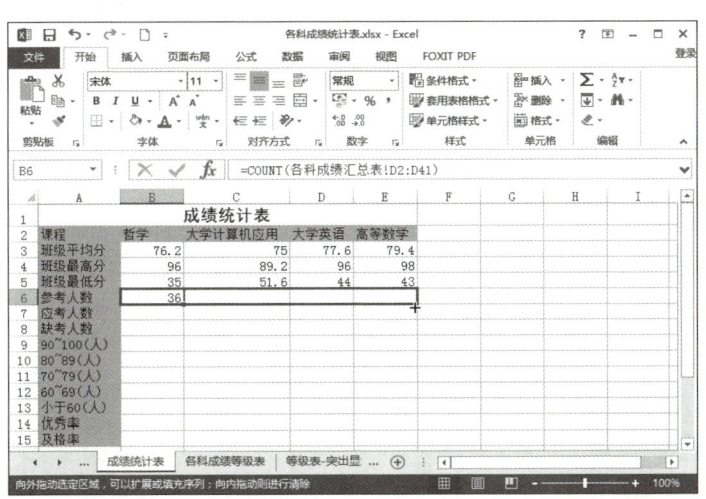

图 4-109　选择参数范围

③ 自动切换回"成绩统计表"工作表，拖曳 B6 单元格的填充柄，如图 4-110 所示，至 E6 单元格，得到 4 门课程的"参考人数"。

图 4-110　计算"参考人数"

④ 在"成绩统计表"工作表中，单击目标单元格 B7。单击编辑栏左侧的"插入函数"按钮，显示"插入函数"对话框，单击"或选择类别"右侧的箭头，在下拉列表中单击"统计"；在"选择函数"列表框中选择"COUNTA"，如图 4-111 所示，单击"确定"按钮。

⑤ 显示"函数参数"对话框，删除"Value1"文本框中的默认参数，单击"各科成绩汇总表"工作表标签，在"各科成绩汇总表"工作表中重新选择参数范围 D2:D41 单元格区域，按 Enter 键，如图 4-112 所示，然后单击"确定"按钮。

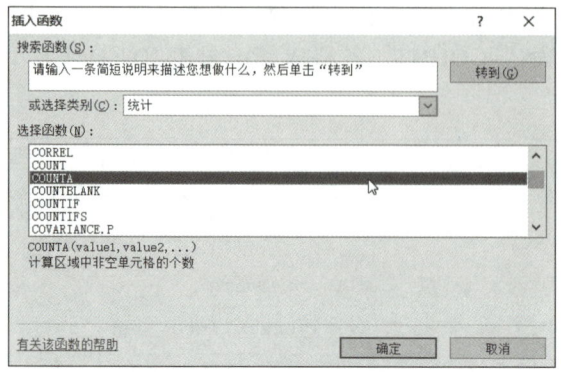

图 4-111 "插入函数"对话框

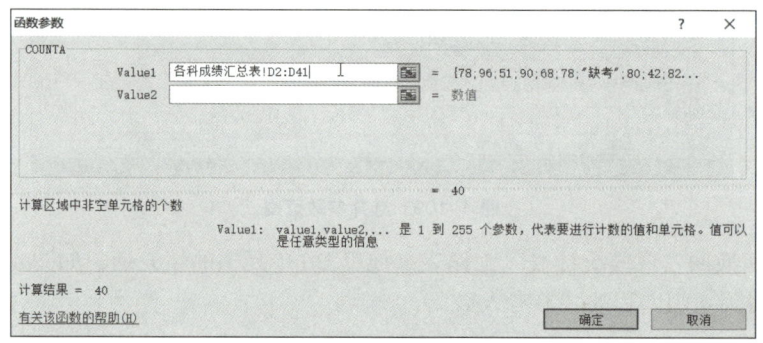

图 4-112 "函数参数"对话框

⑥ B7 单元格中显示计算结果。拖曳 B7 单元格的填充柄到 E7 单元格，计算出 4 门课程的"应考人数"，如图 4-113 所示。

图 4-113 计算"应考人数"

（5）计算"缺考人数"

计算"缺考人数"单元格的数目时，使用 COUNTIF 函数。

① 在"成绩统计表"中，单击目标单元格 B8。在"公式"选项卡的"函数库"组中，

单击"插入函数"按钮。

② 显示"插入函数"对话框，在"或选择类别"下拉列表中单击"统计"；在"选择函数"列表框中选择"COUNTIF"，如图 4-114 所示，单击"确定"按钮。

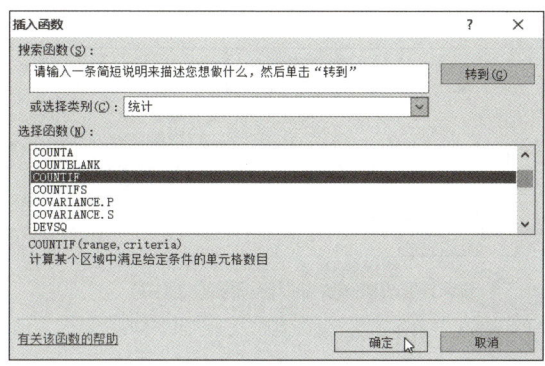

图 4-114 "插入函数"对话框

③ 显示"函数参数"对话框，第一个参数"Range"表示被统计的单元格范围，选择"各科成绩统计表"工作表中的 D2:D41 单元格范围；第二个参数"Criteria"表示统计条件，输入"缺考"，如图 4-115 所示，单击"确定"按钮。

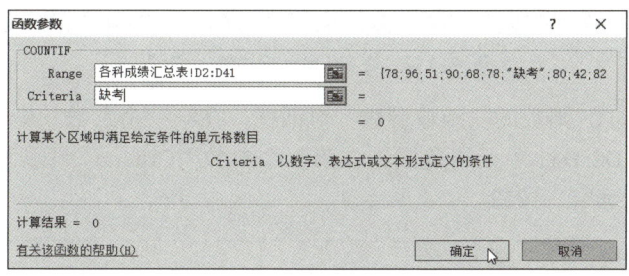

图 4-115 "函数参数"对话框

④ B8 单元格中显示计算结果。拖曳 B8 单元格的填充柄到 E8 单元格，计算出 4 门课程的"缺考人数"，如图 4-116 所示。

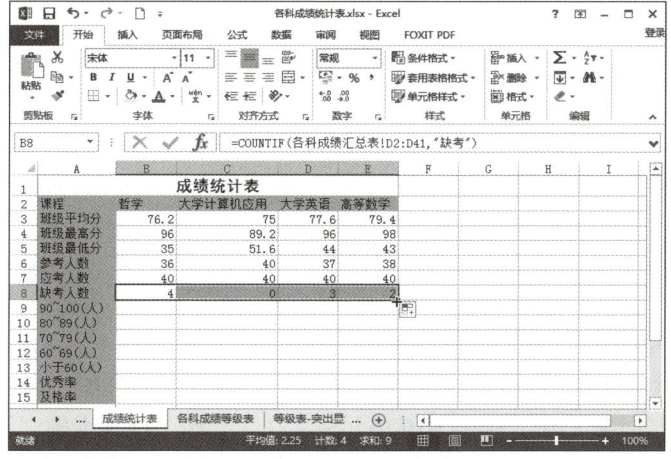

图 4-116 计算"缺考人数"

（6）计算 >=90、<60 分数段的人数

计算 >=90、<60 分的人数也使用 COUNTIF 函数。

① 在"成绩统计表"中，单击 B9 单元格，输入"="，"名称框"中会出现刚才用过的 COUNTIF 函数，如图 4-117 所示，单击"名称框"。

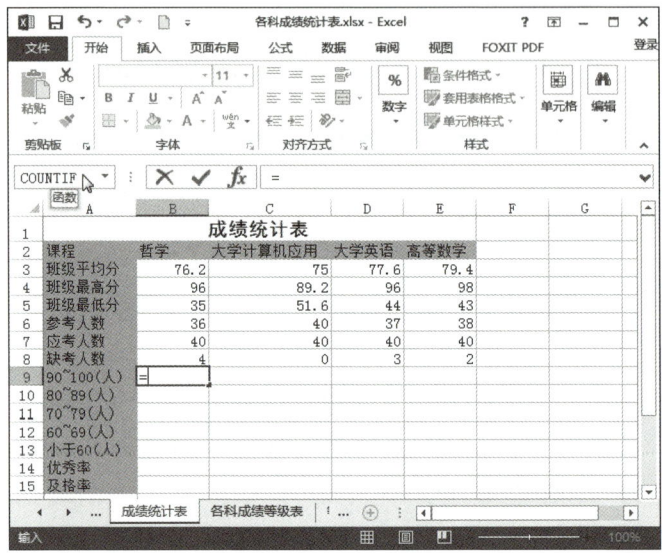

图 4-117　在 B9 单元格中输入"="

② 显示 COUNTIF 函数的"函数参数"对话框，在第一个参数"Range"中，选择"各科成绩统计表"的 D2:D41 单元格范围；在第二个参数"Criteria"中，输入">=90"，如图 4-118 所示，单击"确定"按钮。

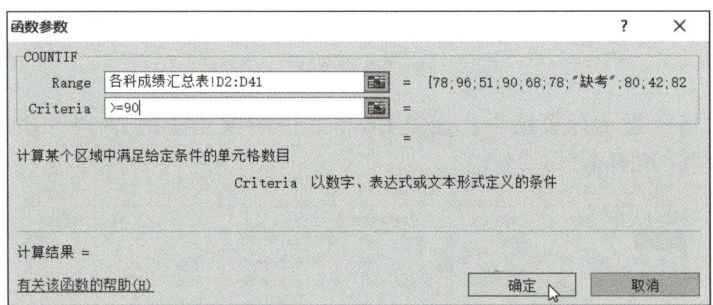

图 4-118　"函数参数"对话框

③ B9 单元格中显示计算结果。拖曳 B9 单元格的填充柄到 E9 单元格，计算出 4 门课程的"90～100（人）"分数段的人数，如图 4-119 所示。

④ 单击 B13 单元格，按上述操作步骤计算"小于 60（人）"分数段的人数。

（7）计算"80～89（人）""70～79（人）""60～69（人）"分数段的人数

当条件是一个范围时，其实是两个条件，例如"80～89（人）"的条件是">=80"并且"<=89"。对于同时满足多个条件的统计数目的函数，使用 COUNTIFS 函数。

① 在"成绩统计表"中，单击 B10 单元格。在"开始"选项卡的"编辑"组中，单击"求和"按钮 Σ ▼ 后的箭头，在下拉列表中单击"其他函数"，如图 4-120 所示。

电子表格处理（Excel 2016） 第4章

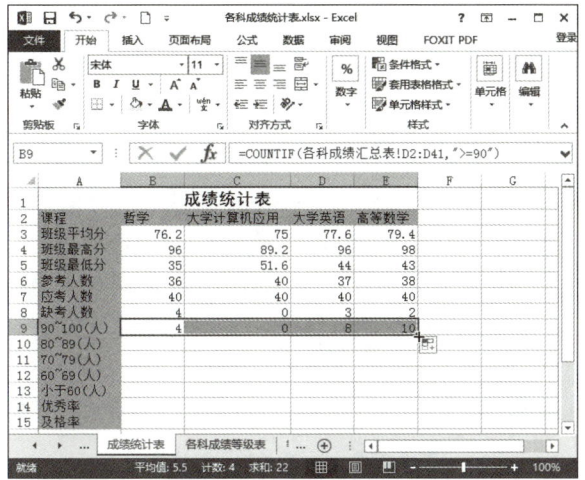

图4-119 计算"90～100（人）"分数段的人数

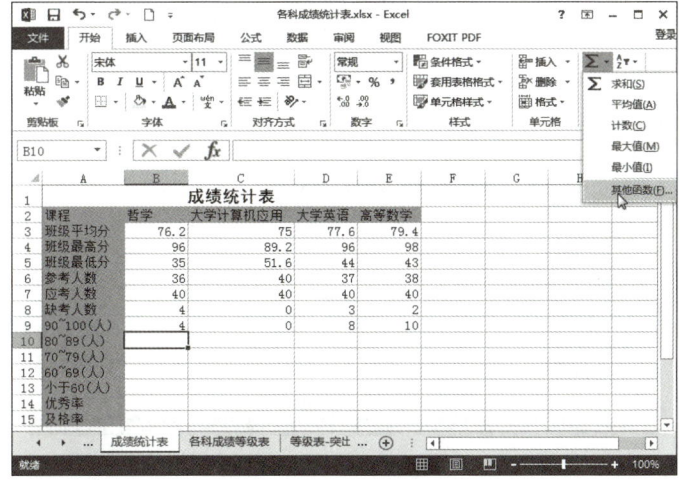

图4-120 其他函数

② 显示"插入函数"对话框，单击"或选择类别"右侧的箭头，在下拉列表中单击"统计"；在"选择函数"列表框中选择"COUNTIFS"，如图4-121所示，单击"确定"按钮。

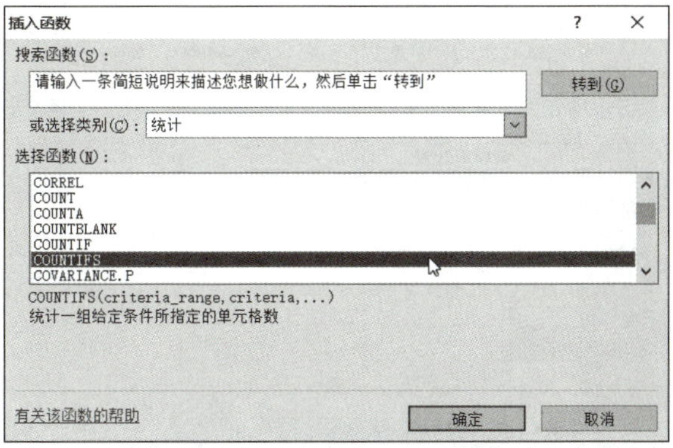

图4-121 "插入函数"对话框

165

③ 显示 COUNTIFS 函数的"函数参数"对话框,输入两组单元格区域和条件,如图 4-122 所示,单击"确定"按钮。

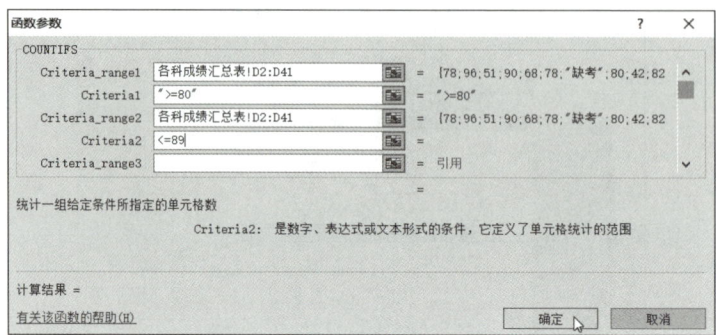

图 4-122 "函数参数"对话框

④ B10 单元格中显示计算结果,如图 4-123 所示。

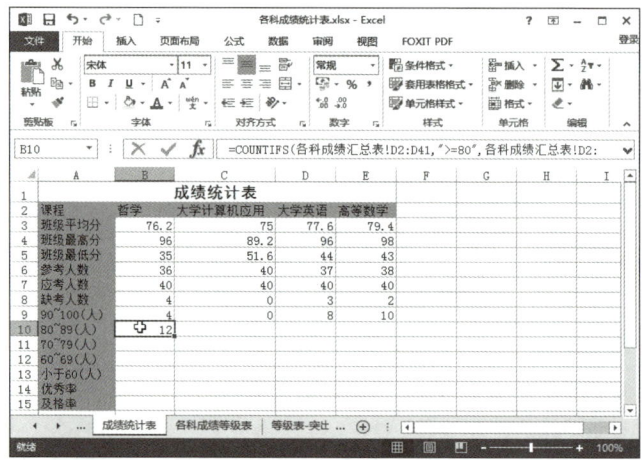

图 4-123 计算"80~89(人)"分数段的人数

⑤ 按上述操作步骤分别计算"70~79(人)""60~69(人)"分数段的人数,如图 4-124 所示。

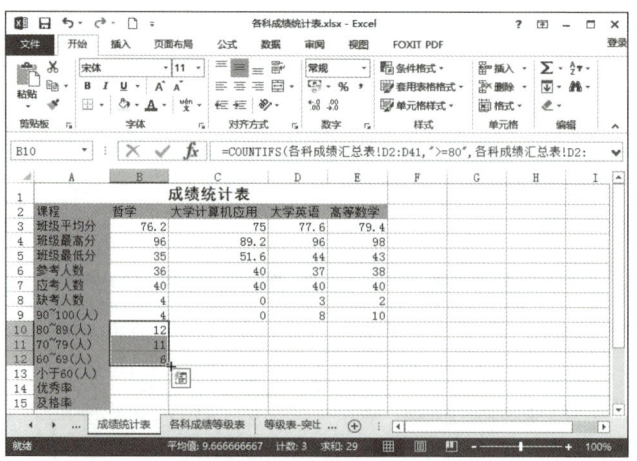

图 4-124 计算各分数段人数

⑥ 在"成绩统计表"工作表中，选中 B10:B12 单元格区域，拖动该区域的填充柄到 E12 单元格，如图 4-125 所示，统计出其他 3 门课程各分数段的人数。也可以拖曳到更多范围的单元格区域，例如选中 B3:B13 单元格区域，拖曳到 E13 单元格。

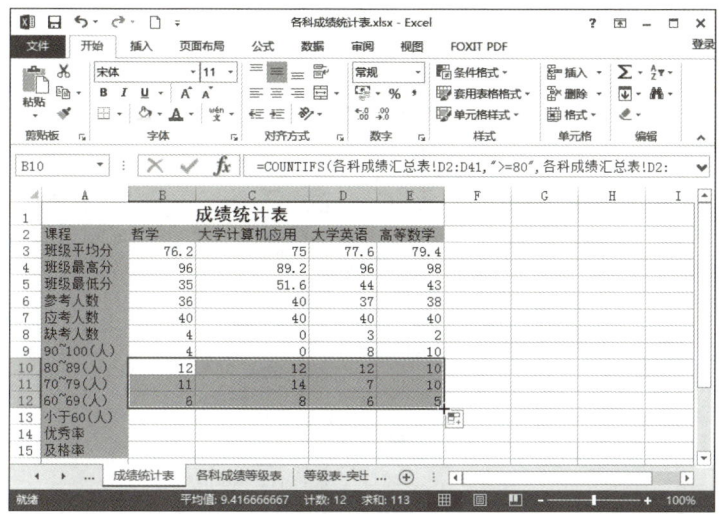

图 4-125　拖曳单元格范围的填充柄

（8）计算"优秀率""及格率"

① 在"成绩统计表"工作表中，单击 B14 单元格。在编辑栏中输入计算优秀率公式：
=COUNTIF（各科成绩汇总表!D2:D41,">=90"）/COUNT（各科成绩汇总表!D2:D41）。

为了快速输入上面公式，先单击 B13 单元格，选中编辑栏中的公式"=COUNTIF（各科成绩汇总表!D2:D41,"<60"）"，按 Ctrl+C 键复制；先按 Esc 键，再单击 B14 单元格，在编辑栏中，按 Ctrl+V 粘贴，把"<60"改为">=90"；光标移动到公式尾部，输入"/"；再次按 Ctrl+V 键粘贴，删除多余的"="号，删除 COUNTIF 中的 IF，删除","<60""。当编辑栏中输入的公式修改正确后，按 Enter 键或单击编辑栏左侧的"输入"按钮，如图 4-126 所示，则 B14 单元格中即显示"优秀率"的计算结果。

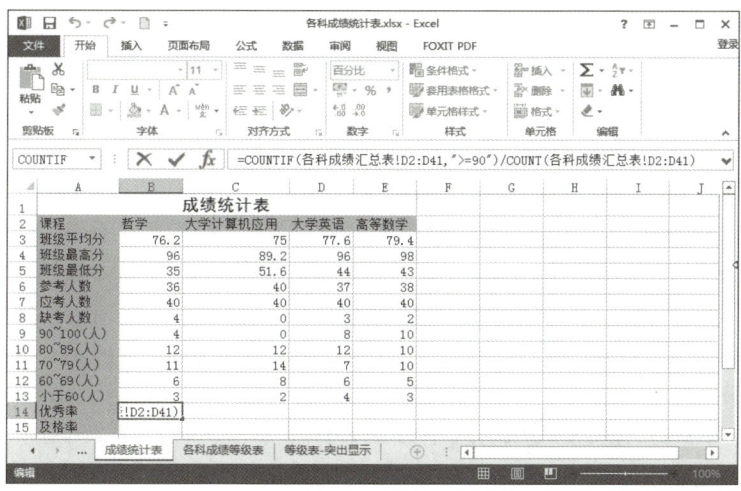

图 4-126　输入公式计算"优秀率"

② 拖动 B14 单元格的填充柄到 B15 单元格。单击 B15 单元格，在编辑栏中修改为计算及格率的公式，把 ">=90" 改为 ">=60"。按 Enter 键或单击 "输入" 按钮 ，则 B15 单元格中即显示 "及格率" 的计算结果。

③ 选中 B14:B15 单元格，在 "开始" 选项卡的 "数字" 组中，单击 "数字格式" 后的箭头，在下拉列表中单击 "百分比"，如图 4-127 所示。

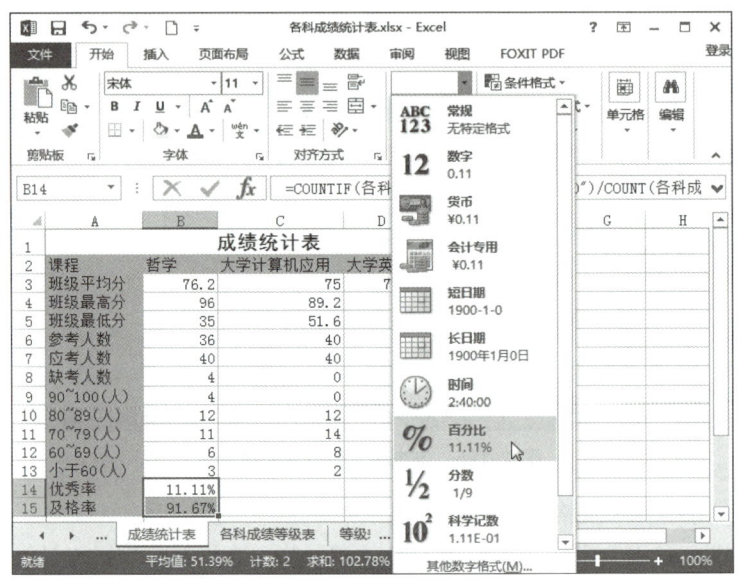

图 4-127 改为百分比显示方式

④ 拖曳 B14:B15 单元格区域的填充柄到 E15 单元格，计算出其他课程的优秀率和及格率。

计算优秀率和及格率最简单的方法是利用现有的计算结果，例如，计算优秀率，在 B14 单元格中输入 "=B9/B6"（B9 为 90～100 分的人数，B6 为参考人数）；计算及格率的公式是在 B15 单元格中输入 "=1－B13/B6"（B13 是不及格人数，1－不及格率＝及格率）。

### 2. 制作成绩等级表

（1）新建 "各科成绩等级表"

① 单击 "各科成绩汇总表" 工作表标签，按下 Ctrl 键不松开，拖动 "各科成绩汇总表" 工作表标签到右端，最后松开 Ctrl 键。

② 把复制的 "各科成绩汇总表（2）" 工作表重命名为 "各科成绩等级表"。

（2）单元格数据的删除与清除

删除 4 门课程列中的分数，清除 "总分" 列，删除分数统计的单元格区域。

① 删除 4 门课程列中的分数。在新建的 "各科成绩等级表" 工作表中，选中成绩区域 D2:G44，按 Delete 键，则删除了单元格的内容，而单元格的格式仍然保留，如图 4-128 所示。

② 清除 "总分" 列。单击列标头 H 选中该列，在 "开始" 选项卡的 "编辑" 组中，单击 "清除" 按钮 ，在下拉列表中单击 "全部清除"，如图 4-129 所示，此时 H 列中的内容和格式全部被清除。

③ 清除 A42:G43 单元格区域。选中 A42:G43 单元格区域，在 "开始" 选项卡的 "编辑" 组中，单击 "清除" 按钮 ，在下拉列表中单击 "全部清除"，此时该区域的内容和格式被清除，但单元格并没有被删除，如图 4-130 所示。

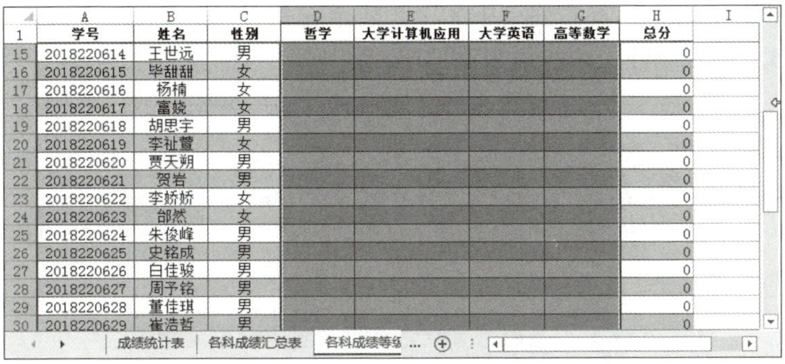

图 4-128 删除单元格的内容

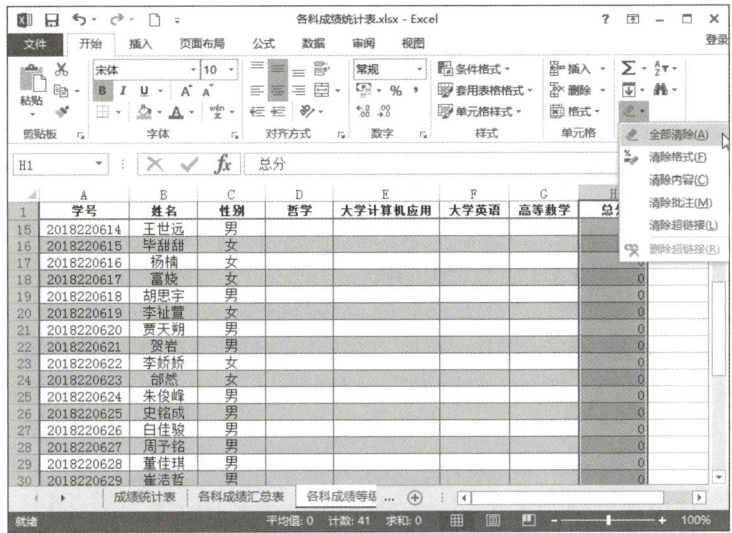

图 4-129 清除"总分"列

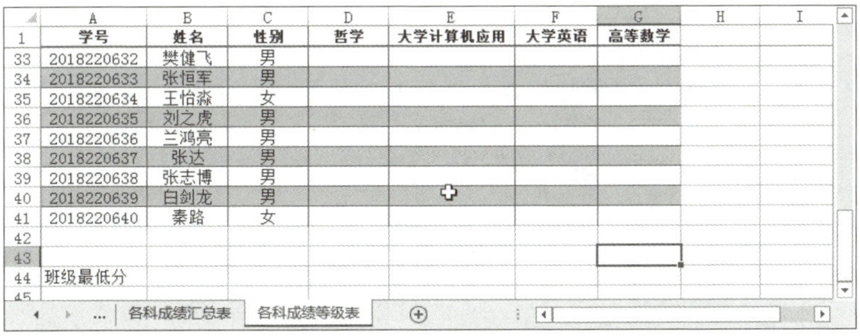

图 4-130 清除单元格

④ 清除 A44:G44 单元格区域的格式。选中 A44:G44 单元格区域，在"开始"选项卡的"编辑"组中，单击"清除"按钮 ，在下拉列表中单击"清除格式"，此时该区域的格式被清除，但单元格的内容保留。

⑤ 删除 A42:G43 单元格区域。选中 A42:G43 单元格区域，在"开始"选项卡的"单

元格"组中,单击"删除"下拉列表中的"删除单元格"按钮,如图 4-131 所示,此时,该区域的单元格被删除,内容由后面的单元格内容替代。

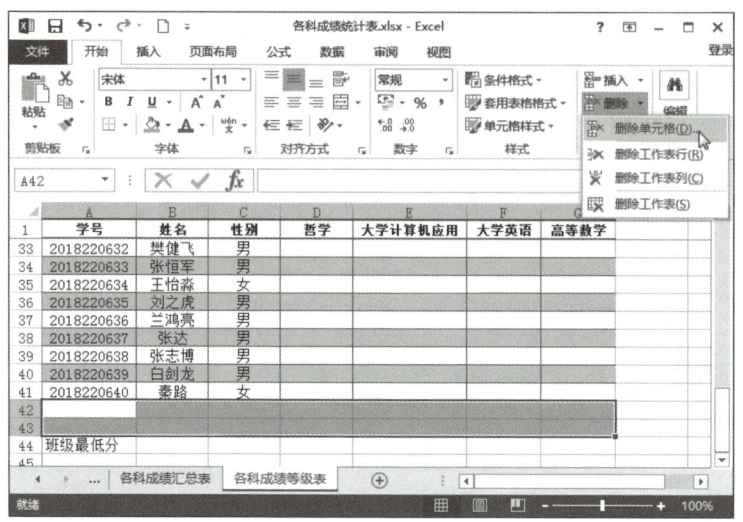

图 4-131 删除单元格

⑥ 按上述操作删除 A44:G44 单元格区域。

(3)按"大学英语"成绩写入"及格"或"不及格"

在"各科成绩等级表"工作表中,根据"各科成绩汇总表"工作表中的"大学英语"成绩,如果分数在 60 分及以上,则在"各科成绩等级表"工作表中的对应单元格中写入"及格",否则写入"不及格"。

① 在"各科成绩等级表"工作表中,单击目标单元格 F2。在"公式"选项卡的"函数库"组中,单击"逻辑"按钮,在下拉列表中单击"IF",如图 4-132 所示。

② 显示"函数参数"对话框,在 Logical_test 文本框中设置"各科成绩汇总表!F2>=60",在 Value_if_true 文本框中输入"及格",在 Value_if_false 文本框中输入"不及格",如图 4-133 所示,单击"确定"按钮。

图 4-132 "逻辑下拉菜单"

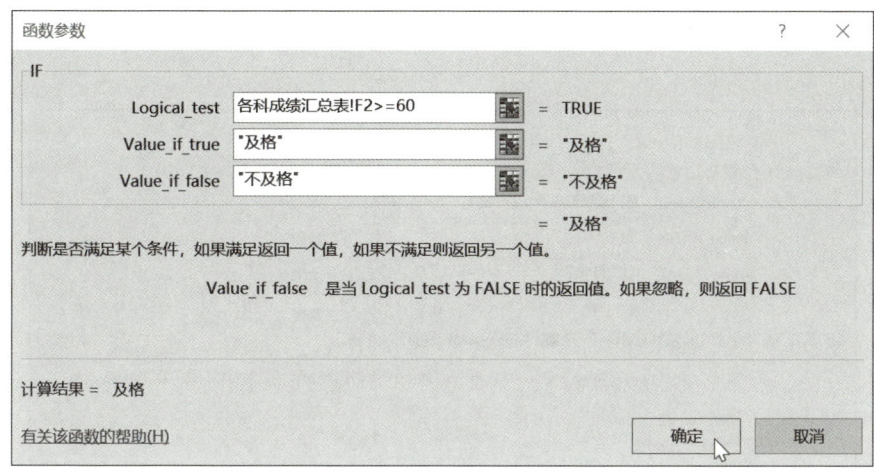

图 4-133 设置"及格"或"不及格"条件

③ F2 单元格中显示"及格",如图 4-134 所示。双击 F2 单元格的填充柄,使 F 列复制公式。

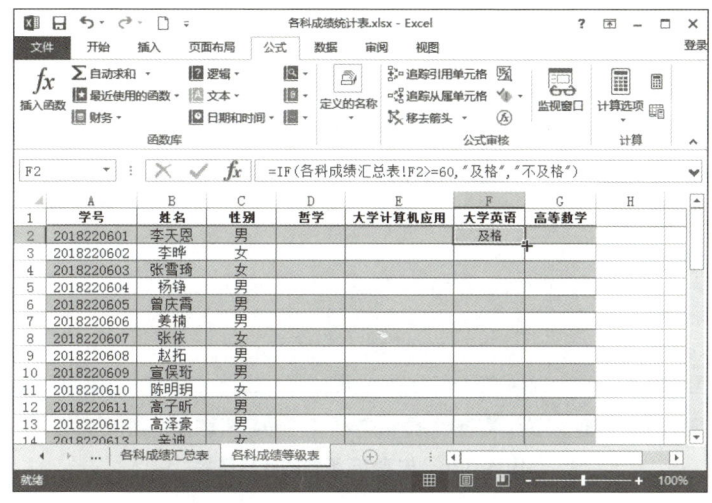

图 4-134 F2 单元格中显示"及格"

检查发现,在"各科成绩汇总表"中"大学英语"列中"缺考"的学生,在"各科成绩等级表"中被判断为"及格"。这是因为"缺考"的内部码值大于 60 造成的。显然这种成绩有三种情况,而采用两种情况的判断方法是不正确的。

(4) 按"大学英语"成绩写入"及格""不及格"或"缺考"

① 在"各科成绩等级表"工作表中,单击目标单元格 F2,此时编辑栏中显示公式"=IF(各科成绩汇总表!F2>=60,"及格","不及格")"。

② 在编辑栏中,选中第一个"="以外的内容,按 Ctrl+X 键把选中的内容剪切到剪切板。单击"名称框"中的"IF"。

③ 显示"函数参数"对话框,在"Logical_test"中设置"各科成绩汇总表!F2="缺考"",在"Value_if_true"文本框中输入""缺考"",在"Value_if_false"文本框中按 Ctrl+V 粘贴以实现两个 IF 函数的嵌套,如图 4-135 所示,单击"确定"按钮。

④ 双击 F2 单元格的填充柄，复制公式可以看到"缺考"已经出现在 F 列，如图 4-136 所示。

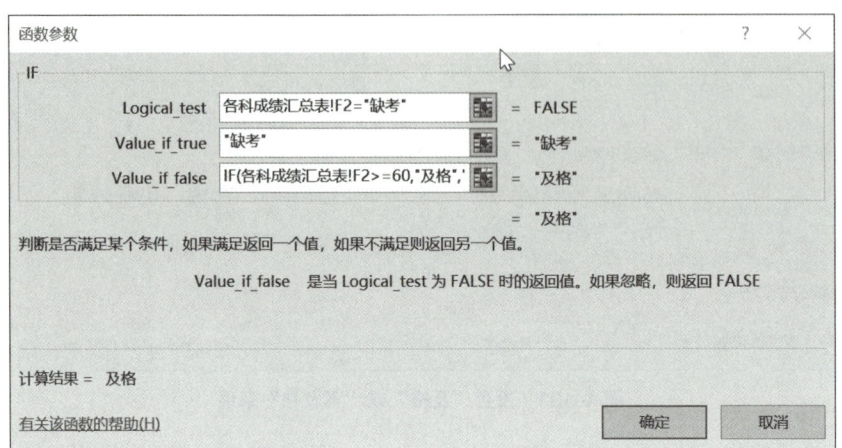

图 4-135　设置"及格""不及格"或"缺考"条件

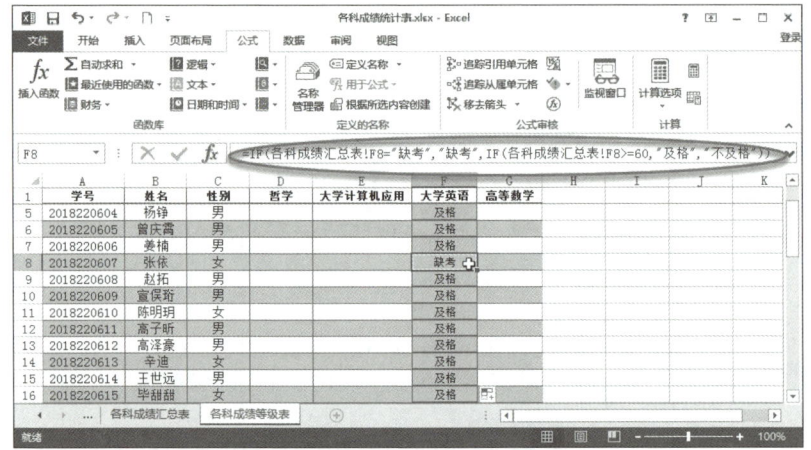

图 4-136　嵌套 IF 函数的计算结果

（5）根据分数转换为成绩等级

分数与成绩等级的对应关系见表 4-2。将"各科成绩汇总表"中学生的各科成绩转换成成绩等级，把成绩等级写入"各科成绩等级表"中。

表4-2　分数与成绩等级的对应关系

| 分　　数 | 成绩等级 |
| --- | --- |
| 分数>=90且分数<=100 | 优 |
| 分数>=80且分数<90 | 良 |
| 分数>=70且分数<80 | 中 |
| 分数>=60且分数<70 | 及格 |
| 分数<60 | 不及格 |
| 缺　考 | 缺考 |

① 在"各科成绩等级表"中，单击 D2 单元格，输入"="，单击"名称框"中的"IF"，如图 4-137 所示。

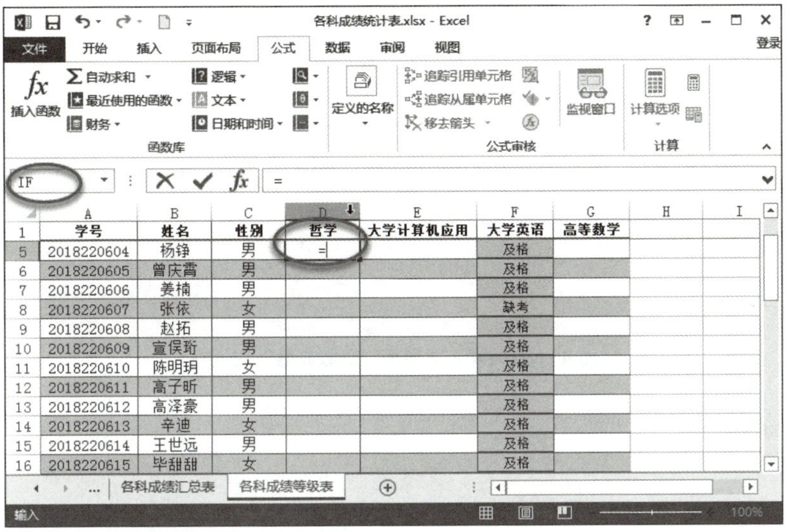

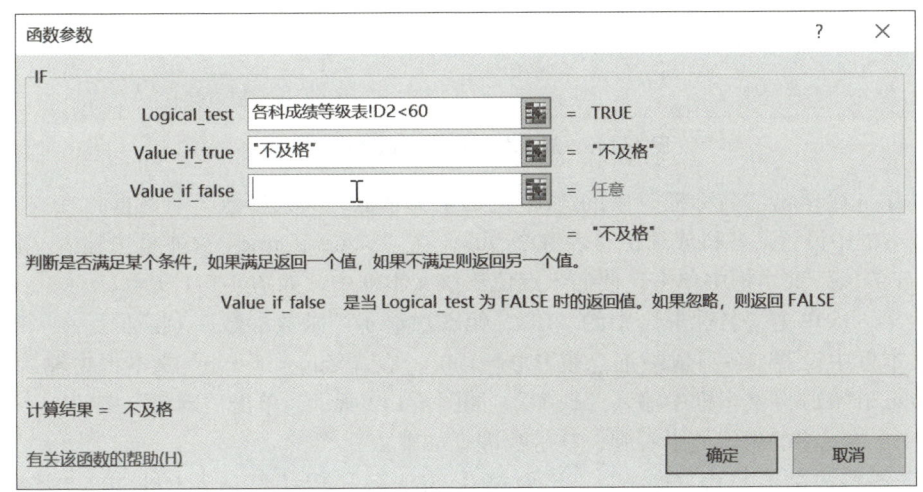

图 4-137　输入"="

② 第 1 次显示"函数参数"对话框，在"Logical_test"文本框中设置"各科成绩等级表!D2<60"，在"Value_if_true"文本框中输入"不及格"。在"Value_if_false"文本框中单击，使插入点位于该文本框中，如图 4-138 所示。

图 4-138　第 1 次显示"函数参数"对话框

③ 第 2 次单击"名称框"中的"IF"，第 2 次显示"函数参数"对话框，在"Logical_test"框中设置"各科成绩汇总表!D2<70"，在"Value_if_true"框中输入"及格"。在"Value_if_false"框中单击，使插入点位于该框中，如图 4-139 所示。

④ 第 3 次单击"名称框"中的"IF"，第 3 次显示"函数参数"对话框，在"Logical_test"文本框中设置"各科成绩汇总表!D2<80"，在"Value_if_true"文本框中输入"中"。在"Value_if_false"文本框中单击，使插入点位于该文本框中，如图 4-140 所示。

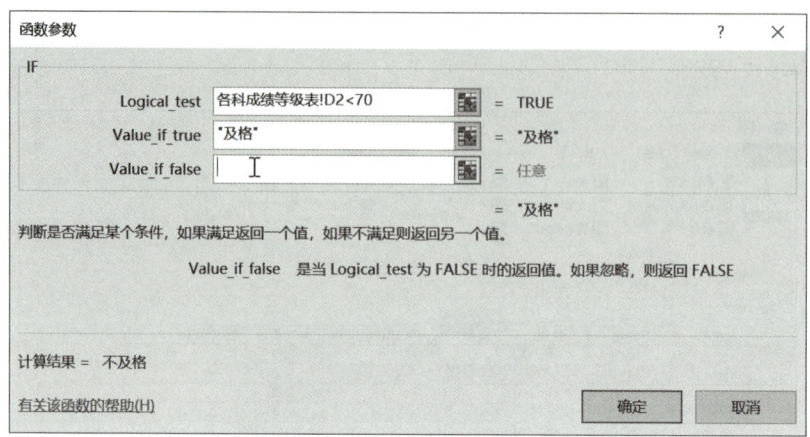

图 4-139　第 2 次显示"函数参数"对话框

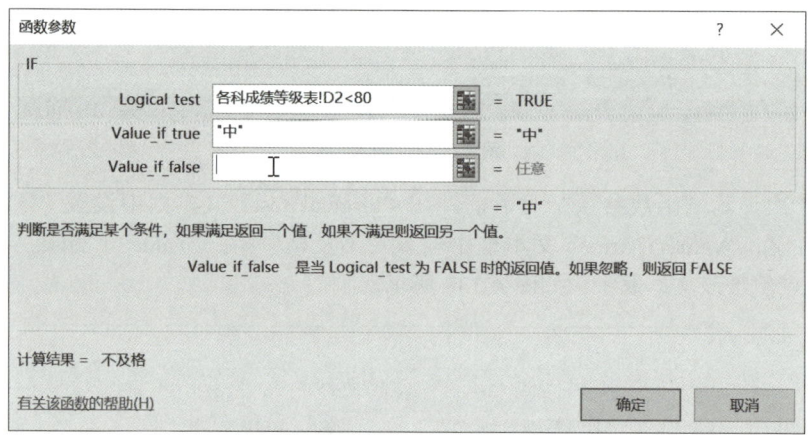

图 4-140　第 3 次显示"函数参数"对话框

⑤ 第 4 次单击"名称框"中的"IF",第 4 次显示"函数参数"对话框,在"Logical_test"文本框中设置"各科成绩汇总表!D2<90",在"Value_if_true"文本框中输入"良"。在"Value_if_false"文本框中单击,使插入点位于该文本框中,如图 4-141 所示。

⑥ 第 5 次单击"名称框"中的"IF",第 5 次显示"函数参数"对话框,在"Logical_test"文本框中设置"各科成绩汇总表!D2<=100",在"Value_if_true"文本框中输入"优"。在"Value_if_false"文本框中输入"缺考",如图 4-142 所示,单击"确定"按钮。

从 D2 单元格的编辑栏中看到,其函数嵌套如下:

IF（各科成绩汇总表!G8<60,"不及格",IF（各科成绩汇总表!G8<70,"及格",IF（各科成绩汇总表!G8<80,"中",IF（各科成绩汇总表!G8<90,"良",IF（各科成绩汇总表!G8<=100,"优","缺考"）))))。

⑦ 拖曳 D2 单元格的填充柄到 G2 单元格,再拖动 D2:G2 单元格区域的填充柄到 G41 单元格,得到 4 门课程的所有学生的成绩等级。

⑧ 在数据清单中单击任意单元格,在"开始"选项卡的"样式"组中,单击"套用表格格式"按钮,在下拉列表中单击"表样式浅色 7"。显示"套用表格式"对话框,如图 4-143 所示,文本框中自动选中单元格区域,直接单击"确定"按钮。

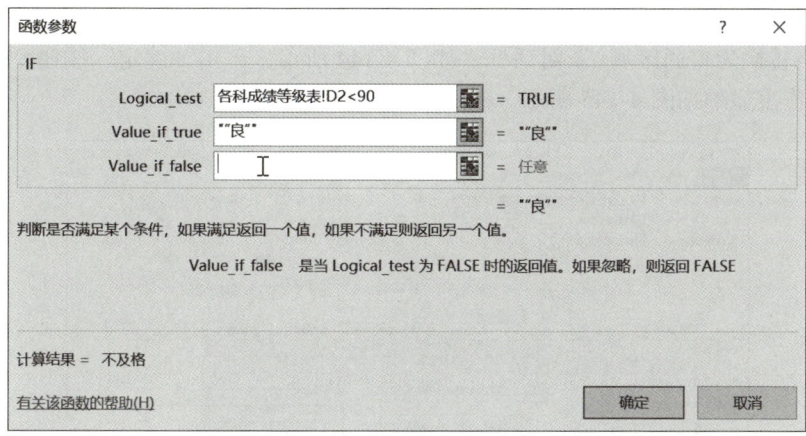

图 4-141　第 4 次显示"函数参数"对话框

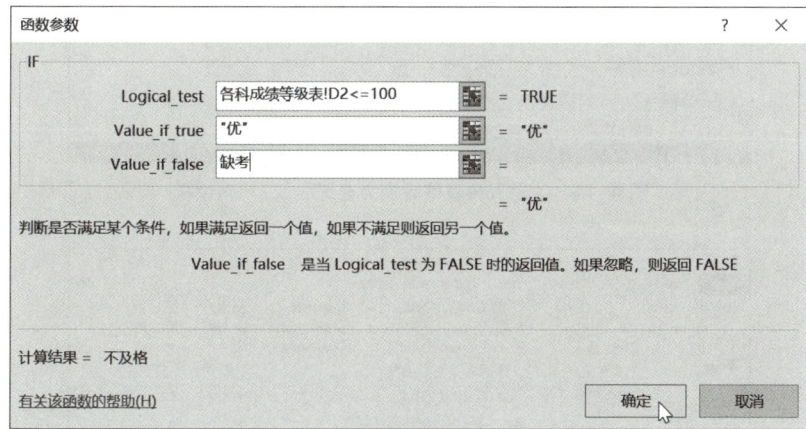

图 4-142　第 5 次显示"函数参数"对话框

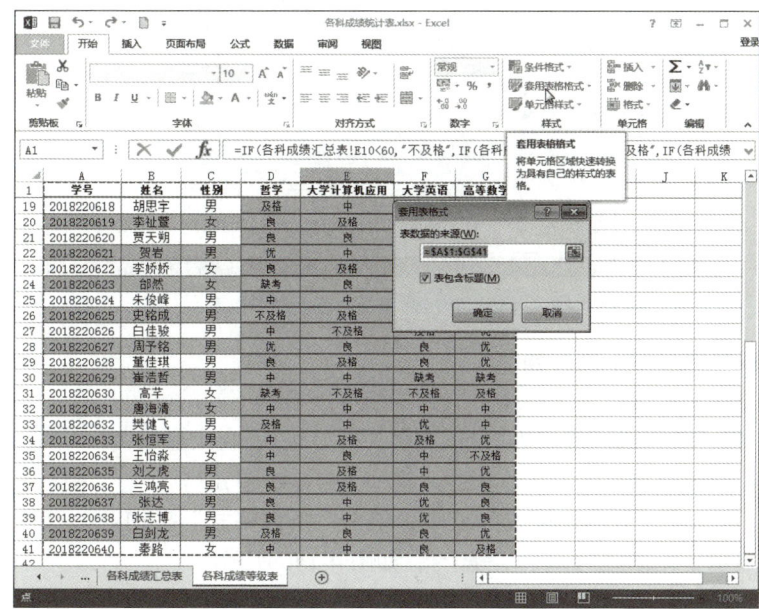

图 4-143　"套用表格式"对话框

⑨ 在"表格工具/设计"选项卡的"工具"组中,单击"转换为区域"按钮。显示"是否将表格转换为普通区域?"对话框,如图4-144所示,单击"确定"按钮。转换为普通区域后,工作表显示如图4-145所示。

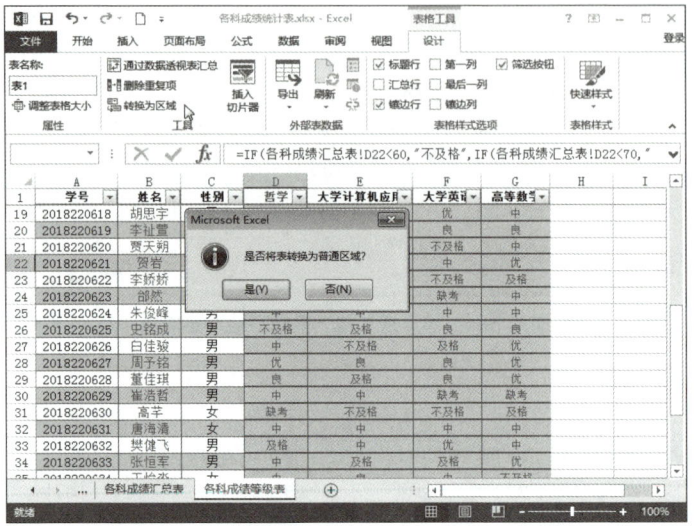

图4-144 "是否将表格转换为普通区域?"对话框

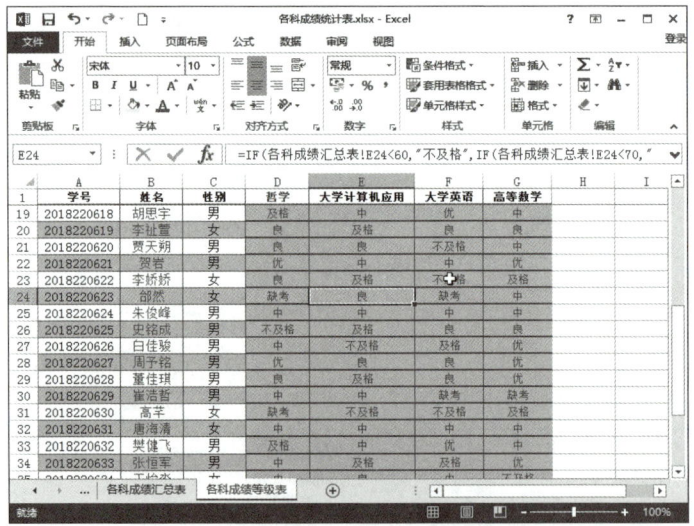

图4-145 转换为普通区域后的工作表

(6) 按成绩等级显示不同的颜色

利用条件格式功能可以使表格按不同的成绩等级显示不同的颜色。

① 复制一份"各科成绩等级表",重命名为"等级表-突出显示"。

② 在"等级表-突出显示"工作表中,选中D2:G41单元格区域。

③ 在"开始"选项卡的"样式"组中,单击"条件格式"按钮 条件格式 ,在下拉列表中单击"突出显示单元格规则"→"等于",如图4-146所示。

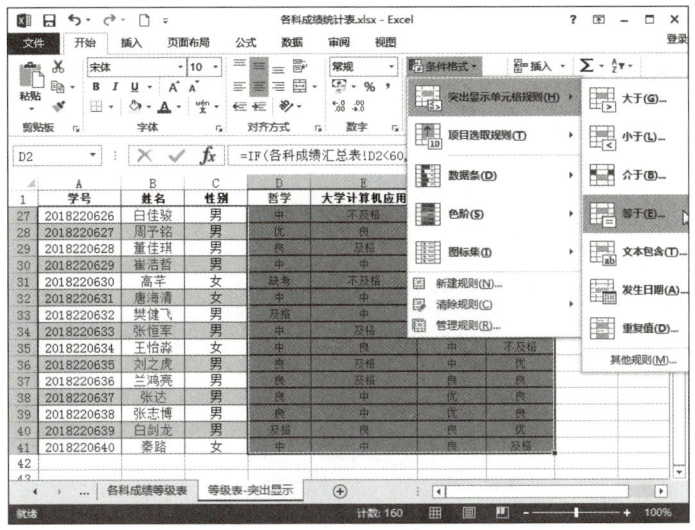

图 4-146 "条件格式"下拉列表菜单

④ 显示"等于"对话框,在"为等于以下值的单元格设置格式"文本框中输入"缺考",在"设置为"下拉列表中选择"浅红填充色深红色文本",如图4-147所示,单击"确定"按钮。

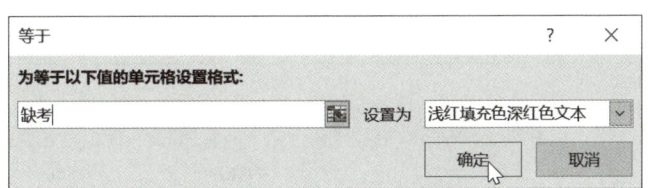

图 4-147 "等于"对话框

⑤ 再次单击"条件格式"按钮 ,在下拉列表中单击"管理规则"。
⑥ 显示"条件格式规则管理器"对话框,如图4-148所示,单击"新建规则"按钮。

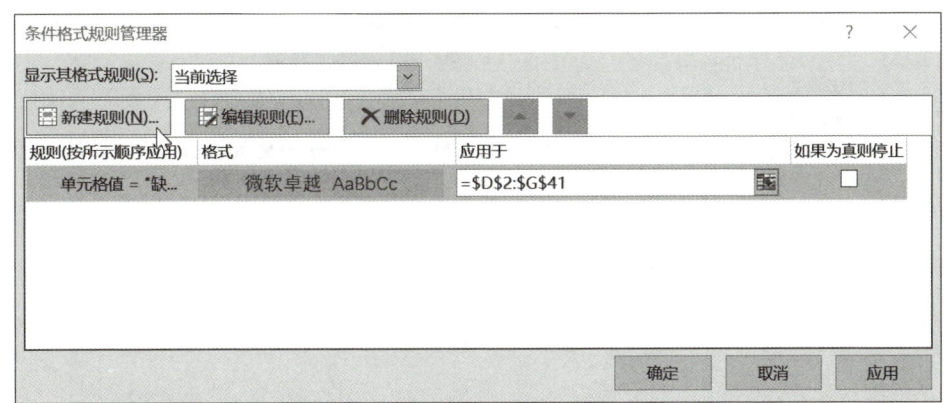

图 4-148 "条件格式规则管理器"对话框

⑦ 显示"新建格式规则"对话框,在"选择规则类型"列表框中选中"只为包含以下内容的单元格设置格式"选项;在"编辑规则说明"选项组中,设置"单元格值"为"等

于",在其右边的文本框中输入"不及格",如图4-149所示,单击"格式"按钮。

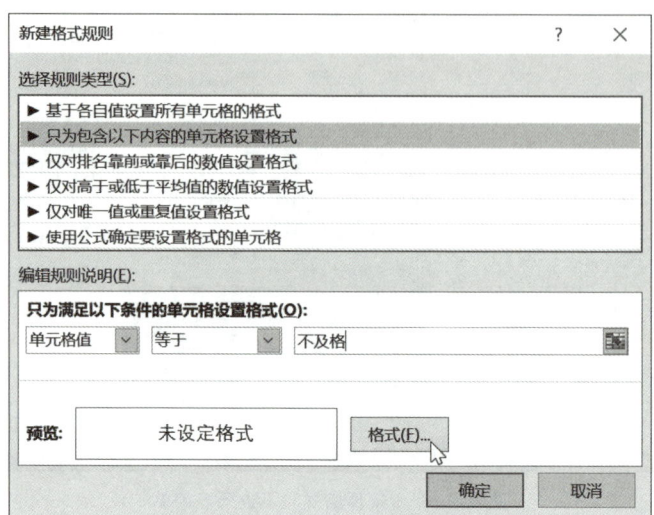

图4-149 "新建格式规则"对话框

⑧ 显示"设置单元格格式"对话框,单击"字体"选项卡,在"颜色"下拉列表中选择"红色",在"字形"列表框中选中"加粗",如图4-150所示;单击"填充"选项卡,在"背景色"选项组中选择"橙色",如图4-151所示,单击"确定"按钮。

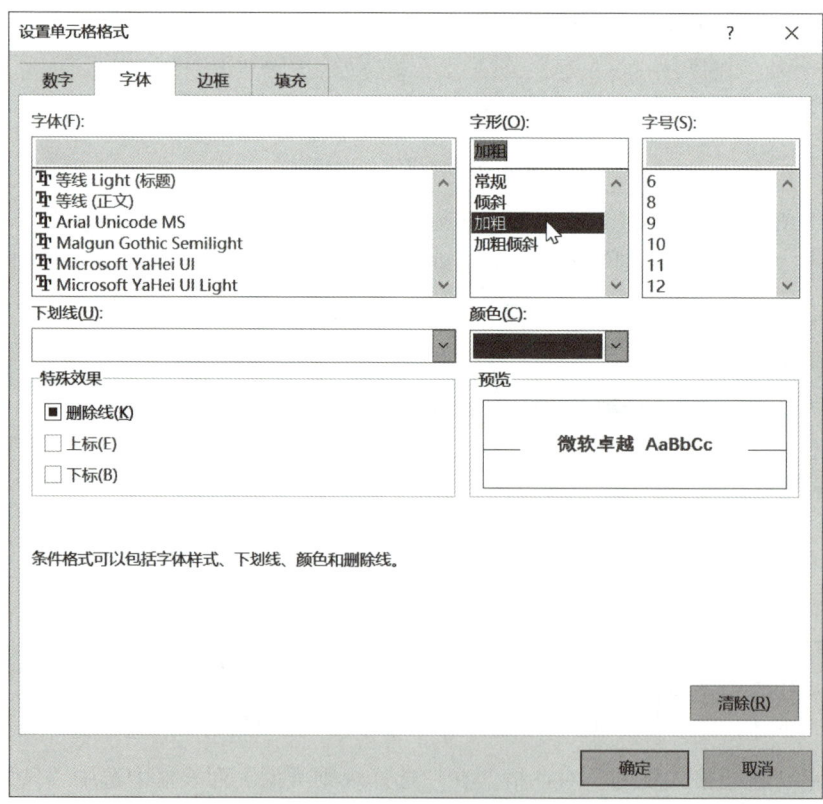

图4-150 "字体"选项卡

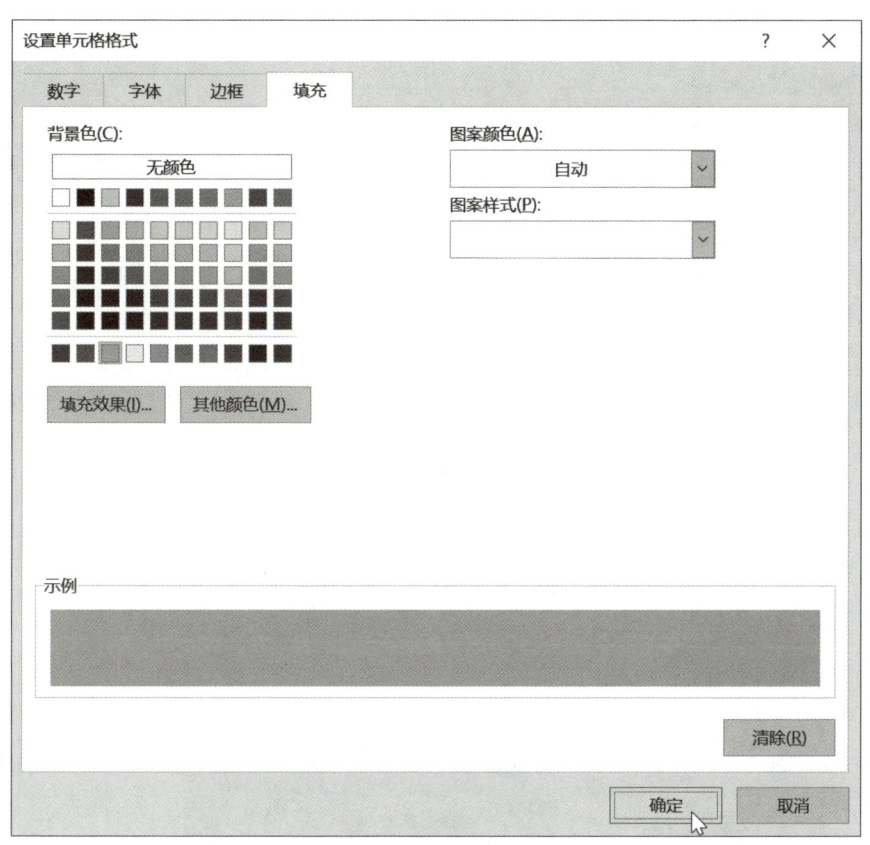

图 4-151 "填充"选项卡

⑨ 返回"新建格式规则"对话框，单击"确定"按钮。返回"条件格式规则管理器"对话框，如图 4-152 所示。单击"新建规则"按钮。

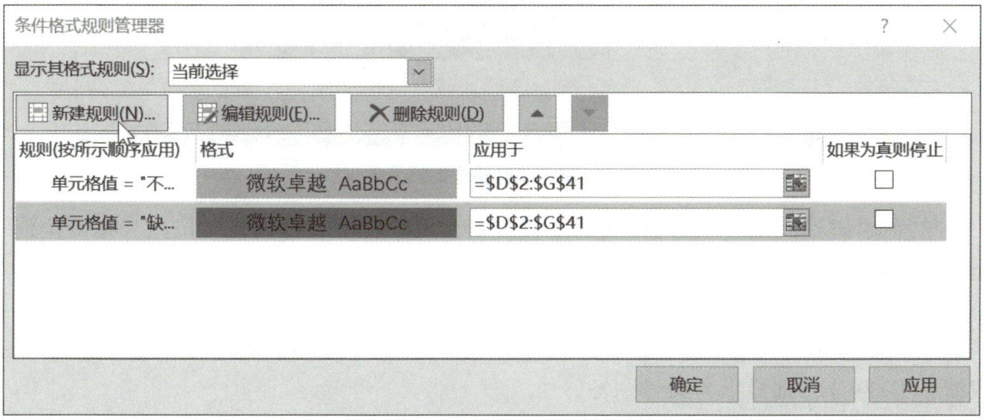

图 4-152 设置"不及格"条件的颜色

⑩ 重复⑥—⑨步骤，分别设置"优""良""中""及格"的条件格式，创建完成的所有规则，如图 4-153 所示，单击"确定"按钮。

单元格中条件格式的设置效果，如图 4-154 所示。

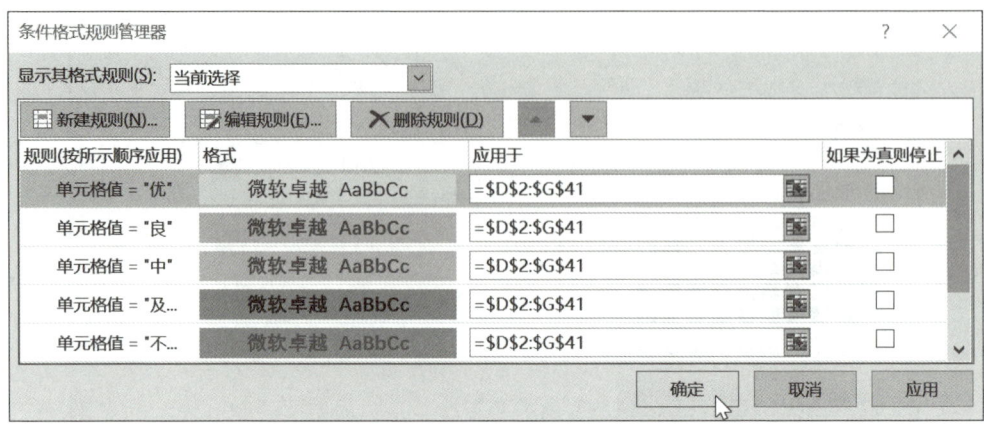

图 4-153 创建完成的所有规则

图 4-154 条件格式的设置效果

如果需要清除单元格中条件格式的设置规则,可单击"条件格式"按钮,在下拉列表中单击"清除规则"→"清除所选单元格的规则"。

(7)把"大学计算机应用"的成绩等级按"图标集"方式显示

如果成绩>=85 分,则显示为对号图标;如果成绩>=60 分,则显示为感叹号图标;如果成绩小于 60 分,则显示为叉号图标。

① 在"各科成绩汇总表"工作表中,选中 E2:E41 单元格区域。

② 单击"条件格式"按钮,在下拉列表中单击"图标集"→"标记"组选项中的"三个符号(无圆圈)",如图 4-155 所示。

③ 选中的单元格区域并没有按要求的标记显示,如图 4-156 所示。这时需要编辑规则。在"条件格式"下拉列表中单击"管理规则"。

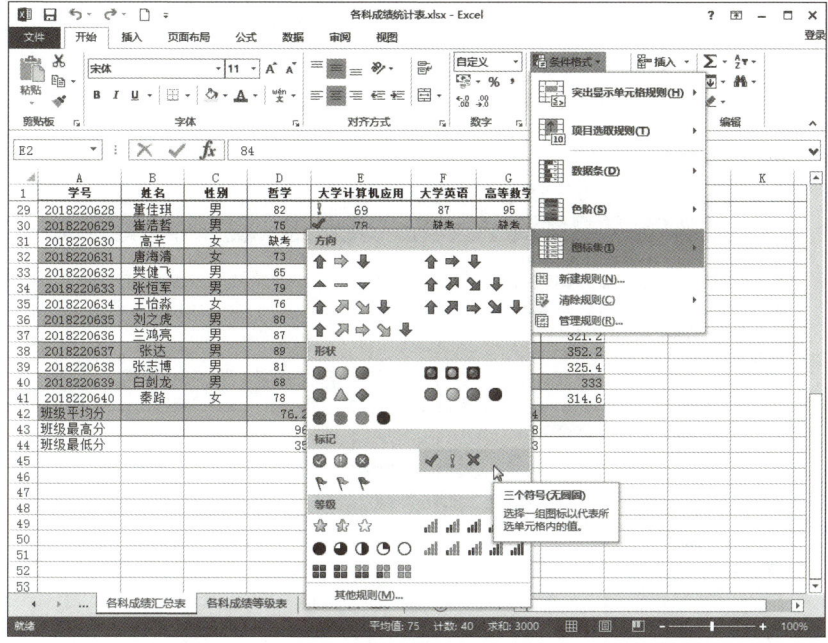

图 4-155 "标记"组选项

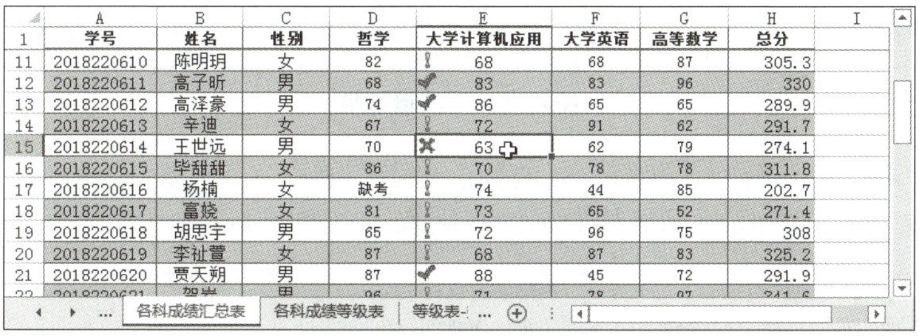

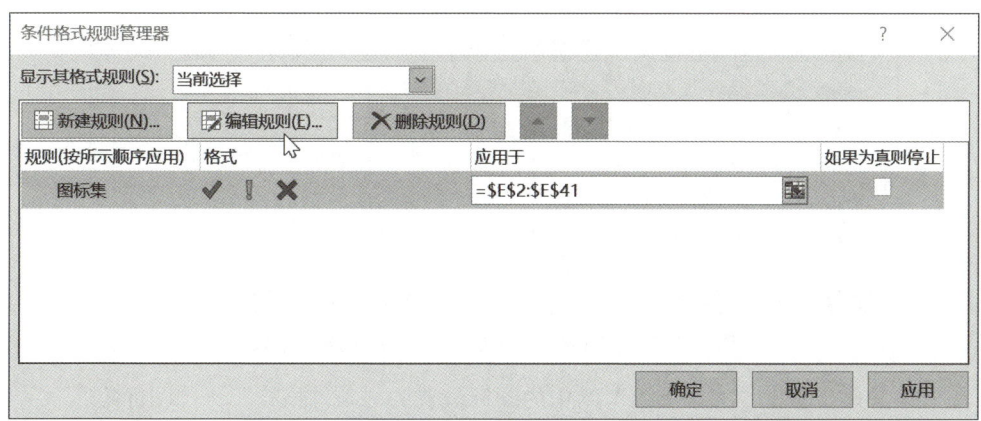

图 4-156 显示错误的标记

④ 显示编辑规则前的"条件格式规则管理器"对话框，如图 4-157 所示，单击"编辑规则"。

图 4-157 编辑规则前的"条件格式规则管理器"对话框

⑤ 显示"编辑格式规则"对话框，在"根据以下规则显示各个图标"组中，先在"类型"下拉列表中选"数字"，然后在"✓"后将"值"文本框设置为"85"；在"❗"后将"值"文本框设置为"60"，如图 4-158 所示，单击"确定"按钮。

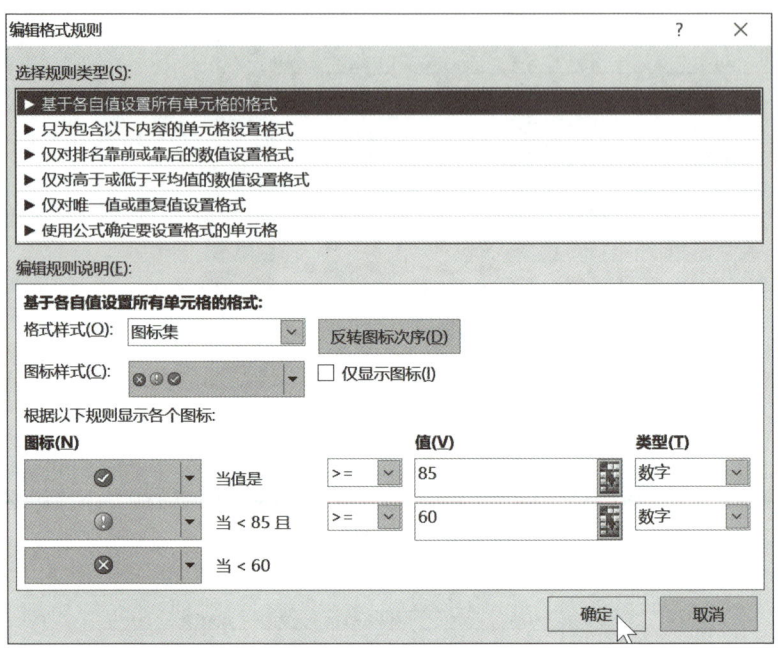

图 4-158　编辑规则

⑥ 返回"条件格式规则管理器"对话框，单击"确定"按钮。

可以看到，该列中的图标已经按要求的规则表示，如图 4-159 所示。

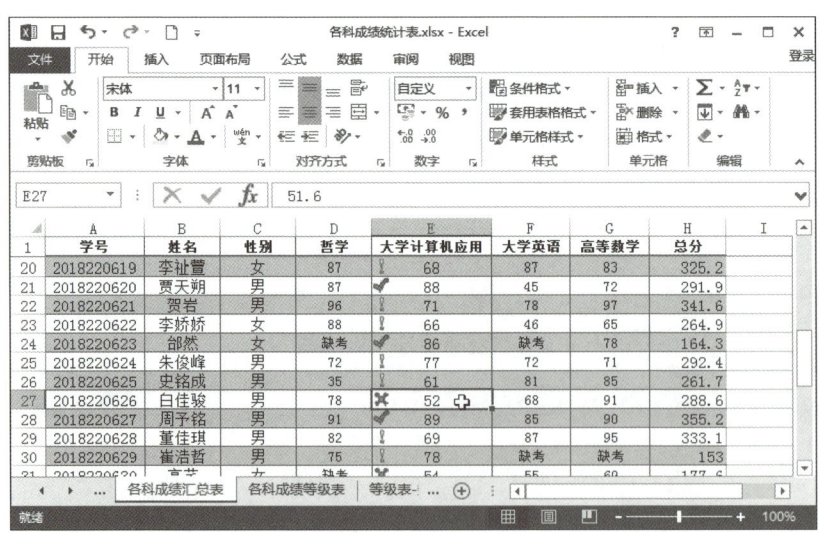

图 4-159　"三个符号（无圆圈）"格式的显示效果

按上述操作步骤把"大学英语"列中的图标设置为"条件格式"→"图标集"→"五等级"，如图 4-160 所示。

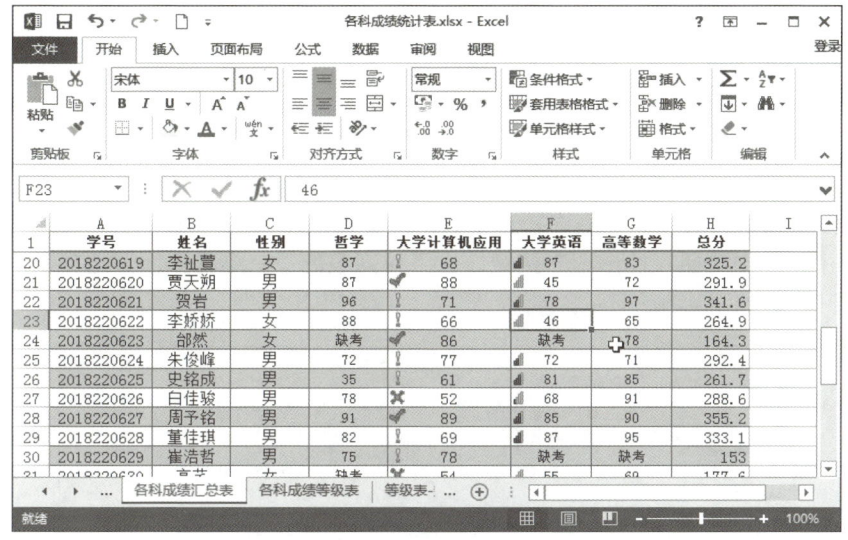

图 4–160 "五等级"格式的显示效果

## 4.3 制作成绩等级表图表

### 4.3.1 任务要求

根据"成绩统计表"中的数据制作"成绩统计图",如图 4-161 所示。创建图表的要求为:先根据"成绩统计表"中各分数段的人数、缺考人数制作图表;然后可以修改图表的样式、数据源、图表的布局、大小和位置等,将"成绩统计表"工作表中的图表类型更改为"簇状柱形图";切换行与列;删除图表中的"缺考人数";将图表移动到新的工作表中。对图表格式化,使图表更加美观。

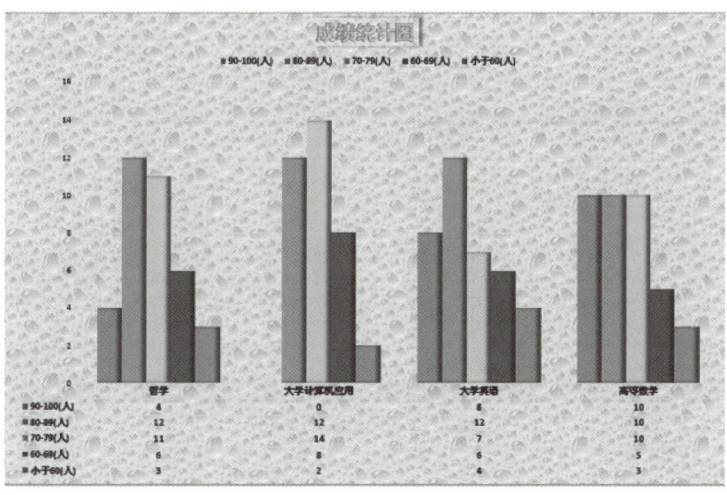

图 4–161 成绩统计图

### 4.3.2 操作步骤

（1）创建图表

根据"成绩统计表"中各分数段的人数、缺考人数制作图表。

① 在"成绩统计表"工作表中，选中数据源单元格区域 A8:E13。在"插入"选项卡的"图表"组中，单击"插入柱形图"按钮，在下拉列表的"三维柱形图"选项组中单击"三维簇状柱形图"，如图 4-162 所示。

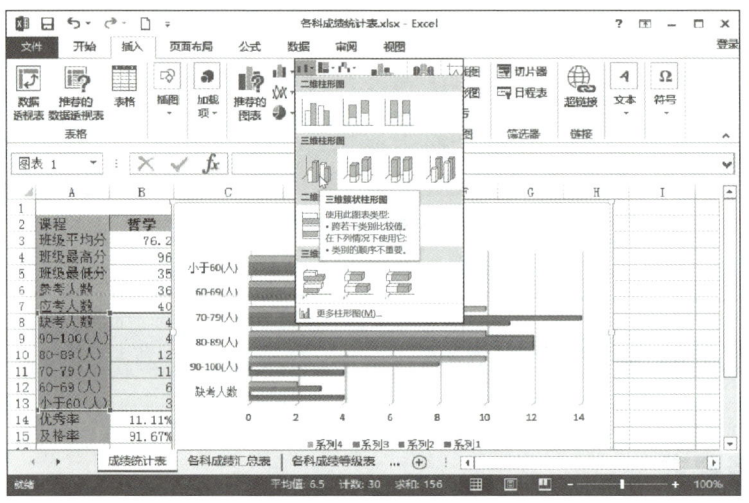

图 4-162　"柱形图"菜单

生成的图表如图 4-163 所示。插入图并且选中表后，数据源单元格区域自动出现紫色和蓝色线条，用以分隔源数据区域与其他区域。

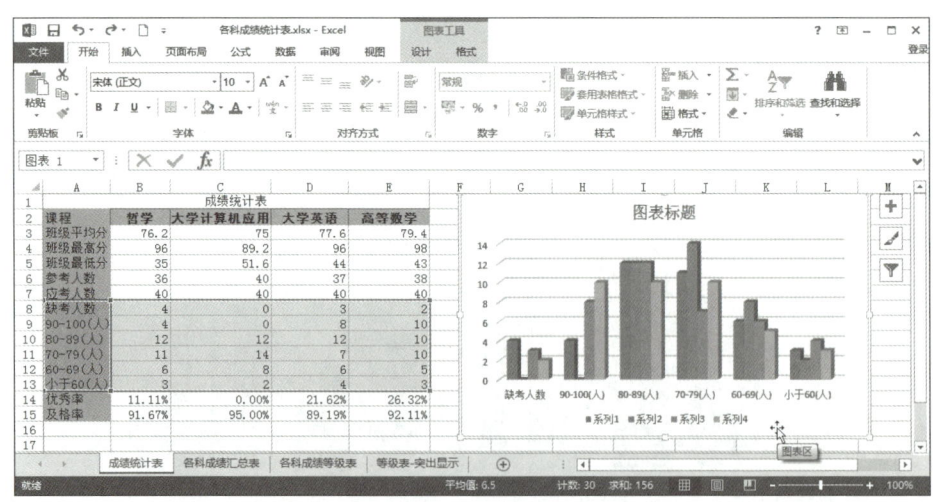

图 4-163　生成的柱形图

② 图表下侧的图例是以"系列 1""系列 2"等默认名称来代替列名，下面修改为列标题名。单击选中图表，在"设计"选项卡中，单击"数据"组中的"选择数据"按钮

③ 显示"选择数据源"对话框，如图 4-164 所示，工作表中选定区域出现一个闪动的虚线框，对话框中"图表数据区域"文本框内显示的即为该选中的数据源区域。

不要在该对话框中单击其他对象，保持"图表数据区域"文本框中的区域为灰色反显状态。在保留选中数据源区域的基础上，按 Ctrl 键不松开，再选中 A2:E2 单元格区域。这时工作表中两个选中的区域都出现闪动的虚线框，选中的两个单元格区域以绝对地址的形式显示在"图表数据区域"框中，并以","分隔两个单元格区域；新增标题区域的标题名替换了"系列 1""系列 2"等图例名称，如图 4-165 所示，单击"确定"按钮。

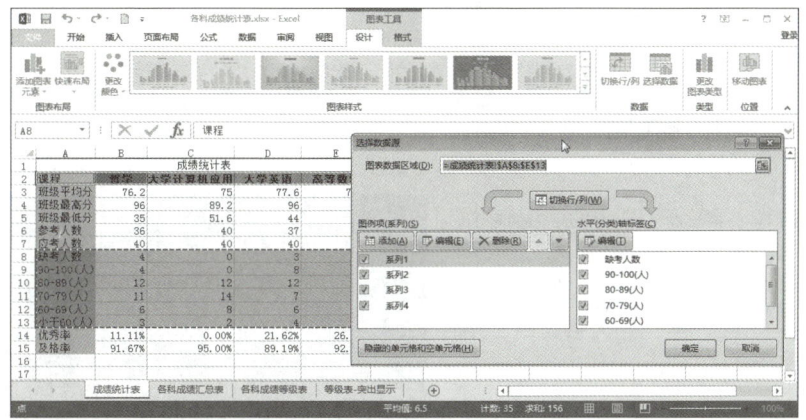

图 4-164　"选择数据源"对话框

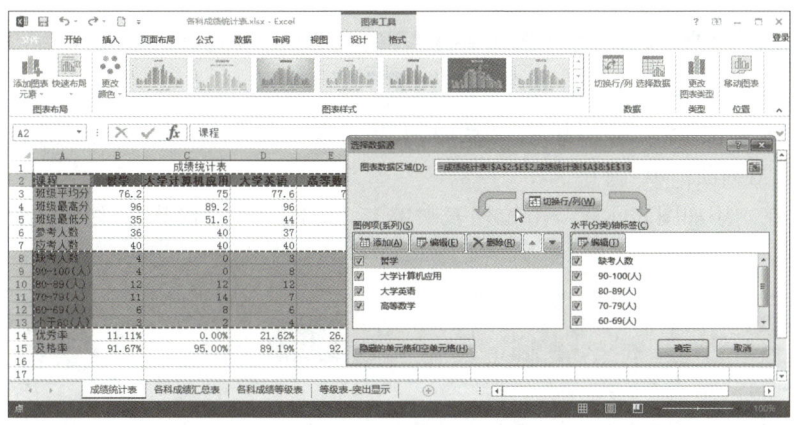

图 4-165　替换图例名称

修改后的图表如图 4-166 所示，在工作表中有两处彩色框标出的选定的单元格区域。

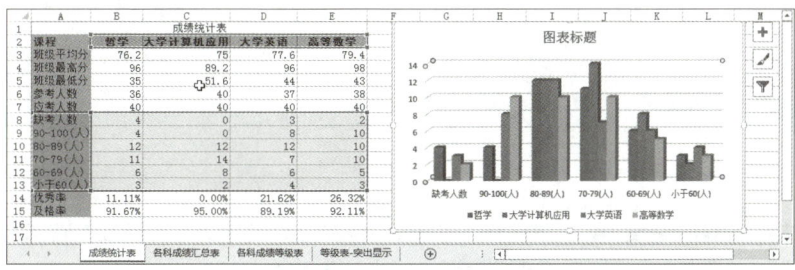

图 4-166　修改后的图表

（2）修改图表

创建图表后，可以修改图表的样式、数据源、图表的布局、大小和位置等。

① 对图表操作前都要先选定图表，使图表处于激活状态，可以单击图表的边框选中图表。

② 如果要把生成的图表改成其他图表样式，在"设计"选项卡的"图表样式"组中，单击"其他"按钮，展开"图表样式"列表框，单击选定需要的图表样式，如图 4-167 所示。

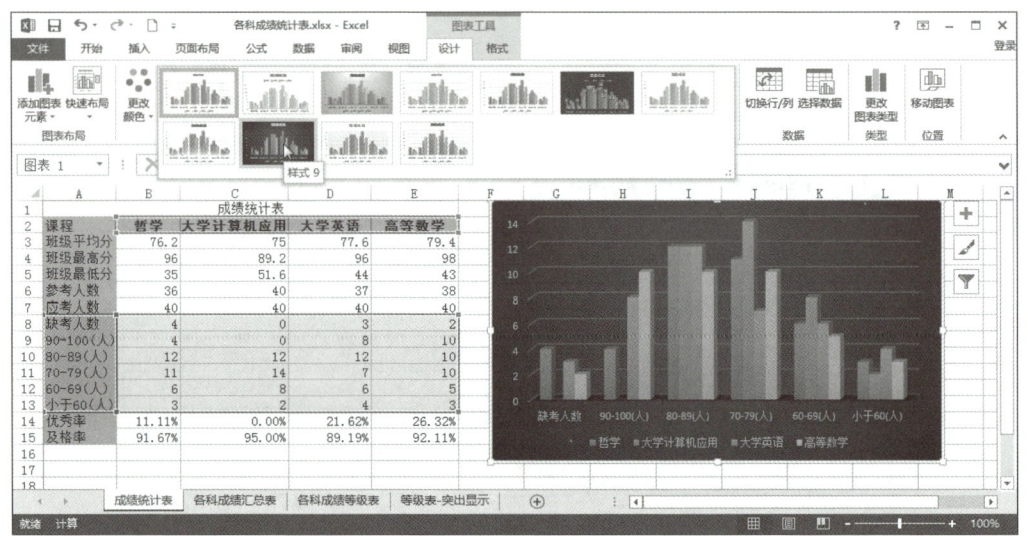

图 4-167 "图表样式"列表框

③ 在"图表布局"组中单击"添加图表元素"按钮，在下拉列表中单击"数据表"→"显示图例项标示"。

④ 再次在"添加图表元素"下拉列表中单击"图例"→"顶部"，如图 4-168 所示。

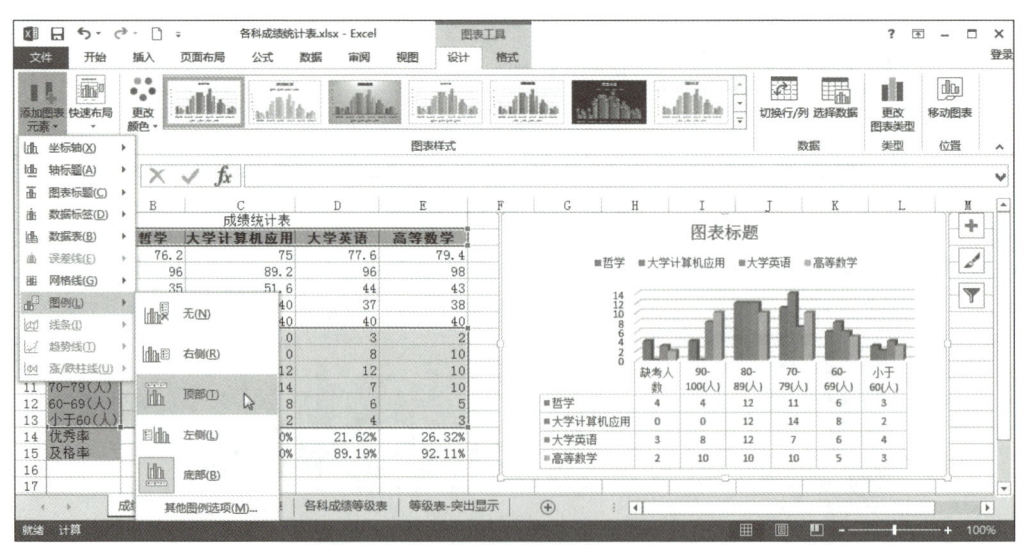

图 4-168 "图例"下拉列表

⑤ 当添加图表元素后，图表中的图形、数据系列等内容会被挤压，这时可以调整图表的大小，使之完整、美观地显示。在图表处于激活状态下，把鼠标指针放置在图表边框的 8 个控制点之一上，当鼠标指针变为 ⇔、↕、↗ 或 ↘ 后，拖动图表的边框到合适的大小。

如果要把图表移动到其他位置，把鼠标指针放置在图表边框上，当鼠标指针变为 ✥ 时，拖动到其他位置。如果要移动图表中的个别对象，先单击该对象，当该对象出现 8 个控制点后，将鼠标指针放置在该对象的边框上，待鼠标指针变为 ✥ 时，拖动该对象到其他位置。

（3）更改图表类型

将"成绩统计表"工作表中的图表类型更改为"簇状柱形图"；切换行与列；删除图表中的"缺考人数"；将图表移动到新的工作表中。

① 在"成绩工作表"工作表中，单击图表使之处于激活状态。
② 在"设计"选项卡的"类型"组中，单击"更改图表类型"按钮。
③ 显示"更改图表类型"对话框，在"柱形图"选项组中选择"簇状柱形图"，如图 4-169 所示，单击"确定"按钮。

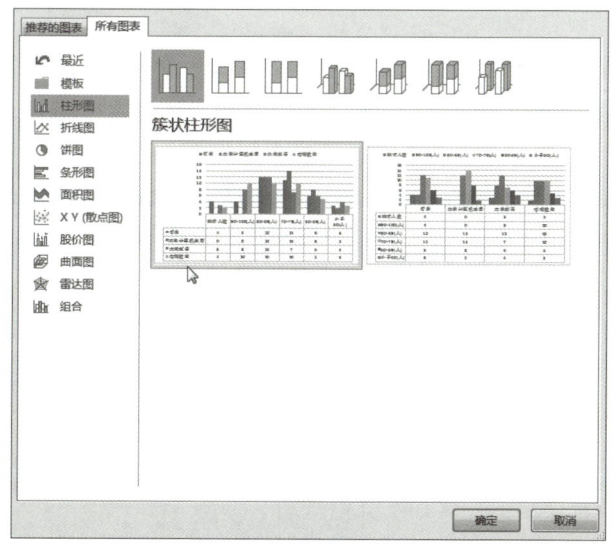

图 4-169 "更改图表类型"对话框

④ 在"数据"组中，单击"选择数据"按钮。
⑤ 显示"选择数据源"对话框，如图 4-170 所示。单击"切换行/列"按钮，如图 4-171 所示。

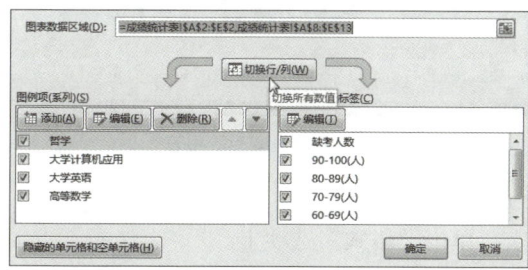

图 4-170 "选择数据源"对话框

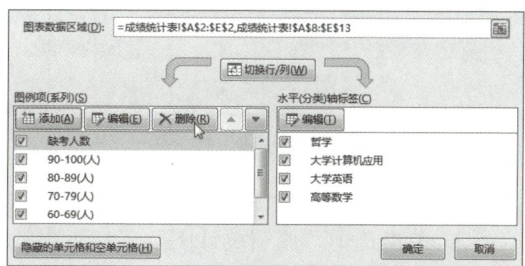

图 4-171 单击"切换行/列"按钮后的"选择数据源"对话框

⑥ 在"图例项（系列）"下单击选中"缺考人数"，单击"删除"按钮删除"缺考人数"图例，单击"确定"按钮。

⑦ 删除"缺考人数"图例后的图表如图 4-172 所示，在"图表工具/设计"选项卡的"位置"组中，单击"移动图表"按钮。

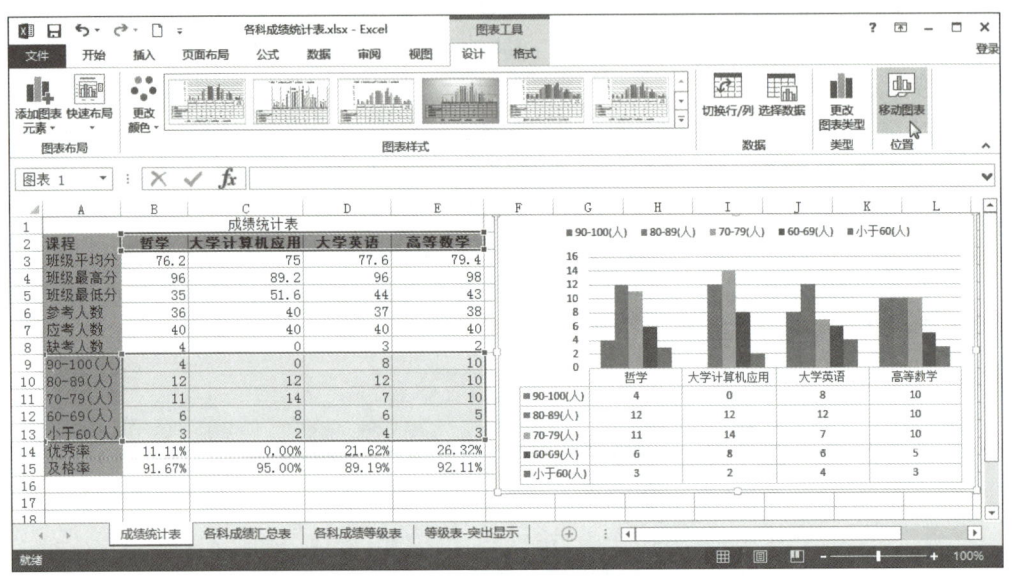

图 4-172　删除"缺考人数"图例后的图表

⑧ 显示"移动图表"对话框，单击"新工作表"单选钮，在其右边的文本框中输入"成绩统计图"，如图 4-173 所示，单击"确定"按钮，更改类型后的图表移动到"成绩统计图"工作表中，如图 4-174 所示。

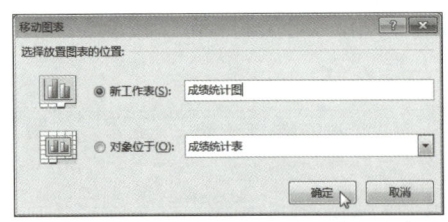

图 4-173　"移动图表"对话框

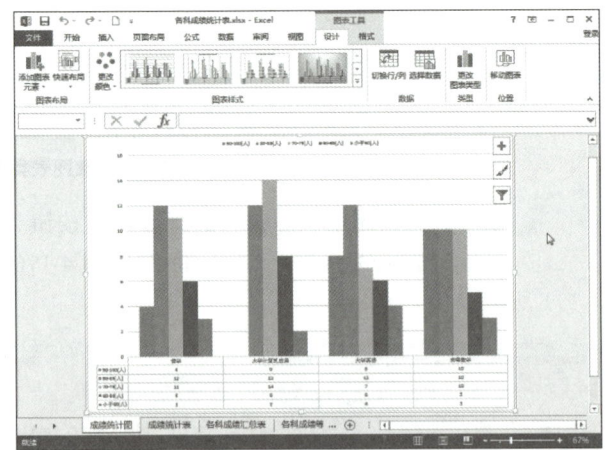

图 4-174　更改类型后的图表

（4）格式化图表，使图表更加美观

① 单击选中"成绩统计图"工作表中的图表，单击"格式"选项卡。

② 在"形状样式"组中，单击"选择形状样式"列表框右下角的"其他"按钮，在展开的列表框中选择"细微效果–绿色，强调颜色 6"，如图 4-175 所示。

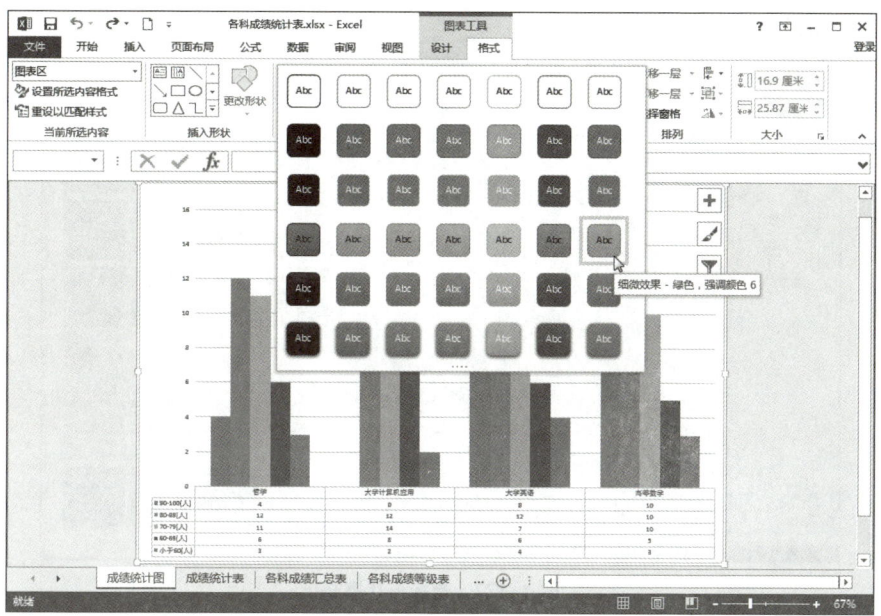

图 4-175 选择形状样式

③ 在"形状样式"组中，单击"形状效果"按钮 形状效果 ，在下拉列表中单击"阴影"→"内部"→"内部向右"，如图 4-176 所示。

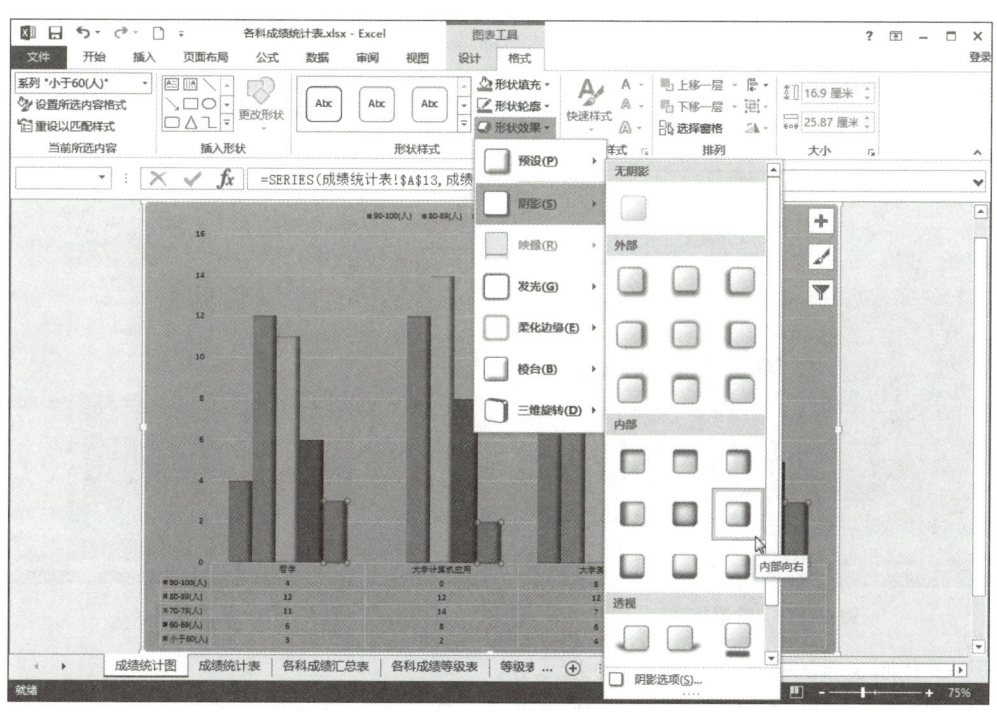

图 4-176 选择形状效果

④ 在"形状样式"组中，单击"形状填充"按钮 形状填充 ，在下拉列表中单击"纹理"→"水滴"，如图 4-177 所示。

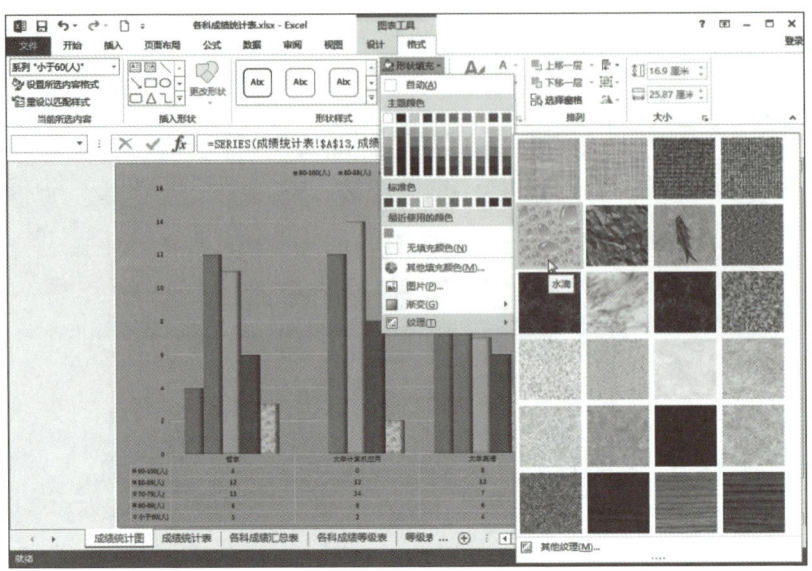

图 4-177 选择形状填充

⑤ 在"设计"选项卡的"图表布局"组中,选择"添加图表元素"→"图表标题"→"图表上方",则在图表上方出现一个"图表标题"文本框。把文本框中的"图表标题"的字体设置为"黑体"、字号为"20"。

⑥ 单击图标标题"成绩统计图"文本框,在"格式"选项卡的"艺术字样式"组中,单击"快速样式"按钮,在下拉列表中单击一种样式,如图 4-178 所示。

⑦ 在"艺术字样式"组中,单击"文本效果"按钮 ,在下拉列表中单击一种文字效果,如图 4-179 所示。

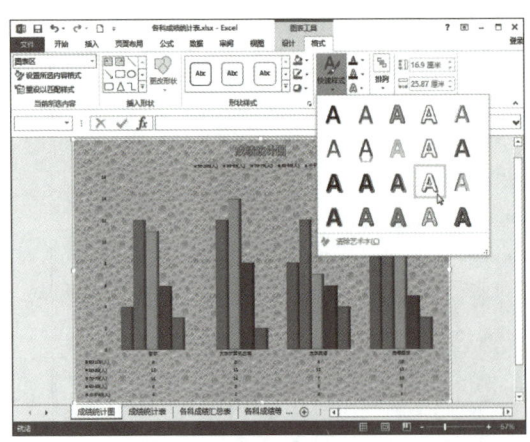

图 4-178 快速样式

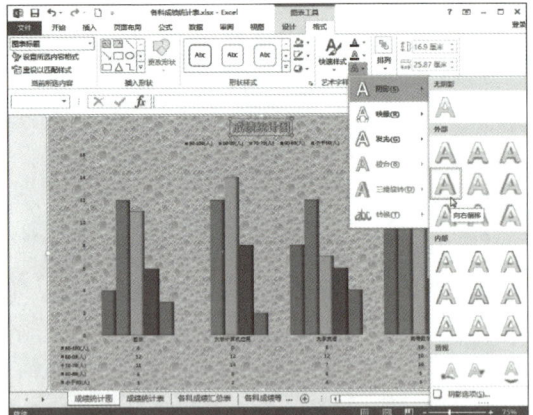

图 4-179 文本效果

格式化图表后的效果,如图 4-180 所示。

借助 Excel 的强大功能,本章的操作完成了对学生成绩数据的处理和分析,并将分析结果以图表方式直观地显示出来。Excel 拥有强大的数据计算、数据分析、数据传递功能,可以帮助用户对繁杂的数据进行处理,它通过友好的人机界面,方便易学的智能化操作方式,已经成为人们工作、生活中的得力助手。

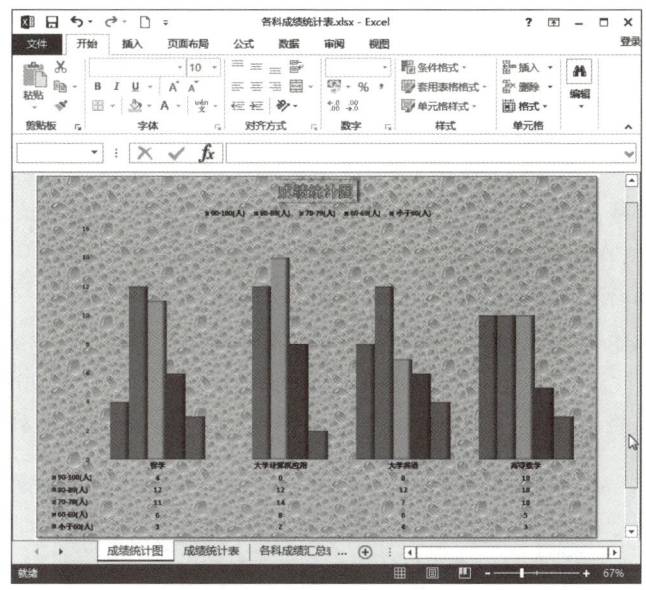

图 4-180　格式化图表后的效果

## 一、选择题。

1. Excel 2016 电子表格系统不具有（　　）功能。

    A. 数据库管理　　B. 自动编写摘要　　C. 图表　　D. 绘图

2. 当启动 Excel 2016 后，系统将自动打开一个名为（　　）的工作簿。

    A. 文档1　　　B. Sheet1　　　C. Book1　　　D. EXCEL1

3. 在 Excel 2016 中，一个新建的工作簿中默认包含有（　　）工作表。

    A. 1 个　　　B. 10 个　　　C. 3 个　　　D. 5 个

4. 在 Excel 2016 中工作表能包含的列数最多为（　　）。

    A. 255　　　B. 256　　　C. 1 024　　　D. 16 384

5. 在 Excel 工作表中，若要同时选择多个不相邻的单元格区域，可以在选择第一个区域后，在按住（　　）键的同时用鼠标拖动，依次选择其他区域。

    A. Tab　　　B. Alt　　　C. Shift　　　D. Ctrl

6. 名为"工资"的工作表的 A4 单元格的地址应表示为（　　）。

    A. 工资\A4　　B. 工资/A4　　C. A4!工资　　D. 工资!A4

7. （　　）不是 Excel 的数据输入类型。

    A. 文本　　　B. 数字　　　C. 公式输入　　　D. 日期、时间

8. 函数 AVERAGE（参数1，参数2，……）的功能是（　　）。

    A. 求各参数的总和　　　　　　B. 求各参数中的最大值

    C. 求各参数的平均值　　　　　D. 求各参数中具有数值类型数据的个数

9. 在 Excel 单元格中，输入下列（　　）表达式是错误的。
   A. =SUM（$A2:A$3）　　　　　B. =A2;A3
   C. =SUM（Sheet2!A1）　　　　D. =10

10. 若在 Excel 的 A2 单元中输入"=8^2"，则显示结果为（　　）。
    A. 16　　　　B. 64　　　　C. =8^2　　　　D. 10

11. 在 Excel 的单元格中，输入身份证号"420302191100231519"时，应输入（　　）。
    A. 420302191100231519　　　　B. "420302191100231519"
    C. 420302191100231519'　　　　D. '420302191100231519

12. 在 Excel 工作表中输入日期时，不符合日期格式的数据是（　　）。
    A. 99-10-01　　B. 01-OCT-99　　C. 1999/10/01　　D. "10/01/99"

13. 向 C2 单元格中输入了图 4-181 所示的公式，则按下 Enter 键后 C2 单元格中将显示（　　）。

|   | A | B | C | D |
|---|---|---|---|---|
| 1 | 1 | 3 | 8 |   |
| 2 | 6 |   | 4 | =A2/D2 |

图 4-181　在单元格中输入的公式

    A. #REF!　　　　B. #NAME?　　　　C. #N/A　　　　D. #DIV/0!

14. 在对一个 Excel 工作表排序时，下列表述中错误的是（　　）。
    A. 可以按指定的关键字递增排序　　B. 可以指定多个关键字排序
    C. 只能指定一个关键字排序　　　　D. 可以按指定的关键字递减排序

15. Excel 的筛选功能包括（　　）和高级筛选。
    A. 直接筛选　　B. 自动筛选　　C. 简单筛选　　D. 间接筛选

16. 使用自动筛选时，若首先执行"数学 >70"，再执行"总分 >350"。则筛选结果是（　　）。
    A. 所有数学 >70 的记录　　　　B. 所有数学 >70 并且总分 >350 的记录
    C. 所有总分 >350 的记录　　　　D. 所有数学 >70 或者总分 >350 的记录

二、操作题。

1. Excel 常用计算方法练习。

具体要求如下：

① 按图 4-182 所示，在 Excel 中创建一个用于统计学生成绩的表格。

| 曙光学校学生成绩登记表 ||||||||
|---|---|---|---|---|---|---|---|
| 序号 | 姓名 | 数学 | 语文 | 英语 | 总分 | 平均分 | 综合分 | 名次 |
| 1 | 李大海 | 78 | 85 | 75 |   |   |   |   |
| 2 | 王高山 | 45 | 68 | 85 |   |   |   |   |
| 3 | 何南 | 67 | 69 | 68 |   |   |   |   |
| 4 | 刘军 | 82 | 93 | 67 |   |   |   |   |
| 5 | 王梦 | 96 | 37 | 71 |   |   |   |   |
| 6 | 赵云飞 | 67 | 83 | 34 |   |   |   |   |
| 7 | 席红旗 | 53 | 81 | 78 |   |   |   |   |
| 8 | 程树 | 75 | 43 | 54 |   |   |   |   |
| 9 | 司琴 | 80 | 70 | 90 |   |   |   |   |
| 10 | 吉利 | 70 | 84 | 95 |   |   |   |   |

图 4-182　学生成绩登记表

② 使用自动求和函数 SUM 计算"总分"一列的数据。

③ 使用算数平均值计算函数 AVERAGE 计算"平均分"一列的数据,保留 1 位小数。

④ 使用公式计算"综合分"一列的数据,并保留 1 位小数。设计算方法为:

数学 ×40%+英语 ×38%+语文 ×22%。

⑤ 利用 Excel 的排序功能填写"名次"一列的数据。要求"名次"由"总分"的高低决定,"总分"相同时由"数学"分数决定。注意,不得打乱原有"序号"的排列(提示:"名次"可首先按"总分"和"数学"排序,填充名次,再按"序号"排序恢复为原样)。

2. Excel 工作表格式设置及图表制作练习。若已在 Excel 工作表中输入了如图 4-183 所示的原始数据。要求按图 4-184 所示的样表设置工作表的格式并制作图表。

| | A | B | C | D | E | F | G |
|---|---|---|---|---|---|---|---|
| 1 | | | | | | | |
| 2 | | 单位名称 | 服装 | 鞋帽 | 电器 | 化妆品 | 合计 |
| 3 | | 人民商场 | 81500 | 285200 | 668000 | 349500 | 1384200 |
| 4 | | 幸福大厦 | 68000 | 102000 | 563000 | 165770 | 898770 |
| 5 | | 东方广场 | 75000 | 144000 | 786000 | 293980 | 1298980 |
| 6 | | 平价超市 | 51500 | 128600 | 963000 | 191550 | 1334650 |
| 7 | | 总计 | 276000 | 659800 | 2980000 | 1000800 | 4916600 |

图 4-183　原始数据

| | | 总公司2021年销售统计表 | | | | | |
|---|---|---|---|---|---|---|---|
| 3 | 序号 | 名称 | 服装 | 鞋帽 | 电器 | 化妆品 | 合计 |
| 4 | 1 | 东方广场 | ¥ 75,000.00 | ¥ 144,000.00 | ¥ 786,000.00 | ¥ 293,980.00 | ¥ 1,298,980.00 |
| 5 | 2 | 人民商场 | ¥ 81,500.00 | ¥ 285,200.00 | ¥ 668,000.00 | ¥ 349,500.00 | ¥ 1,384,200.00 |
| 6 | 3 | 幸福大厦 | ¥ 68,000.00 | ¥ 102,000.00 | ¥ 563,000.00 | ¥ 165,770.00 | ¥ 898,770.00 |
| 7 | 4 | 平价超市 | ¥ 51,500.00 | ¥ 128,600.00 | ¥ 963,000.00 | ¥ 191,550.00 | ¥ 1,334,650.00 |
| 8 | | 总计 | ¥ 276,000.00 | ¥ 659,800.00 | ¥ 2,980,000.00 | ¥ 1,000,800.00 | ¥ 4,916,600.00 |

图 4-184　样表

具体要求如下。

① 设置工作表行、列:在标题下插入一行;将"东方广场"一行移到"人民商场"一行之前;在"名称"一列之前插入"序号"一列。

② 设置单元格格式:标题的字体为黑体、字号为 20、跨列居中;标题单元格底纹为浅绿色、图案为 6.25% 灰色、字体颜色为深蓝;表格中的数据单元格区域设置为会计专用格式,应用货币符号,右对齐、其他各单元格内容居中。

③ 设置表格边框线:按样表所示为表格设置相应的边框线格式。表栏名行与"东方广场"行之间,"平价超市"行和"总计"行之间,"名称"列与"服装"列之间为双线,外框为粗实线,其他为细实线。

④ 添加批注:为"东方广场"单元格添加批注"合资企业"。

⑤ 重命名工作表:将 Sheet1 工作表重命名为"销售计划"。

⑥ 复制工作表:将"销售计划"表复制到 Sheet2 中。

⑦ 设置打印标题:设置纸张方向为"横向",在 Sheet2 表的"序号 3"一行之前插入分

页线；设置标题及表头行为打印标题。

⑧ 建立图表：按图 4-185 所示的样例图表，使用"服装""电器"和"化妆品"三列数据创建一个簇状圆柱图。

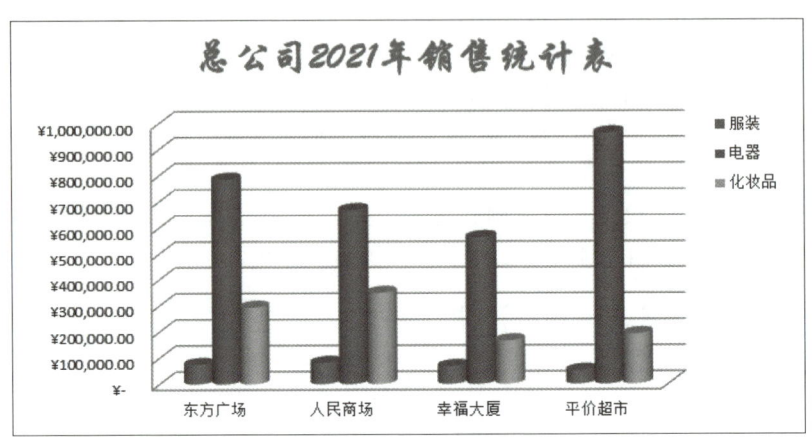

图 4-185　样例图表

# 第 5 章 信息展示与发布工具应用

信息的编辑、发布、展示与交流是一个具有信息素养的人的基本能力之一，在利用信息技术分析解决实际问题的过程中，可以利用多种信息展示工具来呈现、展示、汇报、交流、发布信息，让更多的人分享自己的研究成果，交流成功的设想、方案和做法，实现共同进步。

最常用的信息展示工具是 PowerPoint 演示文稿，它是一个多媒体集成和展示应用软件，在企业宣传、产品推介、技术培训、项目竞标、管理咨询、教育教学、工作汇报等领域和场景得到广泛应用，尤其适合于演讲式交流时的辅助展示。信息展示还可以通过互联网平台、移动互联平台来进行，也可以利用专用平台工具来实现。

## 5.1 利用 PowerPoint 展示汇报

Microsoft PowerPoint 是由微软公司推出的，在 Windows 环境下运行的一个功能强大的演示文稿制作工具软件，它能够将文本、图形或图像、声音、视频和动画等多种媒体整合到幻灯片中，形成多媒体电子讲稿或课件，成为演讲者的辅助工具，达到图文并茂、突出主题、生动形象的效果，使演讲更吸引观众。

制作演示文稿要从制作演示文稿的目的出发，进行色彩风格、呈现内容、表现形式、动画方案等方面的设计，精选和加工素材、制作幻灯片、设置动画效果，要遵循"突出主题、风格恰当、精练文字、形象直观"的原则。

### 5.1.1 使用 PowerPoint 模板

演示文稿的主题与模板是两个不同的概念。

PowerPoint 的主题是一组预定义的颜色、字体和视觉效果，选用预先设计的主题可轻松快速地更改演示文稿的整体外观，让幻灯片实现统一、专业的外观效果。主题颜色包含四种文本和背景颜色、六种强调文字颜色以及两种超链接颜色，通过在"设计"选项卡上的"变体"组中选择打开颜色变体库可以改变主题的颜色组合；主题字体定义了演示文稿中的标题和项目符号等文本的字体，通过在"设计"选项卡上的"变体"组中选择打开字体变体库可以改变主题的字体；主题效果包括阴影、映像、线条、填充等效果集合，通过在"设计"选

文本

改变主题颜色

项卡上的"变体"组中选择效果,可以找到适用于自己的演示文稿效果集。PowerPoint2016 还提供了主题背景样式,在既定的主题风格下统一改变幻灯片的背景色。

PowerPoint 的模板则包含主题以及用于特定用途(如销售演示文稿、商业计划等)的一些建议内容。模板给定的主题,其颜色、字体、效果、背景等设计元素协同工作;模板提供的内容则是相关内容建议或内容提示,让演讲者的汇报更加专业化。演讲者可以通过互联网找到数百种不同类型的免费模板,也可以创建、存储、重复使用以及与他人共享自己的自定义模板。模板文件保存路径:C:\Users\Administrator\AppData\Roaming\Microsoft\Templates。

### 1. 任务要求

针对一篇毕业论文,基于模板制作毕业论文答辩演示文稿。

### 2. 操作步骤

(1)从互联网上搜索一个毕业论文答辩模板。打开 PowerPoint,单击"文件"→"新建"命令,在搜索框中输入关键词"答辩",单击"开始搜索"按钮,从搜索到的模板列表中选择所需的演示文稿模板,如图 5-1 所示。

图 5-1 通过"新建"命令利用互联网搜索模板

(2)单击"创建"按钮,从互联网上下载选择的 PowerPoint 模板并创建新的应用了该模板的 PowerPoint 文件,如图 5-2 所示。

图 5-2 利用毕业论文答辩模板创建新的 PowerPoint 文件

从左侧缩略图窗格中可以直观看出,"毕业论文答辩"模板提供了论文答辩所需的"选题背景""论文结构""研究方法""分析讨论""主要结论""参考文献"等内容框架。

(3)单击"文件"→"另存为"命令,在"另存为"选项中单击"浏览",弹出"另存为"对话框,选择保存类型为"PowerPoint 模板(*.potx)",系统默认将模板文件保存到 C:\Users\本机\Documents\自定义 Office 模板,如图 5-3 所示,支持以后利用该模板在"新建"选项中通过选择"个人"模板创建新的演示文稿。在"文件名"中输入需要保存的自定义模板名称,单击"保存"按钮。

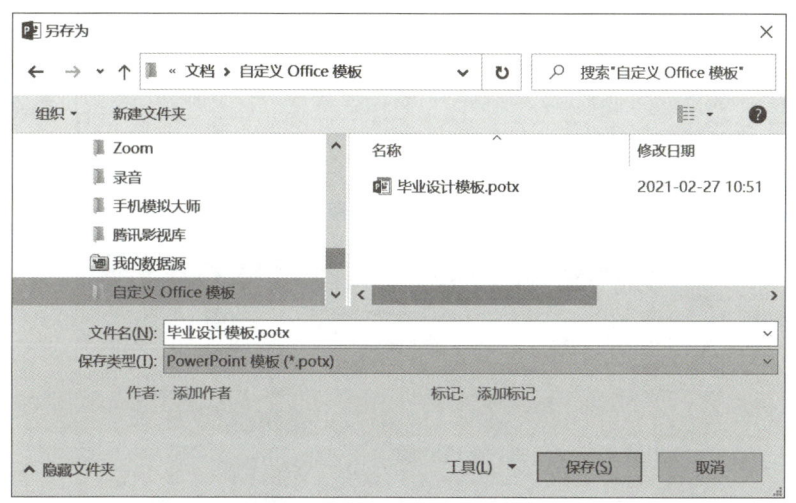

图 5-3 另存为演示文稿模板文件

文本

文件格式

(4)编辑毕业答辩汇报演示文稿。

## 5.1.2 自定义幻灯片母版

幻灯片母版用于定义幻灯片的色彩、版式风格,自定义幻灯片母版在快速创建演示文稿中具有重要的作用。想要达到高水平制作演示文稿水平,学习者必须掌握自定义幻灯片母版的基本技术,并融入审美内涵。

幻灯片母版存储了有关演示文稿的主题和幻灯片版式的信息,包括背景、颜色、字体、效果、占位符大小和位置。每个演示文稿至少包含一个幻灯片母版,每个幻灯片母版有一组幻灯片版式。修改幻灯片母版的目的是对使用该母版的每张幻灯片进行统一的样式更改。

文本

模板与主题

### 1. 任务要求

使用学校 LOGO,创建一个具有学校特点的幻灯片母版。

### 2. 操作步骤

(1)新建一个演示文稿,默认只有标题幻灯片。在"视图"选项卡的"母版视图"组中单击"幻灯片母版",进入幻灯片母版视图,如图 5-4 所示。

(2)在缩略图窗格中,选择幻灯片母版,在右键弹出的菜单中单击"设置背景格式",弹出"设置背景格式"任务窗格。选择"渐变填充"风格,如图 5-5 所示。

(3)在缩略图窗格中选择标题幻灯片版式,添加线条和不同颜色圆形"形状",插入 LOGO"图片",调整标题和副标题占位符的位置、大小和格式,达到如图 5-6 所示的效果。

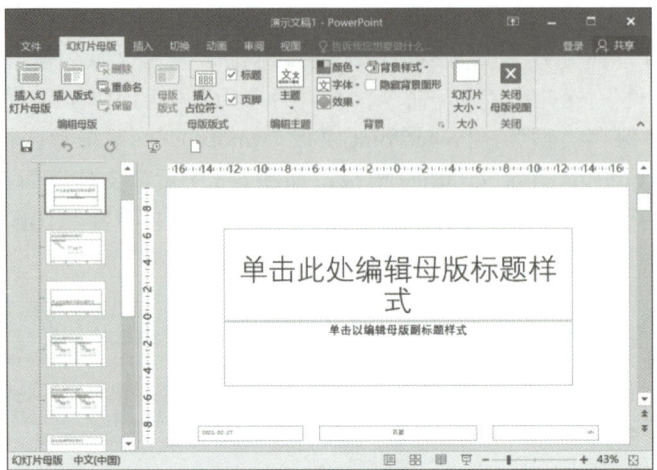

图 5-4 幻灯片母版视图

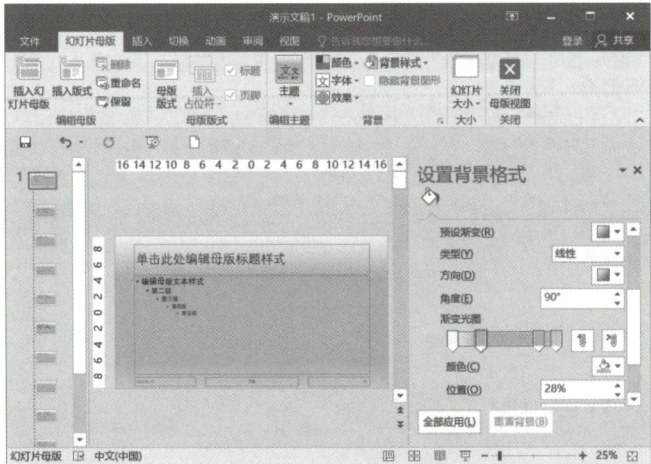

图 5-5 修改幻灯片母版背景格式

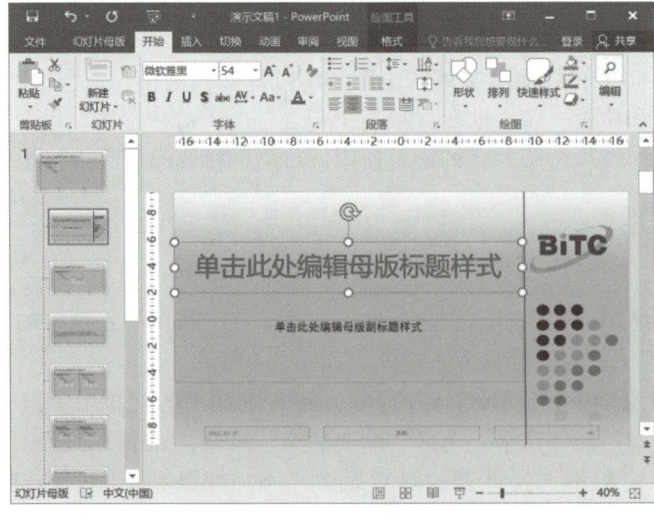

图 5-6 修改标题幻灯片版式

（4）在缩略图窗格中选择标题和内容版式，从标题幻灯片版式复制线条和 LOGO 图标并调整位置，添加背景阴影效果的图片，达到如图 5-7 所示的效果。

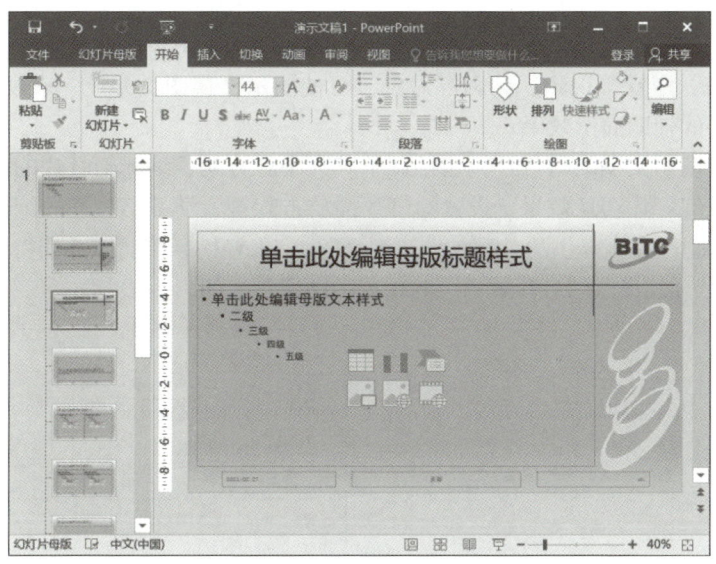

图 5-7　修改标题和内容版式

（5）在"插入"选项卡的"文本"组中，单击"幻灯片编号"命令，弹出"页眉和页脚"对话框，如图 5-8 所示，在该对话框中可以设置日期和时间显示与否及其显示方式，并对页眉、页脚、页码等进行相关设置。

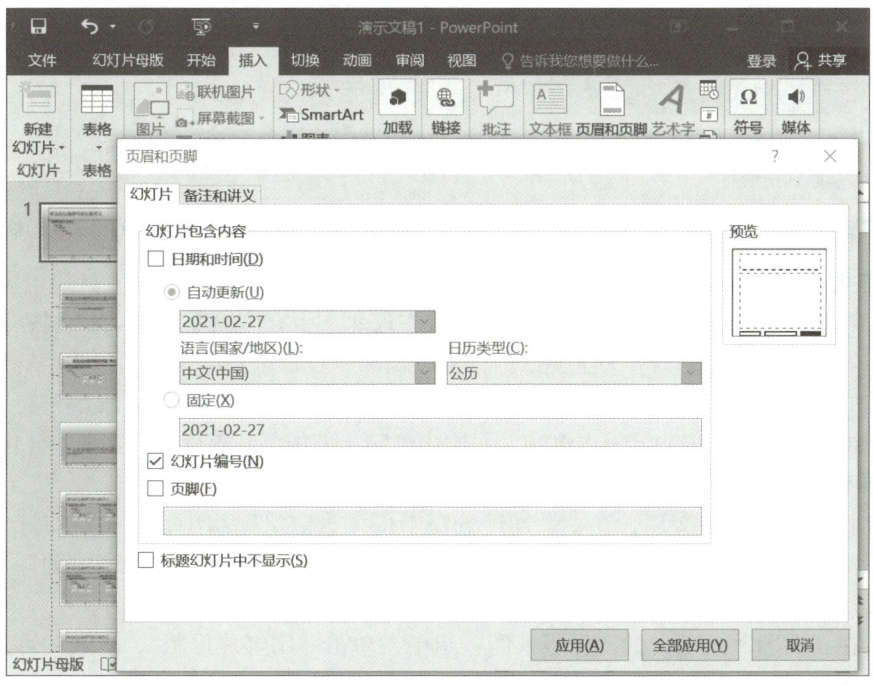

图 5-8　"页眉和页脚"对话框

### 5.1.3 演示文稿的编辑与放映

编辑演示文稿的幻灯片，通常会在幻灯片中插入文本、图片、剪贴画、自选图形、艺术字、表格与图表、声音、视频、动画等对象，可使演示文稿图文并茂、表现形式丰富多彩，放映时产生良好的辅助演示效果。

编辑与放映演示文稿的幻灯片，包括调整其大小和方向、编辑幻灯片的内容、设置对象动画效果、设置幻灯片切换效果、设置幻灯片播放方式等。学习幻灯片的编辑和操作，可单击 PowerPoint 标题栏右侧提供的"告诉我您想要做什么..."来轻松利用功能并获得帮助信息，如图 5-9 所示。例如选择"更改幻灯片背景"的相关帮助信息，如图 5-10 所示。

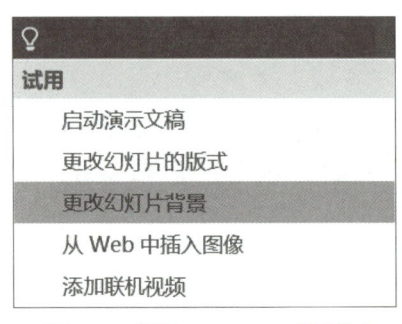

图 5-9 获得 PowerPoint 帮助信息

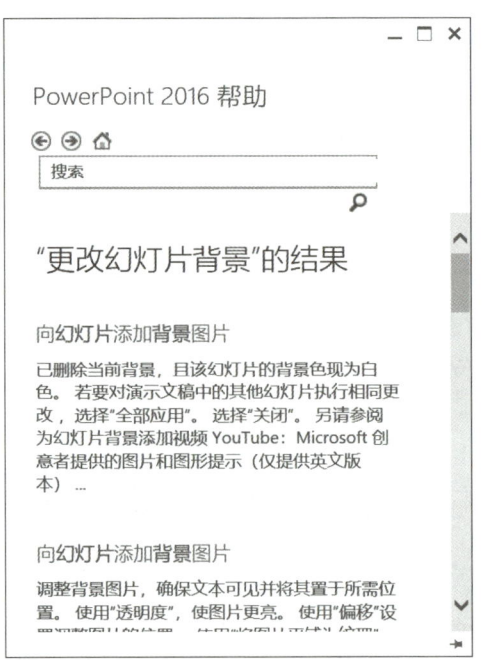

图 5-10 "更改幻灯片背景"的相关帮助信息

#### 1. 任务要求

对于互联网硬件装机，"北有中关村，南有华强北，中有广埠屯"。以中关村在线、华强北电脑商城、京东电脑商城等为主要依据，辅以现场调查，进行电脑选购，并了解计算机的软硬件构成及其发展，完成当前的主流计算机选型，制作 PowerPoint 演示文稿进行所选电脑的产品介绍。学生可以选购笔记本电脑、一体化电脑、平板电脑等设备，实现差异化学习。

#### 2. 操作步骤

（1）新建空白演示文稿，在"设计"选项卡的"自定义"组中，单击"幻灯片大小"，选择"标准（4:3）"，改变幻灯片的大小；在"主题"组中，应用"Office 主题"主题，在标题幻灯片中录入相应文字内容，如图 5-11 所示。

（2）在"视图"选项卡的"母版视图"组中，单击"幻灯片母版"，进入幻灯片母版视图。在页面中部添加蓝色竖条和矩形无填充色蓝框，调整标题和文本占位符位置，如图 5-12 所示。

图 5-11 编辑标题幻灯片

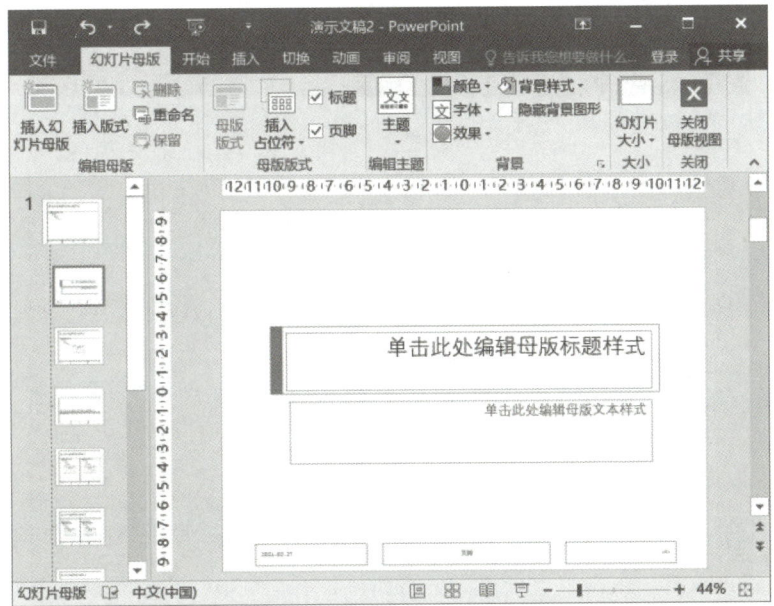

图 5-12 修改标题页母版

（3）关闭母版视图，返回普通视图，修改标题幻灯片的标题和文本格式，达到如图 5-13 所示的效果。

（4）在"开始"选项卡的"幻灯片"组中，单击"新建幻灯片"下拉按钮，选择"标题和内容"布局，插入第二张幻灯片。在"视图"选项卡的"母版视图"组中，单击"幻灯片母版"，进入幻灯片母版视图。在"幻灯片母版"的标题和内容之间添加黑色虚线，如图 5-14 所示。

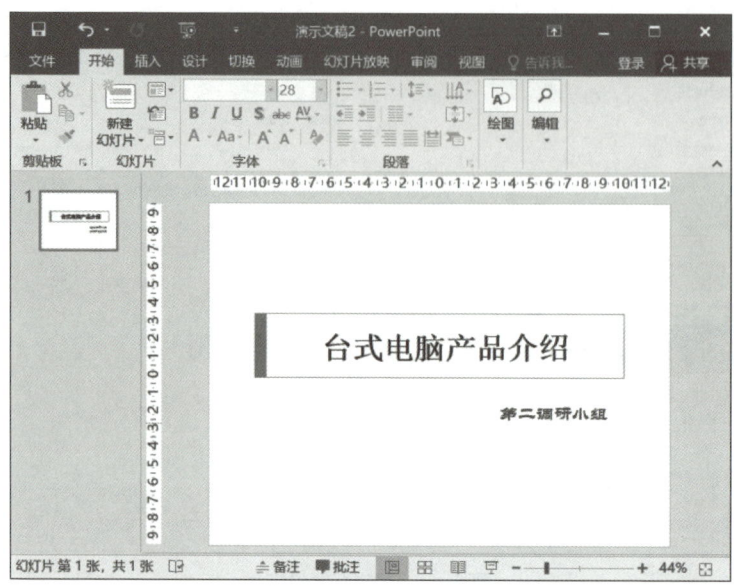

图 5-13　修改标题幻灯片的标题和文本格式

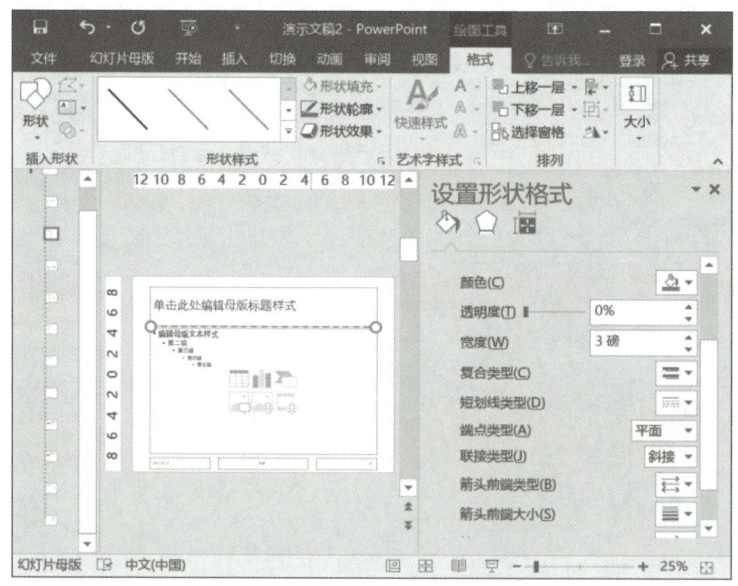

图 5-14　修改"幻灯片母版"

> **注意**：修改"幻灯片母版"，所作的修改影响到使用该版式的所有版式。

（5）关闭母版视图，编辑标题文字，输入"台式电脑产品调研小组"，在"插入"选项卡的"插图"组中，单击"SmartArt"，在"选择 SmartArt 图形"对话框中，选择"层次结构"→"组织结构图"，单击"确定"按钮，输入相应文本内容，效果如图 5-15 所示。在该组织结构图下方插入横排文本框，输入"第二调研小组组织结构图"，作为组织结构图的注释。

SmartArt 图形

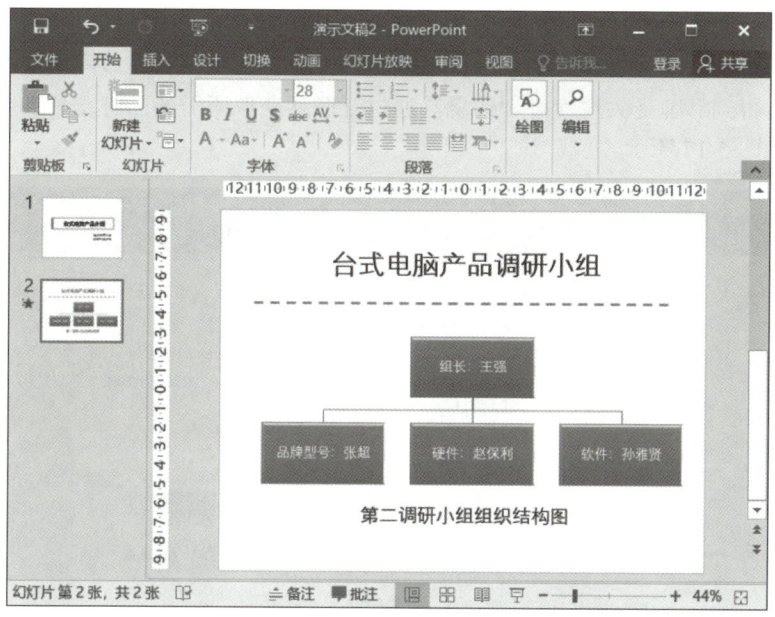

图 5-15 编辑"台式电脑产品调研小组"幻灯片

（6）在"开始"选项卡的"幻灯片"组中，单击"新建幻灯片"下拉按钮，选择"两栏内容"布局，插入第三张幻灯片。输入标题文字"调研所采用的方法"之后，在左侧内容栏添加两个"垂直 V 型列表"；在右侧内容栏添加三张调研相关图片，如图 5-16 所示。

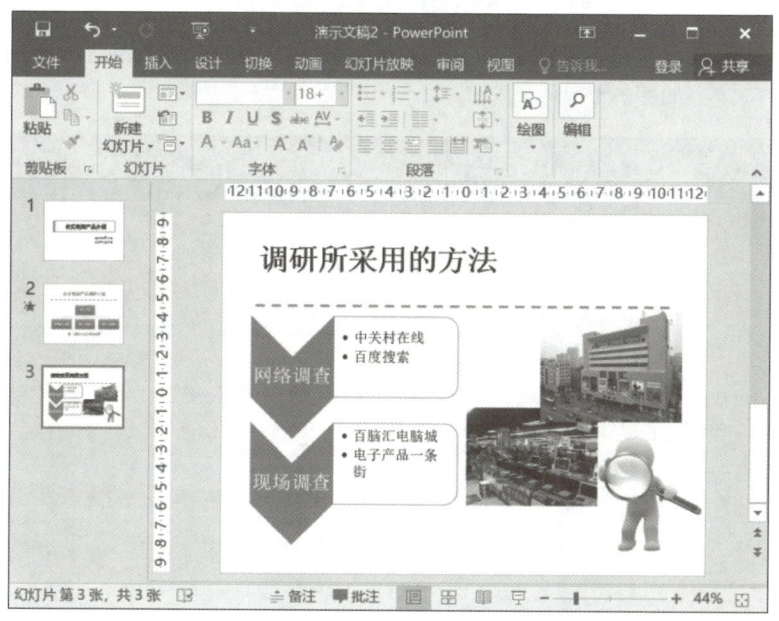

图 5-16 编辑"调研所采用的方法"幻灯片

垂直 V 型列表以图形方式显示任务、工作流或过程；或者用于强调运动或方向。强调级别 2 文本与级别 1 文本的对比，对于大量的级别 2 文本，这是个不错的列表选择。

（7）单击"新建幻灯片"下拉按钮，选择"标题和内容"布局，插入"台式电脑主要品牌"幻灯片。台式电脑主要品牌信息来自电脑配件专业工厂网站，在该网站上查找台式电脑品牌排行榜，得到品牌受关注度排列信息。通过互联网获取所需的品牌图片和名称，插入到幻灯片中，如图5-17所示。

图 5-17 编辑"台式电脑主要品牌"幻灯片

（8）插入"台式电脑选购考虑因素"幻灯片，内容文本使用项目编号，装机考虑因素的内容学生自主确定，如图5-18所示。

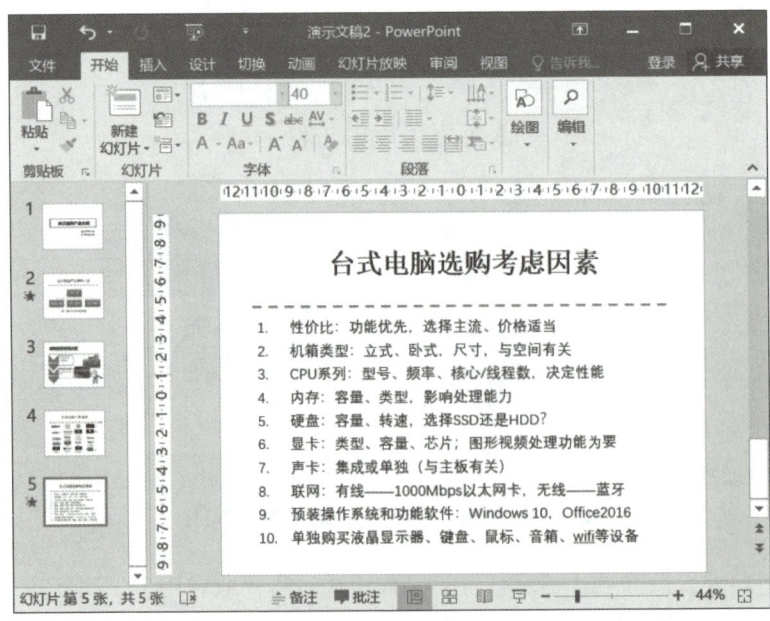

文本

理性装机选配置的注意事项

图 5-18 编辑"台式电脑选购考虑因素"幻灯片

**注意：** 台式电脑选型汇报，需要有明确的装机选型思路，这是本章第一部分学习内容的成果体现。选型有品牌机采购和自主装机两种，自主装机需要懂得装机常识，保证各部件之间相互匹配，实现较高的性价比，要在互联网上通过检索"装机之家"等网站来获得最新装机资讯。

（9）通过电脑配件专业工厂网站检索调研数据，获取台式电脑的品牌排行榜数据，查看主流品牌及其市场占有率。插入"中国台式电脑市场主流品牌关注比例"幻灯片，插入"柱状图"，根据品牌及其市场占有率数据，在数据源中录入数据，如图5-19所示。

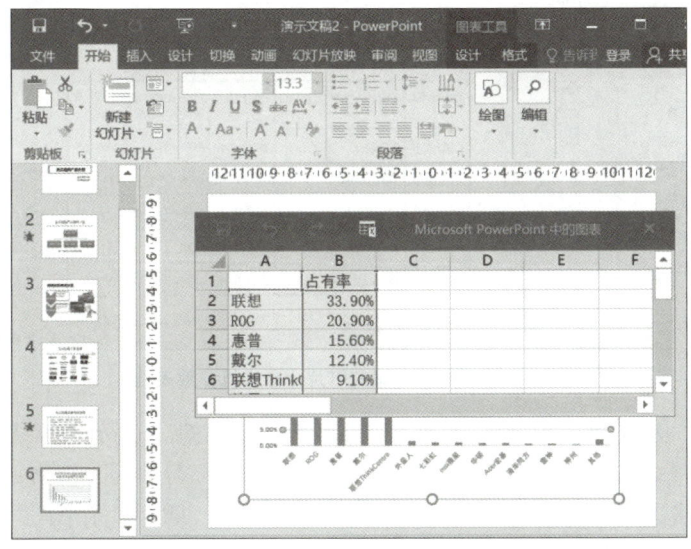

图5-19 编辑"中国台式电脑市场主流品牌关注比例"幻灯片

编辑第六张幻灯片，填写标题，通过图表工具调整图表的风格，对坐标轴字体进行调整，为数据标签添加"类别名称""值"和"显示引导线"，最终效果如图5-20所示。

图表工具

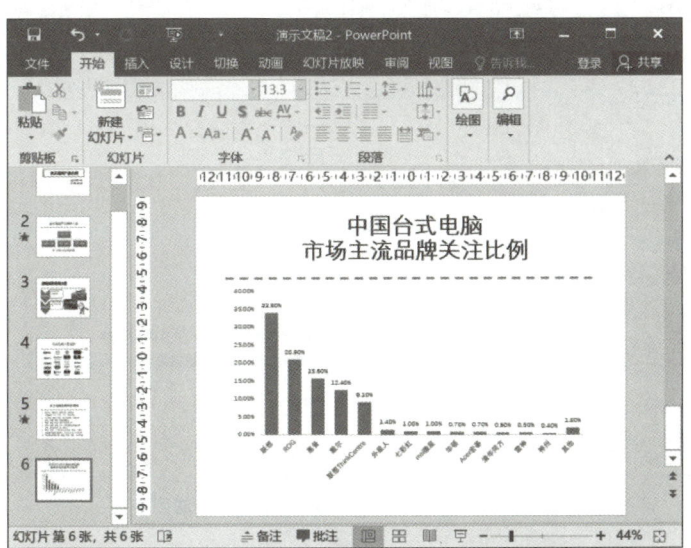

图5-20 "中国台式电脑市场主流品牌关注比例"幻灯片最终效果

（10）根据排行榜，选择联想电脑，根据价格因素，选择联想启天 M4650 型台式机（或其他流行机型）。通过电脑配件专业工厂网站获取该台式电脑的信息，特别是参数信息。新建第七张幻灯片，插入表格，根据该台式机的参数信息，填写表格，如图 5-21 所示。

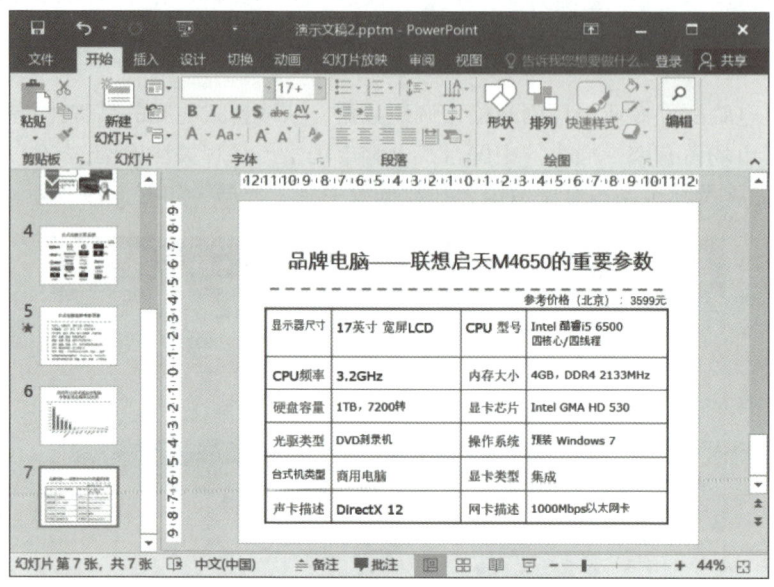

图 5-21　添加第七张幻灯片（台式机参数表格）

（11）针对主板、CPU、内存、硬盘、显卡、网卡、光驱、显示器等装机部件，通过电脑配件专业工厂网站进行关注度调查，分析判断各部件的流行情况、价格，针对各部件之间的匹配情况，做自主装机的选择考虑。新建第八张幻灯片，插入"条形图"图表，对检索到的内存关注度进行呈现，如图 5-22 所示。

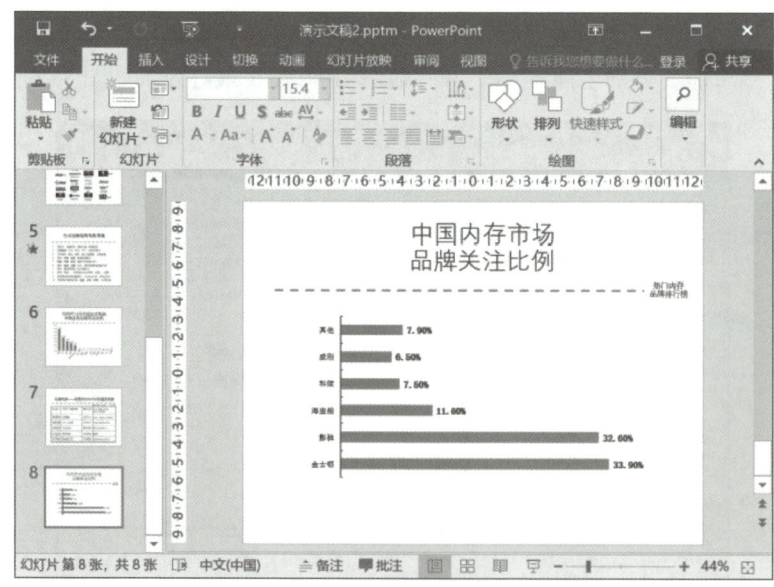

图 5-22　添加第八张幻灯片（内存关注度）

（12）通过电脑配件专业工厂网站和百度搜索检索显示器，分析判断显示器的类型、性能和价格，为采购显示器提供指导。新建第九张幻灯片，以项目符号的方式呈现显示器类型与尺寸，并给出插图，如图 5-23 所示。

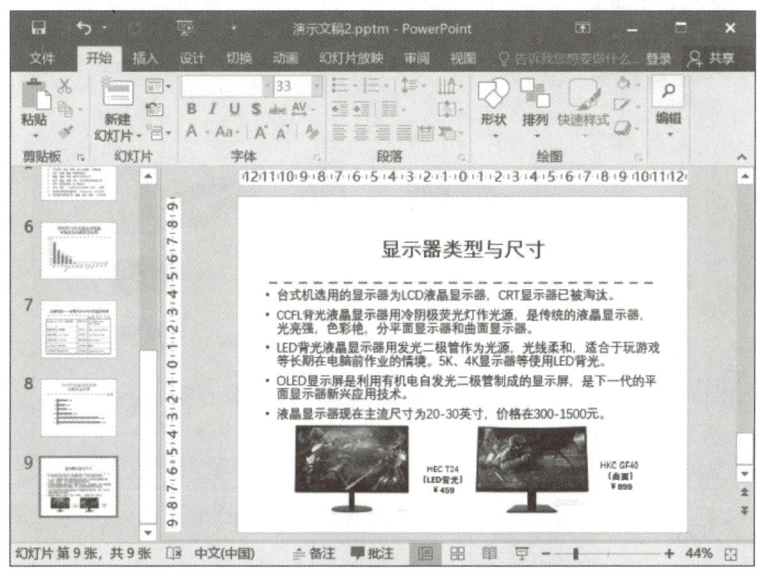

图 5-23　添加第九张幻灯片（显示器类型与尺寸）

（13）为了进行台式电脑的硬件汇报，使用自选图形给出台式电脑的硬件组成，在第十张幻灯片中规范呈现。在制作结构框图过程中，各种组成部件的表达应具有时代性。参考样例如图 5-24 所示。

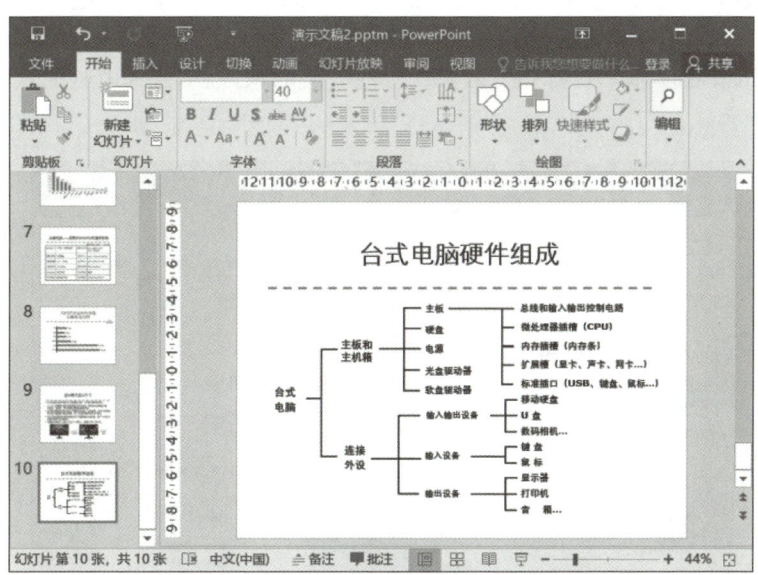

图 5-24　"台式电脑硬件组成"幻灯片参考样例

（14）为了形象地呈现台式电脑硬件部件的外形特征，插入一张空白幻灯片（选择空白版式），列举各主要部件的插图。插图可从电脑配件专业工厂网站和百度图片中获取，插图中的各主要部件要与所选台式机配置一致，完成后的"台式电脑硬件图片集"幻灯片如图 5-25 所示。

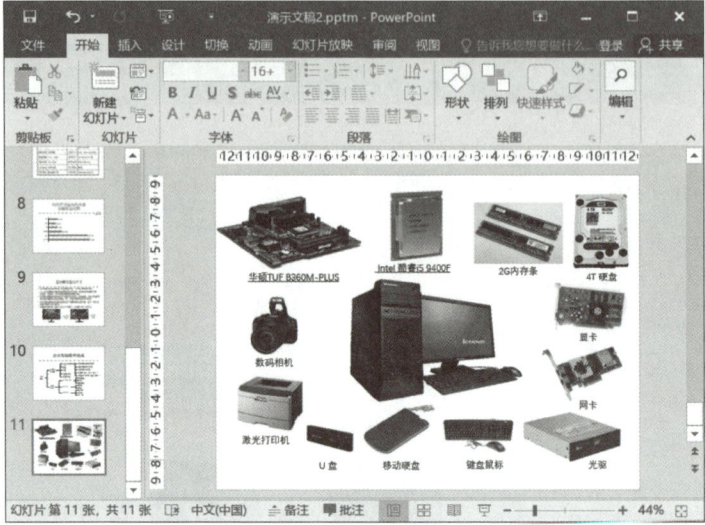

图 5-25 "台式电脑硬件图片集"幻灯片

> **注意：** 为了清除因对幻灯片母版添加虚线导致的空白幻灯片版式中存在虚线的问题，可以在幻灯片母版中，对空白版式中的虚线用白色矩形进行遮盖，从而使虚线不可见。

（15）采购新电脑后，要预装系统软件和用户所需应用软件，默认安装 Windows 10 操作系统及 Office 套件。根据需要可自行安装装机软件或用户应用软件。电脑联网，下载一个"360 软件管家"，可以帮助用户选择安装大量的软件。插入一个新的"标题和内容"版式幻灯片，插入 SmartArt "基本目标图"对象，标注安装的软件。"台式电脑的软件系统"幻灯片如图 5-26 所示。

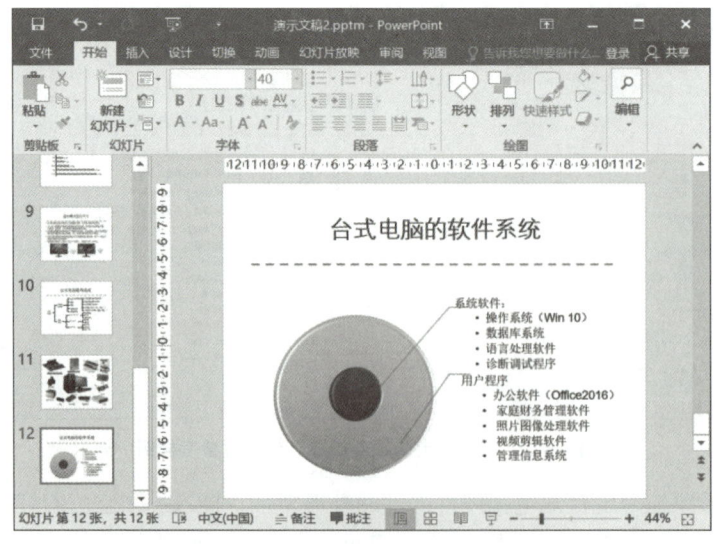

图 5-26 "台式电脑的软件系统"幻灯片

（16）插入台式电脑操作系统介绍幻灯片，如图 5-27 所示。

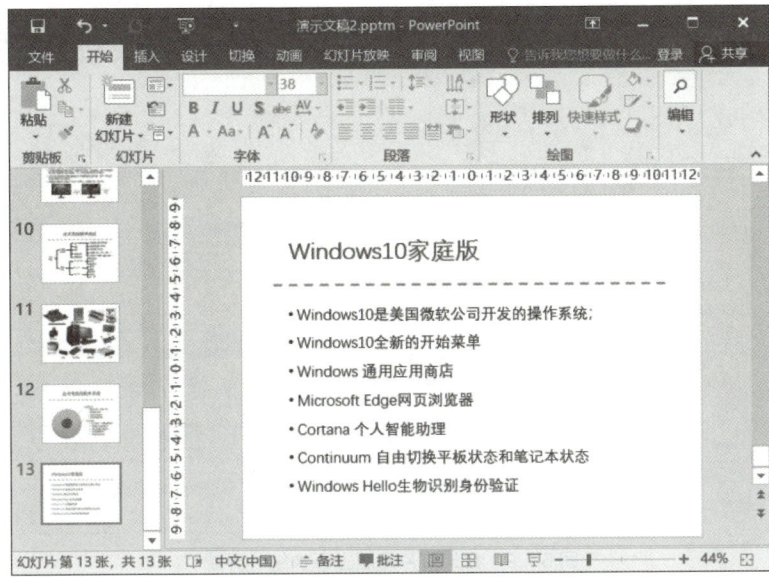

图 5-27　台式电脑操作系统介绍幻灯片

（17）插入最后一张幻灯片，通过互联网下载台式机装机短视频，在"插入"选项卡的"媒体"组中，单击"视频"，选择"PC 上的视频"，在幻灯片中插入下载的装机视频，播放该插入视频查看效果，如图 5-28 所示。

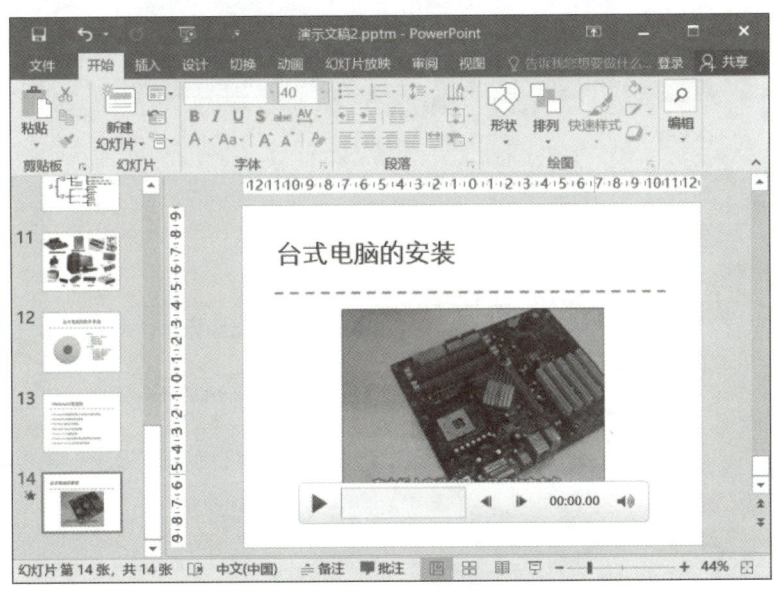

图 5-28　播放插入的装机视频

（18）为了形成统一的导航，在"视图"选项卡的"母版视图"组中，单击"幻灯片母版"进入母版编辑状态，在主题幻灯片母版底部添加六个圆角矩形，分别添加文字"首页""调研小组""主流品牌""选型因素""电脑构成""电脑安装"，为矩形框添加超链接，指向第 1、2、4、5、10、14 张幻灯片，如图 5-29 所示。

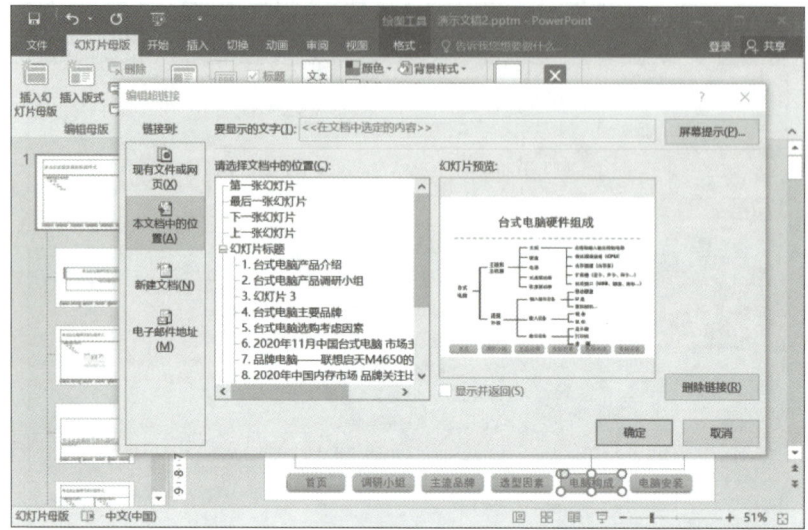

图 5-29　在幻灯片母版上添加统一导航

（19）第 1 张标题幻灯片一般不使用导航，为了取消幻灯片母版形成的统一导航，可以在母版编辑状态下，对标题版式设置"隐藏背景图形"，将幻灯片母版中的图形隐藏起来不显示，如图 5-30 所示。

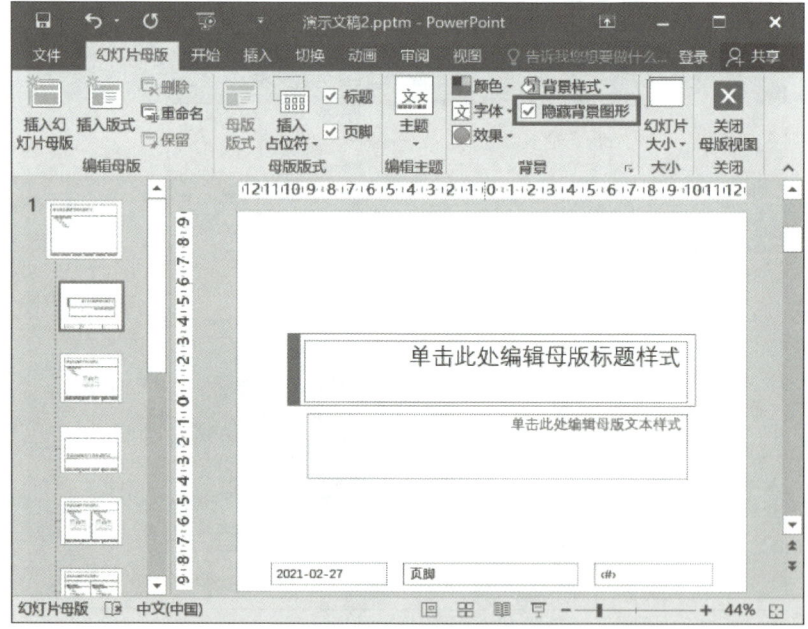

图 5-30　隐藏标题版式的背景图形

（20）给"显示器类型与尺寸"幻灯片添加声音。单击在"插入"选项卡的"音频"组中，单击"录制音频"，可以启动 PowerPoint 自带的录制声音对话框，单击红点录制按钮，启动录音。对着麦克阅读幻灯片内容，可录下讲解录音，如图 5-31 所示。

图 5-31　给"显示器类型与尺寸"幻灯片添加音频

（21）给"台式电脑选购考虑因素"幻灯片添加"出现"的动画效果。选中内容对象，在"动画"选项卡的"动画"组中，单击"出现"，给内容对象施加"出现"的动画效果，多行文字将单击鼠标后依次显示，如图 5-32 所示。

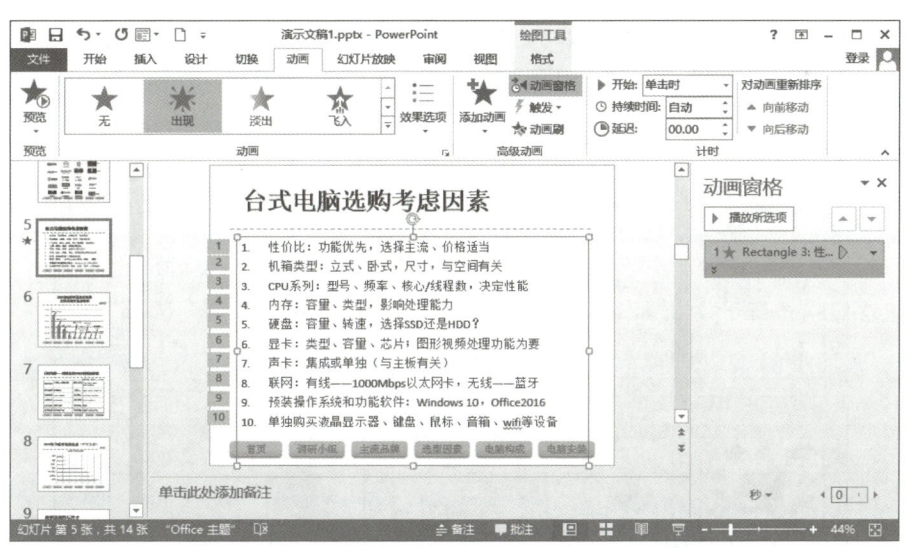

图 5-32　给"台式电脑选购考虑因素"幻灯片添加动画效果

文本

自定义动画

**注意：** 并非动画越多越好，要突出重点，吸引观众的注意力，切忌滥用动画。

（22）幻灯片切换效果是在"幻灯片放映"视图中从一张幻灯片移到下一张幻灯片时出现的动画效果，可以控制切换的速度、添加声音，甚至还可以对切换效果的属性进行自定义。

为台式电脑调研和产品介绍演示文稿添加一致的幻灯片切换效果。在"幻灯片浏览"视图下,选中全部幻灯片,在"切换"选项卡的"切换到此幻灯片"组中,单击"其他"按钮 ,在弹出的幻灯片切换方式下拉列表中选择"棋盘"效果,如图 5-33 所示。

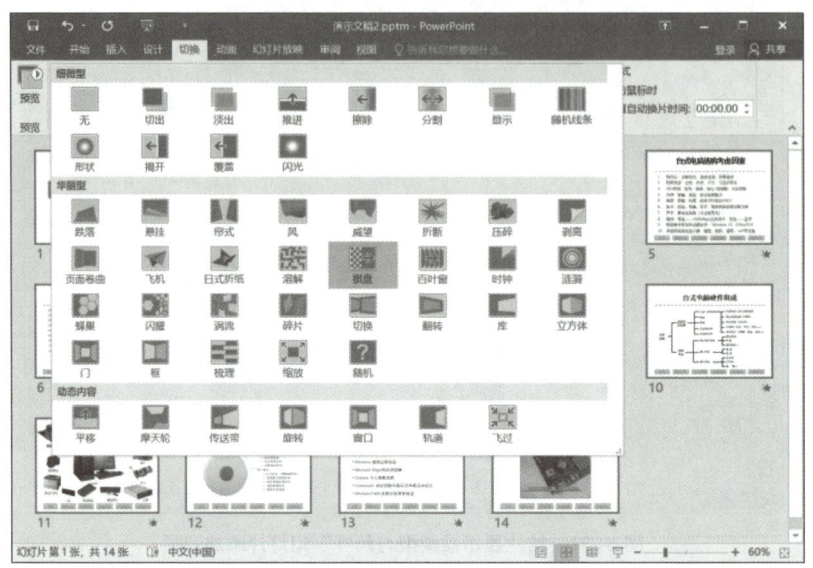

图 5-33　统一设置"棋盘"幻灯片切换效果

单击"效果选项",在下拉列表中单击"自左侧"设置切换方向;设置"持续时间"为 01.00 秒。播放效果如图 5-34 所示。

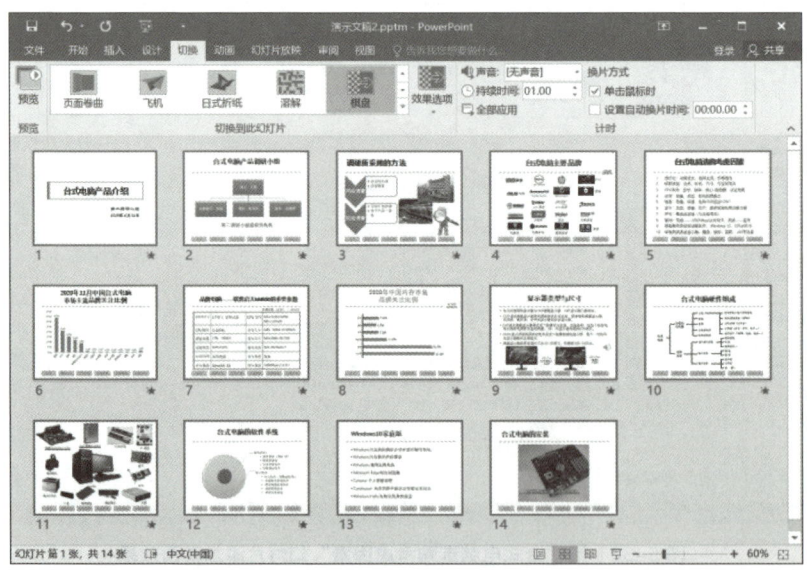

图 5-34　播放幻灯片的切换效果

(23)放映演示文稿,查看幻灯片制作效果。

(24)将台式电脑调研和产品介绍演示文稿进行打包输出,保存到指定文件夹。将演示文稿,另存为"台式电脑产品介绍.pptx",单击"文件"→"导出"→"将演示文稿打包成 CD"命令,弹出"打包成 CD"对话框,如图 5-35 所示。

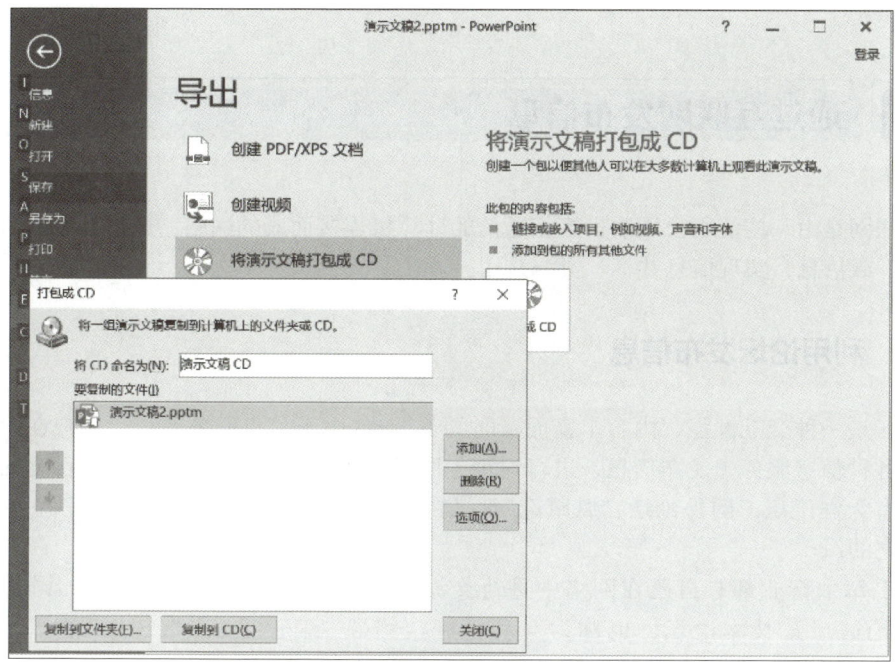

图 5-35 "打包成 CD"操作及对话框

默认情况下，打包的文件包含链接文件和 PowerPoint 播放器。选择"复制到文件夹"选项，弹出"复制到文件夹"对话框，如图 5-36 所示，需指定文件夹的名称和位置，打包生成的文件将存放到指定文件夹中。

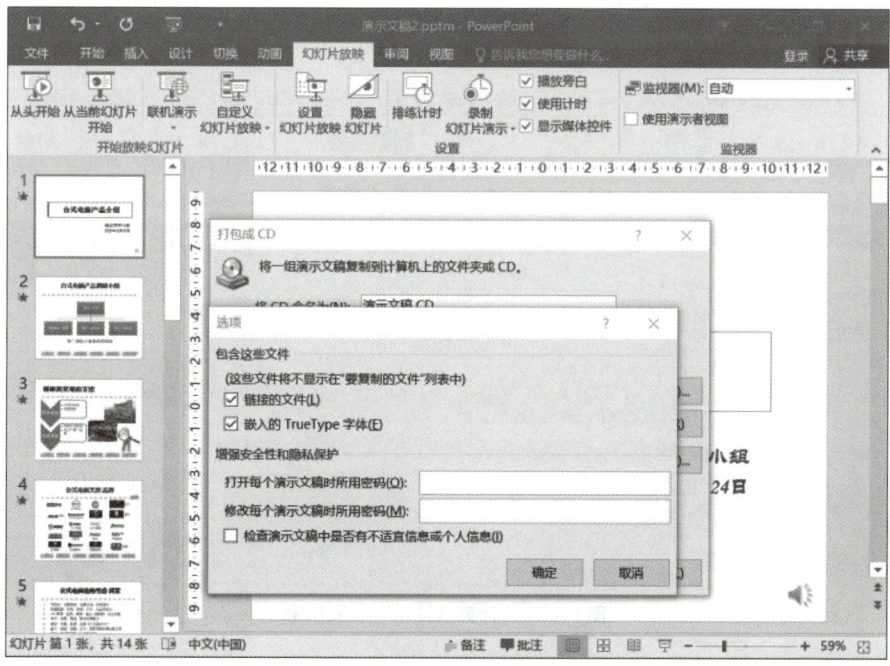

图 5-36 "复制到文件夹"对话框

## 5.2 通过互联网发布信息

互联网是由一些使用公用语言互相通信的计算机连接而成的网络,通过互联网可以发布信息、下载信息,实现信息共享、资源共用。

### 5.2.1 利用论坛发布信息

论坛是一种交互性强、内容丰富而及时的 Internet 电子信息服务系统,用户在论坛上可以使用各种信息服务(发布信息、进行讨论、聊天等)。例如百度的论坛就是百度贴吧,类似的还有天涯论坛、网易论坛、凤凰论坛、猫扑、ZOL 等。论坛有大型公司创立的,也有个人创立的。

几乎每个行业都有自己在网络中进行交流的一块或多块讨论区,这样的讨论区称为专题讨论区或某技术论坛,也称为互动社区。例如"编程论坛""CSDN 论坛""开源中国""ITPUB 论坛""51CTO 论坛"等 IT 类技术论坛。

#### 1. 任务要求

利用"电脑计算机论坛"发布信息、开展讨论。

#### 2. 操作步骤

(1)通过百度搜索引擎,搜索关键词"计算机论坛",搜索结果如图 5-37 所示。

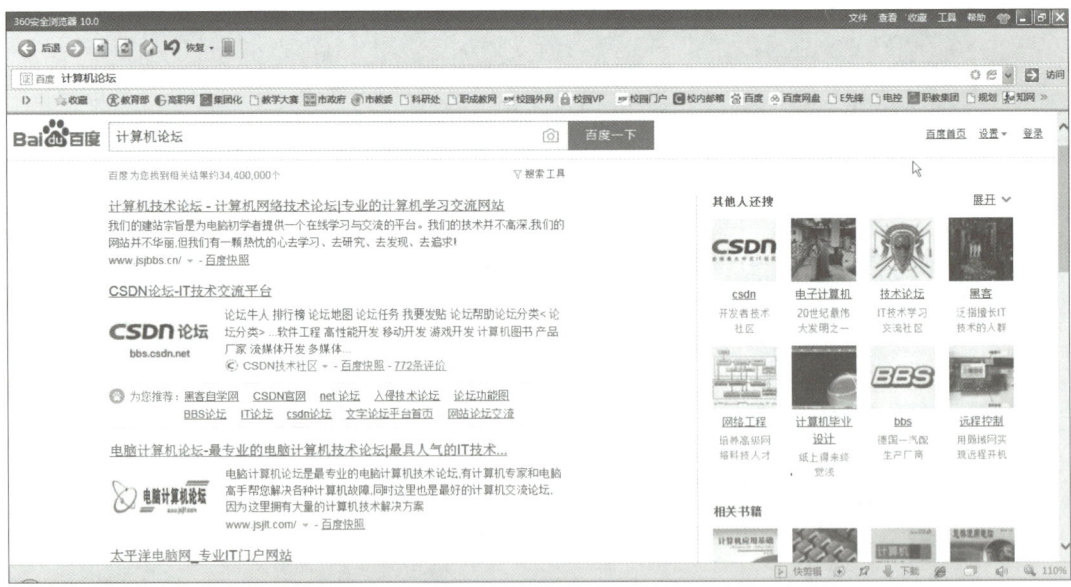

图 5-37 "计算机论坛"搜索结果

（2）点击"电脑计算机论坛"链接进入"电脑计算机论坛"，这是一个计算机专题论坛网站。该论坛设立了"电脑计算机故障""电脑计算机技术""计算机应用"等板块（也称为版面，每个版面的管理员称为版主），每个板块设立若干话题（也称为子板块），每个话题下有若干主题，如图 5-38 所示，主题之下成员间互相发帖，形成了一个针对该主题的讨论区。

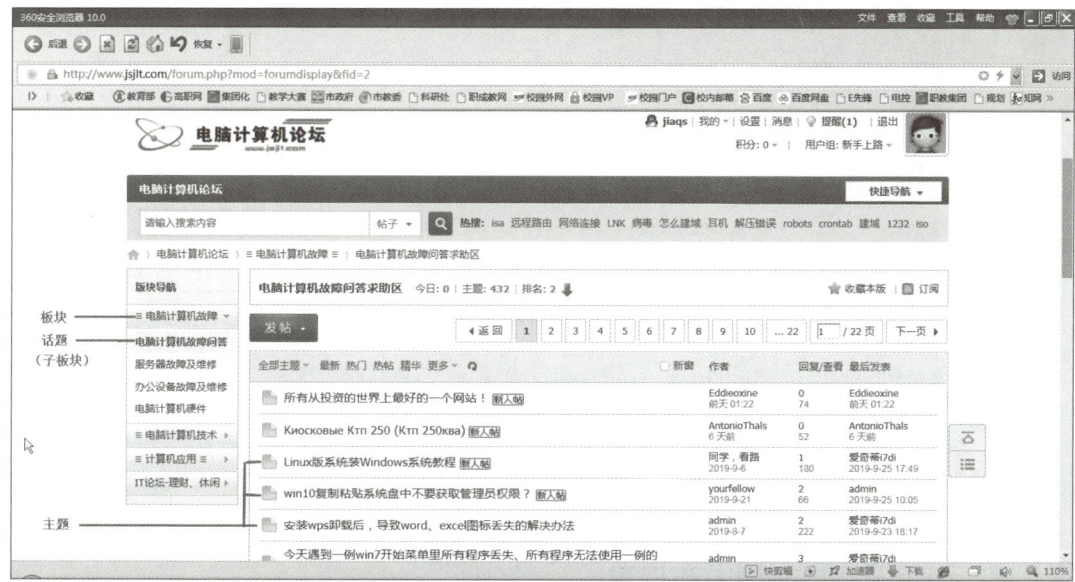

图 5-38 "电脑计算机论坛"的板块、话题和主题

（3）在"电脑计算机故障"板块下的"电脑计算机故障问答"话题中，找到"安装 wps 卸载后，导致 word、excel 图标丢失的解决办法"主题，点击进入该主题讨论页面。如图 5-39 所示，为该主题发起人（楼主）提供的帖子内容。

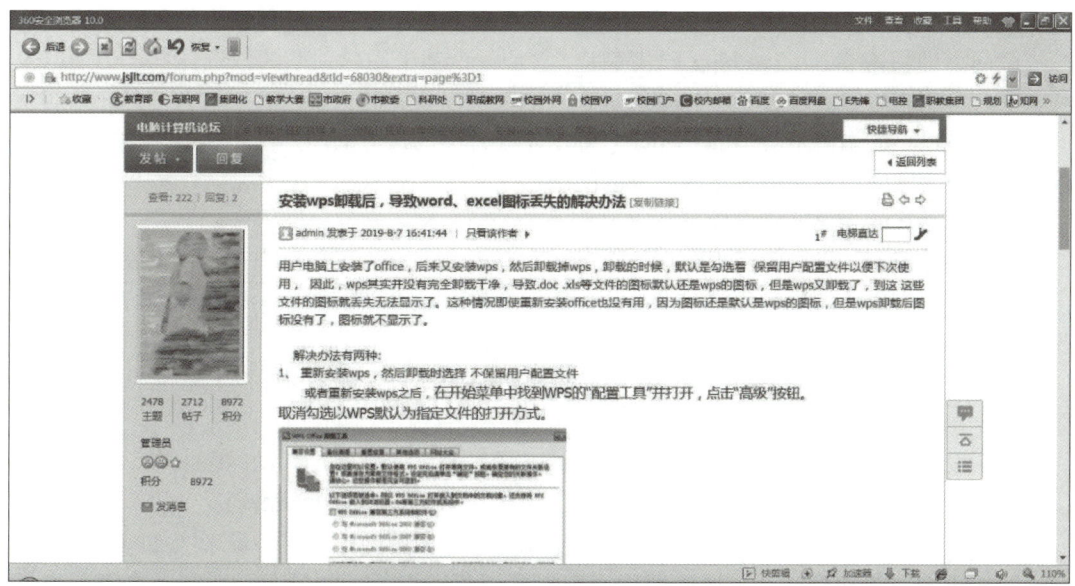

图 5-39 浏览选定主题下的帖子

215

（4）在页面底端，可以对该主题发表回复，以提出自己的意见，如图 5-40 所示。

图 5-40　对楼主的帖子进行回复

> **注意：** 论坛是一个互联网上自由发言的空间，但可能因为自身的语言问题传递错误信息，或可能给他人带来伤害。因此，要做一个负责、诚信、有素养的人，论坛发言必须符合互联网管理相关规范的要求。

## 5.2.2　利用博客与微博发布信息

博客（blog），又名网络日志（weblog）、部落阁等，它是一种通常由个人管理、不定期张贴新的文章的网站。博客上的文章通常根据张贴时间，以倒序方式由新到旧排列。许多博客专注在特定内容的主题上来提供评论或新闻，从而受到人们的关注。能够让读者以互动的方式留下意见，是许多博客受关注的重要要素。大部分的博客内容以文字为主，也有一些博客专注在艺术、摄影、视频、音乐、播客等各种主题。博客是社交媒体网络的一部分。

微博，即微博客（micro blog）的简称，它是一个基于用户关系的信息分享、传播以及获取平台，用户可以通过各种客户端组建个人社区，以较少的文字内容来更新信息，并实现即时分享。最早的微博是美国的 twitter。2009 年 8 月中国最大的门户网站新浪网推出的"新浪微博"成为国内第一家提供微博服务的网站。

微博和博客的主要区别有以下几点。

（1）字数限制：微博曾经限制字数在 140 字以内，这是为了让用户在手机上发布和阅读方便，随着社交媒体发展和用户需求变化，微博允许发长微博、图片、视频等内容，而博客没有限制，因为它主要是让用户在电脑上发布和阅读的。

（2）被动阅读：看博客必须去对方的首页看，而微博在自己的首页上就能看到别人的微博。

（3）发布便捷性：微博可以通过发短信的方式发布，或者通过移动网络发布，当然也可以通过电脑发布，而博客的发布一般在电脑上操作，用手机发布十分繁琐。

（4）自传播速度：博客要靠网站推荐带来流量，而微博通过粉丝转发来增加阅读量。

（5）使用人数和范围：微博的使用人数更多，范围更广，而博客一般都是由专门人群使用。

## 1. 利用博客查看发布的信息

博客是一种通常由个人管理、不定期张贴新的文章的网站。博客由个人、公司或一个组织来维护。博客发布的基本是文本，但也可以有图片、视频、音频等。博客的内容多数是对外开放的，因此博客成为了个人新闻的一种形式。在博客上，博主可以探究事实、撰写评论、发表观点和照片，使博客成为名人宣传、政治评论和技术传播的一种途径。

（1）任务要求

搜寻名人博客，查看他们发表的文章。

（2）操作步骤

① 通过百度搜索引擎，搜索关键词"名人博客"，搜索结果如图 5-41 所示。

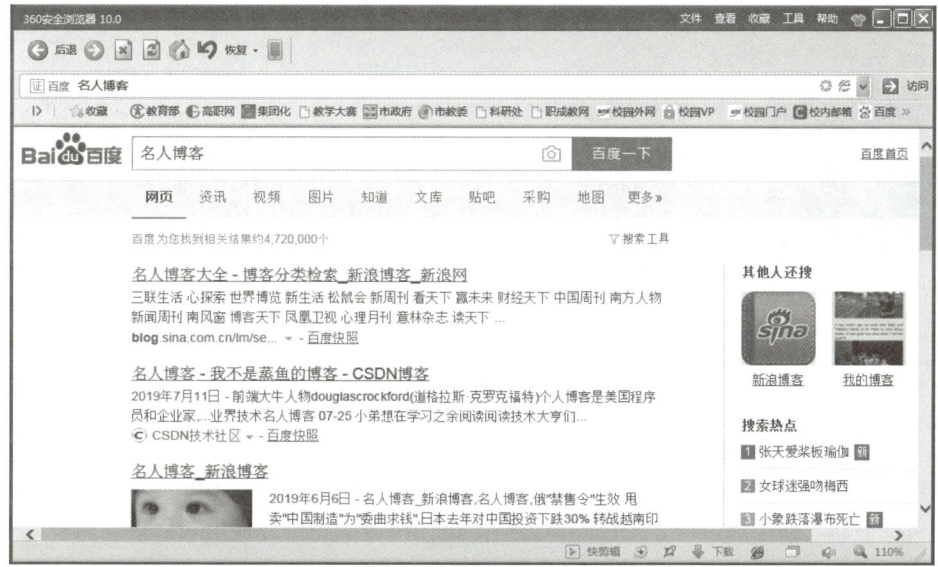

图 5-41 "名人博客"搜索结果

② 点击"名人博客大全"链接进入"名人博客大全"页面，该页面中，列举了文化、娱乐、时评等领域的名人博客排名，如图 5-42 所示。

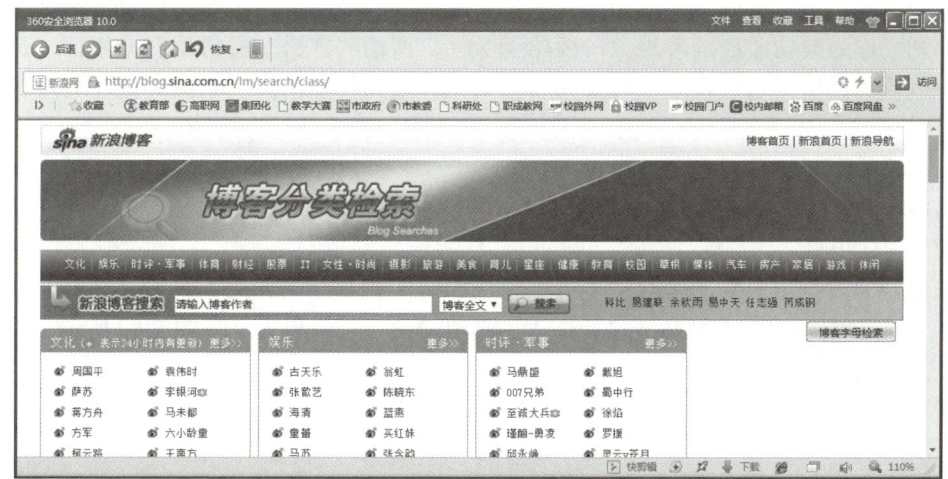

图 5-42 名人博客排名

③点击"时评·军事"组中的"罗援",进入"罗援"的个人博客,如图 5-43 所示。选择"博文目录"可以查看他发表过的文章。

图 5-43 "罗援"的个人博客

### 2. 利用微博发布信息

微博是当今社会得到广泛应用的社交媒体服务,国内的微博有新浪微博、腾讯微博、搜狐微博、百度微博、新华网微博、人民网微博等。微博以智能手机等移动通信终端设备为主提供信息服务。

人们可以随时动态更新微博,发布观点、新闻等,信息通过微博可实时发布到朋友圈、粉丝圈等范围,成为网络新闻传播的重要来源,也是观察名人的通道,有的名人的关注者多达几十万人。电子商务企业也会建立微博,可以随时向关注他们的客户发布产品信息,成为营销的重要渠道。微博可能成为公众意见"发酵"的场所,但微博用户发言未必遵循真实性原则,作为舆情监控的阵地之一要给予关注。所谓"官微"通常指官方微博,是单位或组织运营的微博,通过官微及时发布官方资讯,达到传播信息、掌控舆论、促进营销等目的。

(1)任务要求

利用新浪微博发布信息。

(2)操作步骤

①通过百度搜索引擎,搜索关键词"新浪微博",搜索结果如图 5-44 所示。

②点击新浪微博官方网站链接,进入"新浪微博"登录界面,如图 5-45 所示。如果没有账号,则先注册。

③输入账号和密码,登录"新浪微博"首页,如图 5-46 所示,在这里可以发布微博。

信息展示与发布工具应用 第5章

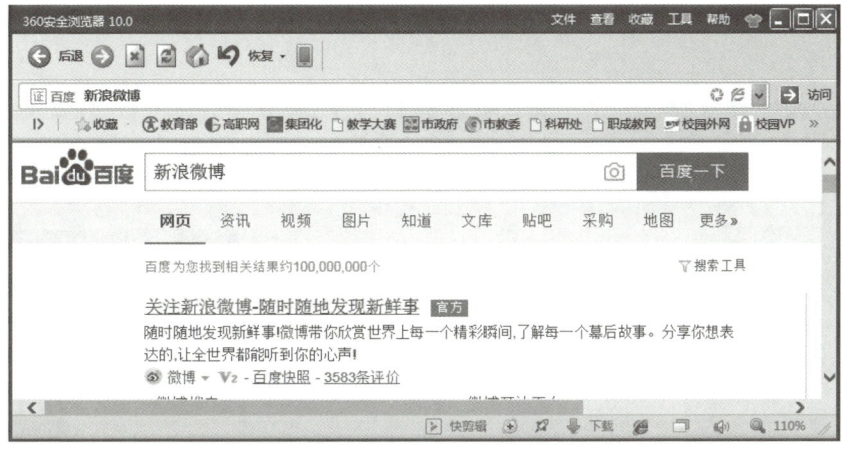

图 5-44 "新浪微博"搜索结果

图 5-45 "新浪微博"登录界面

图 5-46 "新浪微博"首页

219

④ 上传台式电脑安装视频，输入微博标题及正文内容后，添加视频，如图 5-47 所示。发布结果如图 5-48 所示。

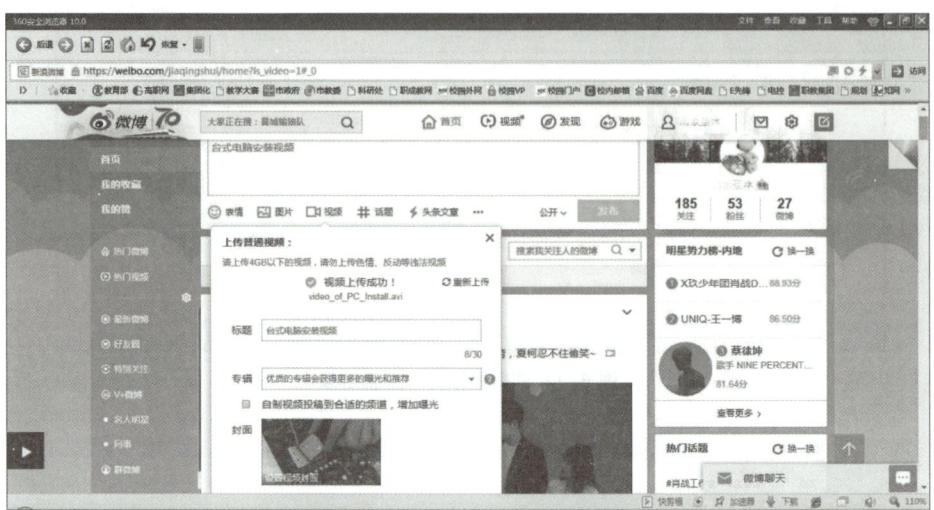

图 5-47 "新浪微博"为微博添加视频

图 5-48 "新浪微博"带视频微博的发布结果

## 5.2.3 利用专用网站发布信息

随着互联网的发展，网上求职与网上招聘服务日趋成熟，例如智联招聘、中华英才网、58 同城、猎聘、前程无忧、中国人才网、Boss 直聘等网站，支持公司和个人注册。在这些人才招聘网站上，公司可发布招聘信息、个人可填写求职信息，搭建了用人方和求职者之间的桥梁，促进了就业与创业。

### 1. 任务要求

利用智联招聘网上求职。

### 2. 操作步骤

（1）通过百度搜索引擎，搜索关键词"智联招聘"，在搜索结果中，点击智联招聘官方网站链接进入智联招聘主页登录界面，如图 5-49 所示，注册并登录该网站。

图 5-49　智联招聘主页登录界面

（2）首次登录网站，平台会引导新用户填写个人信息，包括个人基本情况、教育经历、工作经历、求职意向等，完成个人信息填写后便会进入个人中心界面，如图 5-50 所示。

图 5-50　智联招聘的个人中心界面

（3）通过检索查找期望的职位，并可设置所在行业、工作地点、月薪范围、学历要求等检索条件，例如，检索关键词"销售经理销售总监"，检索出的招聘职位如图 5-51 所示，可以逐家申请职位，也可以全选申请来广泛投递。

图 5-51 检索出的招聘职位

人才招聘网站作为信息发布的平台，为用人单位和求职者搭桥，求职信息和招聘信息在系统中结合，促进了高质量就业。

## 5.3 利用即时通信工具发布信息

腾讯公司 1998 年成立，1999 年推出即时通信软件 OICQ，即 QQ，它支持在线聊天、视频聊天以及语音聊天、点对点断点续传文件、传送离线文件、共享文件、远程控制、QQ 邮箱等多种功能，是中国年轻用户最喜爱的社交软件之一，活跃账户达数亿。

2011 年腾讯公司推出微信（WeChat），这是一个为智能手机提供即时通信服务的免费应用程序，提供短信，语音，视频通话，共享位置，图片、视频等文件传递与共享，微信支付等功能，支持跨通信运营商、跨操作系统平台，可以通过无线网络免费使用，受到普遍欢迎，微信全球月活跃用户数超过 10 亿。

微信公众号是开发者或商家在微信公众平台上申请的应用账号，它常作为一种以粉丝关注为基础的每日推送图文的网络营销方式。利用微信公众号可进行一对多的自媒体行为活动，如商家通过微信公众号展示微官网、微会员、微推送、微支付、微活动，形成一种主流的线上线下微信互动营销方式。推送高质量的文章是获得更多关注的前提。官方运营的微信公众号，被简称为"官微"。

文本

微信与 QQ 的区别

### 5.3.1 利用 QQ 发布信息、上传文件

使用微信发送文件，文件大小的上限是 100M，如果没有打开过，文件有效期是 72 小时，过期则失效；如果打开过，则能够保存 180 天，过期也不能再下载，并且微信文件会因

为后续信息过多而不便查找。

QQ 采用 UDP（user datagram protocol，用户数据报协议）传送数据，通过点对点的方式进行文件传输，因此它的效率高，速度快，占用资源少。利用 QQ 传送离线文件，文件大小的上限是 4G，默认为用户保存 7 天，接收过后只要不删除，该文件是不会过期的，QQ 上发送的文件可以到"群文件"里查找，用户可以随时进行下载，这一功能弥补了微信群里的文件有效期的限制问题。

### 1. 任务要求
利用 QQ 群发布信息、上传文件。

### 2. 操作步骤
（1）利用手机或电脑，打开 QQ，进入 QQ 主界面，如图 5-52 所示。

（2）打开一个 QQ 群，如"高职计算机基础课"群，在群中发言，如图 5-53 所示，实现在群成员范围内发布信息，每位登录了 QQ 的成员可以即时看到群中的信息。

图 5-52　腾讯 QQ 主界面

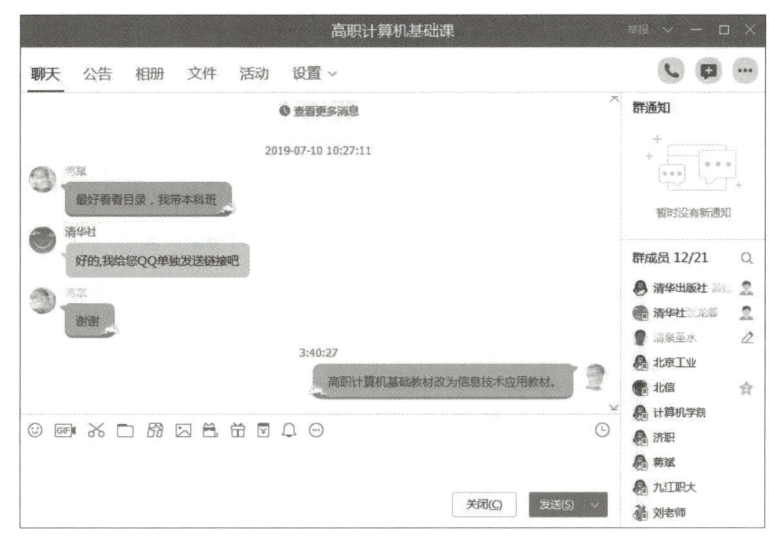

图 5-53　在 QQ 群中发言

（3）在"高职计算机基础课"群中，发布群公告，如图 5-54 所示，群公告可以长期保存，也可以置顶，便于群成员随时查看。在聊天区域的信息很容易因后续发言较多而不易被发现。但作为公告发布，会出现在群公告里，可随时查看。群主和管理员有权限发布群公告。

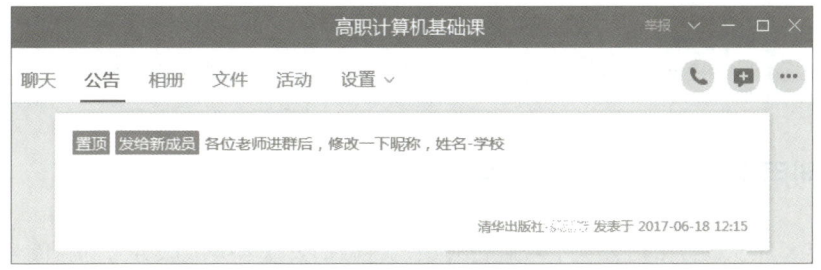

图 5-54　QQ 群中发布群公告

（4）在"高职计算机基础课"群中，上传文件，如图 5-55 所示，则群成员都可以下载该文件。

图 5-55　QQ 群中上传文件

（5）QQ 群里上传文件后，通过查看群"文件"，可以看到上传的文件按发布时间降序排列，易于查找，如图 5-56 所示。

图 5-56　QQ 群中上传文件

**注意：** 在群"文件"中可以随时下载上传的文件，没有有效期的限制问题。

### 5.3.2 利用微信公众号发布信息

2013 年 8 月 5 日，微信公众平台进行升级，将微信公众号分成服务号和订阅号两种类型。

服务号是公众平台的一种账号类型，旨在为用户提供服务。服务号发给用户的消息，会显示在用户的聊天列表中，并且在发送消息给用户时，用户将收到即时的消息提醒。

订阅号是公众平台的另一种账号类型，为用户提供信息和资讯。订阅号发给用户的消息，将会显示在用户的订阅号文件夹中。在发送消息给用户时，用户不会收到即时消息提醒。在用户的通讯录中，订阅号将被放入订阅号文件夹中。

### 1. 任务要求
利用微信公众号发表文章。

### 2. 操作步骤
（1）通过百度搜索引擎，搜索关键词"微信公众号"，在搜索结果中点击微信公众号的官网链接，进入微信公众号登录页面，如图 5-57 所示。如果没有微信公众号账号，可在微信公众平台点击 立即注册，申请注册一个微信公众号。

图 5-57　微信公众号登录页面

（2）登录微信公众号，其首页如图 5-58 所示。右上角给出了当前登录的公众号名称（如高职信息技术），左侧窗格为功能菜单。

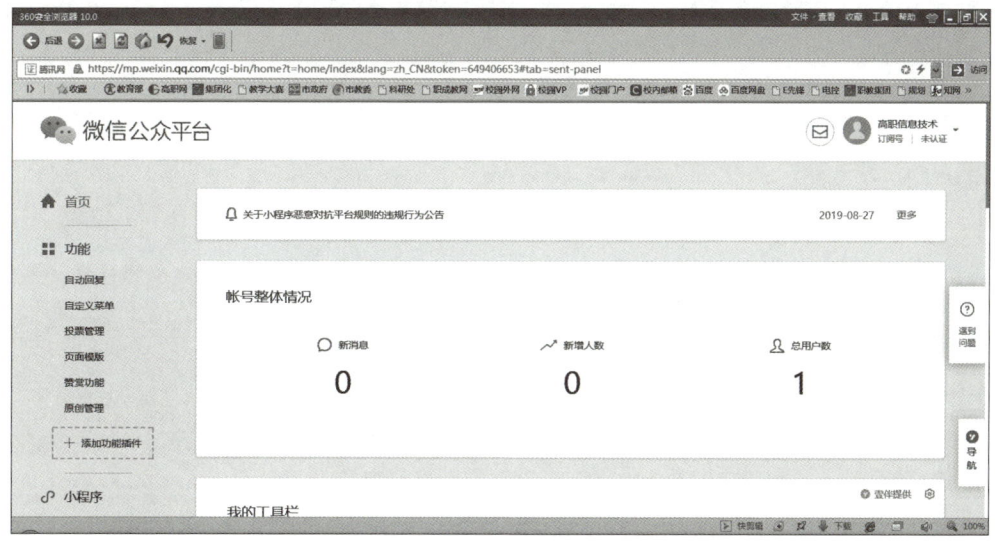

图 5-58　微信公众号首页

（3）向下滚动页面，在左侧菜单，点击"管理"组中的"素材管理"命令，如图 5-59 所示，打开素材管理页面，如图 5-60 所示。

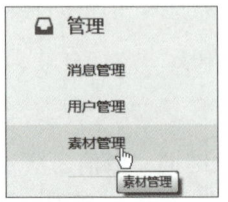

图 5-59 "素材管理"命令

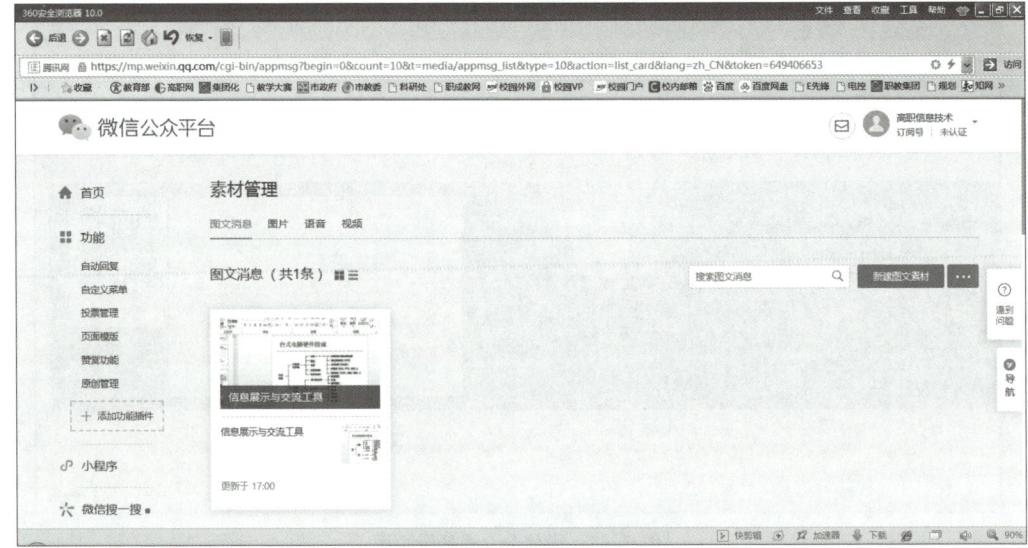

图 5-60 素材管理页面

（4）单击"新建图文素材"按钮，打开文章编辑页面，如图 5-61 所示。

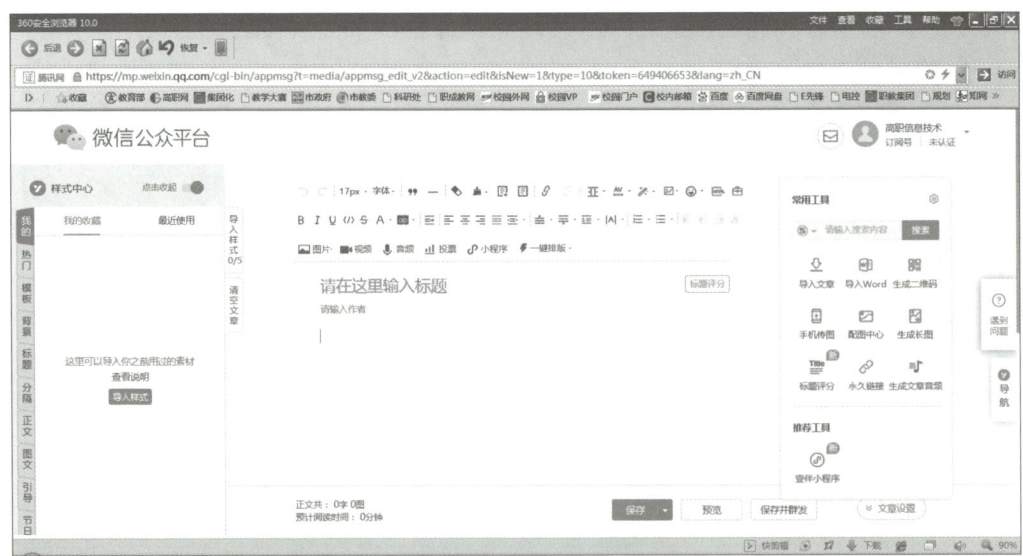

图 5-61 文章编辑页面

（5）文章编辑页面的中间为文章编辑区，编辑标题和正文，可插入图片、视频、音频等多媒体内容；左侧为样式（模板）选用区，可将选用的样式（模板）应用到文章正文中；右侧为常用工具区，提供文本与图片导入工具、二维码生成工具等。文章编辑后的页面效果如图 5-62 所示。

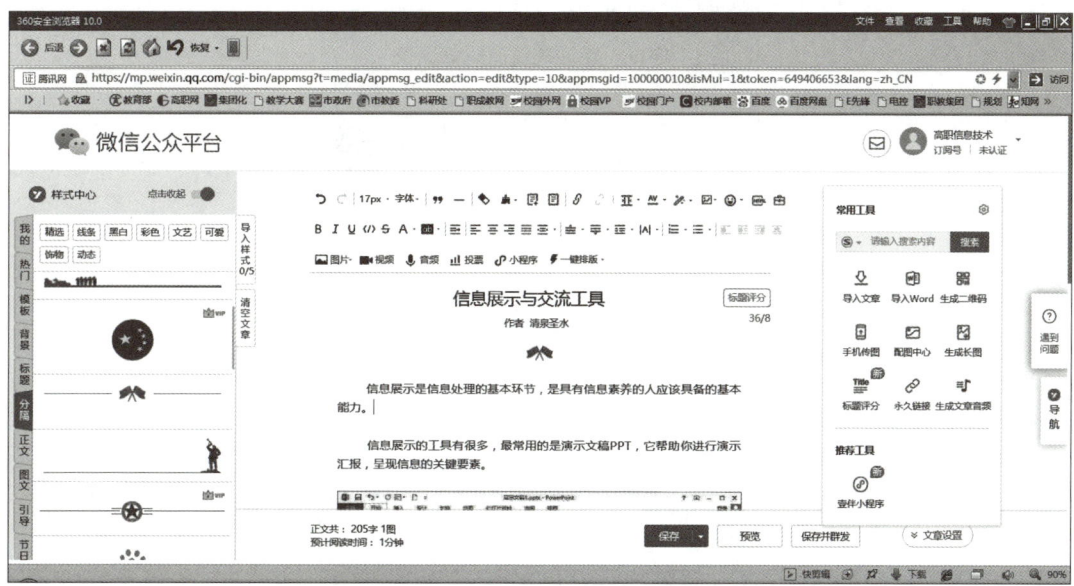

图 5-62　文章编辑后的页面效果

（6）单击"保存并群发"按钮，进入文章属性设置页面。页面左侧为封面及一些其他属性设置，文章要求必须插入一张图片作为封面；右侧为摘要编辑区，可以对摘要进行编辑与修改，如图 5-63 所示。

图 5-63　文章属性设置页面

（7）单击"保存并群发"按钮，文章即发布到公众号，如图 5-64 所示。

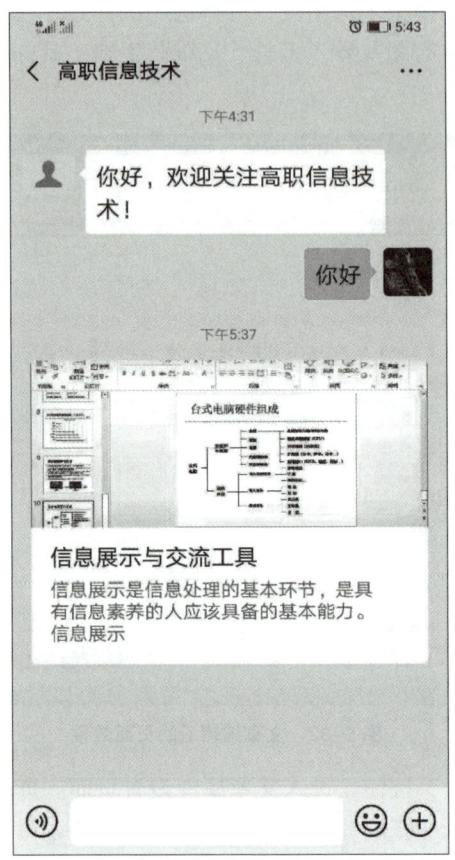

图 5-64　文章发布到公众号

## 练习题

**一、填空题。**

1. 一个演示文稿就是一个 PowerPoint 文件，PowerPoint 2016 演示文稿的扩展名为_____。

2. PowerPoint 在普通视图下，包含 3 种窗格，分别为_____、_____和_____。

3. PowerPoint 2016 视图方式按钮中提供了_____、_____和_____三种视图方式切换按钮。

4. 在 PowerPoint 2016 提供了 5 种视图方式用于显示演示文稿，分别为_____视图、_____视图、_____视图、_____视图和_____视图。

5. PowerPoint 2016 幻灯片版式是指幻灯片的_____在幻灯片上的_____。

6. 如果已经更改了幻灯片上占位符的位置、大小格式，那么可在"开始"选项卡的"幻灯片"组中选择_____来恢复初始设置。

7. PowerPoint 2016 的主题是一组预定义的_____、_____和_____。
8. 幻灯片母版用于存储有关演示文稿的_____和幻灯片_____的信息，包括背景、颜色、字体、效果、占位符大小和位置。
9. 论坛通常设多个_____，其下可添加_____，楼主发帖后，建立一个_____，大家可以回复或发帖，形成针对某一主题的讨论区。
10. 博客是一种通常由_____管理、不定期张贴新的_____的网站。
11. 微博通常限制字数在_____字以内。
12. 2013 年 8 月 5 日，微信公众平台进行升级，将微信公众号分成_____号和_____号两种类型。

## 二、简答题。

1. 在 PowerPoint 2016 普通视图下，幻灯片窗格、备注窗格的作用各是什么？
2. 如何调整主题的配色方案和背景？
3. 如何设计、制作组织结构图？
4. 如何在幻灯片中插入文本、图片和艺术字？
5. 如何在幻灯片中插入公式？
6. 什么是母版？什么是版式？两者有何不同？
7. 什么是 SmartArt 图形？SmartArt 图形有哪几种？
8. 通过什么命令来插入动作按钮？
9. 如何对文本设置动画效果？简述 4 类动画方案及其效果。
10. 如何用语言描述来录制旁白？
11. PowerPoint 2016 设置了哪些幻灯片切换效果？
12. 什么是演示者视图？
13. 如何把 PowerPoint 打包成 CD？
14. 说明概念：媒体、数据、音频、图像、视频、动画、文本。
15. 论坛的作用是什么？常见的论坛有哪些？自己专业领域的专业技术论坛有哪些？
16. 微博与博客相比，存在的主要区别有哪些？
17. 微信与 QQ 都是腾讯公司的产品，微信与 QQ 的区别有哪些？
18. 说明微信公众号不同类型账号的区别。

## 三、操作题。

1. 启动 PowerPoint 2016，介绍各种视图界面的构成及其功能。
2. 电脑连接 Internet，检索联机模板，使用联机模板创建一个新演示文稿，查看该演示文稿的内容。
3. 新建一个空白演示文稿，选用"行云流水"主题，创建两张幻灯片，分别应用节标题版式和两栏内容版式。
4. 新建一个空白演示文稿，自定义主题配色方案，改变主题字体和效果，选择渐变背景。保存自定义的主题名为"我的主题"。
5. 新建一个空白演示文稿，在幻灯片母版界面下修改标题幻灯片版式的风格。标题字体为"华文隶书"、72 号字、阴影、居中对齐、深蓝色、放大标题区；副标题字体为"华文新魏"、32号字、居中、蓝色；保存自定义的模板。利用此模板建立一个标题幻灯片。标题名为"我的自定义版式风格"，副标题名为"××定义的模板"。

6. 创建一张"空白"版式幻灯片并保存名为"我的课表"演示文稿，插入表格，输入课表内容并使用"开始"选项卡中的命令设置字体、字型、字号、颜色和位置；将"我的课表"演示文稿存入个人的文件夹中。

7. 修改上题中建立的幻灯片，使用"羊皮纸"纹理改变背景。

8. 修改第6题中建立的幻灯片，利用"表格样式""表格样式选项""艺术字样式""绘图边框"来修饰表格，得到美观的课表。

9. 新建演示文稿 ys1.pptx，完成以下要求并保存。

（1）新建"标题幻灯片"版式幻灯片，输入主标题"行业信息化"、输入副标题"精选业界资深人士最新观点"，设置字体为"楷体_GB2312"，标题字号为72磅，副标题字号为40磅。

（2）将整个演示文稿设置为"龙腾四海"主题，幻灯片切换效果全部设置为"从右推进"，幻灯片中的副标题动画效果设置为"底部飞入"。

10. 新建演示文稿 ys2.pptx，完成以下要求并保存。

（1）新建"文本与剪贴画"幻灯片版式，并应用此版式新建幻灯片，输入标题"汽车"，设置字体、字号分别为"楷体_GB2312"、40磅，输入文本，插入剪贴画。

（2）给幻灯片中的汽车设置动画效果为"从右侧慢速飞入"，设置声音效果为"推动"。

11. 在 CSDN 论坛中跟帖发言，并截图，要求发言具有学术性，体现自己对某一专业领域知识和技术的理解和掌握。

12. 登录网易微博，注册网易微博用户，发表微博文章内容为文字、图片、音乐、视频各一篇。

13. 以个人身份创建一个微信公众号，选定一个服务领域，每天发表一篇文章，连续发三天，截图为证。

# 第 6 章 计算思维与编程基础

为落实课程标准要求，促进大学生信息素养全面提高，本章对计算思维的基本概念及其运用进行简要介绍，对以计算机为核心的智能化设备解决问题的基本思维方式进行说明，对计算机编程的基本技能做一个引入性的介绍。

## 6.1 计算思维的概念

### 6.1.1 计算思维的定义

计算思维（computational thinking）是运用计算机科学的基础概念进行问题求解、设计系统、以及理解人类行为等一系列的思维活动。

计算思维概述

计算思维的概念由周以真教授（美国计算机科学家）于 2006 年 3 月首次提出，并指出计算思维是与形式化问题及其解决方案相关的思维过程，其解决问题的表示形式应该能有效地被信息处理代理执行。

科学界一般认为，科学方法分为理论、实验和计算三大类。与三大科学方法相对应的三大科学思维是理论思维、实验思维和计算思维。理论思维又称逻辑思维，以推理和演绎为特征，以数学学科为代表。实验思维又称实证思维，以观察和总结自然规律为特征，以物理学科为代表。计算思维又称构造思维，以设计和构造为特征，以计算机学科为代表。

下面两个例子可以对计算思维做一个浅显的说明。

**例1** 描述一个做上下周期性摆动小球的运动规律，数学上用 sin（$x$）表示，这是一种理论上的表示，可以说 sin（$x$）表达的是一个理论思考的结论。但是，当 $x$ 是一个具体数值时，怎样计算出 sin（$x$）的具体结果呢？进一步的问题是当 $x$ 在定义域内取任意值时如何由计算机自动计算出 sin（$x$）的结果呢？下面的公式有助于解决这个问题。

$$\sin(x) = x - \frac{x^3}{3!} + \frac{x^5}{5!} - \frac{x^7}{7!} + \frac{x^9}{9!} \cdots + (-1)^n \frac{x^{2n+1}}{(2n+1)!} \quad (6.1)$$

公式 6.1 中，等号右边的计算式可以通过手工计算来确定 $x$ 取某一值时 sin（$x$）的结果。但是，在这个公式中，计算的精度由 $n$ 决定，当 $n$ 取值较大时（例如 1 000），手工计算就十分费劲，甚至有时无法做到，这时，可以考虑用计算机的快速计算功能来解决这个问题。但问题又出现了，即如何让计算机按照计算公式去计算呢？这需要抽象出计算过程的"模式"，即 $x+(-1)^n\frac{x^{2n+1}}{(2n+1)!}$，$n=1, 2, \cdots, 1\,000$。这样，就形成了 $\sin(x)$ 可由计算机自动计算的解决方案（编制一个循环计算的框图，用来表示能够由机器自动计算）。这种解决问题的方案中体现了计算思维中的分解、抽象、概括和算法等几个方面的要素。

例2　设计开发一台饮料自动售货机。通过实际购物体验可知，售货机需实现的功能实际上就是"根据购货人的选择和付费，立即为购货人提供相应的饮料"，将这一功能转化成让机器自动执行，即实现自动售卖。

这实际上就是要求用计算思维来解决售货问题，经过分析思考可以制定以下方案。

（1）将饮料包装标准化；

（2）设计一个可控的自动输送包装饮料的装置；

（3）设计一个选择饮料的键盘和一个收费装置；

（4）设计一个控制装置，其功能是在收到购货人的饮料选择信号和收费信号之后，便发出向购货人交付相应饮料的命令，由自动输送包装饮料装置执行。

至此，设计饮料自动售货机的基本构思就完成了。

这个构思过程体现了计算思维的内涵，即分解（将复杂的任务分解成简单的任务）、抽象（先不考虑每一个简单任务怎么实现）、算法（通过简单任务的按步骤执行，进一步完成复杂的任务），此外，还有预置（让机器自动处理的东西，要预先具备某种标准状态，这里是"饮料包装要标准化"）。

使用流程图表示实现自动售卖可以使构思过程更加清晰，如图6-1所示。

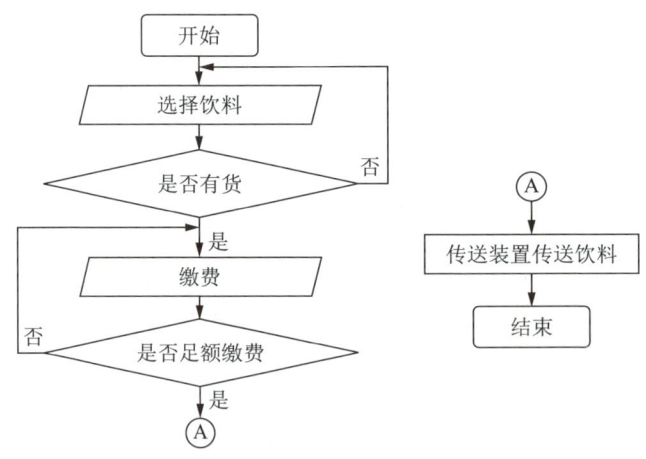

图6-1　实现自动售卖流程图

通过以上两个简单的例子，对计算思维进行通俗简单的说明。计算思维是基于计算机学科的基本概念进行问题求解、系统设计、以及对人的行为理解的一种思维方法，它包括算法、分解、抽象、概括和调试五个基本要素。

所谓算法，就是流程的概念，对任何事情都要按照"1、2、3、…"这样的流程顺序来处理。例如，在完成一项实验时，要按照"1.准备实验器材，2.进行实验、记录数据，3.撰写报告"这样的顺序进行。在计算机科学中，算法就是解决问题的方法，要将解决问题的步骤用计算机能够理解的语言描写出来，交给计算机去自动执行，以实现快速、准确、自动地完成任务的目的。而为了实现这一目的，就必须对要解决的问题进行流程设计，即确定解决问题的算法。

所谓分解，就是将复杂问题分解为计算机可以处理的简单问题，通过多个简单问题的解决，进一步将复杂问题解决。例如，上面饮料自动售货机的问题，将"根据购货人的选择和付费，立即为购货人提供相应的饮料"这个比较复杂的问题，分解成几个小问题（小问题如果相对复杂，还可以继续分解）。分解是日常工作中经常要做的，如工作任务太重就要进行分解，由多个人去完成，又如业务流程太长，要分解成多段来处理。

所谓抽象，就是从众多的事物中抽取出共同的、本质性的特征，而舍弃其特有的、非本质的特征的过程。计算机只能进行数字运算，一切事物在计算机中都反映为数字形式，如果一个任务要借助计算机来处理，这个任务涉及的所有事物（或事务）都要用数字形式来表示，才能进行自动化处理。如何用数字来表达事物，就是一个抽象过程，要结合事物的本质特征和要处理的问题进行抽象，通过抽象让它们进入计算机处理过程，从而实现自动化。

所谓概括，就是把抽象出来的事物共同的本质特征综合起来，并推广到同类事物上去的过程。计算机之所以得到普遍应用并促进了生产力大大提高，除了它有快速计算和自动化的特点之外，存储和算法复用是它更加突出的特点。例如，裁剪、复制、粘贴，这三个操作无人不用，Office 软件的广泛使用等，这些都是算法复用的实例。计算思维强调概括，就是要学会观察不同事物之间的共性，综合它们共同的本质特征，使创造的新算法具有更广泛的应用价值。

所谓调试，就是在算法正式使用之前对其进行模拟的、仿真的运行试验，纠正错误和缺陷，直到运行正常为止。这一过程是计算机自动执行算法处理问题所必不可少的，也是整个自动化过程最重要的一步。在调试过程中，会引入各种初始变量以测试系统是否正常工作，还会引入各种干扰因素，以检验系统能否抵抗各种干扰。调试可以检验所设计的算法是否达到预期的目标。

计算思维除了以上基本要素之外，还有"并行计算""递归方法"等思考和解决问题的方法等。

## 6.1.2 计算思维的本质

计算思维的本质是抽象和自动化。它反映了计算的根本问题，即什么能被有效地自动进行。从操作层面上讲，计算就是如何寻找一台计算机去求解问题，隐含地说就是要先确定合适的抽象，再选择合适的计算机去解释执行该抽象，后者即是自动化。

计算思维中的抽象可以理解为完全用符号来表示自然界的各种现象，而这些抽象最终是要能够被机械地按步骤自动执行。

需要注意是数学抽象的特点是抛开现实事物的物理、化学和生物学等特性，仅保留其量的关系和空间的形式，而计算思维中的抽象却不仅如此，而且要能支持机械地按步骤自动执行，为此，需要在抽象过程中进行精确和严格的符号标记和建模。

例如，早期建一所房子，整个建筑的构思可能就在主持人的脑子里面，但是随着工程规模的不断扩大，这种靠记忆来设计和规划建筑的方式越来越不适应，因此需要有施工图纸。施工图纸就是关于房子的形式化的表达方式，这种方式使得人们可以相互沟通设计的思想，共同组织工程的实施。有了计算机后，借助计算机可实现从图纸到房屋模型整个过程的自动化、精确化，这就更加丰富了人们处理问题的方法和手段。

### 6.1.3 计算思维的特征

（1）计算思维是人的思维方式，不是计算机的思维方式

计算机思维是人类求解问题的一条途径，是属于人的思维方式，不是计算机的思维方式。计算机之所以能够求解问题，是因为人将计算思维的思想赋予了计算机，计算机才能够进行如迭代、递归等求解计算。

（2）计算思维的过程可以由人执行，也可以由计算机执行

人和计算机都可以进行计算，只不过人的计算速度慢而已，借助于具备超级计算能力的计算机，人类就可以去解决那些之前不敢尝试的问题，实现只有想不到的，没有做不到的境界。

（3）计算思维是思想，不是硬件

计算思维不是硬件，而是计算这一概念用于求解问题、管理日常生活以及与他人交流和互动的思想。

（4）计算思维是概念化，不是程序化

计算机科学并不仅仅是计算机编程，像计算机科学家那样去思维意味着还要求能够在抽象的多个层次上思维。

### 6.1.4 计算机与计算思维的关系

计算思维本身并不是计算机科学的专属。实际上，即使没有计算机，计算思维也在逐步的发展。但是，正是计算机的出现，给计算思维的研究和发展带来了根本性的变化。由于计算机对于信息和符号的快速处理能力，使得许多原本只是理论上可以实现的问题处理过程变成了现实（如海量数据的处理、复杂系统的模拟、大型工程的组织等），借助计算机实现了从想法到产品整个过程的自动化、精确化和可控化，大大拓展了人类认知世界和解决问题的能力和范围。

计算机的出现丰富了人类改造世界的手段，同时也强化了计算思维的意义和作用，并极大的推动了计算思维的发展。

### 6.1.5 计算思维的案例

计算思维反映的是利用计算机技术解决实际问题的思维方法，如果对利用计算机技术如何解决实际问题的认知出现误解，那是不可能达到目的的。例如，某同学刚学了几天C语言程序设计，想试试自己的能力，找一道求方程 $3x^2 + 5x - 15=0$ 的根的题目。用C语言写出下述的程序段。

```
float x;              /* 定义变量 */
3*x*x+5*x-15=0；      /* 给出方程，让计算机求解 */
printf("%f", x); /* 输出结果 */
```

结果该同学上机一试，才发现错误一大堆，根本不可能得到想要的解。该同学实在想不明白的是，计算机不是很神吗，怎么这么简单的方程都不能求解？恐怕大多数人刚开始都和该同学一样有这样的疑问。

事实上，计算机确实不能求解上述方程。确切地说，计算机只会帮我们"计算"，至于如何计算那就是编写程序的人的事情了。就本例而言，如果自己都不知道如何求解此方程，那也就别指望计算机求解它。换句话说，得告诉计算机如何一步一步地去求解此方程，然后让计算机按照计算要求一步一步地去计算。本例正确的程序段如下。

float x1, x2, d;　　　　　　　/* 定义变量 */
d=5*5–4*3*（–15）;
x1=（–5+sqrt（d））/（2*3）;　　/* 求根公式 */
x2=（–5–sqrt（d））/（2*3）;　　/* 求根公式 */
printf（"%f"，"%f"，x1，x2）; /* 输出结果 */

通过这个例子，可知计算机并不是想象的那么"智能"。和人脑相比，它只是会算，而且算的速度非常快，除此以外，计算机几乎没有什么更多的优越性了。如果要完成的计算任务比较复杂，又不能分解成计算机能接受的基本操作，那就没法利用计算机求解了。计算机永远都是在人脑的指挥下工作的。

## 实例 6-1　警察抓小偷

### 📋 问题描述：

警察局抓了 a、b、c、d 四名偷窃嫌疑犯，其中只有一人是小偷，审讯记录如下。
a 说：我不是小偷；
b 说：c 是小偷；
c 说：小偷肯定是 d；
d 说：c 在冤枉人。
四个人中，三个人说的是真话，一个人说的是假话，请问谁是小偷？

### 📋 问题分析：

（1）依次假设每个人是小偷的情况，并一一代入四句供词；
（2）依次检验"四个人中，三个人说的是真话，一个人说的是假话"是否成立；
（3）如果成立，则小偷找到。

### 📋 数学建模：

（1）将 a、b、c、d 四个人进行编号为 1、2、3、4；
（2）用变量 $x$ 存放小偷的编号；
（3）依次将 $x=1$，$x=2$，$x=3$，$x=4$ 代入问题系统，检验"三真一假"是否成立。

### 📋 计算：

（1）a 说：我不是小偷　　　　→　　$x<>1$　　1 or 0
（2）b 说：c 是小偷　　　　　→　　$x=3$　　　1 or 0
（3）c 说：小偷肯定是 d　　　→　　$x=4$　　　1 or 0
（4）d 说：c 在冤枉人　　　　→　　$x<>4$　　1 or 0
（5）三真一假　　　　　　　　→　　3

### 📋 流程图：

警察抓小偷实例流程图，如图 6-2 所示。

实例 6-1（警察抓小偷）

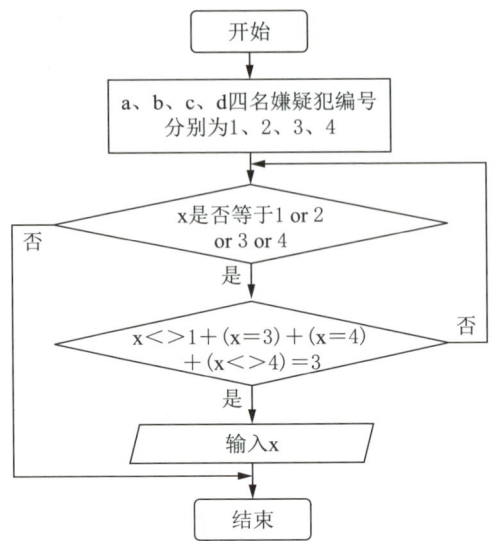

图 6-2 警察抓小偷实例流程图

📋 编程实现：

使用 Python 语言实现，代码如下。

```
ls=[1,2,3,4]
sum=0
for x in ls：
    if x!=1：
        sum+=1
    if x==3：
        sum+=1
    if x==4：
        sum+=1
    if x!=4：
        sum+=1
    if sum==3：
        print（x）
```

运行结果，如图 6-3 所示。

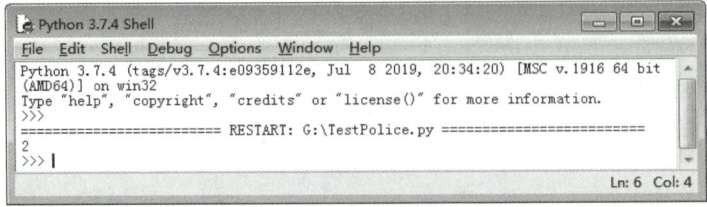

图 6-3 警察抓小偷实例运行结果

## 实例 6-2　百元买百鸡

实例 6-2（百元买百鸡）

▣ 问题描述：

公鸡每只 5 元，母鸡每只 3 元，小鸡 1 元 3 只，一百元买一百只鸡，问有几种买法？

▣ 问题分析：

（1）所要买的三种鸡总数是 100 只；

（2）买三种鸡所花的钱总数是 100 元；

（3）可以把公鸡数从 1 增长到 100，确定一个公鸡数后，让母鸡数从 1 增长到 100，确定公鸡数和母鸡数后，则小鸡数为 100 减去公鸡数再减去母鸡数。确定三种鸡的数目后，按照单价计算买三种鸡所花的钱，如果所花的钱正好等于 100 元，则符合百元买百鸡的要求，这样就找到了一种买法，依次类推，可以找出所有百元买百鸡的方法。

▣ 数学建模：

（1）将公鸡、母鸡和小鸡的数量分别用 $x$、$y$、$z$ 表示；

（2）$x$、$y$、$z$ 的总和为 100；

（3）$5x + 3y + z/3 = 100$。

▣ 计算：

（1）令 $x = 1$，$y = 1$，$z = 100 - x - y$　→　$5x + 3y + z/3 = 100$，则符合要求；

（2）令 $x = 1$，$y = 2$，$z = 100 - x - y$　→　$5x + 3y + z/3 = 100$，则符合要求；

（3）令 $x = 1$，$y = 3$，$z = 100 - x - y$　→　$5x + 3y + z/3 = 100$，则符合要求；

（4）依次类推，则可以得出符合要求的组合。

▣ 流程图：

百元买百鸡实例流程图，如图 6-4 所示。

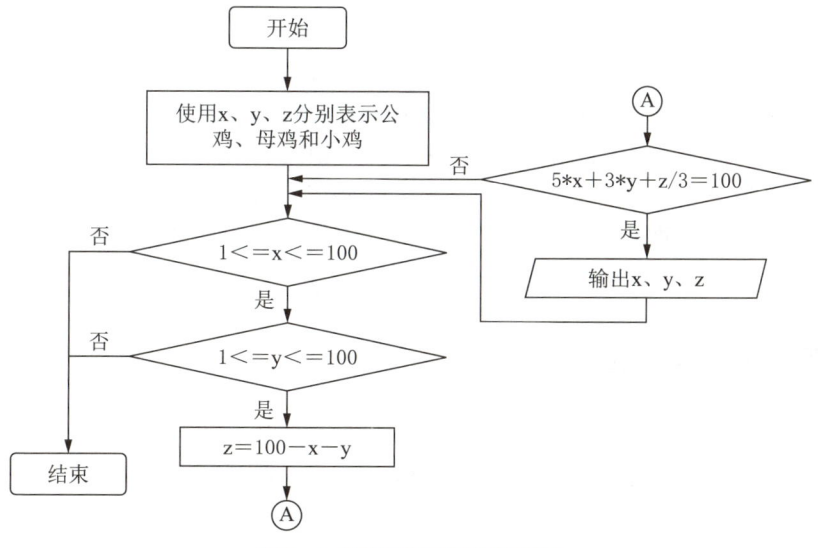

图 6-4　百元买百鸡实例流程图

▣ 编程实现：

使用 Python 语言实现，代码如下。

```
for x in range（1，100）:
    for y in range（1，100）:
        z=100–x–y
        if 5*x+y*3+z/3==100:
            print（x, y, z）
```

运行结果，如图 6-5 所示。

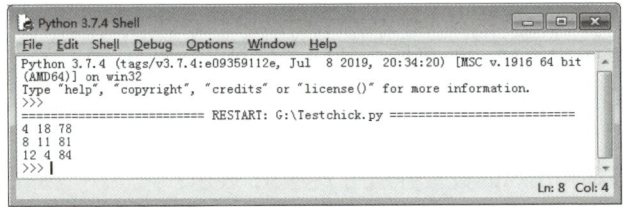

图 6-5　百元买百鸡实例运行结果

通过以上案例，可以总结出利用计算思维解决问题主要步骤如下。
（1）对问题进行分析，列出解决问题的条件；
（2）从问题中抽象出适当的数学模型，然后设计解决这个数学模型的算法；
（3）按照算法编写程序，并调试、测试、运行程序，得到最终解答。

## 6.2　程序设计语言概述

程序设计语言是用于书写计算机程序的语言。语言的基础是一组记号和一组规则。根据规则由记号构成的记号串的总体就是语言。在程序设计语言中，这些记号串就是程序。程序设计语言有3个方面的因素，即语法、语义和语用。语法表示程序的结构或形式，亦即表示构成语言的各个记号之间的组合规律，但不涉及这些记号的特定含义，也不涉及使用者。语义表示程序的含义，亦即表示按照各种方法所表示的各个记号的特定含义，但不涉及使用者。语用表示程序与使用者的关系。

### 6.2.1　程序设计语言的含义

程序设计语言是计算机能够理解和识别用户操作意图的一种交互体系，它按照特定规则组织计算机指令，使计算机能够自动进行各种运算处理。按照程序设计语言规则组织起来的一组计算机指令称为计算机程序。

### 6.2.2　程序设计语言的发展

**1. 机器语言**

机器语言是一种二进制语言，它直接使用二进制代码表达指令，是计算机硬件可以直接识别和执行的程序设计语言。例如，执行数字 2 和 3 的加法，16 位计算机上的机器指令为 11010010 00111011，不同计算机结构的机器指令各不相同。

### 2. 汇编语言

使用助记符与机器语言中的指令进行一一对应，在计算机发展早期帮助程序员提高编程效率，例如：执行数字 2 和 3 的加法，汇编语言指令为 add 2，3，result，运算结果写入 result。机器语言和汇编语言都直接操作计算机硬件并基于此设计，所以它们统称为低级语言。

### 3. 高级语言

高级语言不同于低级语言，它是接近自然语言的一种计算机程序设计语言，因此可以更容易地描述计算问题并利用计算机解决计算问题。例如：执行数字 2 和 3 加法的高级语言代码为 result = 2 + 3。

## 6.2.3 程序运行基本方式

高级语言按照计算机执行方式的不同可分成两类，静态语言和脚本语言，这里所说的执行方式指计算机执行一个程序的过程，静态语言采用编译执行，脚本语言采用解释执行。

### 1. 编译

编译是将源代码转换成目标代码的过程。通常，源代码是高级语言代码，目标代码是机器语言代码，执行编译的计算机程序称为编译器。程序编译的过程如图 6-6 所示。

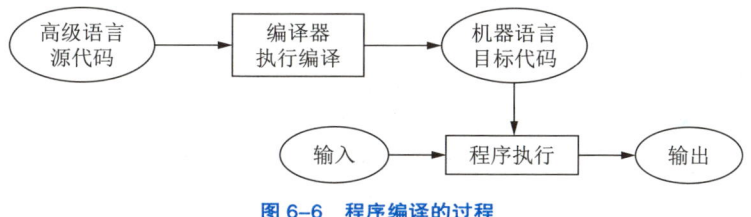

图 6-6　程序编译的过程

### 2. 解释

解释是将源代码逐条转换成目标代码，同时逐条运行目标代码的过程。执行解释的计算机程序称为解释器。解释的过程如图 6-7 所示。

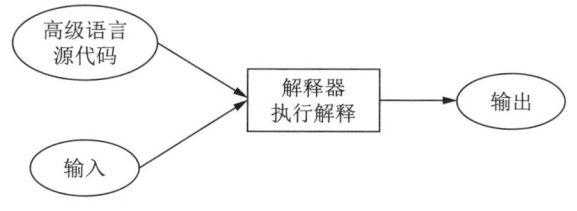

图 6-7　程序解释过程

### 3. 编译和解释的区别

编译是一次性地翻译，一旦程序被编译，不再需要编译程序或者源代码。对于相同源代码，编译所产生的目标代码执行速度更快。目标代码不需要编译器就可以运行，在同类型操作系统上使用灵活。

解释则在每次程序运行时都需要解释器和源代码。解释执行需要保留源代码，程序纠错和维护十分方便。只要存在解释器，源代码可以在任何操作系统上运行，可移植性好。

### 6.2.4 程序的基本编写方法

#### 1. IPO 程序编写方法

（1）输入数据

输入（input）是一个程序的开始。程序要处理的数据有多种来源，形成了多种输入方式，包括：文件输入、网络输入、控制台输入、交互界面输出、随机数据输入、内部参数输入等。

（2）处理数据

处理（process）是程序对输入数据进行计算产生输出结果的过程。计算问题的处理方法统称为"算法"，它是程序最重要的组成部分。可以说，算法是一个程序的灵魂。

（3）输出数据

输出（output）是程序展示运算成果的方式。程序的输出方式包括：控制台输出、图形输出、文件输出、网络输出、操作系统内部变量输出等。

例如，根据用户输入的圆半径，计算出圆面积和圆周长并输出。该问题使用 IPO 进行分析如下。

输入（I，input）：用户输入圆半径，半径使用变量 raduis 表示；

处理（P，process）：计算圆面积 area=π * radius * radius（此处，π 取 3.1415），计算圆周长 circle=2 * π*radius；

输出（O，output）：两个输出结果分别为圆面积 area 和圆周长 circle。

#### 2. 算法描述方法

算法就是解决问题的方法或步骤，是程序设计的灵魂。

算法的描述方法很多，常见的有自然语言法、伪代码法、流程图法、NS 流程图法等，IPO 程序编写方法的 P（处理数据）中的算法就是用自然语言描述的。流程图法也是比较常用的算法描述方法，下面具体介绍一下流程图法。

（1）常用流程图符号

常用流程图符号及说明，见表 6-1。

表6-1 常用流程图符号及说明

| 名　　称 | 符　　号 | 说　　　　明 |
| --- | --- | --- |
| 开始/结束框 | □ | 用来表示一个过程的开始或结束，"开始"或"结束"写在符号内 |
| 输入/输出框 | ▱ | 用于数据的输入和输出 |
| 判定框 | ◇ | 用来表示过程中的一项判定或一个分岔点，判定或分岔的条件写在菱形内，常以问题的形式出现，对该问题的回答决定了判定符号之外引出的路线，每条路线上标有相应的回答 |
| 处理框 | □ | 用来表示过程的一个单独步骤，具体内容写在框内 |
| 流程线 | → | 用来表示步骤在顺序中的进展，流程线的箭头表示一个过程的流程方向 |
| 连接框 | ○ | 用来表示流程图的待续，圈内有一个字母或数字，在相互联系的流程图内，连接符号使用同样的字母或数字，以表示各个过程是如何连接的 |

（2）流程图

例如上面的案例，根据用户输入的圆半径，计算出圆面积和圆周长并输出，可以使用流程图表示，如图 6-8 所示。

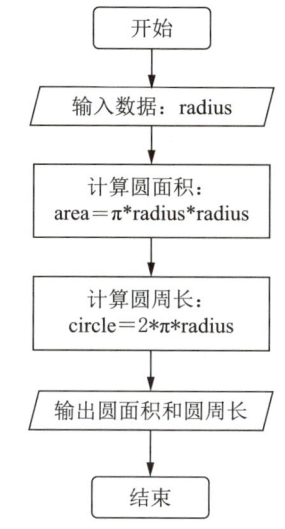

图 6-8　圆面积和周长计算流程图

## 6.3　解释型语言——Python

本节中以 Python 为例介绍解释型编程语言的应用，通过多个不同类型的实例进一步理解计算思维解决问题的过程。程序结构主要有三种类型，分别是顺序结构、分支结构和循环结构。

### 6.3.1　Python 简介

Python 是一个高层次的结合了解释性、编译性、互动性和面向对象的脚本语言。Python 的设计具有很强的可读性，它具有比其他语言更有特色的语法结构。

Python 是一种解释型语言，这意味着开发过程中没有了编译这个环节。类似于 PHP 和 Perl 语言；Python 是交互式语言，这意味着，可以在一个 Python 提示符 ">>>" 后直接执行代码；Python 是面向对象语言，这意味着 Python 支持面向对象的风格或代码封装在对象的编程技术；Python 是编程初学者的语言，对初级程序员而言，它是一种伟大的语言，支持广泛的应用程序开发，从简单的文字处理到 WWW 浏览器再到游戏，都是 Python 可以胜任的领域。

1. Python 发展历史

Python 是由 Guido van Rossum 在 20 世纪 80 年代末至 90 年代初，在荷兰国家数学和计算机科学研究所设计出来的。Python 本身也是由诸多其他语言发展而来的，如 ABC、

Modula-3、C、C++、ALGOL 68、Smalltalk、UNIX shell 和其他的脚本语言等。像 Perl 语言一样，Python 源代码同样遵循 GPL（general public license，通用公共许可证）协议。现在 Python 是由一个核心开发团队在维护，Guido van Rossum 仍然占据着至关重要的作用，指导核心开发团队进展。Python 2.7 被确定为最后一个 Python 2.x 版本，它除了支持 Python 2.x 语法外，还支持部分 Python 3.1 语法。

### 2. Python 特点

（1）易于学习

Python 有相对较少的关键字和一组明确定义的语法，其语法结构简单，学习起来更加容易。

（2）易于阅读

Python 代码定义的更清晰。

（3）易于维护

Python 的成功在于它的源代码是相当容易维护的。

（4）一个广泛的标准库。

Python 的最大的优势之一是具有丰富的标准库，它是跨平台的，在 UNIX、Windows 和 Macintosh 上兼容性很好。

（5）互动模式

Python 可以从终端输入执行代码并获得结果的语言，其支持互动的测试和调试代码片断。

（6）可移植

基于其开放源代码的特性，Python 已经被移植到许多平台。

（7）可扩展

如果需要一段运行很快的关键代码，或者是想要编写一些不愿开放的算法，可以使用 C 或 C++ 完成那部分程序，然后从 Python 程序中调用。

（8）支持数据库众多

Python 提供所有主要的商业数据库的接口。

（9）支持 GUI 编程

Python 支持 GUI 编程，可以创建和移植到许多系统调用。

（10）可嵌入

可以将 Python 嵌入到 C/C++ 程序，让程序的用户获得"脚本化"的能力。

## 6.3.2 开发环境搭建

Python 开发环境搭建

本节将介绍如何在本地搭建 Python 开发环境，Python 可应用于多平台，包括 Linux、Mac OS X 和 Windows 系统。本节中将介绍 Python 在 Windows 下的安装和配置过程。

### 1. Python 下载

Python 最新的源码、二进制文档、新闻资讯等可以在 Python 的官网查阅到，Python 官方网址为 https://www.python.org/。在官网主页中选择 Downloads 导航，即可以看到各种版本的安装文件，如图 6-9 所示。

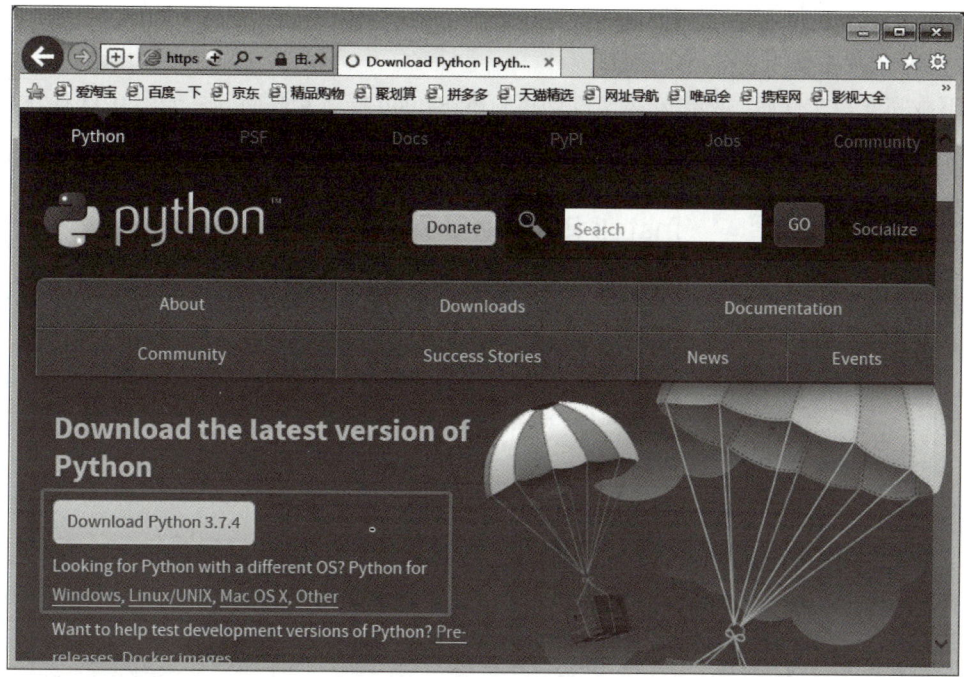

图 6-9　Python 下载地址

在 Downloads 页面，选择操作系统，这里选择 Windows，即可打开适用于 Windows 操作系统的 Python 版本下载列表，在列表中可以看到各个版本的下载链接，根据需要选择 Python 下载版本，如图 6-10 所示。

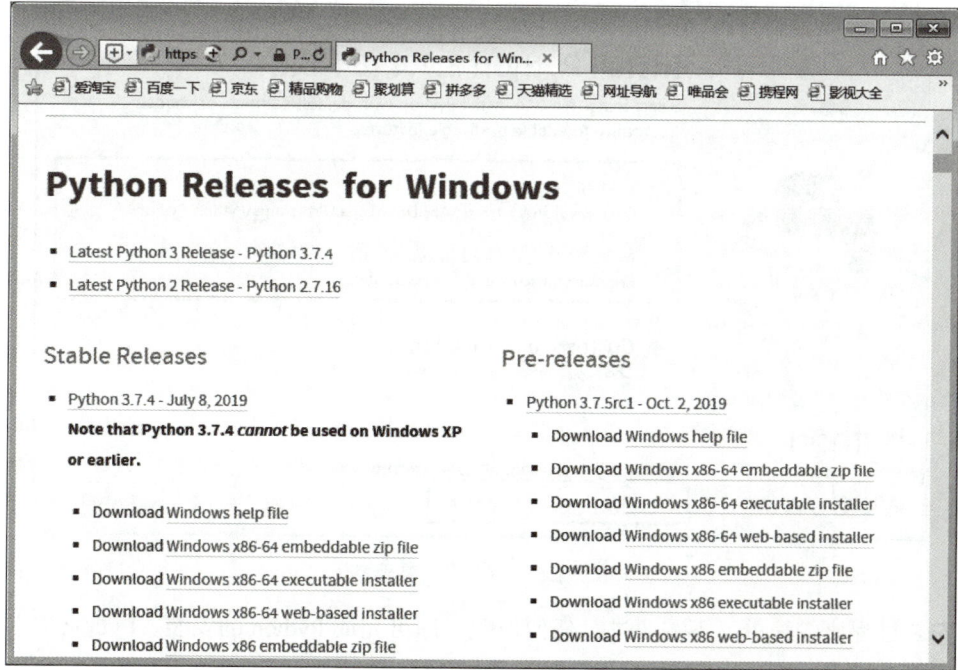

图 6-10　选择 Python 下载版本

单击需要下载的版本的超链接,即可下载所需要的版本。

### 2. Python 安装

下载完安装文件后,双击安装文件即可打开 Python 程序安装向导,如图 6-11 所示。

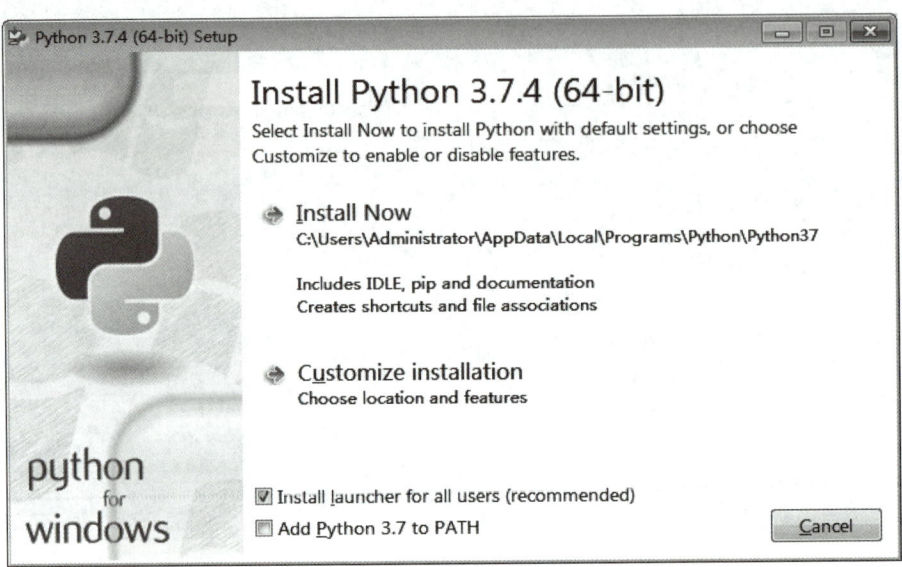

图 6-11　Python 程序安装向导

勾选"Add Python 3.7 to PATH"选项,并单击"InstallNow"即可开始 Python 的安装,如图 6-12 所示。

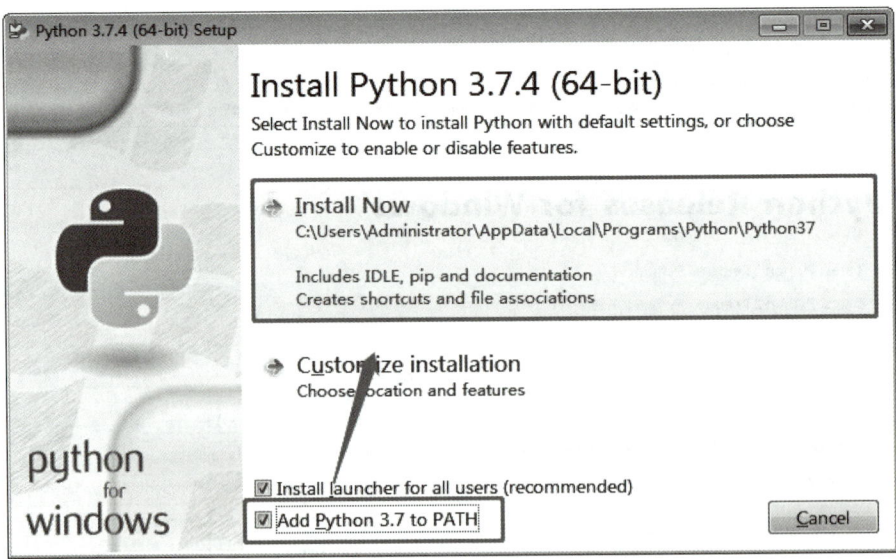

图 6-12　Python 安装选项

安装过程比较简单,不需要进行任何设置,即可完成 Python 的安装。Python 安装完成提示如图 6-13 所示。

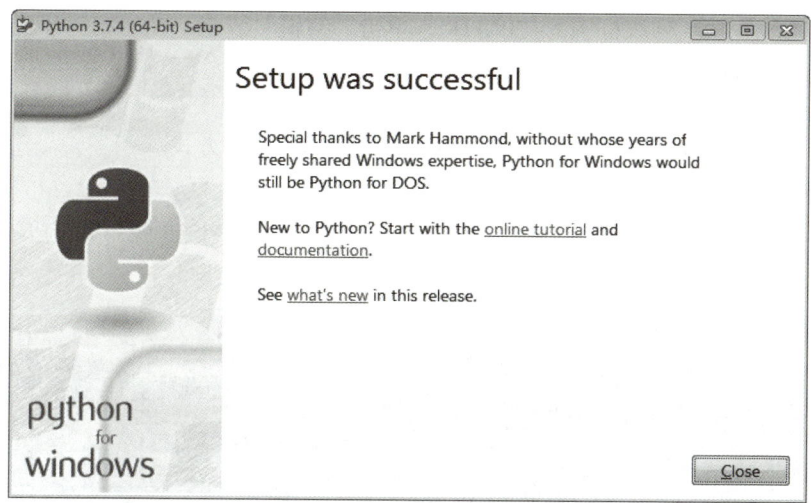

图 6-13 Python 安装完成提示

### 3. 环境变量配置

在安装 Python 过程中，已经设置了环境变量，也可以通过以下方式手动配置环境变量。

（1）命令行方式配置环境变量

在命令操作符窗口中，输入"path=%path%；C:\Python"，按下 Enter 键，即可完成环境变量的添加。

> **注意：** C:\Python 是 Python 的安装目录。

（2）窗口方式配置环境变量

右键单击"计算机"，然后单击"属性"，在"系统"窗口中选择"高级系统设置"，在"系统属性"对话框的"高级"选项卡中，选择"环境变量"，打开"环境变量"对话框，如图 6-14 所示。

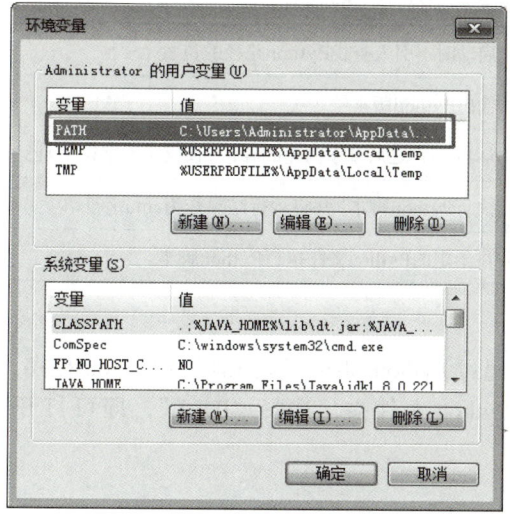

图 6-14 "环境变量"对话框

选择"系统变量"列表框中的"PATH",单击"编辑"按钮,在"编辑环境变量"对话框中加入 Python 的安装目录即可。

### 4. 运行 Python

Python 程序可以通过三种方式运行,根据需要选择不同的方式。

(1)命令提示符

可以在命令提示符窗口中,键入"python",即可进入 Python 的编辑环境,开始编写 Python 代码,如图 6-15 所示。

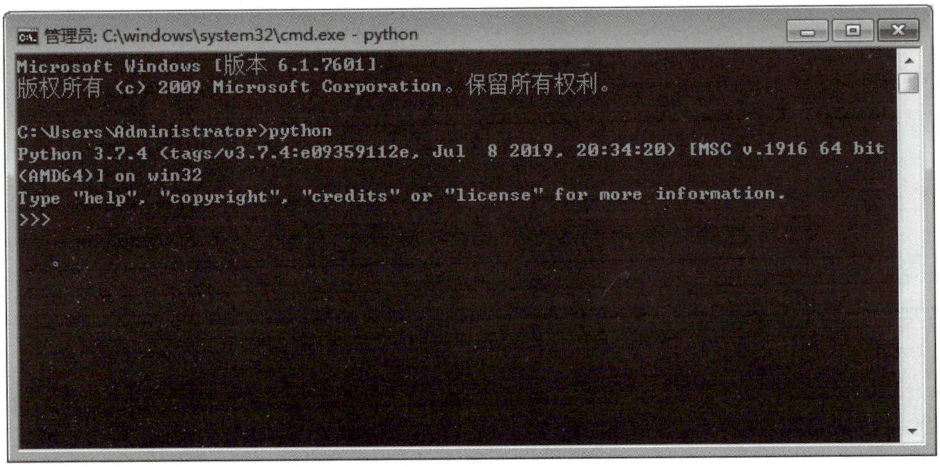

图 6–15 使用命令提示符窗口运行 Python

Python 命令行中有一些常用参数,具体参数及其描述如表 6-2 所示。

表6-2 Python命令行常用参数

| 参数 | 描述 |
| --- | --- |
| -d | 在解析时显示调试信息 |
| -O | 生成优化代码(.pyo文件) |
| -S | 启动时不引入查找Python路径的位置 |
| -V | 输出Python版本号 |
| -X | 从1.6版本之后基于内建的异常(仅仅用于字符串)已过时。 |
| -c cmd | 执行Python脚本,并将运行结果作为cmd字符串。 |
| File | 在给定的Python文件执行Python脚本。 |

(2)Python Shell

在 Python 中,可以通过 Python Shell 编写和运行 Python 程序,在"开始"菜单中,选择"所有程序",找到 Python 文件夹,选择"IDLE",即可打开 Python Shell 窗口,如图 6-16 所示。

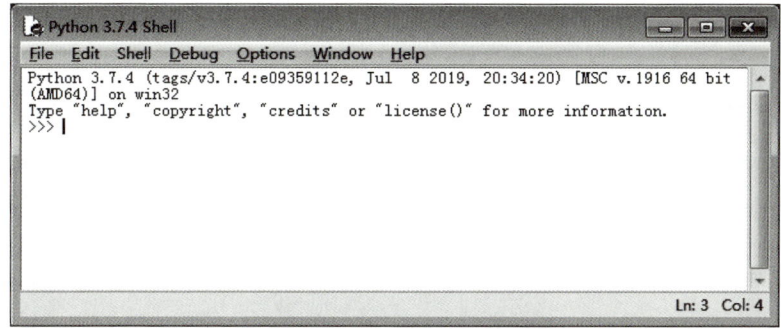

图 6–16　Python Shell 窗口

在"Python Shell"窗口的"File"菜单中,选择"NewFile"命令,可以打开 Python 程序编辑窗口,如图 6-17 所示。

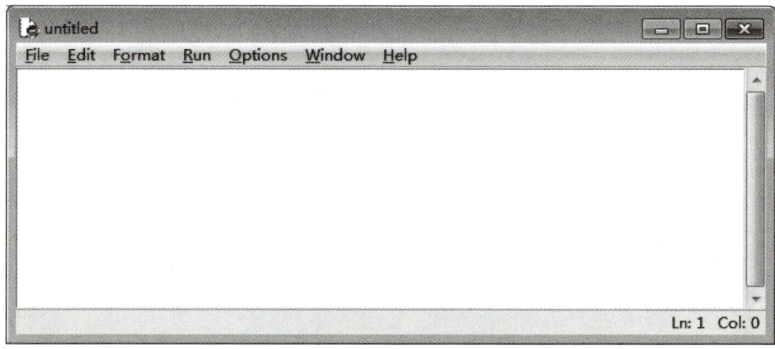

图 6–17　Python 程序编辑窗口

编辑完成 Python 程序后,可以直接运行程序并显示运行结果。

(3)集成开发环境(integrated development environment,IDE)——PyCharm

PyCharm 是由 JetBrains 公司打造的一款 Python IDE,其支持 MAC OS、Windows、Linux 等操作系统。

PyCharm 功能主要功能有调试、语法高亮、Project 管理、代码跳转、智能提示、自动完成、单元测试、版本控制等。

PyCharm 安装文件下载地址为 https://www.jetbrains.com/pycharm/download/。

PyCharm 安装教程地址为 http://www.runoob.com/w3cnote/pycharm-windows-install.html。

PyCharm 的具体使用,这里不做详细介绍。

### 6.3.3　Python 的一个简单程序

Python 语言与 Perl,C 和 Java 等语言有许多相似之处。但是,也存在一些差异。在本节中将介绍 Python 的一个最简单的实例,通过实例熟悉 Python 的编程方式。

#### 1. 交互式编程

交互式编程不需要创建脚本文件,是通过 Python 解释器的交互模式来编写代码。Window 上在安装 Python 时已经安装了交互式编程客户端,即 Python Shell。

打开 Python Shell，在提示符中输入以下文本信息，然后按 Enter 键可以查看运行结果，如图 6-18 所示。

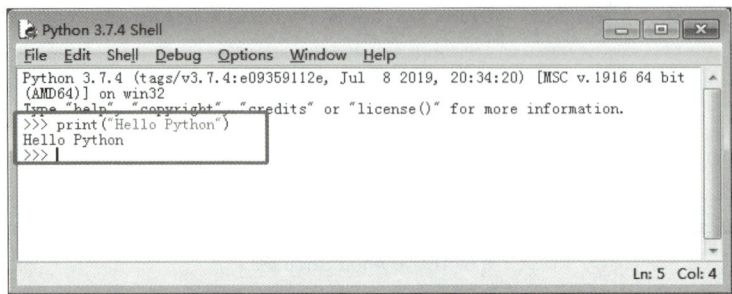

图 6-18　Python Shell 中的程序运行结果

### 2. 脚本式编程

通过脚本参数调用解释器开始执行脚本，直到脚本执行完毕。当脚本执行完成后，解释器不再有效。

下面通过编写一个简单的 Python 脚本程序，演示脚本式编程的过程。Python 文件以".py"为扩展名。在 Python Shell 窗口中，选择新建文件，将要编写的代码写入文件中并保存为 TestPython.py，如图 6-19 所示。

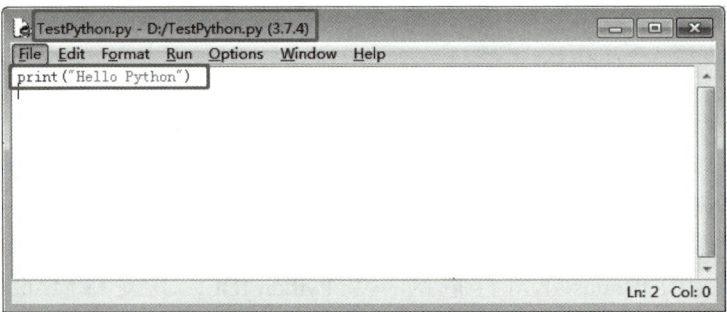

图 6-19　TestPython.py 脚本文件

代码编写完成后，可以直接通过菜单栏中的 Run 命令运行程序，选择"Run Module"命令，就可以查看脚本程序运行结果，如图 6-20 所示。

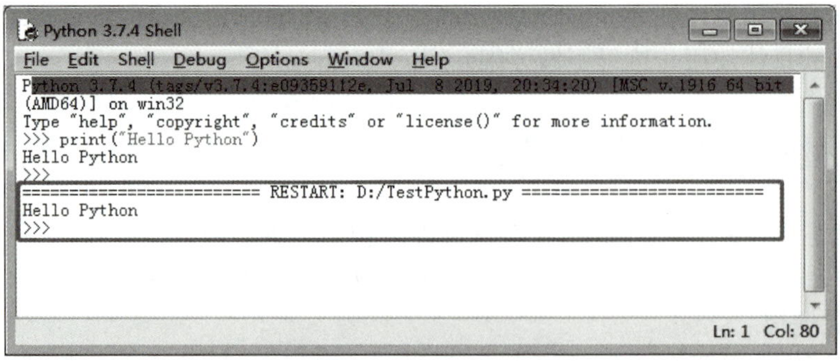

图 6-20　脚本程序运行结果

也可以在命令提示符窗口中，通过命令运行该脚本程序，如图 6-21 所示。

图 6-21　在命令提示符窗口中运行脚本程序

## 6.3.4　完成基本算数运算

基本算数运算是计算机可以完成的最基本功能，也是计算思维在计算机上最直接的体现，下面通过实例说明计算机如何具备算数运算能力。

首先，介绍一下 Python 中用到的算术运算符，见表 6-3，表中假设实例中的变量 a=10、b=20。

表6-3　Python算术运算符

| 运算符 | 描述 | 实例 |
| --- | --- | --- |
| + | 加（两个对象相加） | a+b输出结果为30 |
| - | 减（得到负数或是一个数减去另一个数） | a–b输出结果为–10 |
| * | 乘（两个数相乘或是返回一个被重复若干次的字符串） | a*b输出结果为200 |
| / | 除（x除以y） | b/a输出结果为2 |
| % | 取模（返回除法的余数） | b%a输出结果为0 |
| ** | 幂（x的y次幂） | a**b为10的20次方，输出结果为100000000000000000000 |
| // | 取整除（返回商的整数部分，向下取整） | 9//2输出结果为4；>>>–9//2输出结果为–5 |

### 实例 6-3　圆面积和周长的计算

□ 问题描述：
根据用户输入的半径，计算出圆的面积和周长，并在终端输出圆面积和周长。

□ 问题分析：
在已知半径的情况下，按照圆面积和周长的计算公式，进行计算并输出结果即可。

□ 数学建模：
使用 raduis 表示半径，area 表示圆面积，circle 表示圆周长，具体数学关系如下所示。
圆面积：area = π*radius*radius（此处，π 取 3.1415）。
圆周长：circle = 2*π*radius。

视频

实例 6-3（圆面积和周长的计算）

📄 **IPO 描述:**

在之前的章节中已经进行了描述，可以参考前面章节的内容。

📄 **流程图:**

在之前的章节中已经进行了描述，可以参考前面章节的内容。

📄 **编程实现:**

使用 Python 语言实现，代码如下。

```
# 根据圆半径计算圆面积和圆周长
radius = eval（input（"输入圆半径值："））
area = 3.1415*radius*radius
circle = 2*3.1415*radius
print（"面积和周长分别为："，area，circle）
```

运行代码，并在 Python Shell 中输入半径值 3，即可得到结果，分别为 28.2735、18.849，如图 6-22 所示。

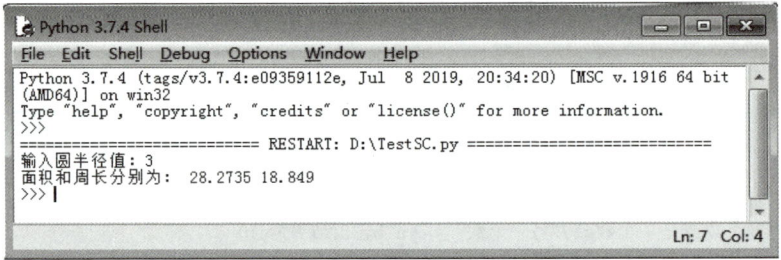

图 6-22　计算圆面积和圆周长程序运行结果

在这个计算圆面积和圆周长的例子中，程序中的语句按照计算的需要顺序写出来，计算机从头到尾顺序执行一遍程序中的每一条语句，即可完成预定的任务。这样的程序称之为"顺序结构程序"。

## 6.3.5　让机器具有分析判断能力

除了让计算机完成基本算数运算，还可以让计算机具备一定的判断能力，这里就需要借助程序设计语言的分支结构来实现。下面具体介绍一下 Python 的分支结构是如何解决实际问题的。

Python 条件语句是通过一条或多条语句的执行结果（true 或者 false）来决定执行的代码块的语句。

Python 语言默认指定任何非 0 和非空（null）值为 true，0 或者 null 为 false。

**1. 单条件分支结构**

Python 语言使用 if…else 条件语句控制程序的执行。具体的语法格式如下。

if 判断条件：

　　执行语句…

else：
　　执行语句…

其中"判断条件"成立时，则执行后面的语句，而执行内容可以多行，以缩进来区分表示同一范围。

else 为可选语句，当需要在条件不成立时执行相关语句可选用 else 语句。

if 语句的判断条件可以用 ">"（大于）、"<"（小于）、"=="（等于）、">="（大于等于）、"<="（小于等于）来表示条件的关系。

### 2. 多条件分支结构

当判断条件为多个值时，语法格式如下。

if 判断条件 1：
　　执行语句 1…
elif 判断条件 2：
　　执行语句 2…
elif 判断条件 3：
　　执行语句 3…
else：
　　执行语句 4…

下面通过实例进一步介绍分支结构的用法。

## 实例 6-4　实数绝对值的计算

视频

实例 6-4（实数绝对值的计算）

□ 问题描述：

计算用户输入的实数的绝对值，并输出计算结果。

□ 问题分析：

需要判断用户输入的实数是正数还是负数，如果是正数则直接输出实数即可，如果是负数则需要将负数变为正数，再输出计算结果。

□ 数学建模：

使用 num 表示用户输入的实数，则 num 的绝对值可以用下面公式表示。

当 num 大于等于 0 时，|num|=num；

当 num 小于 0 时，|num|=-num。

□ IPO 描述：

输入：实数 num。

处理：num>=0 时，|num|=num；
　　　num<0 时，|num|=-num。

输出：输出 |num|。

□ 流程图：

使用流程图描述程序，如图 6-23 所示。

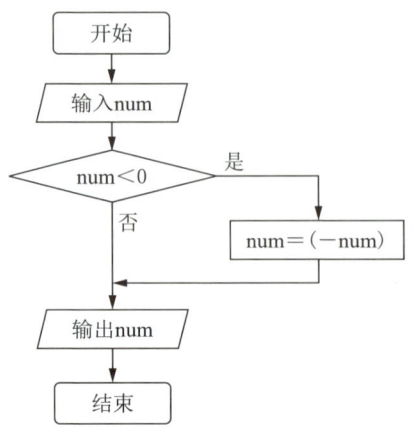

图 6-23　计算实数绝对值实例流程图

💡 编程实现：

使用 Python 语言实现，代码如下。

```
# 实数绝对值的计算
num=eval（input（"输入实数："））
if( num<0 )：
    num=-num；
print（"绝对值为 ", num）
```

运行代码，并在 Python Shell 中输入实数 –5，即可得到实数 –5 的绝对值为 5，如图 6-24 所示。

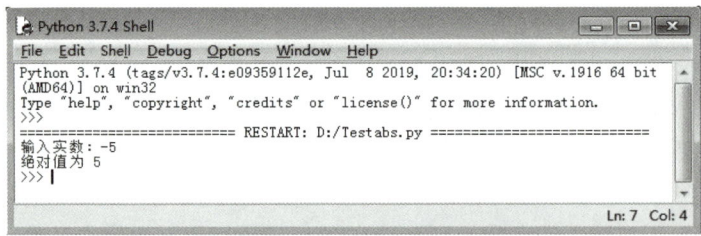

图 6-24　计算实数绝对值实例程序运行结果

在这个计算实数绝对值的例子中，程序中出现了判断和分支，计算机在执行程序时会根据输入变量的状态来选择执行某一个分支的程序。这样的程序称之为"分支结构程序"。

## 6.3.6　短程序解决大问题

当待解决的问题需要进行多次重复计算时，可以使用循环结构实现，Python 的循环语句允许执行一条语句或一组语句多次，即使用短程序解决比较复杂的大问题。

在大多数编程语言中一般形式的循环语句，其流程图如图 6-25 所示。

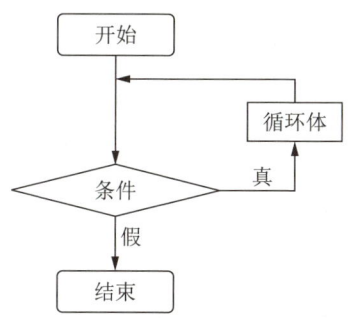

图 6-25　一般形式的循环语句流程图

Python 语言提供了 for 循环和 while 循环（在 Python 中没有 do...while 循环）以及嵌套循环，见表 6-4。

表6-4　Python语言的for循环、while循环以及嵌套循环

| 循环类型 | 描　　述 |
| --- | --- |
| while循环 | 在给定的判断条件为true时执行循环体，否则退出循环体 |
| for循环 | 重复执行语句 |
| 嵌套循环 | while循环体中嵌套for循环 |

Python 语言的 for 循环可以遍历任何序列的项目，如一个列表或者一个字符串。具体语法如下。

for iterating_var in sequence：
    statement（s）

使用流程图表示 for 循环可以更加清晰，如图 6-26 所示。

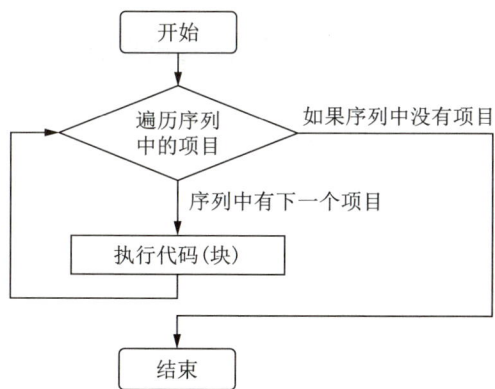

图 6-26　Python 语言的 for 循环流程图

使用代码表示，示例代码如下。

```
for letter in ("Teacher"): # 第一个示例
        print (" 当前字母：", letter)
fruits= ["orange", "pineapple", "pear"]
for fruit in fruits: # 第二个示例
        print (" 当前水果：", fruit)
print ("end!")
```

执行以上代码，可以得出结果，如图 6-27 所示。

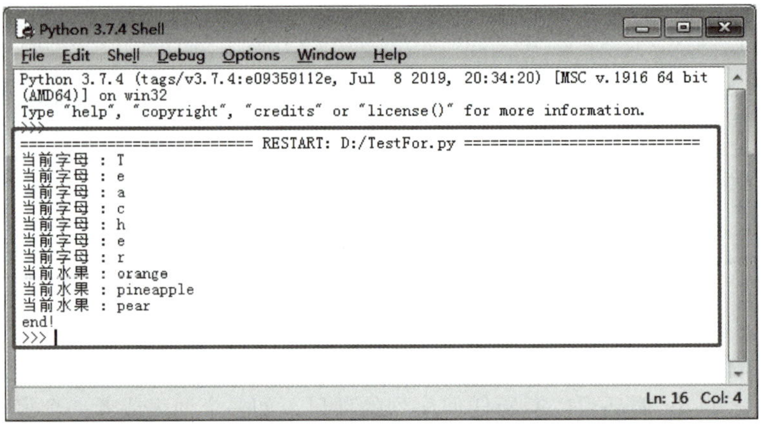


图 6-27　for 循环示例运行结果

下面通过一个具体的实例说明一下 for 循环的用法，也进一步说明使用计算思维解决重复计算的问题。

视频

实例 6-5（计算 n 的阶乘）

## 实例 6-5　计算 n 的阶乘

**问题描述：**

根据用户输入的数值 n，计算出 n 的阶乘，并输出结果。

**问题分析：**

n 的阶乘就是计算从 1 到 n 的乘积。

**数学建模：**

对问题进行数据建模，阶乘的公式如下所示。

n! = n*（n-1）*…*1

**IPO 描述：**

输入：需要计算阶乘的 n。

处理：sn 表示 n 的阶乘，计算 sn = 1*2*…*n。

输出：输出 sn。

**流程图：**

使用流程图描述程序，如图 6-28 所示。

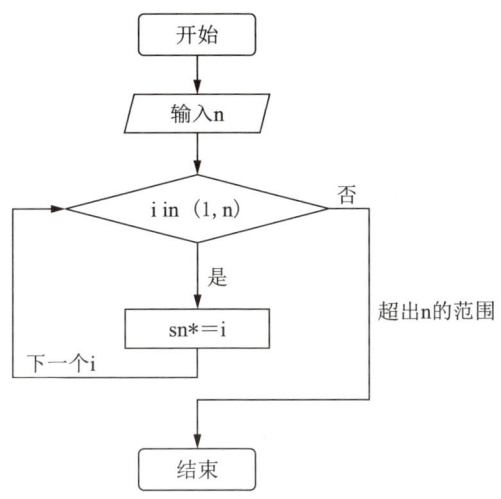

图 6-28　n 的阶乘实例流程图

📋 编程实现：

使用 Python 语言实现，代码如下。

```
#n 的阶乘
n=eval（input（"输入 n 的值："））
sn=1
for i in range（1,n+1）：
    sn *=i
print（"n 的阶乘为 ", sn）
```

运行代码，并在 Python Shell 中输入 n，即可得到 n 的阶乘，如图 6-29 所示。

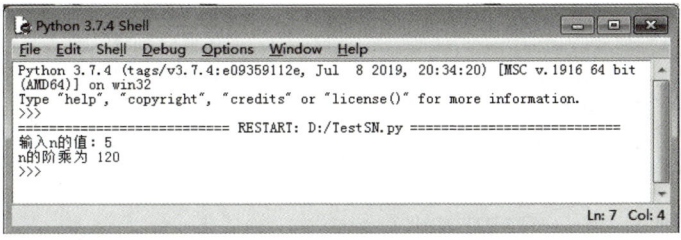

图 6-29　计算 n 的阶乘实例运行结果

在这个计算阶乘的程序中，某一段程序语句在满足一定的条件下被重复执行多遍，直到设定的条件不能满足才跳出循环继续往下执行其他程序语句。这样的程序称之为"循环结构程序"。

## 6.4　综合实例

通过之前章节的学习，已经了解顺序结构、分支结构和循环结构这三种程序结构，并使用 Python 语言编程解决了一些简单问题。在生活和工作中，实际问题往往比较复杂，需要综合运用顺序、分支和循环结构程序才能完成任务。下面通过综合实例，学习如何使用 Python 语言编程解决复杂的问题。

实例 6-6（成绩计算器）

## 实例 6-6　成绩计算器

**📋 问题描述：**
编写一个程序，计算出某次考试全班学生的平均分、最高分、最低分。

**📋 问题分析：**
在该问题中，首先要获得所有的成绩，然后再对所有成绩进行累加，求出平均分，最后需要对所有成绩进行比较，从而获取最高分和最低分。

**📋 数学建模：**
设平均分为 avg，输入成绩的累加总和为 sum，输入成绩的个数（学生数）为 num，则 avg=sum/num
比较所有成绩，其中最高的成绩为 max，最低成绩为 min。

**📋 IPO 描述：**
输入：所有成绩，人数不定，使用列表 score 存储所有成绩。
处理：成绩范围为 0～100 分，输入成绩时可以以 "–1" 作为输入结束标志，获取到所有成绩后，对成绩进行遍历，累加求和为 sum，成绩的个数为 num，然后可以计算出平均值 avg；对于所有成绩进行遍历，对成绩进行对比，最大值赋给 max，最小值赋给 min。
输出：平均分 avg，最大值 max，最小值 min。

**📋 流程图：**
使用流程图描述程序，如图 6-30 所示。

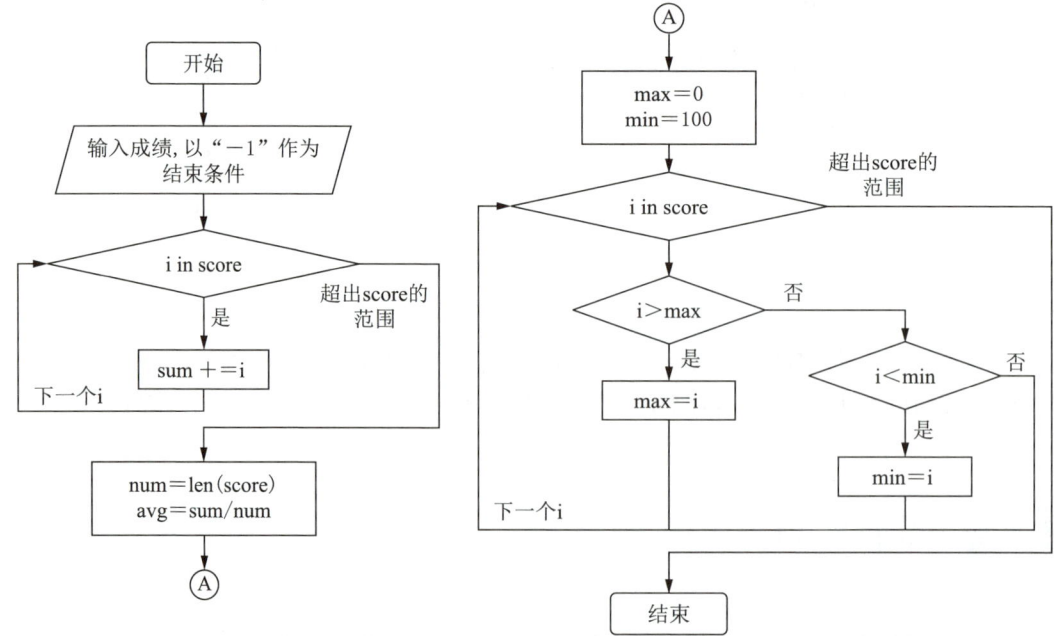

图 6-30　计算平均分、最高分和最低分流程图

📋 编程实现：

使用 Python 语言实现，代码如下。

```
#计算平均分、最高分和最低分
score=[ ]
while True：
    i=float（input（"请输入成绩，输入 –1 可以结束："））
    if i==–1：
        break
    else：
        score.append（i）
sum=0
for i in score：
    sum+=i
num=len（score）
avg=sum/num

max=0
min=100
for i in score：
    if i> max：
        max=i
    else：
        if i< min：
            min=i
print（"平均分为："，avg）
print（"最高分为："，max）
print（"最低分为："，min）
```

运行以上代码，并在 Python Shell 中输入成绩，即可计算出平均分、最高分和最低分，如图 6-31 所示。

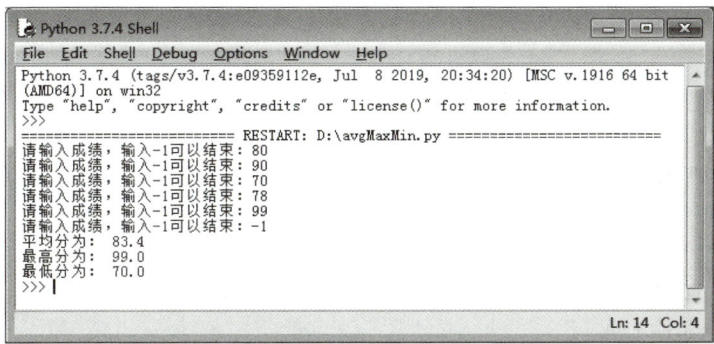

图 6-31　计算平均分、最高分和最低分实例运行结果

视频

实例 6-7（素数的判断）

## 实例 6-7　素数的判断

**问题描述：**

判断 1~100 之间有多少个素数，并输出所有素数。

**问题分析：**

素数就是只能被 1 和它本身整除的自然数，判断一个数为素数的方法是用该数分别去除 2 到这个数据的平方根，如果能被整除，则表明此数不是素数，反之是素数。

**数学建模：**

设需要判断数为 n，则 i∈（2，$\sqrt{n}$），判断 n%i 是否等于 0，如等于 0 则 n 不是素数。

**IPO 描述：**

输入：1 到 100 的整数。

处理：从 1 开始循环到 100，分别对 2 到 $\sqrt{n}$ 取余操作，如果成立则不为素数，不成立则是素数。

输出：1 到 100 之间的所有符合素数要求的整数。

**流程图：**

使用流程图描述程序，如图 6-32 所示。

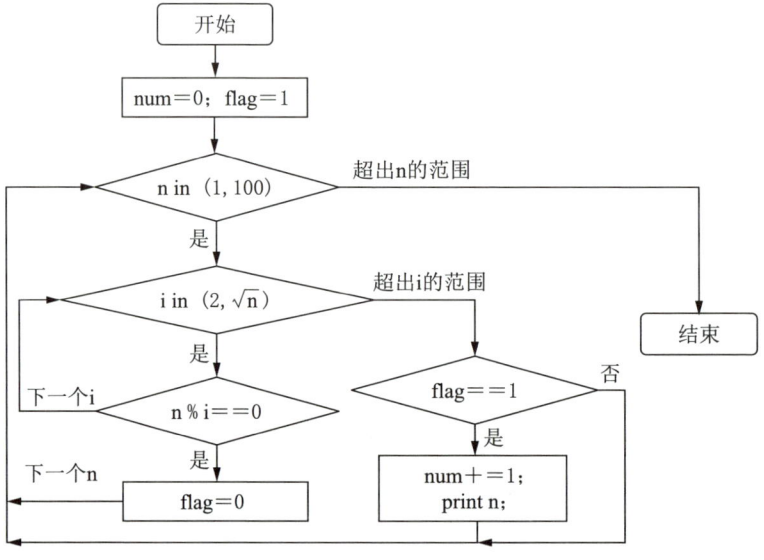

图 6-32　判断 1 到 100 间的素数流程图

**编程实现：**

使用 Python 语言实现，代码如下。

```
from math import sqrt
num=0
flag=1
for n in range（1，101）：
    k=int（sqrt（n+1））
```

```
        for i in range（2，k+1）：
            if n %i==0：
                flag=0
                break
        if flag==1：
            print（n）
            num+=1
        flag=1
print（"1 到 100 之间素数共 {} 个 ".format（num））
```

运行以上代码，可以输出 1 到 100 之间的素数，并统计出素数的个数，实例运行结果如图 6-33 所示。

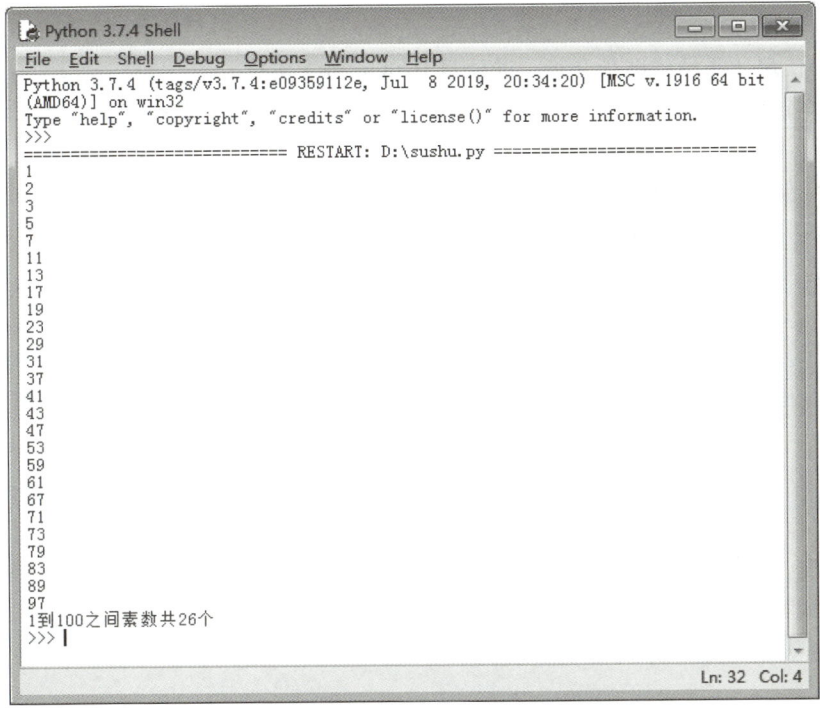

图 6-33  判断 1 到 100 间的素数实例运行结果

一、填空题。

1. _____是运用计算机科学的基础概念进行问题求解、设计系统、以及理解人类行为等一系列的思维活动。

2. 科学界一般认为，科学方法分为_____、_____和_____三大类。
3. 计算思维的本质是_____和_____。
4. 正是_____的出现，给计算思维的研究和发展带来了根本性的变化。
5. _____是用于书写计算机程序的语言。
6. Python 是一个高层次的结合了解释性、编译性、互动性和面向对象的_____。

二、简答题。

1. 计算思维的应用领域有哪些？
2. 简述使用计算思维解决问题过程。
3. 简述程序设计语言的发展过程。
4. 请描述编译和解释两种程序执行方式。
5. 什么是 IPO 程序编写方法？

三、操作题。

要求：使用计算思维进行分析，并使用 Python 语言实现。

1. 有四个数字：5、6、7、8，能组成多少个互不相同且无重复数字的三位数？输出这些三位数。
2. 输出九九乘法口诀表。
3. 输出所有的"水仙花数"，所谓"水仙花数"是指一个三位数，其各位数字立方和等于该数本身。例如：153 是一个"水仙花数"，因为 $153 = 1^3 + 5^5 + 3^3$。

# 第 7 章

# 新一代信息技术及其应用

进入新世纪以来，信息技术的发展和应用上升到了新的水平，形成了如云计算、虚拟现实、物联网、大数据和人工智能等新的技术和产业发展领域，更进一步推动信息化社会和数字经济加速发展。本章对当前新一代信息技术发展进行简要说明，使读者在基本概念、技术内涵、应用模式和应用案例等方面对信息技术的新发展有所了解。

## 7.1 云计算及其应用

互联网快速发展提供给人们海量的信息资源，移动终端设备的普及使得人们获取、加工、应用和向网络发布信息更加便捷。信息技术的进步令人类社会更紧密地联系在一起，传统的信息资源模式（自给自足）已经越来越不适应时代需求，云计算技术和云计算服务便应运而生。

### 7.1.1 云计算的概念

#### 1. 云计算的定义

云计算（cloud computing）的概念由 Google 公司的 CEO 埃里克·施密特 2006 年首次提出。美国国家标准与技术研究院（national institute of standards and technology，NIST）对云计算的定义是：云计算是一种按使用量付费的模式，这种模式提供可用的、便捷的、按需的网络访问以进入可配置的计算资源共享池（资源包括网络、服务器、存储、应用软件、服务等），只需要投入很少的管理工作，或与服务商进行很少的交互，这些资源就能够被快速提供。

如何理解云计算？云计算中的"云"是一个形象的比喻，正如人们了解得那样，现实中云可大可小，边界模糊不清，在空中飘忽不定，无法确定它具体位置但却真实存在。这些特点用来形容云计算最适合不过了，印证了云计算中服务能力和信息资源的动态伸缩性以及后台服务设施位置的透明性。这里把提供资源的网络称之为"云"。"云"中的资源在使用者看来是可以无限扩展，并可以随时获取、按需使用、随时扩展、按使用付费的。这种特性常被人们比喻为从每户单台发电机供电模式转向了电厂集中供电的模式。它意味着计算能力也可以作为一种商品进行流通，就像煤气、水和电一样，取用方便，费用低廉。不同之处在于，计算能力是通过互联网进行流通的。

### 2. 云计算服务

云计算服务可以是 IT 和软件、互联网相关的，也可以是任意其他的服务。这种计算资源共享池称之为"云"，这也是云计算的核心理念。"云"是一些可以自我维护和管理的虚拟机计算资源，通常是一些大型服务器集群，包括计算服务器、存储服务器和宽带资源等。云计算将计算资源集中起来，并通过专门软件实现自动管理，无需人为参与。用户可以动态申请部分资源，云计算支持各种应用程序的运转，用户无需为繁琐的细节而烦恼，能够更加专注于自己的业务，有利于提高效率、降低成本和技术创新。

### 3. 云计算的特点

云计算是使计算分布在大量的分布式计算机上，而非本地计算机或远程服务器中，企业数据中心的运行将与互联网更类似，使得企业能够将资源切换到需要的应用上，根据需求访问计算机和存储系统。因此，人们普遍接受的云计算特点如下。

（1）超大规模

一般的企业私有云都拥有数百乃至上千台服务器，大规模的云都有上百万台服务器。云计算把大量计算资源集中到一个公共资源池中，通过多主租用的方式共享计算资源。例如，Google 云计算中心已经拥有几百万台服务器，Amazon（亚马逊）、IBM、微软、Yahoo（雅虎）等的"云"均拥有几十万台服务器。虽然单个用户在云计算平台获得服务水平受到网络带宽等各因素影响，未必获得优于本地主机所提供的服务，但是从整个社会资源利用率的角度而言，整体的资源调控降低了部分地区峰值荷载，提高了部分荒废的主机的运行率，进而提高资源利用率。

（2）虚拟化

用户只需要有一个比较简单的设备，比如一台笔记本或者一部手机，就可以通过网络来获取各种功能强大的服务。"云"将云平台上层的应用软件和下层的基础设备隔离开来，技术设备的维护者无法看到设备中运行的具体应用。同时对软件层的用户而言，基础设备层是透明的，用户只能看到虚拟化层中虚拟出来的各类设备。这种架构减少了设备依赖性，也为动态的资源配置提供可能。

（3）高可靠性

"云"使用了数据多副本容错、计算节点同构、可互换等措施来保障服务的高可靠性，使用云计算相比使用本地计算机可靠。"云"将云端的用户信息备份到地理上相互隔离的数据库主机中，用户自己也无法判断信息的确切备份地点，该特点不仅仅提供了数据恢复的依据，也使得网络病毒和网络黑客的攻击失去目的性而变成徒劳，大大提高系统的安全性和容灾能力。

（4）通用性

云计算不针对特定的应用，在"云"的支撑下可以构造出千变万化的应用，同一个"云"可以同时支撑不同的应用来运行。

（5）高扩展性

"云"的规模可以动态伸缩，可以满足应用和用户规模增长的需要。云平台管理软件将整合的计算资源根据应用访问的具体情况进行动态调整，包括增大或减少资源的要求。因此，云计算对于在非恒定需求的应用，如对需求波动很大、阶段性需求等，具有非常好的应用效果。在云计算环境中,既可以对规律性需求通过事先预测事先分配,也可根据事先设定的规则进行实时公共平台调整。弹性的云服务可帮助用户在任意时间得到满足需求的计算资源。

(6) 按需服务

"云"是一个庞大的资源池,不像个人的电脑硬件,只能供这台电脑使用,云服务可以按需购买。作为云计算的代表性服务,按需提供服务、按需付费是目前各类云计算服务中不可或缺的一部分。

(7) 价格低廉、节能环保

用户不需要构建非常复杂的硬件设备,就可以享受到高端硬件设备提供的服务。对用户而言,云计算不但省去了基础设备的购置、运维费用,而且能根据企业成长的需要不断扩展订购的服务,不断更换更加适合的服务,提高了资金的利用率。

## 7.1.2 云计算的现状与发展

云计算发展经过电厂模式、效用计算、网络计算和云计算四个重要阶段。云计算经过多年的发展,已经形成了较为完整的生态系统,构建了从芯片到终端用户的全产业链条,如图 7-1 所示。

文本

云计算演化的四个重要阶段

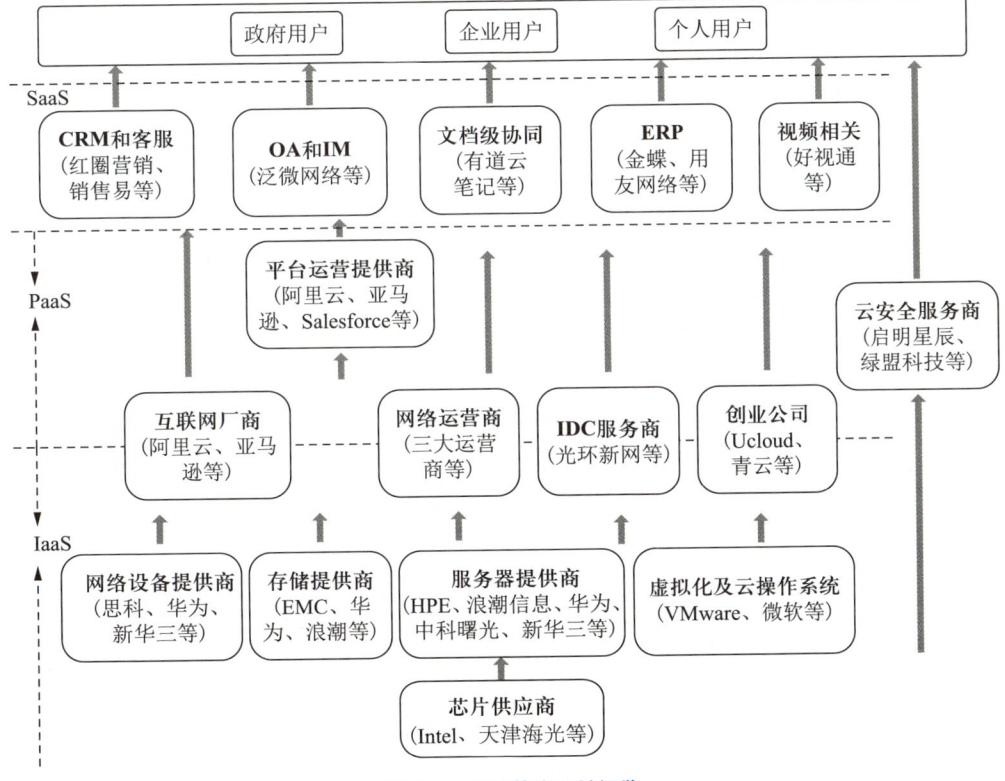

图 7-1 云计算产业链概览

从图 7-1 中可以看出,云计算产业链大体可以分为以下几类参与者,见表 7-1。

表7-1  云计算产业链主要参与者及中美典型企业

| 参与者 | 说明 | 中国典型企业 | 美国典型企业 |
|---|---|---|---|
| SaaS应用服务提供商 | 包括CRM和客服、OA和IM、文档级协同、ERP等 | 广联达、金财互联、用友网络、金蝶等 | Salesforce |
| 平台运营提供商 | 主要是PaaS平台运营提供商,也包括部分互联网公司、网络运营商、IDC服务商等 | 阿里云、华为云等 | 亚马逊 |
| 虚拟化软件提供商 | 主要提供实现虚拟化的软件平台 | 华为、新华三等(基于开源软件开发虚拟化及管理软件) | VMWare |
| 云设备提供商 | 主要是传统上的硬件生产商 | 华为、浪潮信息、中科曙光、联想等 | HPE |
| 芯片供应商 | X86服务器主要用的是Intel的处理器芯片 | 天津海光(AMD授权其生产X86芯片) | Intel |

尽管中国云计算产业总体仍处于起步阶段,多种技术路线和标准共存,尚未形成稳定的产业链分工,大规模商业应用模式也仍未形成,但由互联网服务商率先提出的云计算概念已经为国内外IT企业所迅速跟进,成为IT产业发展的新热点,同时许多风险投资基金、产业集团也正在密切关注云计算产业发展动态,掌握云计算核心技术的创新型企业已成为资本市场的关注热点。未来,云计算成为继个人电脑、互联网之后,世界范围内信息技术新一轮重大革命的观点将为越来越多的人所接受。

中国产业调研网发布的2018—2025年中国云计算软件行业发展研究分析与市场前景预测报告中认为,未来云计算发展趋势主要有以下2点。

(1)快速增长

从市场的渗透情况看,云计算未来几年内在中国仍是一门新兴产业,其未来的发展一方面有赖于云计算知识的普及以及相关使用者对其评价和反馈,另一方面,各省市政府对云计算的政策支持和相关的示范性工程将给云计算的市场推广带来正面作用。根据《国务院关于加快培育和发展战略性新兴产业的决定》中提及的战略性新兴产业的未来预期,中国云计算市场未来5年内将会达到至少30%以上的增长水平。

(2)产业升级

从产业层面上看,由于涉及虚拟化、云平台、分布式资源管理、海量分布式存储、云安全等核心技术,因此云计算市场的发展将全面改变由CPU、存储、服务器、网络、运营商、终端、操作系统、应用软件及各种应用所构成的整条IT产业链,并深远地影响从生产到生活的信息化应用。可以预见,未来云计算将推动传统设备提供商进入服务领域,带动软件企业向服务化转型,催生跨行业融合的新型服务业态及新的商业模式,支撑物联网、智能电网等新兴产业发展,加速制造业、服务业的转型和提升。例如,国内各地进入集中建设阶段的智慧城市建设为云计算带来广阔市场,同时推动电子政务、民生应用等领域的云计算应用。

### 7.1.3 云计算技术基本内涵

云计算是分布式处理、并行计算和网格计算等概念的发展和商业实现,其技术实质是计算、存储、服务器、应用软件等IT软硬件资源的虚拟化,云计算在编程模式、数据存储、数据管理、虚拟化等方面具有自身独特的技术。

### 1. 编程模式

云计算采用并行编程模式。在并行编程模式下，并发处理、容错、数据分布、负载均衡等细节都被抽象到一个函数库中，通过统一接口，用户大规模的计算任务被自动并发和分布执行，即将一个任务自动分成多个子任务，并行地处理海量数据。

并行编程模式是一种颠覆性的革命，它是在网络计算等一系列优秀成果上发展而来的，所以更加淋漓尽致地体现了面向服务的体系架构（service-oriented architecture，SOA）技术。可以预见，如果将这一并行编程模式引入信息系统仿真领域，定会带来信息系统仿真软件建设的跨越式进步。

当前各 IT 厂商提出的云计划的编程工具均基于 Map-Reduce 的编程模型。

### 2. 海量数据分布存储技术

云计算系统由大量服务器组成，同时为大量用户服务，因此云计算系统采用分布式存储的方式存储数据，用冗余存储的方式（集群计算、数据冗余和分布式存储）保证数据的可靠性。冗余的方式通过任务分解和集群，用低配机器替代超级计算机的性能来保证低成本，这种方式保证分布式数据的高可用、高可靠和经济性，即为同一份数据存储多个副本。云计算系统中广泛使用的数据存储系统是 Google 的 GFS 和 Hadoop 团队开发的 GFS 的开源实现 HDFS。

### 3. 海量数据管理技术

云计算需要对分布的、海量的数据进行处理、分析，因此，数据管理技术必需能够高效地管理大量的数据。云计算系统中的数据管理技术主要是 Google 的数据管理技术和 Hadoop 团队开发的开源数据管理模块 HBase。由于云数据存储管理形式不同于传统的 RDBMS 数据管理方式，如何在规模巨大的分布式数据中找到特定的数据，也是云计算数据管理技术所必须解决的问题。同时，由于管理形式的不同，造成传统的 SQL 数据库接口无法直接移植到云管理系统中来，目前一些研究在关注为云数据管理提供 RDBMS 和 SQL 的接口，如基于 Hadoop 的子项目 HBase 和 Hive 等。另外，在云数据管理方面，如何保证数据安全性和数据访问高效性也是研究关注的重点问题之一。

### 4. 虚拟化技术

云计算的虚拟化技术不同于传统的单一虚拟化，它是涵盖整个 IT 架构的，包括资源、网络、应用和桌面在内的全系统虚拟化，它的优势在于能够把所有硬件设备、软件应用和数据隔离开来，打破硬件配置、软件部署和数据分布的界限，实现 IT 架构的动态化，实现资源集中管理，使应用能够动态地使用虚拟资源和物理资源，提高系统适应需求和环境的能力。

随着 VMware 的 vSphere 和开源的 Xen 等基于 X86 架构的系统虚拟化技术的发展，一台服务器能整合过去多台服务器的负载，有效地提升硬件的利用率，并降低能源的浪费和硬件的购置成本。更重要的是，这些技术有效地提升了数据中心自动化管理的程度。

目前典型的实现（基本成为事实标准）有 Citrix XenDesktop、VMware ESX Server 和 Microsoft Hype-V 等。

### 5. 云计算数据管理技术

云计算的特点是读取海量的数据存储后进行大量的分析，如何提高数据的更新速率以及进一步提高随机读速率是未来的数据管理技术必须解决的问题。云计算系统的数据管理技术能够使大量的服务器协同工作，方便地进行业务部署和开通，快速发现和恢复系统故障，通过自动化、智能化的手段实现大规模系统的可靠运营。

云计算的数据管理技术最著名的是 Google 的 BigTable 数据管理技术，同时 Hadoop 开发团队正在开发类似 BigTable 的开源数据管理模块。

#### 6. 云计算业务接口

为了方便用户业务由传统 IT 系统环境向云计算环境的迁移，云计算应对用户提供统一的业务接口。业务接口的统一不仅方便用户业务向云端的迁移，也会使用户业务在云与云之间的迁移更加容易。在云计算时代，SOA 架构和以 Web Service 为特征的业务模式仍是业务发展的主要路线。

#### 7. 云计算安全技术

云计算模式带来一系列的安全问题，包括用户隐私的保护、用户数据的备份、云计算基础设施的防护等，这些问题都需要更强的技术手段，乃至法律手段去解决。

### 7.1.4 云计算基本应用模式

#### 1. 按服务方式分类

与计算机网络体系结构中层次的划分不同，云计算的服务层次是根据服务类型即服务集合来划分的。在计算机网络中每个层次都实现一定的功能，层与层之间有一定关联。而云计算体系结构中的层次是可以分割的，即某一层次可以单独完成一项用户的请求而不需要其他层次为其提供必要的服务和支持。云计算服务模型体系结构可以划分为 3 个层次，即 IaaS（基础设施即服务）、PaaS（平台即服务）和 SaaS（软件即服务），三者构成了云计算 SPI 模型，如图 7-2 所示。

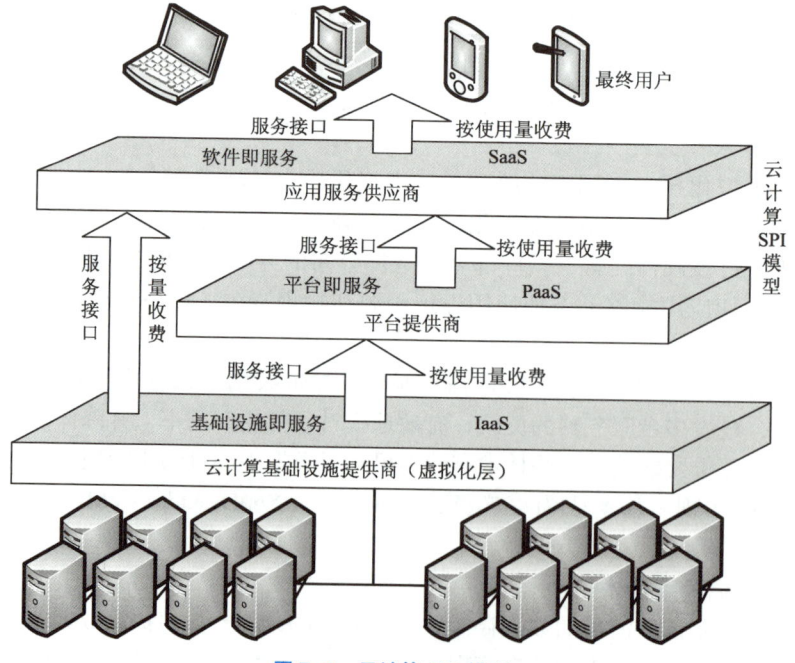

图 7-2　云计算 SPI 模型

在图 7-2 所示的模型中，IaaS 主要是对应基础设施，实现底层资源虚拟化，最后部署实际云应用平台，这是一个网络架构由规划架构到最终的物理实现的过程；PaaS 是基于 IaaS 技术及其平台，部署终端用户使用的应用或者程序，提供对外服务的接口或者服务产品，最终实现整个平台的管理和平台的可伸缩化；SaaS 是基于现成的 PaaS 的基础，作为终端用户的最后接触产品，完成将现有资源进行对外租赁服务。

（1）IaaS（基础设施即服务）

基础设施即服务（infrastructure-as-a-service，IaaS）：提供消费者使用"基础计算资源"，包括处理能力、存储空间、网络组件或中间件的服务。消费者能掌控操作系统、存储空间、已部署的应用程序及网络组件（如防火墙、负载均衡器等），但并不掌控云基础架构。如 Amazon AWS、Rackspace 等。

举例来说，以前企业如果需要在办公室或者企业网站上运行一些新的企业应用，就必须去购买服务器或者其他昂贵的硬件来控制本地应用，现在仅需要租赁云计算服务公司提供的场外服务器、存储和网络硬件即可，大大节省了维护成本和办公场地。这种云计算服务公司提供的场外服务器、存储和网络硬件等基础设施的行为就是为企业提供的服务，即 SaaS。

（2）PaaS（平台即服务）

平台即服务（platform-as-a-service，PaaS）：提供消费者使用主机操作应用程序的服务。消费者掌控并运作应用程序的环境（也拥有主机部分掌控权），但并不掌控操作系统、硬件或网络基础架构。平台通常是应用程序基础架构，如 Google App Engine。

举例来说，随着企业业务不断发展，企业内部应用不断增多，复杂程度也不断增加，虽然通过 IaaS 提供的服务可以减少硬件成本的支出，但是企业还需要构建和维护各种应用解决方案（如虚拟服务器、操作系统和开发环境等），如果有特定的云计算服务公司可以直接在网上提供各种开发和分发应用的解决方案（应用开发平台），企业通过购买服务的方式使用，这就是 PaaS。PaaS 既可以帮助企业节省硬件上的投资，也可以让分散的网页应用管理、应用设计、应用虚拟主机和存储以及应用开发协作工具等发挥更高效率。

（3）SaaS（软件即服务）

软件即服务（software-as-a-service，SaaS）：即提供给客户的服务是运营商运行在云计算基础设施上的应用程序，用户可以在各种设备上通过客户端进行界面访问，比如浏览器。消费者使用应用程序，但并不掌控操作系统、硬件或网络基础架构。它是一种服务观念的基础，软件服务供应商以租赁的概念提供客户服务，而非购买，比较常见的模式是提供一组账号和密码。

举例来说，随着移动互联技术的快速发展和智能设备的不断推陈出新，在工作和生活中，人们随时会采集到很多图像信息，也需要随时记录和查看个人的运动健康信息等，这些原本需要通过本地存储和应用来实现，现在可以通过"QQ 运动""小米运动"等进行快捷操作。"QQ 运动""小米运动"等基于云计算技术的"软件"即为人们提供的服务就是 SaaS。

2. 按部署方式和服务对象分类

云计算按照部署方式和服务对象的不同，可以将云计算分为 3 类，即公有云、私有云和混合云，如图 7-3 所示。

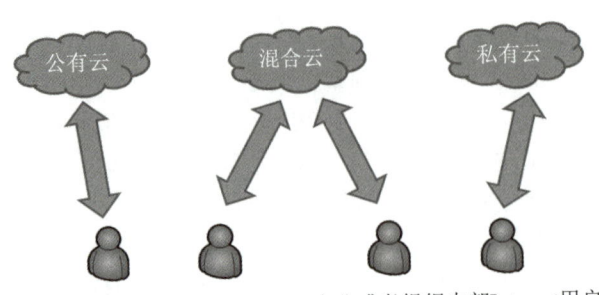

图 7-3 云计算3大分类

（1）公有云

公有云，其云计算基础设施被部署给公众开放地使用。它可能被一个商业组织、研究机构、政府机构或为几者混合所拥有、管理和运营，也可能被一个销售云计算服务的组织所拥有，该组织将云计算服务销售于一般人或广泛的工业群体。

简单来说，公有云就是第三方提供商为用户提供能够使用的云，让具有权限的用户可通过 Internet 使用。公有云价格低廉，其核心思想就是共享服务资源。国内外比较著名的公有云平台为百度云、阿里云、华为云、Microsoft Azure 等。

（2）私有云

私有云，其云计算基础设施由一个单一的组织部署和独占使用，也可由该组织、第三方或这两者的组合来拥有和管理。

简单来说，私有云就是企业内部建设和使用云计算的一种形态，企业内部搭建一个局域网，对企业内部公司间的监控、资产管理等相关系统进行集中部署，从而更有利于企业内部系统的集成管理。

私有云数据安全性比公有云高，但维护成本相对较大，因此，只有那些基础设施和运维人员基本完善的大型企业才会使用这类云平台。

（3）混合云

混合云，其云计算基础设施是由两种云（私有、公有）混合组成，每种云仍然保持独立，但用标准的或专有的技术将它们组合起来。混合云具有数据和应用程序的可移植性。

混合云融合了公有云和私有云的优劣势，综合了数据安全以及资源共享性的双重考虑，其个性化方案达到了节约成本的目的，从而获得越来越多企业的青睐。

## 7.1.5 云计算应用案例

较为简单的云计算技术已经普遍应用于现今的互联网服务中，最为常见的就是网络搜索引擎和网络邮箱。搜索引擎，人们最为熟悉的莫过于 Google（谷歌）和百度了，在任何时刻，只要通过移动终端就可以在搜索引擎上搜索任何自己想要的资源，并能够通过云端共享数据资源。而网络邮箱也是如此，在过去，寄写一封邮件是一件比较麻烦的事情，同时也是很慢的过程，而在云计算技术和网络技术的推动下，电子邮箱成为了社会生活中的一部分，只要在网络环境下，就可以实现邮件的实时寄发。云计算技术的应用已经融入现今的社会生活中。

1. 云物联

云物联，其实就是如今热议的"物联网"，物联网就是物物相连的互联网。它包含两层意思：第一，物联网的核心和基础仍然是互联网，是在互联网基础上延伸和扩展的网络；第二，其用户端延伸和扩展到了任何物品与物品之间，来进行信息交换和通信。

物联网帮滨特尔（Pentair）公司解决了由来已久的难题：为每个客户（从酿酒公司到养鱼场）测量过滤系统的性能。不同客户的要求各不相同，其中一些客户在偏远的地方经营，滨特尔将计算和分析功能迁移到亚马逊的网络服务（AWS）部门，利用装在过滤系统上的传感器将信息反馈到 AWS IoT Core 应用程序进行计算和分析，便可以清楚地知道客户如何使用公司的产品，并能近乎实时地做出影响其设备健康状况的决策。对养鱼场而言，也能做出影响鱼的健康的决策，这样的决策使产量得以提高，防止了疾病的传播并降低了运营成本。对于像喜力等酿酒商而言，滨特尔提供的啤酒膜过滤系统配备了传感器，这些传感器可以测量啤酒的产量、温度、流量和其他关键绩效指标。物联网和 AWS 帮滨特尔提高了客户满意度，同时减少了各种需求，如手动检查设备，操作服务器和分析系统。

2. 云安全

云安全（cloud security）是一个从"云计算"演变而来的新名词。云安全的策略构想是——使用者越多，每个使用者就越安全，因为如此庞大的互联网用户群，足以覆盖互联网的每个角落，只要某个网站被挂木马或某个新木马病毒出现，就会立刻被截获。

云安全通过网状的大量客户端对网络中软件行为进行异常监测，获取互联网中木马病毒等恶意程序的最新信息并推送到服务端进行自动分析和处理，再把其解决方案分发到每一个客户端。

3. 云通信

云通信是云计算概念的一个分支，指用户利用 SaaS 形式的瘦客户端（ThinClient）、或智能客户端（SmartClient），通过现有局域网或互联网线路进行通信交流，而无需经由传统公共交换电话网络（public switched telephone network，PSTN）线路的一种新型通信方式。

从现在各大企业的云平台或从人们身边接触的最多的例子来看，用的最多的云通信其实就是各种备份功能，用户可以将本地的资源上传至云端，可以在任何地方连入互联网来获取云端的资源。Google、Microsoft（微软）等大型公司均有提供云存储的服务。在国内，百度云和微云则是市场占有量最大的云存储。配置信息备份、聊天记录备份、照片等的云存储服务，方便用户重置或者更换手机的时候，一键同步、一键还原，省去不少麻烦。但是事实上处于信息技术快速变革时代，人们接触到云通信远不止这些。

在现今 ADSL 宽带、光纤、3G、4G、5G 等高速数据网络日新月异的年代，云通信给传统电信运营商带来了新的发展契机。

4. 云教育

云教育，实质上是指教育信息化的一种发展。具体来讲，云教育可以是未来教育信息化的基础架构，它包括了教育信息化所必须的一切硬件计算资源，这些资源经虚拟化之后，向教育机构、教育从业人员和学员提供一个良好的平台，该平台的作用就是为教育领域提供云服务。云教育包括成绩系统、综合素质评价系统、选修课系统、数字图书馆系统等。

现在流行的大型开放式网络课程（massive open online course，MOOC），即慕课，就是云教育的一种应用。现阶段，国外慕课的三大优秀平台为 Coursera、edX 以及 Udacity。在国内，中国大学 MOOC 也是非常好的平台，如图 7-4 所示。在 2013 年 10 月 10 日，清华大学研发并正式启用的中文 MOOC 平台——学堂在线，许多大学现已使用其开设课程。

图 7-4　中国大学 MOOC 平台

### 5. 云金融

云金融是指利用云计算的 SPI 模型，将信息、金融和服务等功能分散到由庞大分支机构构成的互联网"云"中，旨在为银行、保险和基金等金融机构提供互联网处理和运维服务，同时共享互联网资源，从而解决现有问题并且达到高效、低成本的目标。

2013 年 11 月，阿里云整合阿里巴巴集团旗下资源推出了阿里金融云服务。其实，这就是现在基本普及了的快捷支付，通过金融与云计算的结合，只需要在手机上简单操作，就可以完成银行存款、购买保险和基金买卖。现在，不仅仅阿里巴巴推出了金融云服务，像苏宁、腾讯等企业均推出了自己的金融云服务。

### 6. 云医疗

云医疗（cloud medical treatment，CMT），是指在云计算、移动技术、多媒体、4G 通信、大数据、以及物联网等新技术基础上，结合医疗技术，使用"云计算"来创建医疗健康服务云平台，实现了医疗资源的共享和医疗范围的扩大。医疗云主要包括医疗健康信息平台、云医疗远程诊断及会诊系统，云医疗远程监护系统以及云医疗教育系统等。通过医疗技术与云计算技术的结合与运用，提高了医疗机构的效率，使人们就医更为便捷。现在医院的预约挂号、电子病历、医保等都是云计算与医疗领域结合的产物，这一结合改变了传统医疗上的很多漏洞，同时也方便了患者和医生。云医疗还具有数据安全、信息共享、动态扩展、布局全国的优势。

### 7. 云政务

云政务（cloud government）是指运用云计算技术，统筹利用已有的软硬件资源，发挥云计算虚拟化、高可靠性、高通用性、高可扩展性及快速、按需、弹性服务等特征，为政府各级机构提供基础设施共享服务、协同服务、资源共享服务等的综合服务平台，基于此平台的云政务系统，如图 7-5 所示。其优势是能使职能部门数据共享，节省开销，降低国家行政管理的财政支出并提供有力的后台保障。

图 7-5 云政务系统

### 8. 云交通

云交通是指在云计算之中整合现有资源,并能够针对未来的交通行业发展整合将来所需求的各种硬件、软件、数据,动态满足 ITS(intelligent transport system,智能交通系统)中各应用系统,针对交通行业的需求(如基础建设、交通信息发布、交通企业增值服务、交通指挥等)提供决策支持及交通仿真模拟等的综合平台,云交通要能够全面满足开发系统资源平台需求和快速满足突发系统需求。

云交通将借鉴全球先进的交通管理经验,打造立体交通,全面负责各种交通工具的管制,并利用云计算中心,向个体的云终端提供全面的交通指引和指示标识等服务,彻底解决城市发展中的交通问题。云交通的具体应用包括地下新型窄幅多轨地铁系统、电动步道系统、地面新型窄幅轨道交通、半空天桥人行交通、悬挂轨道交通、空中短程太阳能飞行器交通等。

贵州公安交警云平台作为国内首个运行在公安内网上的省级交通大数据云平台,如图 7-6 所示,该平台由省公安厅交警总队采用以阿里云为主的云计算技术搭建,可为公共服务、交通管理、警务实战提供云计算和大数据支持。该云平台的建立使车辆智能分析与识别成为可能,通过对车辆图片进行结构化处理并与原有真实车辆图片进行对比,能瞬间判别路面上的一辆车是假牌还是套牌车,有交通管理"最强大脑"之称。

图 7-6 贵州公安交警云平台

视频

云计算技术

#### 9. 云娱乐

广义的云娱乐是基于云计算的各种娱乐，如云音乐、云电影、云游戏等。狭义的云娱乐即通过电视直接上网，无需电脑、鼠标、键盘，只用一个遥控器便能轻松畅游网络世界，既节省了去电影院的时间和金钱，又省去了下载电影的麻烦，电视用户可随时免费享受到即时、海量的网络大片，打造了一个更为广阔的 3C 融合新生活方式。

作为拥有数万部网络高清大片资源的搜狐视频网站，推出了海尔模卡电视高清影视频道，让用户随时能免费享受到即时的、海量的网络大片，不但吸引了互联网的习惯用户，也为传统电视用户带来新的体验，使消费者的家庭生活进入"云娱乐"时代。

云计算概念应该理解为一种商业和技术的模式，从这两个方面更容易理解其作用。从商业层面来看，云计算提供了按需租用计算机能力的服务（按使用量付费的模式），代表了按需索取、按量计费、网络交付的商业模式；从技术层面来看，云计算并不是一项技术，而是代表一系列计算方式发展趋势的综合概念，是在并行计算（parallel computing）、分布式计算（distributed computing）、网格计算（grid computing）等计算方式发展的基础上提出的一种新型计算模型；另一方面它是一种新兴的共享基础框架的方法，是在 C/S 结构、分布式计算到网格技术、效用计算、SaaS 计算方式发展趋势下，包括虚拟化、按需服务在内的概念总和。

云计算仍然在高速发展，并且不断地在技术和商业层面上有所创新。

## 7.2 虚拟现实技术及其应用

虚拟现实不是一个新的概念与技术，早在 20 世纪 80 年代，一系列科幻题材小说、电影就给人们勾画了虚拟现实技术的雏形。近年来，随着 HTC Vive、Oculus Rift、Sumsung Gear 等产品的出现，虚拟现实设备已经逐渐走入人们的生活。不过，仍有不少人心存疑问，虚拟现实究竟是什么？具有相互矛盾含义的虚拟与现实两个词，为何要把它们放在一起？

### 7.2.1 什么是虚拟现实

虚拟现实（virtual reality，VR），是以计算机技术为核心，综合了计算机图形学、仿真技术、多媒体技术、人工智能技术、计算机网络技术、传感器技术、光学技术等现代高科技技术，生成的一个集视觉、听觉、触觉等感官模拟的虚拟环境，如图 7-7 所示。在这个多维信息空间内，用户通过多种设备以自然的方式与虚拟环境中的对象进行交互，从而产生身临其境的感受和体验。

虚拟现实技术一经问世，就引起了人们浓厚的兴趣。随着多媒体技术、传感器技术、光学技术等相关技术高速发展，虚拟现实技术已趋于成熟并得到人们的认可，给社会发展带来巨大的经济效益。目前虚拟现实技术在互联网上的搜索量已经远远超过智能手机和 PC，因此

图 7-7 虚拟现实

业内人士认为：20世纪80年代是个人计算机时代，90年代是网络时代，21世纪前十多年是移动互联网时代，而接下来将是虚拟现实技术时代。虚拟现实源于现实又超出现实，它将对科学、工程、文化教育和娱乐等各个领域及人类生活产生深远影响。

虚拟现实技术从20世纪60年代前后萌生至今，走过了一段探索、发展到井喷的道路。

文本

虚拟现实发展历史

### 7.2.2 虚拟现实技术基本内涵

#### 1. 虚拟现实系统组成

一个典型的虚拟现实系统主要由虚拟环境数据库，以高性能计算机为核心的虚拟环境处理模块，以头盔显示器为核心的视觉系统，以语音识别、声音合成与声音定位为核心的听觉系统，以方位跟踪器、数据手套和数据衣为主体的身体方位姿态跟踪设备，以及味觉、嗅觉、触觉与力觉反馈系统等功能单元构成，如图7-8所示。

与虚拟世界交互的过程大致是：用户首先激活头盔、手套和话筒等设备为计算机提供输入信号，虚拟现实软件收到这些设备中的传感器传输进来的输入信号后加以解释，然后对虚拟环境数据库做出相应的更新，从而调整当前的虚拟环境的场景，并将这一新视点下的三维视觉图像以及其他信息（如声音、触觉、力反馈等）立即传送给相应的设备（头盔显示器、耳机、数据手套等），以便参与者及时获得多种感官上的虚拟效果。

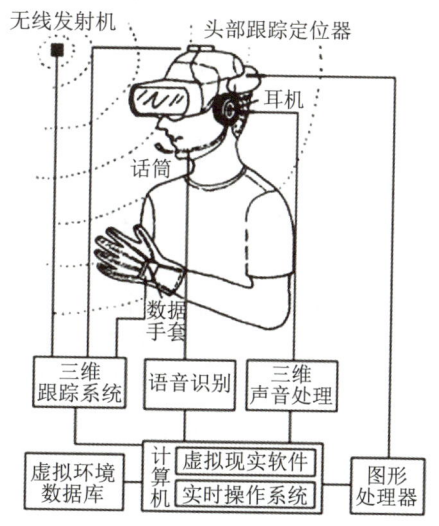

图7-8 虚拟现实系统组成

#### 2. 虚拟现实的技术特征

在技术的原创性思想里，虚拟现实是让主体得到一种实际上的感觉性存在。"虚拟现实"中的"虚拟"就是借信息转换的技术手段而实现的一种人与计算机共存的状态。因为虚拟现实既不是有形的物理现实，也不是根本不存在的虚无，它是一种特殊的存在，是一种人造的电子环境，不能简单地把它归为意识。虚拟现实作为计算机与网络技术的融合，本质上就是一种新的传播方式和交流工具。

迈克尔·海姆（Michael Heim）从《韦氏词典》中对"virtual"和"reality"的解释出发，认为"虚拟现实是实际上而不是事实上为真实的事件或实体"。而通过总结先驱者对于虚拟现实的研究，海姆提出了虚拟现实的七种不同方面：模拟性、交互作用、人工性、沉浸性（意味着在一个虚拟环境中的感官沉浸）、遥在（telepresence，以远程方式于某处出场）、全身沉浸（计算机与人不需要外加其他电子装置就直接可进行交互）、网络通信（虚拟世界引出前所未有的共享方式，使用者可以自行规定并塑造虚拟世界中的物体和活动，可以不用文字或真实世界指称来共享幻想的事物和事件）。在他之后提出的更为狭义的虚拟现实中，又描述了虚拟现实作为一种主体认识的新技术，所表现出三个"I"的特征，即身临其境的沉浸感（immersive）、人机界面的互动性（interactivity），以及实现远程显现的信息强度（information intensity）。

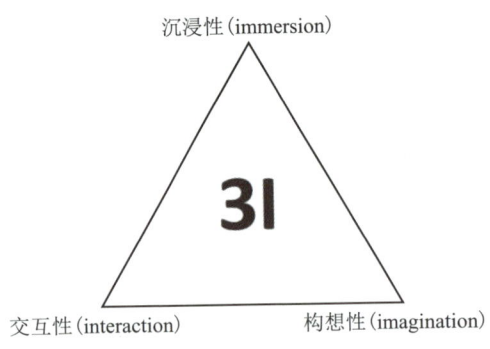

图 7-9 虚拟现实 3 个最突出的特征

当下最广为接受的对虚拟现实的概括则来自 Grigore C. Burdea 和 Philippe Coiffet，他们在其著作《虚拟现实技术》中指出：虚拟现实具有 3 个最突出的特征，即人们称道的"3I"特性，如图 7-9 所示。

（1）沉浸性（immersion）

沉浸性是虚拟现实系统最基本的特征，指用户感到作为主角沉浸到虚拟的空间之中，脱离现有的真实环境，获得与真实世界相同或相似的感知，并产生"身临其境"的感受。正如电影《头号玩家》所展示的，主人公通过虚拟现实系统可以进入到一个虚拟游戏宇宙。在这个虚拟游戏宇宙中，人体的各个感知系统所接收到的信息都与真实的世界相同，从而能够完全融入到这个虚拟游戏宇宙中。为了实现尽可能好的沉浸感，虚拟现实系统必须具备人体的各个感官特性，包括视觉、听觉、嗅觉、触觉等。其中，视觉是 VR 最重要的感知接口，人类获取的信息 70%~80% 来自视觉。

（2）交互性（interaction）

交互性就是通过硬件和软件设备进行人机交互，包括用户对虚拟环境中对象的可操作程度和从虚拟环境中得到反馈的自然程度。例如，当用户用手抓取虚拟环境中的一个物体时，用户会感到手上有物体存在，能感觉它的重量、质感等，当手有移动动作时，用户也能看到物体随着手的移动而跟踪着移动。从交互方式来看，在虚拟现实应用中，用户将从过去只能通过键盘、鼠标与计算环境中的单维数字信息交互，升级为用多种传感器（眼球识别、语音、手势乃至脑电波）与多维信息的环境交互，逐渐与真实世界中的交互趋同。

（3）构想性（imagination）

构想性又称为想象性，是虚拟世界的起点。虚拟世界的设计者通过想象力来构建和设计虚拟世界，用户可以从这个虚拟世界看出设计者的设计思想，它强调 VR 技术应用具有可拓宽人们认知范围和无限的可想象空间的特征。设计师所构建的虚拟环境，不仅可以真实重现，而且未来的不可见的场景也可随意设想。例如，在虚拟世界中用户可以返回到远古时代的世界，或者到几万光年以外的其他行星中。此外，虚拟现实的构想性还指用户在虚拟世界中根据所获取的多种信息和自身在系统中的行为，通过逻辑判断、推理和联想等思维过程，随着系统的运行状态变化而对其未来进展进行想象的能力。人们戴上头盔可以脱离现实环境，沉浸在虚拟的游戏场景中，也可以通过设备进行一些人机交互，这些过程最终会对人的心理产生刺激与影响。

总之，虚拟现实具有沉浸性、交互性、构想性，使用户能在虚拟环境中做到沉浸其中、超越其上、进出自如和交互自由。它强调了人在 VR 系统中的主导作用，即人的感受在整个系统中是最重要的。特别是交互性和沉浸感，是 VR 与任何一种其他相关技术（如三维动画、仿真、遥视与遥作以及传统的图形、图像技术等）的本质区别。

### 7.2.3 虚拟现实基本应用模式

在实际应用中，根据沉浸性程度的高低和交互自然程度的不同，虚拟现实系统的应用模

视频

虚拟现实技术

式通常分为以下四类：

### 1. 桌面式虚拟现实系统（desktop VR）

桌面式虚拟现实系统利用个人计算机或低配工作站进行仿真，将计算机的屏幕作为用户观察虚拟环境的一个窗口。通过各种输入设备实现与虚拟世界的充分交互，这些设备包括位置跟踪器、三维鼠标或其他手控输入设备等。桌面式虚拟现实系统要求参与者使用输入设备，通过计算机屏幕观察 360° 范围内的虚拟环境，并操纵其中的物体，如图 7-10 所示。但此时参与者缺少完全的沉浸，因为仍然会受到周围现实环境的干扰。

图 7-10　桌面式虚拟现实系统

桌面式虚拟现实系统缺乏真实的现实体验、沉浸性差，但是成本相对较低，在初期有比较广泛的应用。常见桌面虚拟现实技术或产品有：基于静态图像的虚拟现实 QuickTime VR、zSpace 3D 虚拟成像系统等。

### 2. 沉浸式虚拟现实系统（immersive VR）

沉浸式虚拟现实系统提供完全沉浸的体验，使用户有一种置身于虚拟环境之中的感觉。它利用头盔显示器或其他设备，把参与者的视觉、听觉和其它感觉封闭起来，提供一个新的、虚拟的感觉空间，并利用位置跟踪器、数据手套、其他手控输入设备、声音等使得参与者产生一种身临其境、全心投入和沉浸其中的感觉，如图 7-11 所示。

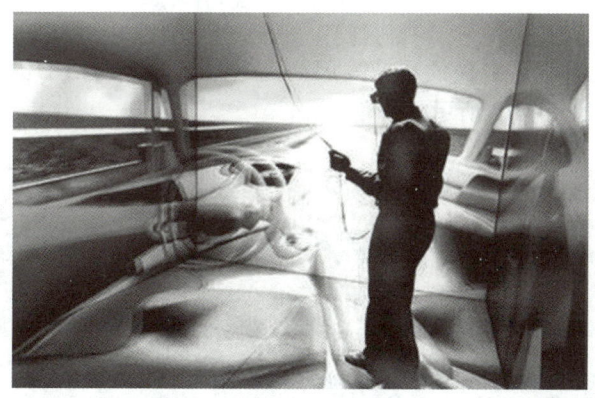

图 7-11　沉浸式虚拟现实系统

沉浸式虚拟现实系统能支持多种输入输出设备，通过提供"真实"的体验和丰富的交互手段来达到高度的沉浸感和实时性。常见的沉浸式虚拟现实系统有：基于头盔显示器的系统、投影式虚拟现实系统。

### 3. 增强式虚拟现实系统（augmented reality，AR）

增强式虚拟现实系统也称为增强现实，是基于虚拟现实技术发展起来的，它是通过计算机图形技术和可视化技术产生现实环境中不存在的虚拟对象，并通过传感技术将虚拟对象准确"放置"在真实环境中，真实环境和虚拟对象实时叠加到同一个画面或在一个空间同时存在。增强现实技术包含了多媒体、三维建模、实时显示、多传感器融合、实时跟踪、场景融合等多种新技术，提供了在一般情况下，不同于人类可以感知的信息。增强现实不仅展现了真实世界的信息，而且将虚拟的信息同时显示出来，两种信息相互补充、叠加。在如今比较普及的视觉化增强现实系统中，主要有头带显示设备（图 7-12）以及智能手持设备（图 7-13）等实现增强现实的方式。如 Google 的 Goolge Glasses、微软的 HoloLens 以及 Magic Leap 的 Magic Leap One 等就是典型的头戴式 AR 眼镜，如图 7-14 所示。

图 7-12　头带显示设备

图 7-13　智能手持设备

（a）Google Glasses

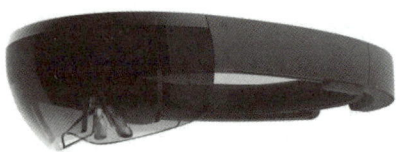

（b）Hololens

（c）Magic Leap One

图 7-14　典型的头戴式 AR 眼镜

此外，随着智能手机、平板的快速发展，也出现了许多利用手机、平板实现的 AR 应用，如 AR 游戏等，如图 7-15 所示。

图 7-15　AR 游戏

### 4. 分布式虚拟现实系统（distributed VR）

如果多个用户通过计算机网络连接在一起，同时加入到一个虚拟空间，共同体验虚拟经历，此时的虚拟现实又提升到了一个更高的境界，也就是分布式虚拟现实系统，如图7-16所示。在分布式虚拟现实系统中，多个用户可通过网络对同一虚拟世界进行观察和操作，以达到协同体验的目的。目前最典型的分布式虚拟现实系统是SIMNET。SIMNET由坦克仿真器通过网络连接而成，用于部队的联合训练。通过SIMNET，位于德国的仿真器可以和位于美国的仿真器运行在同一个虚拟世界，参与同一场作战演习。

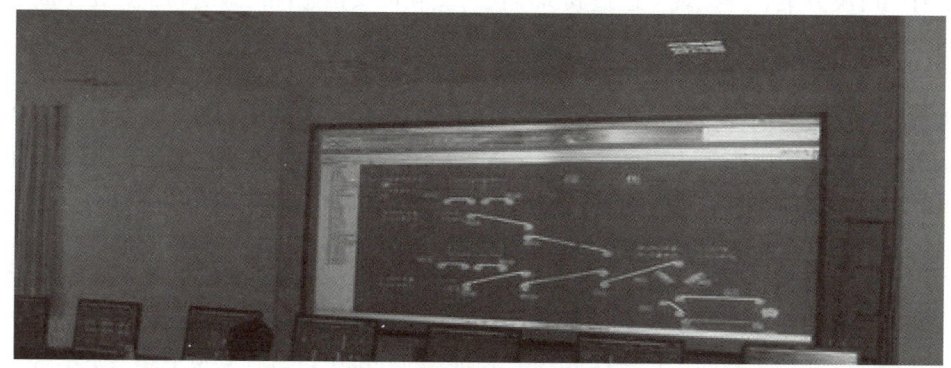

图7-16　分布式虚拟现实系统

各虚拟现实系统的工作原理及其优缺点见表7-2。

表7-2　各虚拟现实系统的工作原理及其优缺点

| 分　类 | 工作原理 | 优　点 | 缺　点 |
| --- | --- | --- | --- |
| 桌面式虚拟现实系统 | 使用个人计算机或低配工作站来产生三维的交互场景 | 成本相对较低 | 用户会受到周围显示环境的干扰而不能获得完全的沉浸感 |
| 沉浸式虚拟现实系统 | 利用头戴式显示设备、投影式显示设备和数据手套等交互设备把用户的视觉、听觉和其他感觉封闭起来，产生身临其境、全心投入和沉浸其中的感觉 | 具有高度沉浸感、实时性和交互性，并具有良好的系统集成度和开放性 | 技术要求和成本预算较高，起步较晚 |
| 增强式虚拟现实系统 | 允许用户对现实世界进行观察的同时，将虚拟物体叠加在现实世界之中 | 在虚拟现实与真实世界之间进行相互补充 | 技术要求和成本预算高，起步晚 |
| 分布式虚拟现实系统 | 基于网络的虚拟环境，在该环境中，位于不同物理环境位置的多个用户通过网络同时参加一个虚拟现实环境，通过虚拟环境与其他用户进行交互，并共享信息 | 应用于远程虚拟会议、虚拟医学会诊、多人网络游戏、虚拟战争演习等专业领域 | 需要较大投入，大众普及较难 |

## 7.2.4 虚拟现实应用案例

通过虚拟现实在多维信息空间上创建一个虚拟信息环境，使用户具有身临其境的沉浸感，并在虚拟现实环境中实现交互，有助于使用者加深感受、启发认知。虚拟现实在各行业中的应用，普遍具备了沉浸性、交互性、构想性这三个基本技术特性。目前，虚拟现实已广泛地应用于娱乐、教育、旅游、医疗、商业、地产、军事等各行各业中，为这些行业提供了前所未有的解决方案。虚拟现实通过其沉浸性、交互性及构想性的显著特征，正不断的影响人们的生活。

### 1. 虚拟现实技术在娱乐行业的应用

虚拟现实所具有的逼真互动性给娱乐行业提供了沉浸式的环境以及全新的互动方式，把用户从游戏、直播、电影等内容的旁观者变成了参与者。虚拟现实引领着互动娱乐行业的下一次革命，预告了新时代的娱乐方式，而现在这个时代已经来临。

（1）VR 游戏

虚拟现实技术在游戏模拟方面展现出它的独特优势。传统的网络游戏将玩家拒之于显示器之外，玩家间的互动仅仅局限于显示器内角色的移动等。当前，模拟体验类游戏所占的比重越来越大，人们更倾向于把自己放入一个真实的环境中，身临其境地感受自己喜爱的游戏，而不是只局限于操作键盘和鼠标了。虚拟现实技术就实现了人们的这一疯狂梦想，虚拟现实技术使玩家与游戏中的角色合二为一，让玩家真实的体验到游戏中的角色就是自己。玩家通过一系列真实的头戴显示设备和数据手套等交互设备就能操控游戏中的角色，在一个包括三维模型、三维声音、三维人物和其他资源逼真的虚拟世界里任意驰骋，如图 7-17 所示的 VR 游戏。

图 7-17　VR 游戏

（2）VR 电影

VR 电影已经开始向传统大屏荧幕发起挑战。2016 年 5 月中旬，上海首家 VR 影院试营业，《变形金刚》导演与一家电影工作室达成合作，未来他们将一同打造 VR 电影。

与传统电影相比，观众不是观看电影，而是"进入"一部影片，具有自主选择情节走向的决定权，并能与电影内容本身及其他观影者之间进行互动交流，获得全新的观影体验。在 VR 电影中，屏幕大小不再受限制。VR 把视界有限的 3D 变成了 360 度无死角的全景 3D，强化了观者的主观视角，把原来的看电影变为了体验电影，与坐在影院观看一块小屏幕的感受完全不同。

（3）VR 直播

VR 直播与传统在线直播相比，能够提供更好的临场感和全景观看体验。虚拟现实技术通过视觉模拟，结合 360 度全景拍摄，及后期画质拼接合成，解决了传统 2D 直播画面呆板和用户无法全角度观看问题。虚拟现实技术在现场录制和后期计算机仿真中加入环绕立体声，过滤掉现场杂音，将"音效""场景""人物"融为一体，给用户带来真正"沉浸式"体验。

通过 VR 直播，用户再也不会为高昂的门票或买不到票而发愁，再也不用为去现场看直播而排队进场，焦急等候安检，再也不用为没有时间去现场观看，感受现场气氛而苦恼等等。只要带上 VR 眼镜，不论身在何地，都可以打破现场条件的限制，享受一档如现场般的直播节目，感受现场的一动一静。比如 NBA 比赛，观众只需戴上三星虚拟现实头盔 Gear VR，就可以"瞬移"到球场，看到球员在自己面前投球，如图 7-18 所示。

图 7-18　VR 体育赛事直播

#### 2. 虚拟现实技术在各行各业的应用

虚拟现实正在悄无声息地改变着世界，其技术应用已经渗透到各行各业之中，它在教育、旅游、医疗、商业、制造以及建筑等行业的应用正逐渐普及。

（1）在教育领域中，虚拟现实技术的应用与其他教育方式相比，创造了沉浸的体验式学习环境，增加了学生的学习兴趣和带入感，促进了学生对技能性知识的掌握。

（2）在旅游业中，虚拟现实的最大优势在于让观众不用去现场就能体验到现场的氛围与环境，结合友好的人机交互界面，观众可以根据自己的意愿进行互动式的观看浏览。

（3）在医疗业中，虚拟现实技术的应用最普遍的是教育和培训方面，医生见习和实习复杂手术的机会是有限的，而在 VR 系统中却可以反复实践不同的操作。VR 技术将能对危险的、不能失误的，但机会少或难以提供真实演练的操作反复地进行十分逼真的练习。

（4）在商业中，例如，在线虚拟试衣间就是 VR 在零售电商中的典型应用案例。客户进入试衣页面，可以根据自己的情况输入所试衣服需要的信息，包括年龄、性别、身高、体重、胸围、肩宽等的相关数据，根据数据构建相应的人体模型并显示在屏幕上，然后就可以试衣了，点击选择喜欢的衣服在模特上进行试穿，根据用户输入的数据，页面也会推荐合适的尺码，以供用户参考。用户可以根据需求自由旋转模特，进行 360 度的观察，挑选心仪的衣服。

（5）在制造业中，一个典型的应用案例是将 VR 技术应用于飞机制造中的电力线缆的连

虚拟现实在
各行各业的
应用

接和接线器的装配中。在 VR 系统的帮助下，一个从未受过任何训练的工人都可胜任此项工作，从而缩短员工培训的周期。

（6）在建筑行业中，建筑设计可引用 VR 来评估与验证设计意图，VR 技术带来的直观沉浸体验、交互性、可构想的三大特性，为建筑设计行业带来了颠覆性的革命。目前，建筑设计与 VR 的结合已在国内外开始了不同程度的应用实践。

## 7.3 物联网技术及其应用

今天，随着科学技术的迅速发展，人们对产品的要求也越来越高，早期人们对产品的要求是实用和耐用，而现在人们对产品的要求不仅仅局限于实用和耐用，还要求可以对设备的运行状况进行监控和远程控制等，甚至要求产品可以根据人的使用情况进行智能化控制。由此，诞生出了物联网这一概念。

### 7.3.1 物联网的概念

#### 1. 物联网的定义

物联网（internet of things，IoT）是通过互联网、传统电信网等信息承载体，让所有能行使独立功能的普通物体实现互联互通的网络。简单来说：物联网是新一代信息技术的重要组成部分，是物物相连的互联网。这里有以下两层意思。

（1）物联网的核心和基础仍然是互联网，是在互联网基础上延伸和扩展的网络；

（2）其用户端延伸和扩展到了任何物品，在物品和物品之间进行信息交换和通信。

物联网通过智能感知、识别技术与云计算、大数据、泛在网络的融合应用，被称为继计算机、互联网之后世界信息产业发展的第三次浪潮。从另一个层面讲，物联网是互联网的应用拓展，与其说物联网是网络，还不如说物联网是业务和应用。产业、行业的应用创新是物联网发展的核心，以用户体验为核心的创新是物联网发展的灵魂。

#### 2. 物联网上的物体三大特征

一个物体能称得上是物联网上的物体，那么它应该具备如下三个方面的基本特征。

（1）标识能力：物体应该有自己特定的编号，才能让物联网上的应用系统识别出自身。在物联网应用系统中，装有传感器的节点有自己的节点编号，用于标识物体的 RFID 电子标签也有自己的编号，网络中的激光扫描仪、监控摄像头等设备都有各自的网络 IP 地址编号，这些编号的规则可能各不相同，但起到的作用都是让物联网能找到该物体。电线杆编号，如图 7-19 所示，是为了给电线杆添加标识信息，目的是让每个电线杆都有自己的编号，以方便日常管理。

图 7-19 电线杆编号

（2）感知能力：物体能感知周围的情况，例如地理位置、温湿度、光照等信息。车辆联网系统中的车辆，通过 GPS 系统能够准确地获取车辆所在的地理位置，结合电子地图系统为车辆提供导航服务。车内的温度传感器能监控车厢温度，根据温度设定自动开启、关闭、调大、调小车载空调。这里的车辆就具备了获取地理位置信息、获取温度信息的感知能力。

（3）通信能力：物体能将自身的信息传递出去，同时也能接收相关信息。如果物体只能感知周围的情况，虽然获取到信息，但不能把信息发送出去，这样的信息也是没有用处的。物联网中的物体，可以通过移动通信网、局域网、无线传感器网络将信息传递给上层的信息系统进行处理，并能接收信息系统反馈的要求，以此调整物体自身的状态。

视频

物联网技术

### 7.3.2　物联网技术基本内涵

目前物联网的体系结构大致分为三层：感知层、网络层（也称为传输层）和应用层。也有人将物联网的体系结构分为四层：感知层、传输层、服务管理层和应用层，其与三层体系结构的主要区别是将三层体系结构中的云计算、大数据、智能信息处理等服务独立出来，在网络层和应用层之间抽象出服务管理层。

#### 1. 感知层

感知层是让物体"说话"的先决条件，物联网感知层由数据采集子层、传感器网络组网和协同信息处理子层组成。数据采集子层通过各种类型的传感器获取物理世界中发生的物理事件和数据信息，例如标识信息、物理量信息、多媒体信息等。具体涉及各种传感器（包括温湿度传感器、可燃气体传感器等）、二维码标签和识读器、RFID 标签和读写器、摄像头、GPS 等感知终端。数据采集子层除了对物体进行基础信息采集，同时接收上层网络送来的控制信息，完成相应执行动作。这相当于给物体赋予了嘴巴、耳朵和手，既能向网络表达自己的各种信息，又能接收网络的控制命令，完成相应动作。

传感器网络组网和协同信息处理子层将采集到的数据在局部范围内进行协同处理，以提高信息的精度，降低信息的冗余度，并通过具有自组织能力的短距离传感网（例如无线传感器网络）接入广域网。这里需要强调的是，以无线传感器网络为代表的短距离传感网通常是划分在物联网感知层，而不是物联网网络层的技术。感知层中间件技术是为了解决感知层数据与多种应用平台间的兼容性问题，包括服务管理、状态管理、设备管理、时间管理等。

感知层中常见的关键技术如下。

（1）传感器。传感器是物联网中获得信息的主要设备，它利用各种机制把被测量转换为电信号，然后由相应信号处理装置进行处理，并产生响应动作。常见的传感器包括温度、湿度、压力、光电等传感器。

（2）RFID。RFID 的全称为 radio frequency identification，即射频识别，又称为电子标签。RFID 是一种非接触式的自动识别技术，可以通过无线电讯号识别特定目标并读写相关数据。它主要用来为物联网中的各物品建立唯一的身份标识。

（3）传感器网络。传感器网络是一种由传感器节点组成的网络，其中每个传感器节点都具有传感器、微处理器以及通信单元。节点间通过通信网络组成传感器网络，共同协作来感知和采集环境或物体的准确信息。而无线传感器网络（wireless sensor network，WSN），则是目前发展迅速，应用最广的传感器网络。

对于目前关注和应用较多的 RFID 网络来说，附着在设备上的 RFID 标签和用来识别 RFID 信息的扫描仪、感应器都属于物联网的感知层。在 RFID 网络中被检测的信息就是 RFID 标签的内容，现在的电子不停车收费系统（ETC）、超市仓储管理系统、飞机场的行李自动分类系统等都属于这一层结构的物联网应用。

#### 2. 网络层

网络层将来自感知层的各类信息通过网络传输到应用层。网络层是由互联网、移动通信网、广电网、卫星网、行业专网等形成的融合网络，是整个物联网的中枢。网络层完成大范围的信息沟通，主要借助于已有的广域网通信系统（如 3G/4G 移动网络、互联网等），把感知层感知到的信息快速、可靠、安全地传送到地球的各个地方，使物品能够进行远距离、大范围的通信，以实现地球范围内的沟通。当然，现有的公众网络是针对人的应用而设计的，当物联网大规模发展之后，能否完全满足物联网数据通信的要求还有待验证。不过经过了 20 年的快速发展，尤其是移动通信 4G、宽带光纤入户的迅速普及，在物联网的早期阶段基本能够满足物联网中数据传输的需要。

网络层中常见的关键技术如下。

（1）互联网

互联网几乎包含了人类的所有信息，是人类信息资源的汇总，人们常说的因特网就是互联网的狭义称谓。在相关网络协议的约束下，通过互联网相连的网络将海量的信息汇总、整理和存储，实现信息资源的有效利用和共享，这其实就是互联网最主要的功能。互联网是由众多的子网连接而成的，它是一个逻辑性网络，而每一个子网中都有一些主机，这些主机主要是由计算机构成，它们相互连接，共同控制着自己区域的子网。互联网中存在两类最高层域名，分别是地理性域名和机构性域名，其中，主要机构性域名的数量有 14 个。

互联网是物联网最主要的信息传输网络之一，要实现物联网，就需要互联网适应更大的数据量，提供更多的终端。而要满足这一要求，就必须从技术上进行突破。目前，IPv6 技术是攻克这种难题的关键技术，这是因为，IPv6 拥有接近无限的地址空间，可以存储和传输海量的数据。利用互联网的 IPv6 技术，不仅可以为人提供服务，还能为所有硬件设备提供服务。

（2）移动通信网

移动物体之间、移动物体与静态物体之间的通信需要利用移动通信网得以实现。移动通信有两种方式，分别是有线通信和无线通信，在这两种方式的作用下，人们可以享受到语音通话、图片传输等服务。

核心网、骨干网以及无线接入网共同构成了移动通信网，其中，无线接入网的主要作用是连接移动通信网和移动终端，而利用核心网和骨干网可以实现信息的交互和传递。由此可见，移动通信网的基础技术包括两类：一类是信息交互技术，另一类是信息传递技术。

移动通信网可以实现任何形式的传播，因此它具有开放性；移动通信网可以在多种复杂环境下进行工作，因此它又具有复杂性。另外，移动通信网还具有随机移动性。

和互联网相同，物联网不仅需要有线的信息连接方式，也需要无线的信息连接方式。多种形式的连接方式可以帮助物联网高效且方便地传输和交互数据信息，实现信息的采集和共享。

（3）无线传感器网络

无线传感器网络（wireless sensor network，WSN），即在众多传感器之间建立一种无线自组织网络，并利用这种无线自组织网络实现这些传感器之间的信息传输。在这个传输过程中，无线传输网络会对传感器所采集的数据进行汇总。该技术可以使区域内物品的物理信息和周围环境信息全部以数据的形式存储在无线传感器中，有利于人们对目标物品和任务环境进行实时的监控，也有利于分析和处理有关信息，对物品进行有效的管理。

无线传感器网络包含了多种技术，其中包括现代网络技术、无线通信技术、嵌入式计算技术、分布式信息处理技术以及传感器技术等。

物联网网络层在互联网、移动通信网以及无线传感器网络的相互配合下，完成了主要的层级功能，为构建物联网系统提供了技术参考和行业标准，加快了物联网的全球化进程。

### 3. 应用层

应用层是物联网和用户的接口，它与行业需求结合，实现物联网的智能应用。应用层完成物品信息的汇总、协同、共享、互通、分析、决策等功能，相当于物联网的控制层、决策层。物联网的根本还是为人服务，应用层完成物品与人的最终交互，前面两层将物品的信息大范围地收集起来，汇总在应用层进行统一分析、决策，用于支撑跨行业、跨应用、跨系统之间的信息协同、共享、互通，提高信息的综合利用度，最大程度地为用户服务。其具体的应用服务渗透到各个行业之中，如智能工业、智能农业、智能交通、智能医疗、智能家居、智能物流、智能电网、智能安防和智能环保等。

目前应用层中的关键技术主要以软件开发为主，有移动端软件开发、电脑端软件开发、硬件嵌入式软件开发等，根据物联网的不同应用场景选择对应的软件开发技术即可。

## 7.3.3 物联网三种应用模式

物联网在行业中的应用模式可以分为三种，分别是智能标签、智能监控、智能控制。

### 1. 智能标签

标签象征是一个物体特定的重要标识，在移动物联网时代，物体拥有二维码、RFID、条码等多种智能标签，如图 7-20 所示。

图 7-20　智能标签

通过这些智能标签，可以进行对象识别和获取相关信息。正是因为如此，移动物联网领域的智能标签应用已经形成了一定规模，并得到了广泛应用。例如，城市一卡通就是 RFID 的一类应用。

### 2. 智能监控

在互联网和移动互联网发展迅速的今天，社会中的各种对象及其行为都受到了来自通讯技术的监控和跟踪。其实，关于智能监控的生活场景已屡见不鲜，在移动传感器网络中更是时刻关注着社会环境中的各种对象。例如，噪音探头可以检测环境噪声污染，如图 7-21 所示；二氧化碳传感器可以检测大气中二氧化碳浓度；GPS 技术可以监控车辆位置，等等。

### 3. 智能控制

上文已对移动物联网的对象识别和信息获取、对象的行为监控等作了介绍，在此基础上的移动物联网的下一步，就是根据传感器网络获取的数据信息，通过云计算平台或者智能网络，对这些应用作进一步的控制与反馈。例如，通过光线强度的数据来调整路灯的亮度；是通过车流量数据来调整红绿灯的时间间隔（图 7-22）等。

图 7-21 噪音探头检测环境噪声污染

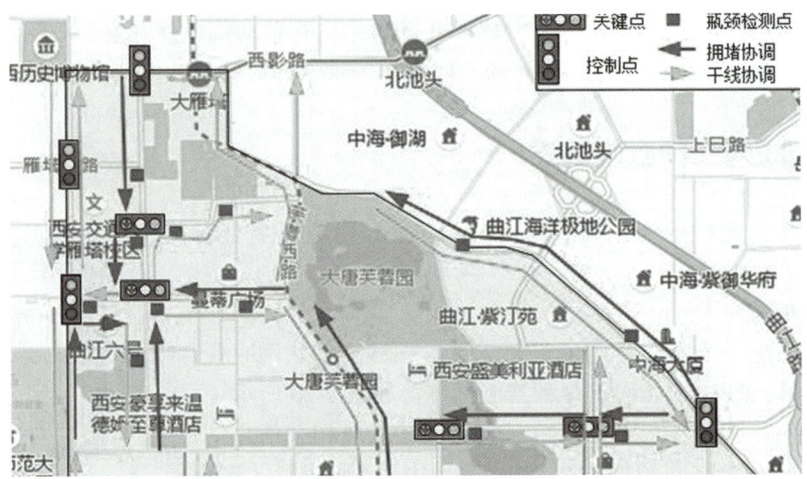

图 7-22 通过车流量数据调整红绿灯时间间隔

## 7.3.4 物联网应用案例

### 1. 在物流行业中的应用

在一般人的印象中，物联网应用主要集中在物流、零部件和生产领域。有观点称，物流领域是物联网相关技术最有现实意义的应用领域之一，而且特别是在国际贸易中，物流效率一直是制约整体国际贸易效率提升的关键环节，RFID 物联网技术的应用将极大地提升国际贸易流通效率，如在集装箱上使用共同标准的电子标签，装卸时可自动收集货物内容的信息，从而缩短作业时间，并时时掌握货物位置，提高运营效率，最终减少货物装卸、仓储等物流成本。

基于感知的货物数据可建立全球范围内货物状态监控系统，提供全面的跨境贸易信息、货物信息和物流信息跟踪，帮助制造商、进出口商、货代等贸易参与方随时随地地掌握货物及航运信息，提升国际贸易风险的控制能力。

物联网在企业物流中应用所产生的效果：降低成本及提高效率。举例来说，目前盛行的条码，人工读取一个需要 10 秒钟的时间，机器读取则为 2 秒，而采用电子标签及射频技术读取只需要 0.1 秒的时间。实践证明，物流与物联网关系密切，通过物联网建设，不但企业可以实现物流的顺利运行，城市交通和市民生活也将获得改观。

下面以物流领域中最常用也是应用最广泛的场景之一的入库管理为例，说明物联网的具体应用。

（1）存在的问题

在产品入库管理过程中，最重要、最核心的问题是产品的识别和入库单信息的获取，传统的人工或条码识别技术虽然得到一定的应用，但依然存在着以下几个问题。

① 产品识别困难。条码识别技术虽然有一定的应用，但条码扫描仪必须"看到"条码才能读取，条码容易撕裂或污损，给商品识别带来一定困难，而且条码的识别距离很短，也不能对多个产品进行同时识别，这些缺陷使条码识别技术在入库管理方面的应用受到一定限制；

② 产品信息难以实时获取。当产品入库时，必须对入库产品的名称、分类、规格、生产厂家、数量、入库时间等信息进行记录，并生成入库清单，以便之后核对、查实。但这些信息的获取往往比较困难，有时需要产品供应商的协助，协调难度大，信息实时性也较差；

③ 入库操作自动化程度不高，人工依赖性强。当进入仓库的物品种类繁多且集中包装时，更是需要人工清点、登记，远远不能满足快速、准确入库的需要，人工清点入库不但工作量大，而且十分复杂，非常容易出错。

物联网在计算机互联网的基础上，利用电子标签为每一物品赋予唯一的标识码——EPC（electronic product code，电子产品码），从而构造一个实现全球物品信息实时共享的实物互联网。它的提出给产品入库时获取产品原始信息并自动生成入库清单提供了一种有效手段，而电子标签可以方便地实现自动化的产品识别和产品信息采集，这两者的有机结合使自动化的产品入库成为可能，从而将大大降低入库管理中人工干预的程度，提高产品入库的自动化和智能化水平。基于物联网的自动入库管理系统结构图，如图 7-23 所示。

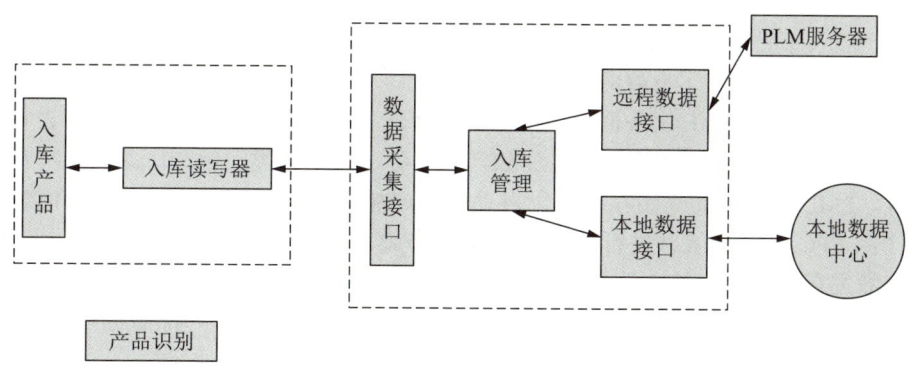

图 7-23 基于物联网的自动入库管理系统结构图

入库管理就是对进入仓库的产品进行识别，并对产品进行分类、核对和登记，生成入库产品清单，记录产品的名称、分类、规格、入库时间、生产厂家、生产日期、数量等信息。

并将这些信息更新到库存记录。这些工作准确性要求高、工作量大，人工作业强度和难度都十分巨大。因此，迫切需要能自动识别产品的技术和方法，以减轻管理人员的工作量，提高工作效率。

入库管理的关键在于对产品的识别和产品信息的采集，电子标签以其独特的优点成为产品自动识别的关键技术，而物联网则为产品信息共享和互通提供了一个高效、快捷的网络平台。基于物联网的自动入库管理系统的基本原理就是以电子标签作为产品识别和信息采集的技术纽带，通过在仓库的出入口设置读写器，对产品进行自动识别，同时通过物联网获取产品的详细信息从而自动生成入库清单，以达到自动化入库管理的目的。

（2）功能模块的组成

基于物联网的自动入库管理系统主要由产品识别、入库管理、PML 服务器和本地数据中心四大功能模块组成。

① 产品识别。产品识别模块的核心是产品的编码和识别。在基于电子标签的入库管理系统采用 EPC 作为产品的唯一标识码，EPC 是 Auto-ID 研究中心提出的应用于电子标签的编码规范，它使全球所有的商品都具有唯一的标识，其最大特色就是可以进行单品识别。产品识别系统包括电子标签和读写器。每个产品都附有一个电子标签，电子标签内写有 EPC 作为产品的唯一编码。存储有 EPC 的电子标签在经过读写器的感应区域时，EPC 会自动被读写器捕获，从而实现自动化的产品识别和 EPC 信息采集。入库读写器设置在仓库入口，对进入仓库的产品进行自动识别，并将捕获的产品 EPC 通过数据采集接口传送到入库管理模块作相应处理。

② 入库管理。入库管理模块是系统的核心功能模块，它通过数据采集接口、远程数据接口和本地数据接口同其他几个功能模块进行交互，从而实现产品自动入库管理的功能。入库管理的作业流程如下：产品入库时，由设置在仓库入口的入库读写器读取产品 EPC 并通过数据采集接口交由入库管理模块，入库管理模块通过远程数据接口访问 PML 服务器以获取产品的详细信息，并自动生成产品入库清单，然后通过本地数据接口将入库产品信息更新到本地数据中心。一般来说，入库单具有如下的信息结构：入库单（产品 EPC、产品名称、生产厂商、产品分类名、单位、生产日期、有效期、入库时间、产品说明），在这一信息结构中，产品 EPC 由入库读写器自动识别，同时记录产品的入库时间，其他的产品信息则可以根据产品的 EPC 通过访问 PML 服务器获取，整个入库清单的生成都是自动进行的，这不但提高了产品入库的自动化水平和智能化水平，而且也确保了入库产品信息的准确性，为科学的库存管理与决策奠定了良好的基础。

③ PML 服务器。PML 服务器是由产品生产商建立并维护的产品信息服务器，它以标准的 XML 为基础，提供产品的详细信息，如产品名称、产品分类、生产厂家、生产日期、产品说明等。PML 服务器的作用在于提供自动生成产品入库清单所需的产品详细信息，并允许通过产品 EPC 对产品信息进行查询。PML 服务器架构在一个 Web 服务器之上，服务处理程序将数据存储单元中的产品数据转换成标准的 XML 格式，并通过 SOAP（简单对象访问协议）引擎向客户端提供服务。PML 服务器的优势在于它屏蔽了产品数据存储的异构性，以统一的格式和接口向客户端提供透明的产品信息服务。

④ 本地数据中心。本地数据中心是入库管理系统存储和维护本地库存的本地数据库，产品入库信息最终都通过本地数据接口存储在本地数据中心中，以便查询和核对。

基于物联网的自动入库管理系统围绕电子标签和物联网这两个核心，通过电子标签实现产品的自动识别，利用物联网获取产品原始信息并自动生成入库清单，从而为自动化的入库管理提供了一种行之有效的手段，不仅大大提高产品入库管理的自动化和智能化水平，而且使入库管理的准确性更高，为科学的库存管理与决策奠定了良好的基础。

### 2. EAS 系统的应用

EAS 全称 electronic article surveillance，中文意思是电子商品防盗。多少年来，各商家为了使企业尽可能有效地减少损失，一直在进行着多方面的探索和实践。目前市场上常见的防盗系统大致有三种不同原理的产品，即电磁波原理、声磁原理和无线射频原理。不同原理的产品使用的标签是互不相通的，但使用同原理的设备使用的耗材（标签）基本相同。

EAS 是一种商品自卫装置，它用电子技术手段赋予商品一种自卫能力，即一旦有人企图不付款而将商品带出店外，它便会通知系统，发出报警。它让偷盗者昭然于众，这从根本上改变了以往防盗系统都停留在被动状态的监控防盗上，使防盗措施落实到每件商品上。

（1）EAS 系统的组成

EAS 系统由检测天线、软签解码器、软签、开锁器、硬签等组成。

① 检测天线：由一个发射天线、一个接收天线组成，其基本原理是利用发射天线将一扫描带发射出去，在发射天线和接收天线之间形成一个扫描区，当该区域内出现有效标签时，由接收天线接收到信号并触发报警，如图 7-24 所示。

图 7-24　检测天线

② 软签解码器：是使软标签失效的装置。通常将带有标签的商品，在解码器上方 20 cm 以内划过，标签即失效，可与 POS 机配合使用。

③ 软签：经特殊工艺将线圈固定在不干胶条形码上，在经过软签解码器后，即失效。

④ 开锁器：是快速、简单、方便地将各种硬签取下的装置。

⑤ 硬签：其内部结构是一个 LC 振荡回路，通过防盗钉或防盗绳将其固定在商品上，经过收银口时由收银员用开锁器将其取下，可以重复使用。

EAS 系统的工作原理如图 7-25 所示。

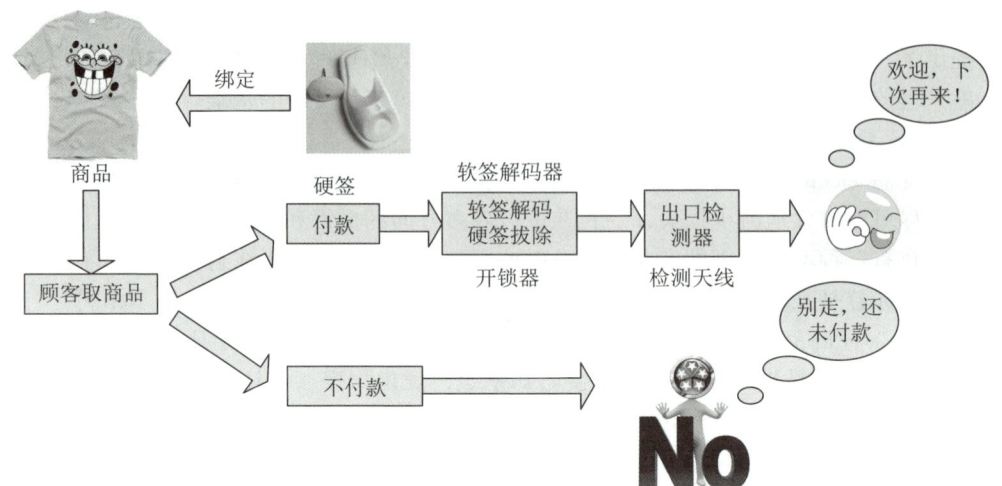

图 7-25　EAS 系统的工作原理

（2）EAS 系统的主要作用

EAS 系统的主要作用如下。

① 防止失窃。EAS 系统改变以往"人盯人""人看物"的方式，以高科技手段赋予商品一种自卫能力，使安全措施落实到每一件商品上，为商场挽回损失。

② 威慑作用。随着开架式售货方式的兴起，商品被盗的机会也随之增大，EAS 系统以强硬而礼貌的方式阻止顾客"顺手牵羊"的行为，同时会使小偷在盗窃商品时产生顾虑，甚至打消进入商店行窃的念头，给其造成极大的威慑力，避免人为因素造成的纠纷，在尊重人权的同时也维护商家的利益。

③ 简化管理。EAS 系统能有效地遏止"内盗"现象，缓和员工和管理者之间的矛盾，排除员工心理障碍，使员工全身心投入到工作中去，从而提高商场的工作效率。使用 EAS 系统还可从原来的基础上精选员工，优化员工，从而提高商场的档次。

④ 改善购物气氛，提高服务质量。以往"人盯人"的方式令很多消费者反感，从而有可能门庭冷落。EAS 系统把员工对顾客"无微不至"的防范，转化为替顾客专心服务，从而提高服务质量。为消费者创造良好的轻松的购物环境，大大改善商场和消费者的关系，为商场赢得更多的顾客。

⑤ 美化环境，提升企业形象。EAS 系统本身是一种外观精美的高科技产品，在保护商品的同时也美化了商场的环境，EAS 是现代化商场发展的趋势，提升了企业形象。

### 3. 智能公交，让城市流动起来

公交车要多久才能到站？末班车还有没有？这些让公交车乘客挂心的问题，可以通过电子站牌、智能车载机等设备来解决。智能公交系统的正常运行，要求所有公交车全部安装智能车载机，以实现 100% 的智能调度。同时，在公交候车亭和公交停车场安装电子站牌，滚动发布即时公交信息。

① 电子站牌：公交信息实时滚动，乘客候车有双"千里眼"。

通过在各公交站点候车亭和公交停车场安装电子站牌，并在相关的公交车辆安装了车载设备，可实现对公交线路运行车辆的实时监控，实现对多家公交公司经营线路上公交车辆的实时监控。电子站牌上面滚动发布各线路公交车离站点的距离，还有时钟功能，如图 7-26 所示。

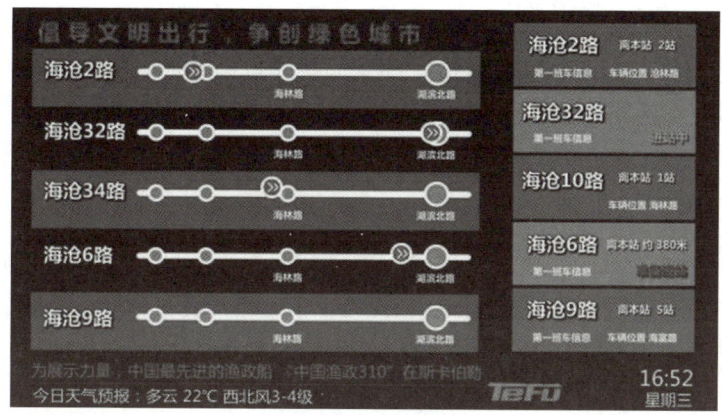

图 7-26 电子站牌

乘客确定乘车起点和终点后,可在电子站牌的屏幕上查询。电子屏幕上显示各公交线路距离本站的距离。这些数字资料定时更新,如果某条公交线路很久都没变化,则显示这一线路的车辆可能遇上塞车或抛锚等情况。公交车的车头上安装一个小巧的 GPS 车载机,通过这个 GPS 车载机系统,公交车的有关信息可及时传送到电子站牌。

过去等公交车,根本不知道还有多久车才能到站,有时等了很久,想放弃却不甘心,继续等下去又耗不起时间,要么车来了却挤不上车。如今有了电子站牌,可以知道公交车离本站有多远,乘客可据此选择等下去、转乘别的线路或改乘别的交通工具。

电子站牌还可根据乘客的需要增加公交班次数据,是否遇上塞车,车上是否拥挤,是否增发车辆等信息一目了然。同时,要保证数据更新的频率和准确性,不能出现公交车实际已到站,电子站牌还显示车在几百米之外的情况。

② GPS:走进公交车,公交车运行听令于卫星。

智能公交的最大特色是使用 GPS(全球定位系统)。例如,公共交通指挥系统由公共交通车辆自动定位系统、公共交通自动调度系统、公共交通行驶信息引导系统、电子站牌等公共交通子系统构成,目的是提高城市公共交通的总体服务水平和智能化程度,如图 7-27 所示。

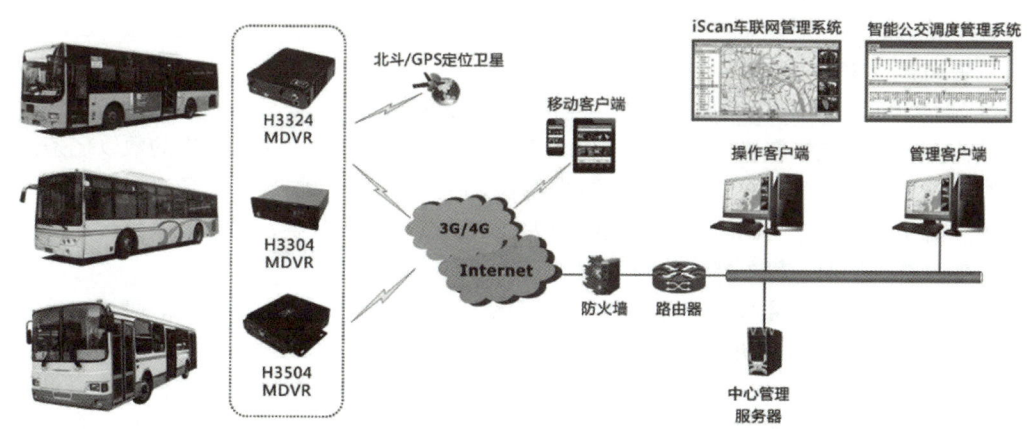

图 7-27 公共交通指挥系统

智能公交系统通过 GPS 卫星定位确定公交车辆的位置,将定位信息传送到总监控中心进行数据处理,再通过公共交通行驶信息引导系统和电子站牌实现信息发布,同时通过公交调度控制中心实现公交车辆的调度。

电子站牌的运行方式主要是根据装有 GPS 的车辆自动采集的信息和司机根据实际运营状况传回的信息，经无线通信网络传输到公交指挥调度中心后，通过广播电台的调频数据广播综合业务平台发送至电子站牌上，快捷地将信息传递给乘客。大屏幕电子地图显示各线路目前车辆的运行状态。

③ 电子地图：实时更新路况，指点迷津。

不少经常乘坐公交车的市民都会发现，最近各线路公交车上都逐渐出现了一个新玩意儿——电子地图。通过车上的电子地图，市民可以清楚地知道自己所乘坐的公交车到了哪个位置，初到异地的乘客更可借此认识该地的各条道路。

在公交车上安装先进的 GPS 导航系统和车载电子地图，在公交车车头和后门安装车载小电视可显示车行电子地图，并可播放公益广告、MTV（music television，音乐电视）等，行车过程中可自动报站，提醒乘客转弯等。当车辆行进时，电子地图同步显示行进路线，并显示离下个站点的距离。电子地图有三级显示功能：第一级对单个站点和周边区域进行展示，便于乘客了解车站离自己的目的地有多远；第二级显示 5 到 6 个站点，让乘客知道还有几站下车；第三级显示整条线路的走向，特别是电子地图有沿线各条道路的分布图，对那些不熟悉本地以及缺乏方向感的乘客有很大帮助。

在公交车整个行进过程中，电子地图的全自动智能报站系统都会自动进行报站，避免出现司机忘记报站或者不报站的现象。在停站时，电子地图具有记录车行速度的功能，一旦司机超速或者飞站，控制室将对司机发出指令，责令司机恢复车速或停止飞站。

④ GPS 报警器：与警方系统联网，一按按钮歹徒插翅难逃。

为保护司机与乘客安全，可以在 GPS 公交车上安装报警按钮，一旦发生突发情况，司机可按下按钮悄悄报警。

按照设想，在 GPS 公交车上安装的报警系统可与公安部门的报警系统形成一个报警网络，就像一些银行的报警系统一样。届时，一旦车上发生抢劫，司机可以在不被歹徒发觉的情况下悄悄按下报警按钮，即时报警。而警方可以立即对这辆车进行监控，通过"车载定位系统"马上追踪到出事车辆的位置，并据此迅速出警，在前方守株待兔，歹徒一下车，就有警车在等他。除了即时隐蔽报警，这一系统还有利于保存证据，对犯罪分子依法进行制裁。从技术上而言，GPS 完全可以实现即时报警的功能。

⑤ 智能调度：调控中心实时监控，人挤人快速加派车。

公交车安装智能车载机以后，通过智能调度系统，根据从公交车上采集的数以亿条计的动态数据，指挥中心可以在电子地图上清晰地看到各路车的运行情况，如果出现堵塞，可以及时通知总站调整发车的间隔。尤其是组织大型活动或赛事的时候，周边地区公交线路的调整、车辆增补等情况一目了然，能够大大改善公共交通的效率。

过去，公交车调度主要是由站长签发"更纸"，司机在两头总站间往返传递，站长联络则依靠电话或便携式对讲机。这种原始的调度方式无法掌握、反馈营运车辆在途中的动态，难以提高车辆的利用率，已远远不能适应时势的需求。如今，通过实时监控，调度中心可进行科学调度，这是个质的飞跃。现在总站对乘客信息的掌握不到位，放车凭经验，遇上塞车什么的，就难以把握。如果实现了智能调度，如乘客太多，马上就可加派车辆疏运；车辆出现故障，则尽快安排修理等，经过计算机的高速处理，能够迅速地提供优选方案或通过电子站牌告知乘客。

## 7.4 大数据技术及其应用

信息技术的普遍应用,移动互联网、物联网、工业信息化的普及,使数据产生的来源越来越多样,数据承载的内容越来越丰富,数据结构越来越复杂,从而带动了数据存储、数据治理、数据挖掘分析、数据展示等一系列技术和应用的发展。

本节内容旨在带领初学者建立大数据领域的知识图谱,可以按图索骥,有针对性地去学习。开篇介绍大数据概念、基本特征,带领读者了解入门大数据技术的基本内涵,包括 Hadoop 和 Spark 等开源大数据存储、计算框架,进而介绍大数据的重要应用模式,如数据处理、数据挖掘分析和数据可视化展示等,最后介绍大数据的应用案例。

### 7.4.1 大数据的概念

#### 1. 大数据的定义

随着各种技术的发展,数据产生的速度、规模、渠道等都产生了根本性的变革。例如,在天文学和基因学领域,2000 年启动的斯隆数字巡天项目,位于新墨西哥州的望远镜在短短几周内搜集到的数据超过天文学历史上搜集到的数据总和;2000 年完成的人类基因组计划,用了 10 年才完成 30 亿对碱基对的排序,而现在的基因测序仪 15 分钟内就可以完成同样的工作量。

今天,各行各业都会产生大数据,如图 7-28 所示。例如交通领域视频监控、车辆 GPS、公共交通卡终端、车辆地铁飞机的运行等各场景下产生的数据,波音飞机上,每个引擎 3 分钟产生 1 TB 数据,波音 787 飞行 6 小时可产生 240 TB 数据;物联网(IoT)的发展,赋予了各种家电设备、机器设备数据传输角色;零售业会产生 POS 销售系统数据、订单 / 库存 / 供应链管理的 ERP 系统数据;银行业产生大量交易、影像留存数据;互联网行业,Web 网页、移动应用每天生成大量日志文件、图片、视频、电商销售数据等。数据无处不在,它们直观的感受就是大、多、有价值、管理处理较难等。

图 7-28 各行各业都会产生大数据

大数据技术

大数据（big data）定义有很多版本，Apache Hadoop 定义大数据为"通过传统的计算机在可接受的范围内不能捕获、管理和处理的数据集合"。麦肯锡在《大数据：创新、竞争和生产力的下一个前沿领域》一书中给出的定义是："Datasets whose size is beyond the ability of typical database software tools to capture, store, manage, and analyze"（一种规模超过现有数据库工具获取、存储、管理、分析方面能力范围的数据集），且同时强调并不是超过某个特定数量级的数据集才是大数据。

另外对大数据目标属性的描述，普遍认为大数据一定是有用的，企业、非盈利组织、政府和个人能够从整合多源数据中获得更好决策，能帮助发现相关数据并分析其影响。

若覆盖多个方面，可以对大数据做如下综合定义：指数据本身及为了实现"数据–价值"这一价值逻辑而涉及的工具、平台和系统的合集。

### 2. 大数据的特征

大数据有 4 个特征，简称 4V：volume、variety、velocity、value，分别表示海量的数据规模、多样的数据类型、快速的数据分析处理和价值密度低。

① 规模性（volume）：数据量大是最直观的感受，大型强子对撞机每秒产生 40 TB 的数据，百度存储网页数量接近 1 万亿，目前数据总量近 1 000 PB。今天，存储单位已由过去的 GB 到 TB 再到 PB、EB，传统的集中存储已不能满足需求，导致分布式存储获得大量应用。

② 多样性（variety）：主要指数据结构的多样性。数据分为结构化数据、非结构化数据和半结构化数据。

• 结构化数据：格式非常规范，有固定的结构、属性划分，通常由二维表结构存储在关系型数据库中，数据记录的每个属性对应数据表中一个字段。

• 非结构化数据：没有标准格式的数据，如视频、图片、音频、报表文件等。

• 半结构化数据：格式较为规范但不固定，不同数据的属性的顺序、个数等是不一定一样的，如 JSON 和 XML 格式，典型的是员工简历、订单数据等。半结构化数据举例，如图 7-29 所示，为两个 XML 文件。

```
1  <person>
2      <name>A</name>
3      <age>13</age>
4      <gender>female</gender>
5  </person>
```

```
1  <person>
2      <name>B</name>
3      <gender>male</gender>
4  </person>
```

图 7-29　半结构化数据举例

③ 高速性（velocity）：大数据处理常要求秒级、毫秒级。例如，银行需在信用卡交易的场景下以毫秒级的识别速度识别盗刷信用卡等行为，电商需要针对客户实时做出个性化推荐。快，一方面指数据产生得快，另一方面指数据处理得快。产生方面，有的是爆发性的如强子对撞机 TB/s 级产生数据，有的是细流式的，如点击流数据，单次量小但用户数大，数据产生仍然快。处理方面，大数据处理可分为离线批处理和实时流处理，相比离线批处理偏重高吞吐量，实时流处理更偏重时效性，也就是处理得快。

④ 价值性（value）：首先，数据是有价值的，但大数据往往价值密度低，需要对大量不相关信息，利用机器学习、神经网络学习进行复杂的数据挖掘和分析。

## 7.4.2 大数据技术基本内涵

### 1. 大数据技术体系

根据大数据的处理流程，如图 7-30 所示，大数据技术体系主要包括以下四个方面内容：数据采集、数据存储与管理、数据分析挖掘、数据可视化展示。

（1）数据采集

目前大数据产生和获取至少有三种方式：第一，互联网数据，随着互联网不断渗透，互联网用户的输入信息、上传数据以及浏览信息等，每天都会生成大量的数据信息；第二，传感器数据，如智能温度控制器、智能电表、工厂机器以及接入互联网的家用电器以及 GPS 等设备的传感器产生的数据，这些新兴的物联网数据是大数据的一个重要来源，所以大数据与物联网结合也是

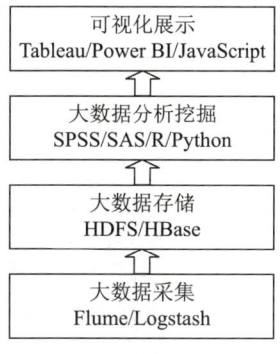

图 7-30　大数据处理流程

一个重要的发展方向；第三，科学实验数据，这一类数据是指在科学实验过程中搜集和汇聚的数据。

数据采集则是利用一些实时或非实时的工具对这些数据进行收集整理，并通过 ETL（extract-transform-load，抽取–转换–加载）工具将数据存放至数据库或文件系统中。常见的数据采集工具如下。

① Flume：Flume 是 Apache 项目下一款开源的、高可靠、高可用、可扩展的数据采集系统，作为一个分布式数据采集系统，可以采集不同数据来源的数据并写入到多种数据存储系统中。

② Logstash：Logstash 与 Elasticsearch（分布式的搜索和数据分析引擎）、Kibana（图表展示工具）共同作为 Elastic Stack（数据搜索、分析和可视化工具合集）的重要组成部分，Logstash 通常作为 Elasticsearch 的实时数据采集引擎，同样可以采集不同来源的数据，并将处理后的数据输出到不同输出源中。

（2）数据存储与管理

数据存储与管理是将采集到的数据进行组织和管理，以便进行后续的数据读取或分析操作。数据存储的方式和介质选取，与数据结构以及使用方式有着极大关系。传统关系型数据，如财务数据、销售数据等可以通过二维表结构来逻辑表达现实的数据，通常存放于关系型数据库中；而在大数据环境中，大量非关系型数据，如图片、音频、影像数据等，则需要采用 HDFS 分布式文件系统和 NoSQL 数据库进行存储。

（3）数据分析挖掘

数据分析挖掘是从数据中获取有价值信息的过程，这些信息通常表现为：规则、概念、规律以及模式等。数据分析挖掘可以进一步细分为统计分析和数据挖掘，而两者的主要区别在于：第一，在进行统计分析时需要对数据分布和变量之间的关系做假设，而大多数数据挖掘方法对数据分布未做严格的假设规定，因此，对于海量数据的处理，数据挖掘具有更明显的优势；第二，统计分析在于发现一个或一组函数关系，而数据挖掘则是以结果为导向，重点在于预测结果。在大多数场景下，没有刻意区分这两个概念，因为数据挖掘很多方法也是由统计理论发展而来的，可谓同宗同源，在数据分析过程中，需要根据具体业务确定具体的分析方法和技术，不能人为地将这两种方法割裂。

（4）数据可视化展示

数据可视化是将数据分析结果呈现的重要步骤，能够直观地传递结果信息。传统的数据可视化方法包括折线图、条形图、饼图等，随着大数据技术的发展，新型的可视化产品开始具备实时性、操作简单、内容更丰富等优势。

专业的可视化工具有很多，大致可分为三类：企业级专业可视化工具、轻量级在线可视化工具、编程式图表工具。目前可用于数据可视化产品开发的主要工具主要有：Tableau、Power BI、JavaScript，以及云上可视化服务，如：华为云 DLV（data lake visualization）服务，如图 7-31 所示。

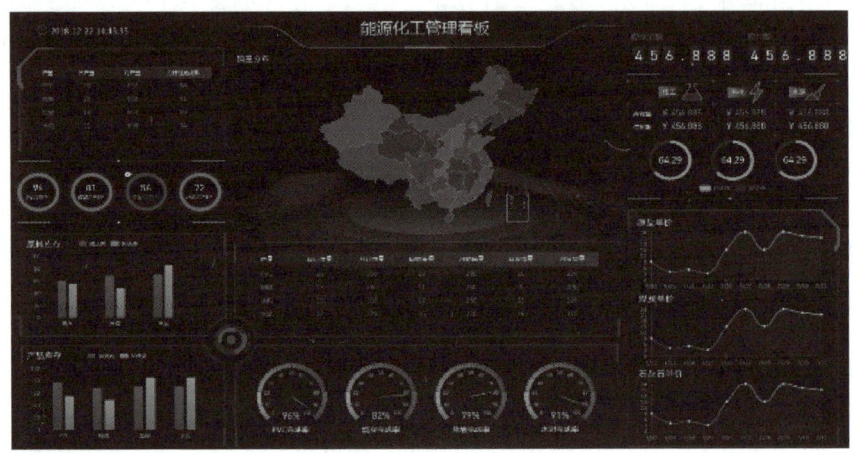

图 7-31　华为云 DLV 服务

## 2. 分布式文件系统

分布式文件系统与一般文件系统最大的区别在于，数据不仅可以存放在本地的物理资源上，还可以通过网络传输到其他物理节点进行存储。分布式文件系统主要特点有：高可靠、高可用、可扩展。

对同一份数据进行备份，并将备份数据存放于不同物理节点上，由于分布式文件系统通过网络进行传输，所以存放数据的物理节点可以分布在不同地区，这种方式极大地保障了数据的安全性。同时，分布式文件系统可以通过增加物理节点的方式来提升集群计算效率。

典型的分布式文件系统有谷歌 GFS 系统、Hadoop 的 HDFS 系统和加州大学圣克鲁兹分校的 Sage Weil 设计的 Ceph 系统。

## 3. 分布式数据库

随着半结构化和非结构化数据的出现，传统数据库在数据并发处理、可扩展性和可用性方面都遇到了瓶颈，由此诞生的以 HBase 为代表的非关系型数据库，用来弥补数据存储管理在处理非结构化数据方面的空缺。

与分布式文件系统相类似地，分布式数据库的主要思想是将传统模式中集中存储的数据分布到多个存储节点上，节点之间通过网络进行通信，从而数据库系统能够获取更大的存储容量以及处理高并发访问量。

同时，为了适应处理海量数据的需求，分布式数据库系统在数据压缩和读写方面进行了优化。分布式数据库系统中，常用的两种技术包括并行加载技术和行列压缩存储技术。

根据处理的数据对象类型，将分布式数据库分为关系型数据库和非关系型数据库两种类型。在大数据环境下,以 Key-Value 方式进行存储的非关系型数据库逐渐成为大数据时代中分布式数据库的主流,常见非关系型分布式数据库有 HBase、MongoDB、VoltDB、ScaleBase,关系型分布式数据库有华为 GaussDB OLAP。

#### 4. 数据库和数据仓库

数据库是按照一定数据结构来组织、存储和管理的数据集合,而数据仓库是一个面向主题的、集成的、稳定的、反映历史数据变化的数据集合。数据库与数据仓库的共同点在于,都具有存放数据的功能;但是数据仓库在管理层次上高于数据库,一个数据仓库可以包含多种类型的数据库。

#### 5. OLTP 和 OLAP

OLTP(on-line transaction processing)是指联机事务处理,其主要采用传统关系型数据库。OLTP 系统是主要面向业务人员和用户提供日常的业务处理能力,需要保障数据的强一致性,所以要求具有较强的事务保障能力,例如银行、电子政务大厅等。

OLAP(on-line analytical processing)是指联机分析处理。OLAP 是一种基于数据仓库的应用,主要面向对象是数据分析人员,针对一定的主题进行数据分析。

OLTP 和 OLAP 系统的区别主要体现在以下几个方面。

① 实时性:OLTP 系统需要对用户需求进行快速响应,能够及时反映数据的变化,OLAP 系统只需及时返回用户提交的用户查询结果即可,而无需进行实时地分析计算。

② 存储数据内容:OLTP 系统需要记录最新状态的数据,而 OLAP 系统主要用于数据分析,所以其中存放的数据大多为历史数据。

③ 数据操作:OLTP 系统业务逻辑相对固定,通常不会进行大数据量查询,但 OLTP 需要面对大量高并发操作,所以需要数据库的事务机制和锁机制来保证数据的准确性和一致性,OLAP 系统在数据入库后则一般不会进行删除和修改操作。

#### 6. 大数据技术生态系统

(1) Hadoop

Hadoop 是一个开源的用于分布式计算和存储的大数据处理框架,是一个集合了大数据不同阶段技术的生态系统,如图 7-32 所示。

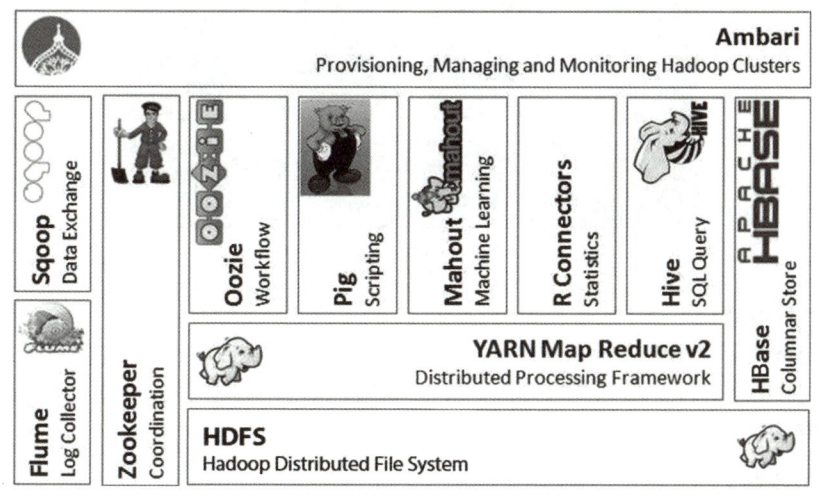

图 7-32 Hadoop 技术生态系统

① HDFS 分布式文件系统

HDFS（hadoop distributed file system）存储策略是将大数据文件分块并存储在不同的计算机节点上，并通过元数据节点 NameNode 进行数据块信息管理。

② MapReduce 分布式计算框架

MapReduce 是一个用于大数据分布式计算的编程框架。

③ YARN&Zookeeper 集群管理

YARN 是 Hadoop 2.0 的资源管理系统，也是 Hadoop 2.0 相比于 Hadoop 1.0 的一个核心变化，它是一个通用资源管理系统，为上层应用提供统一的资源管理和调度。

④ Flume 数据采集

Flume 是一个分布式、高可靠和高可用的数据采集系统，支持多种数据来源，包括：HTTP、JMS、RPC、NetCat 等，同时可以将数据写入多种存储介质中，如 HDFS、HBase、Solr、File 等，也可以将处理后数据输出至下一级 Flume Agent 中。

⑤ Sqoop 数据传输

Sqoop 是一个开源的数据库导入/导出工具，它允许用户将关系型数据库中的数据导入 Hadoop 的 HDFS 文件系统，或将数据从 Hadoop 导出到关系型数据库中。

⑥ Hive 数据仓库

Hive 是一个构建于 Hadoop 上的数据仓库平台，为了方便对 Hadoop 平台的数据进行查询、计算等操作，将 HDFS 上结构化的数据文件映射为一张数据库表，并提供了类似 SQL 语言的查询功能，其底层实现原理是将 SQL 语言转化为 MapReduce 任务。

⑦ HBase 非关系型数据库

HBase 是一个分布式、可扩展的 Hadoop 数据库，其主要功能是实现托管数达到数十亿行、数百万列的大表存储，并能够实现对大数据进行随机的、实时的读写访问操作。HBase 的数据全部存储在 HDFS 中。

（2）Spark

Spark 是一种基于内存的快速、通用、可扩展的大数据计算引擎，如图 7-33 所示。

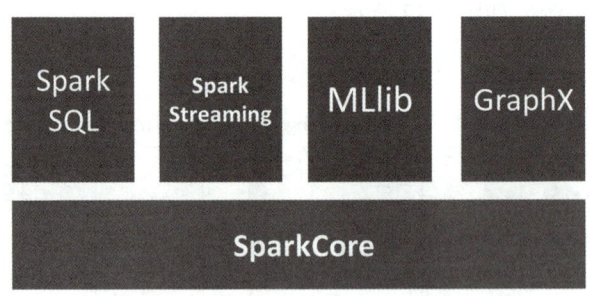

图 7-33　Spark 大数据引擎

① SparkCore

SparkCore 类似于 MR 的分布式内存计算框架，其最大的特点是将中间计算结果直接放在内存中，提升计算性能。自带了 Standalone 模式的资源管理框架，同时，也支持 YARN、MESOS 的资源管理系统。

② SparkSQL

SparkSQL 是一个用于处理结构化数据的 Spark 组件，作为 Apache Spark 大数据框架的一部分，主要用于结构化数据处理和对数据执行类 SQL 查询。通过 SparkSQL，可以针对不同数据格式（如 JSON，Parquet，ORC 等）和数据源（如 HDFS、数据库等）执行 ETL 操作，如完成特定的查询操作。

③ SparkStreaming

SparkStreaming 是一个微批处理的流处理引擎，将流数据分片以后用 SparkCore 的计算引擎中进行处理。与 Storm 相比，其优势体现在吞吐量上。

④ MLlib

MLlib（由 Twitter 开源的分布式、高容错的实时处理系统）是 Spark 的常用机器学习算法库，Spark 基于内存计算的设计便于处理大量的迭代计算，所以 Spark 在机器学习迭代计算过程中体现出极大优势。

⑤ GraphX

主要用于图计算，在一些复杂的计算场景中，需要使用图的概念来对现实世界进行抽象，如社交网络、知识图谱等，GraphX 为图计算提供了丰富的接口。

⑥ RDD 弹性分布式数据集

RDD 是 Spark 的核心数据结构，Spark 将数据抽象成弹性分布式数据集 RDD，通过操作 RDD 来并行操作集群上的分布式数据集。RDD 包含两类操作：Transformation 操作和 Action 操作，Transformation 操作是将 RDD 转换成一个新的 RDD，常见的转换操作函数包括：map（）、flatMap（）、filter（）、distinct（）等；Action 操作会触发 Spark 提交作业，对 RDD 进行计算，并将最终求得的结果返回到驱动器程序，或者写入外部存储系统中。

⑦ Spark 任务提交流程

RDD 的 Action 操作触发任务的提交，提交到 Spark 中的任务生成 RDD DAG（有向无环图），并由 DAGScheduler 转换为 Stage DAG，在每个 Stage 中产生相应的 Task 集合，TaskScheduler 再将任务分发到 Executor 执行。

大数据技术生态

## 7.4.3 大数据基本应用模式

### 1. 大数据场景化解决方案

在面对具体不同的场景时，会适用不同的技术组合去解决需求。企业总结出三种典型的大数据场景化解决方案归纳上述技术组合：离线批处理、实时流处理、实时检索。

（1）离线批处理

离线批处理是指对海量数据进行分析和处理，形成结果数据，供下一步数据应用使用。离线批处理对处理时间要求不高（分钟级、小时级延迟），但是所处理数据量较大，占用计算存储资源较多。如图 7-34 所示，为一个金融领域场景中的离线批处理过程。

在这里，离线分析平台主要进行数据处理和加工，将原始数据加工成明细数据；以及进行离线跑批作业产生结果数据，供上层应用调用。

离线批处理具有以下特点。
- 数据量巨大且保存时间长。
- 数据在计算之前已经完全到位，不会发生变化。
- 在大量数据上进行复杂的批量运算。
- 能够方便地查询批量计算的结果。

大数据基本应用模式

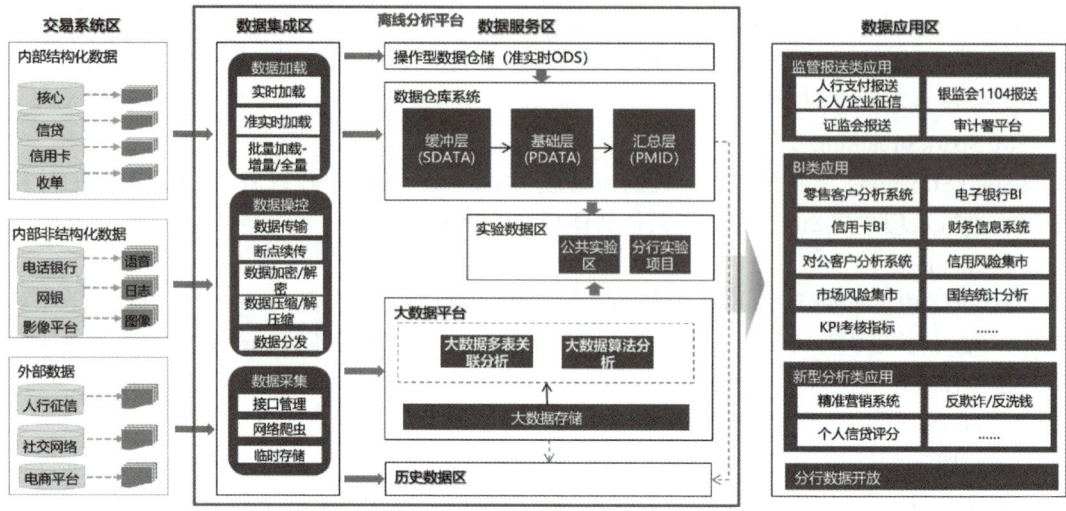

图 7-34　金融领域场景中的离线批处理过程

（2）实时流处理

实时流处理是指对实时数据进行快速分析，迅速触发下一步动作的场景。实时数据对分析处理速度要求极高，处理规模巨大，对 CPU 和内存要求很高，但是通常数据不落地，对存储量要求不高。实时流处理，通常通过 SparkStreaming 或者 Flink 任务实现，其流程处理速度在秒级甚至毫秒级，如图 7-35 所示为实时流处理过程。

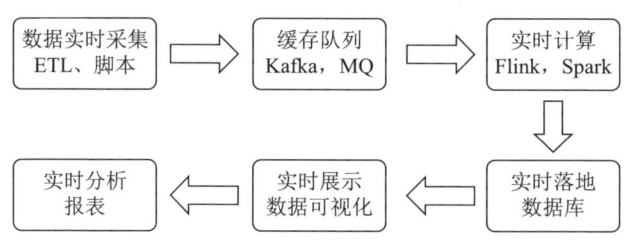

图 7-35　实时流处理

数据实时处理应用广泛，常见的有电商双十一大屏、股票交易大厅大屏、火车站车辆信息实时图等场景下的成交额、订单量、车辆状态、成交量等。另外还有基于规则的警报，如公安系统的布控场景等。仍以金融领域的信用卡反欺诈为例详解实时流处理的场景，如图 7-36 所示。

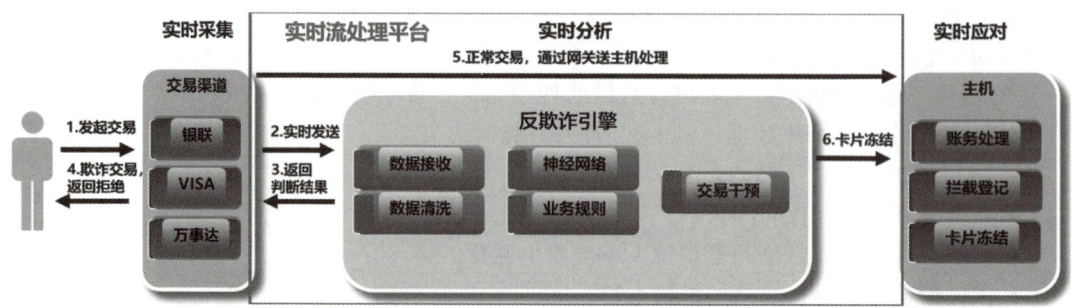

图 7-36　信用卡反欺诈实时流处理

银行的信用卡反欺诈系统建立在"交易渠道-反欺诈引擎-主机"的实现框架上。首先在交易渠道上,客户刷卡后,从银联、VISA、万事达等卡组织向银行发送实时交易。在欺诈识别模块中,对卡组织交易数据进行清洗补齐,并提取风险特征;将风险特征载入神经网络和业务规则,对交易进行欺诈判断;对可疑交易实施干预,如拦截等措施,并发送验证码核实。最后主机层面,对正常交易执行账务处理,对异常交易登记拦截原因,对欺诈卡片实施冻结处理。

信用卡反欺诈的场景非常典型,它处理的数据量巨大、并发度较高、且需要实现毫秒级识别;处理过程要求稳定,必须有7×24小时服务的支持,且需服务于不同的业务条线,而数据又不落地;另外,它需要丰富的第三方模型支持,包括异常值模型(无监督学习的聚类算法)、关联模型(有监督学习的分类算法)、神经网络模型等。

(3)实时检索

实时检索简而言之就是对系统内的一些信息根据关键词进行即时、快速搜索,实现即搜即得的效果。实时检索强调的是实时低延迟。仍以金融行业中实时检索的应用场景做案例,如图7-37所示。

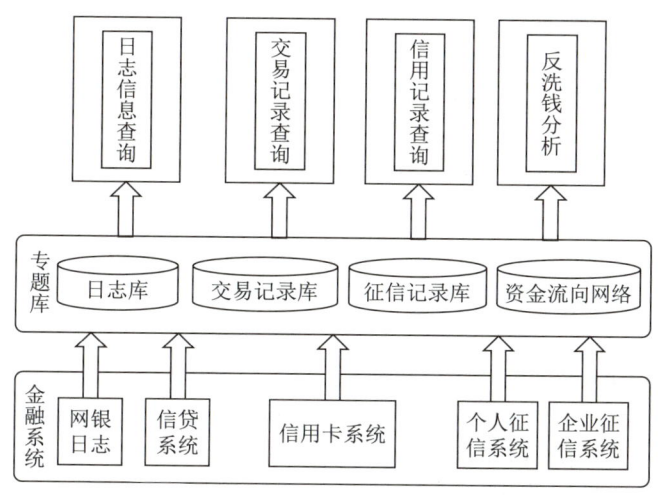

图7-37 金融行业中实时检索的应用场景

银行的客户、业务人员主要根据ID(日志类型、卡号等)和时间段进行数据查询,这些查询往往是高并发的,且需1 s内进行响应,80%的查询是主键查询,其他的查询也是简单条件组合查询。这些数据由大量多格式的小文件组成,如鉴权等客户身份验证(know your custom,KYC)操作产生的大量的人脸、图片、视频等,可用于事后查询交易凭证,追溯交易,以及查询客户信用记录,帮助客户快速借款等;也可整合多方数据,形成关系网络,查询关联关系。实时检索可应用于反洗钱、风控等金融行业中的场景。

2. 数据分析与挖掘

数据分析是大数据价值链最重要的环节,而数据挖掘(data mining)是数据分析的关键步骤和利器。互联网时代,数据分析与挖掘已广泛应用于各领域,例如推荐系统的应用(电商网站的个性化推荐、微博抖音上的内容推荐、亚马逊的"预判发货"等),其应用过程涉及关联规则、协同过滤、聚类等数据挖掘算法。

数据分析过程是指收集、处理数据并获取数据中隐含的信息的过程,包含下列步骤。

① 需求分析识别：明确目标需求，为数据的收集和分析方法选择提供方向。

② 数据采集：常用的数据采集方法包括系统日志采集、传感器采集、基于 Web 爬虫采集等。系统日志采集常见如 Web 服务器收集的日志文件，主要是用户行为数据，如点击、输入等操作记录；传感器采集数据类型多样，包括声音、温度、湿度、距离、电流等；Web 爬虫采集数据则主要是抓取网页数据。

③ 数据预处理和特征选择：一个数据集由数据对象组成，一个数据对象代表一个实体。数据对象又称为样本、实例、数据点或对象。数据行对应数据对象，列对应属性。属性（attribute）是一个数据字段，表示数据对象的一个特征，比如，一个表中的某一列表示每个数据对象的 customer_ID；某一列表示数据对象的 address。

原始数据往往存在各种问题：部分数据缺失不完整，为空值；数据重复性/关联性字段过多；数据含噪声不一致；维度过多数据样本分布非常稀疏等。而大部分数据挖掘算法对数据的输入格式、数据质量及规模有要求，因此需进行数据预处理来提高数据质量以及数据挖掘性能和效率。

④ 统计分析：基于统计对数据进行分析，如离散度和集中度。

⑤ 数据挖掘：用数据挖掘算法建立模型并进行训练，对模型参数进行校准并进行模型评估、优化达到最优值。

以下对数据分析过程中部分重要步骤及常用数据挖掘工具进行详细讲解。

（1）数据预处理

常用的数据预处理方法有：数据集成、数据清洗、数据归约、数据变换等。

① 数据集成

将本地数据、网页数据、爬虫数据、数据库数据等进行 ETL（抽取，转换和加载）操作并集成在一起。

② 数据清洗

数据清洗包括以下内容。

• 去掉脏数据：删除原始数据集中，重复、不准确、过时的数据；筛选掉与分析主题无关的数据等，比如一个人的身高高于 3 m。

• 缺失值处理：方法有删除记录、数据插补、不处理这三类。其中数据插补可以采用同属性均值、中位数、众数插补的办法，也可用固定值插补法、最近邻插补法、回归方法、牛顿插值法等。

• 异常值处理：通过回归、聚类的方式识别数据中的噪声点；常见的异常值处理方法有删除、视为缺失值、平均值修正等。针对异常值，首先要分析出现的可能原因，再判断如何处理，如果是正确的数据则可不必处理而直接挖掘建模。如图 7-38 所示，为通过聚类的方式识别噪声点。

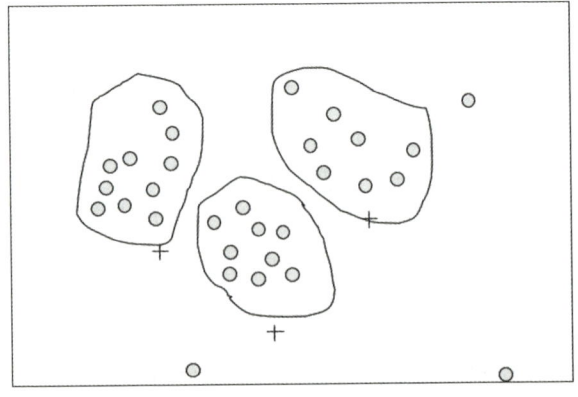

图 7-38　通过聚类的方式识别噪声点

③ 数据归约

数据归约分为数量归约和维度归约。

• 数量归约：用规模较小的数据表示、替换或估计原始数据，可分为非参数方法和有参数方法。其中无参数方法有分箱法、聚类、抽样等；有参数方法包括线性回归、多元回归、对数线性模型等。

• 维度归约（降维）：归约不重要的维度属性。奇异值分解（singular value decomposition，SVD）、主成分分析法（principal components analysis，PCA）、局部线性嵌入算法（locally linear embedding，LLE）等都是常用降维方法，维度归约示意图，如图7-39所示。

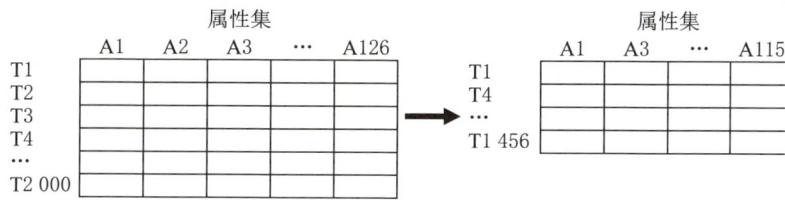

图7-39 维度规约示意图

④ 数据变换

数据中会存在不同属性的数据不一致的情况，如数值大小差距过大，A班级打分为百分制、B班级打分为10分制等，导致数据没有可比性，而数据挖掘的建模算法对数据的缩放敏感；另外为方便计算需要将字符转换为数值，这些场景下均需进行数据变换。常见的处理方法，对数值属性的数据有最小、最大规范化，标准化（0—1标准化、z标准化），正则化处理等；对分类属性的数据可以分类特征编码，如One-Hot编码适用取值之间大小无意义的定类属性的数据，Label编码适用取值之间大小有意义的定序属性的数据。

（2）特征选择

数据预处理完成后，需选择有意义的特征输入算法和模型进行训练。可从以下两个方面考虑进行特征选择。

① 特征是否发散：如果一个特征不发散，例如方差接近于0，即样本在这个特征上基本无差异，则这个特征对于样本的区分基本无用。

② 特征与目标的相关性：与目标相关性高的特征，应当优先选择。

特征选择方法可分为特征减少和特征扩增两类。特征减少包括单变量特征选择方法，如Filter（过滤法）；基于模型的特征选择方法，如Wrapper（包装法）、Embedded（嵌入法）。特征扩增则是在原有基础上构造新的特征。

① Filter（过滤法）：按照发散性或者相关性对各个特征进行评分，设定阈值或者待选阈值的个数来选择特征。典型过滤法有方差选择法、相关系数法、卡方检验等。

② Wrapper（包装法）：根据目标函数（通常是预测效果评分），每次选择若干特征，或者排除若干特征，典型的有递归特征消除法（recursive feature elimination，RFE），即指定保留的特征数量$k$，使用一个基模型（比如选择逻辑回归算法）来进行多轮训练，每轮训练后，移除若干权值系数的特征，再基于新的特征集进行下一轮训练，直到特征保留为$k$个。

③ Embedded（嵌入法）：先使用某些机器学习的算法和模型进行训练，得到各个特征的权值系数，根据系数从大到小选择特征。其类似于Filter方法，区别在于Embedded方法是通过训练来确定特征的优劣。

降维和特征选择都可解决过拟合的问题，使数据维度降低，但本质不同。降维本质上是将原始特征从一个维度空间映射到另一个维度空间，映射后特征值可能改变。例如：假设原始特征中有个特征的值是 9，那么降维后对应的值可能是 3；特征选择就是单纯地从提取到的所有特征中选择部分特征作为训练集特征，提取后特征值不变。例如：假设原始特征中有个特征的值是 9，那么特征选择选到这个特征后它的值还是 9。

（3）数据挖掘

数据挖掘常用机器学习算法。机器学习主要是研究如何使计算机从给定的数据中学习规律，即从观测数据（样本）中寻找规律，并利用学习到的规律（模型）对无法观测的数据进行预测。机器学习分为两大类：有监督学习和无监督学习，见表 7-3。

表7-3  机器学习分类

| 有监督学习 | 无监督学习 |
| --- | --- |
| Regression（回归） | Clustering（聚类） |
| Classification（分类） | Association（关联） |
| …… | Recommendation（推荐） |
|  | …… |

① 有监督学习

通过已有的训练样本（已知数据及其对应的输出）来训练，从而得到一个最优模型，再利用这个模型将所有新的数据样本映射为相应的输出结果，并对输出结果进行简单的判断从而实现分类的目的，那么这个最优模型也就具有了对未知数据进行分类的能力。有监督学习中，只要输入样本集，机器就可以从中推演出制定的目标变量的可能结果，其模型如图 7-40 所示。

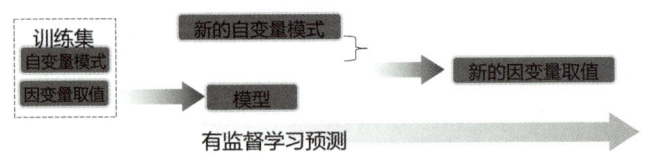

图 7-40  有监督学习模型

有监督学习的算法分两种类型：回归算法和分类算法。前者适用于连续变量预测，后者适用于离散变量预测。

• 回归算法

回归算法用于预测输入变量和输出变量之间的关系，即回归模型是表示输入变量到输出变量之间映射的函数。回归问题的学习等价于函数拟合（使用一条函数曲线，使其很好地拟合已知函数并能很好地预测未知数据）。

回归问题分为模型的学习和预测两个过程。前者是指基于给定的训练数据集构建一个模型，后者是指根据新的输入数据预测相应的输出。回归问题按照输入变量的个数可以分为一元回归和多元回归；按照输入变量和输出变量之间关系的类型，可以分为线性回归和非线性回归。

常用的回归算法有线性回归，逻辑回归。典型的回归算法应用包括用户数预测、收入预测、价格预测、目标制定等。

- 分类算法

分类算法使用类标签已知的样本建立一个分类函数或分类模型（也称作分类器），应用分类模型，把数据库中类标签未知的数据项映射到给定类别中的某一个，从而进行分类、实现预测。上述已知数据和未知数据分别对应训练集和测试集。常用分类算法包括 SVM（支持向量机）、KNN（K 近邻）、朴素贝叶斯、决策树、神经网络以及集成学习。

集成学习通过将多个单个的学习器集成或组合在一起，使它们共同完成学习任务，以达到提高预测准确率的目的，有时也被称为多分类器系统（multi-classifier system）。集成学习能够通过训练数据集产生多个学习模型，然后通过一定的结合策略生成强学习模型。比如，随机森林模型是一个包含多个决策树的分类器。

分类算法的典型应用有流失预测、精准营销、个性偏好、信用分析、欺诈预警等。

经典回归算法和分类算法模型的描述及其 Python 实现方式见表 7-4。

表7-4 经典回归算法和分类算法模型的描述及其Python实现方式

| 模型 | 描述 | Python实现方式 |
| --- | --- | --- |
| 逻辑回归 | 经典基础的线性分类模型，某些场合简单有效 | sklearn.liner_model |
| 决策树 | 符合人分析思维习惯，模型直观，易解释 | sklearn.svm |
| 随机森林 | 思想类似决策树，精度一般高于决策树，但解释性差 | sklearn.ensemble |
| 神经网络 | 强大的拟合能力，用于拟合和分类，有多个增强版本，是深度学习的基础 | Keras |
| SVM | 强大的应用性，可用于回归、分类等，根据不同的核函数，可以为线性或非线性 | sklearn.svm |
| 朴素贝叶斯 | 基于概率思想，简单有效用于分类，易于解释 | sklearn.naive_bayes |

② 无监督学习

无监督学习是指在未加标签的数据中，根据数据本身之间的属性对数据进行分类，相似、相近的数据分在同一类，相反，不相似、不相近的数据分在不同的类中。其本质上就是利用无标签的数据学习数据的分布或数据与数据之间的关系。无监督学习最常应用的场景是聚类分析、关联分析等。

- 聚类分析

聚类分析是分析研究对象（样品或变量）如何按照多个方面的特征进行综合分类的一种多元统计方法。聚类分析的算法是把对象分为不同的类别，类别是依据数据的特征确定的；把相似的东西放在一起，以保证类别内部的差异尽可能小，类别之间的差异尽可能的大。

聚类分析有两方面作用：一是作为单独过程，用于对数据进行打标签，即数据画像构建；二是作为分类等其他学习任务的前驱过程，如聚类算法可以作为一些监督算法的前驱过程。

聚类分析也可用于用户数据画像构建，如根据客户数据，将相似性较高的客户聚为一类，打标签，进行客户类别细分。用户数据画像广泛应用于金融、互联网行业中的业务推荐、精准营销等。

聚类分析可用于离群点检测。离群点检测是数据挖掘中的重要应用之一，其任务就是发现与大部分观察对象显著不同的对象，大部分的数据挖掘方法会将这种差异信息视作噪声进行预处理，但是另外的一些应用中，离群点本身携带有异常但重要信息，是需要被关注和研究的。离群点检测已经被广泛应用到信用卡诈骗检测，贷款审批，电子商务，网络入侵和天气预报等领域，甚至可以利用离群点检测分析运动员的统计数据，以发现异常运动员。

常用聚类算法分类如下。

基于层次聚类：K-Means 算法，K-Mediods 算法等。

基于原型聚类：Hierarchical Clustering 算法，BIRCH 算法等。

基于密度聚类：DBSCAN 算法等。

- 关联分析

电商推荐系统最常见的一种推荐类型就是向购买了 A 商品的客户推荐可能会打包购买的 B 商品，之所以会选择推荐 B 商品的原因是在大量历史购买记录的关系中，找到了商品 A 与 B 的关联性，如购买手机的用户会被推荐匹配的手机壳。关联分析即挖掘这种关联规则。

典型关联分析的算法是 Apriori 算法，它是一种频繁项集算法。其核心思想是通过频繁项集生成和关联规则生成两个阶段来挖掘频繁项集。很多算法均利用了该算法的思想，并做了改进以提升挖掘效率，关联分析的算法已广泛应用在商业、网络安全、移动通信等领域。

③ 数据挖掘常用工具

常用的数据挖掘工具有 Python、Spark MLlib、R、Storm 等。

- Python

Python 已经成为最受欢迎的程序设计语言之一。Python 易学、速度快、面向对象，有丰富的支持库，常用数据挖掘库有 NumPy、Pandas、Scikit-learn、Matplotlib 等。

完备高效的 Python 开发环境可选 PyCharm，若需交互式、方便学习可选择简单易用的环境组合：Anaconda 与 Jupyter Notebook。

如图 7-41 所示，列举了 Python 中常用库的引入方法。

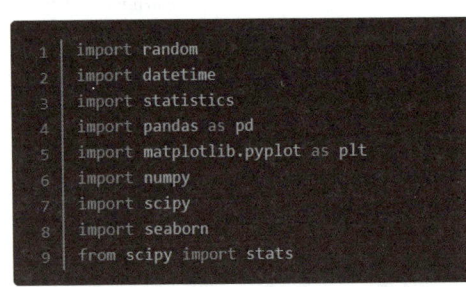

图 7-41　Python 中常用库的引入方法

- Spark MLlib

Spark MLlib 是构建在 Spark 上的一个扩展的分布式机器学习库，同时包括相关的测试和数据生成器。Spark MLlib 充分利用了 Spark 的内存计算和适合迭代型计算的优势，大幅提高性能。在 Spark 官方首页中展示了 Logistic Regression 算法在 Spark 和 Hadoop 中运行的性能比较，如图 7-42 所示。

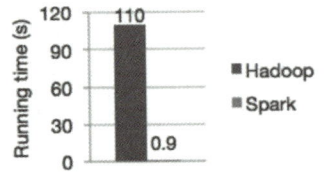

图 7-42　Logistic Regression 算法在 Spark 和 Hadoop 中运行的性能比较

可看出在 Logistic Regression 的运算场景下，Spark 比 Hadoop 快了 100 倍以上。Spark MLlib 目前支持 4 种常见的机器学习问题：分类、回归、聚类和协同过滤，支持 Java 语言或 Scala 语言开发。

### 7.4.4 大数据应用案例

#### 1. 大数据解决方案

（1）Cloudera

Cloudera 是 Hadoop 生态系统中，规模最大、知名度最高的解决方案，Cloudera 可以为开源 Hadoop 提供支持，同时为了满足企业对大数据的应用和管理需求，Cloudera 公司推出对整体 Hadoop 集群环境进行监控与管理的企业级大数据管理平台 CDH。

（2）华为 FusionInsight HD

华为 FusionInsight HD 是一个分布式数据处理系统，拥有企业级的大数据处理环境，对外提供大容量的数据存储、分析查询和实时流式数据处理分析能力，如图 7-43 所示。

FusionInsight HD 使用 Manager 进行统一运维管理，为系统提供高可靠、安全、容错、易用的集群管理能力，支持大规模集群的安装部署、监控、告警、用户

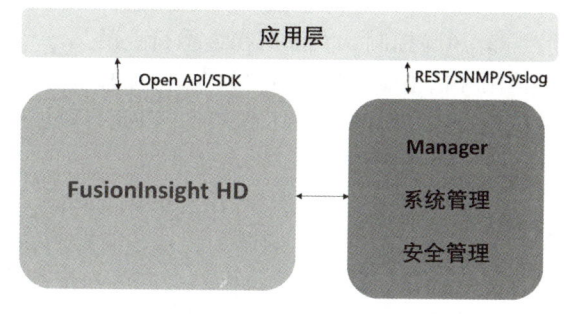

图 7-43 华为 FusionInsight HD

管理、权限管理、审计、服务管理、健康检查、问题定位、升级和补丁等功能，并提供图形化用户界面，简化集群运维管理操作。

FusionInsight HD 提供北向接口，实现与企业现有网管系统集成；当前支持 Syslog 接口，接口消息可通过配置适配现有系统；整个集群采用统一的集中管理，未来北向接口可根据需求灵活扩展。

FusionInsight HD 基于开源组件实现功能增强，保持 100% 的开放性，不使用私有架构和组件，能够有效保障架构安全，同时，采用账户/角色（role-based access control，RBAC）模型，通过角色对用户权限进行批量授权管理，其支持安全协议 Kerberos，使用 LDAP 作为账户管理系统，并通过 Kerberos 对账户信息进行安全认证，提供单点登录，统一了 Manager 系统用户和组件用户的管理及认证。FusionInsight HD 支持集群异地灾备（表级别全量备份、增量备份）以及数据恢复（对本地存储的业务数据进行完整性校验，在发现数据遭破坏或丢失时进行自恢复），有效地保障了企业大数据平台的数据安全。

（3）云上大数据解决方案

公有云上提供的大数据解决方案，为中小企业节省硬件投资和维护，主要有华为云、阿里云、Amazon 云等。

华为云 MapReduce 服务（MRS）是一个在华为云上部署和管理 Hadoop 系统的服务，一键即可部署 Hadoop 集群。MRS 提供租户完全可控的企业级大数据集群云服务，轻松运行 Hadoop、Spark、HBase、Kafka、Storm 等大数据组件，并具备后续根据业务需要进行定制开发的能力。

阿里云 E-MapReduce（EMR）是构建在阿里云上的开源 Hadoop 生态大数据 PaaS 产品。提供用户在云上使用开源技术建设数据仓库、离线批处理、在线流式处理、即时查询、机器学习等场景下的大数据解决方案。

Amazon EMR 使用 Apache Spark、Apache Hive 等开源工具，结合 Amazon EC2 和 Amazon S3 的可扩展存储，能够为分析团队提供运行 PB 级分析的引擎并且在使用及付费方式方面具有弹性。

#### 2. 行业应用

（1）金融行业

① 精准营销。基于大数据的分析结果，金融机构能够快速识别客户需求，进行产品快速迭代设计，同时针对不同需求的客户群体，提供个性化、场景化的产品和服务。例如，根据客户的风险偏好，推荐相应的理财产品；保险公司能够根据客户的行为习惯，推荐相应的寿险产品。

② 风险控制。大数据在金融行业的另一个重要应用体现在金融机构的风险控制。传统的信用评估主要是基于历史数据进行的，存在信息滞后等问题，大数据计算的实时性能够快速识别贷款客户的当前财务状况，以此有效规避风险。

（2）互联网行业

① 商品推荐。通过分析用户的浏览记录、搜索记录、收看记录、社交评论、分享历史等数据，互联网网站，如视频网站、购物网站、社交 App 等会向用户推荐他们可能感兴趣的商品或内容。例如，购物网站会向客户推荐其他用户曾经购买过的相似商品或内容；或通过用户的社交关系，向用户推荐与他关系接近用户购买过的商品。

② 产品优化。互联网公司也会根据用户的浏览习惯或是在移动终端的操作习惯进行产品页面优化，缩短用户获取自己喜好内容的时间和操作路径，提升用户体验，提高购买转化率，同时也能提升用户对产品的黏性。

（3）智慧城市

① 交通。通过卫星地图数据、出租车实时数据、智能手机使用地图应用数据等对道路交通情况进行分析，例如实时的道路交通拥堵状况、出行流动趋势或特定区域的人员聚集程度等。

② 公共安全。通过遍布城区的摄像头等监控设备的数据，以及对网络、媒体、短信等全方位的舆情监控数据进行数据挖掘，发现安全隐患（人为事件或自然灾害）。

（4）工业制造

企业通过对设备的压力、温度、流量、振动和泄露等状态数据进行分析，识别出数据中的异常点，能够快速进行故障识别和定位；同时，企业可以通过机器以往运行数据预测零件寿命，构建设备劣化预警系统，做好生产安排，降低企业制造成本。

（5）智慧教育

目前，一些学校通过学生线上课程的学习记录，如学习时长、每部分视频播放时间及浏览次数、课后练习完成情况等，定位学习的难点，从而有针对性地调整教学方式和教学内容，真正做到因材施教。

## 7.5 人工智能及其应用

人类的发展史是不断制造更高级工具并使用的历史。计算机技术是人类发明创造的巅峰之作，从查尔斯·巴贝奇和阿达·奥古斯塔基于纯机械工程设计的第一台计算机，到以艾伦·图灵为代表的现代电子计算机的发展；从认为计算机只能按照人类编好的程序来执行既定任务，到提出计算机可以模拟出人类思维，像人一样"独立思考"，图灵称之为"学习机器"，人类一直在人工智能的发展方向上不断探索。

## 7.5.1 人工智能的概念

### 1. 人工智能的定义

人工智能（artificial intelligence，AI）是研究及开发用于模拟、延伸和扩展人类智能的理论、方法和技术，到目前为止，还没有形成统一的标准定义。

1956 年夏天，在美国达特茅斯大学的一场学术会议上，人工智能的概念被提出并获得肯定，标志着人工智能科学的诞生。不同于传统计算机技术是机器根据既定的程序执行计算或者控制任务，人工智能可以理解为用机器不断感知、模拟人类的思维过程，使机器达到甚至超越人类的智能。

因此，可以把人工智能理解为人造机器所表现出来的智能性，是人类知识与技能在人造机器上的具体体现。人工智能的研究目的就是促使人造机器会听（语音识别、机器翻译等）、会看（图像识别、文字识别等）、会说（语音合成、人机对话等）、会思考（人机对弈、定理证明等）、会学习（机器学习、知识表示等）、会行动（机器人、自动驾驶汽车等）。

### 2. 人工智能发展历程

自人工智能科学诞生至今 60 多年的发展历史过程中，各行业的专家学者们做了大量的探索与实践。人工智能经历了三次发展浪潮，如图 7-44 所示。

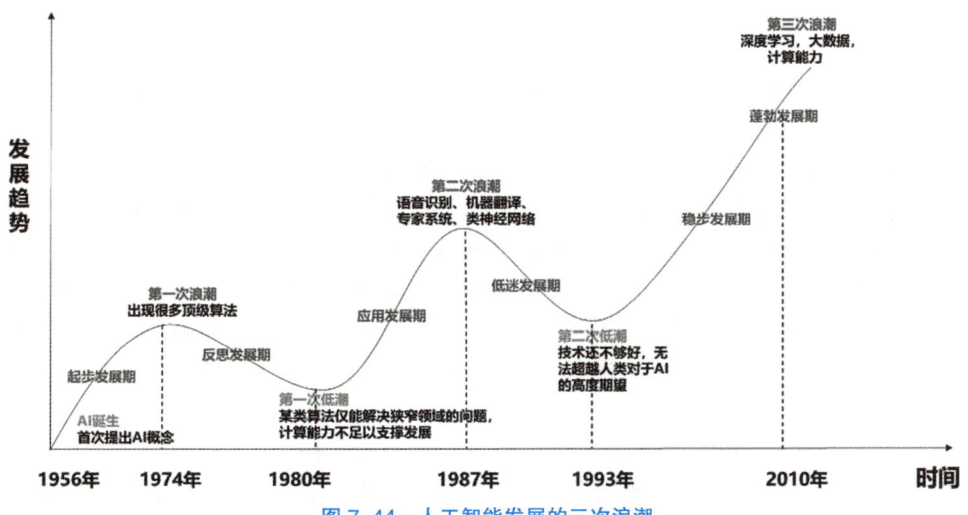

图 7-44　人工智能发展的三次浪潮

1959 年 Arthur Samuel 提出了"机器学习"的概念，推动人工智能进入第一次发展浪潮。此后 20 世纪 70 年代末期出现了专家系统，标志着人工智能从理论研究走向实际应用。80 年代到 90 年代，人工智能经过了第二次发展浪潮，相关的数学模型取得了一系列重大突破，如著名的多层神经网络、BP 反向传播算法等，算法模型准确度进一步提升。其间，研究者专门设计了 LISP 语言与 LISP 计算机，最终由于成本高、难维护而导致失败。1997 年，IBM

深蓝战胜了国际象棋世界冠军 Kasparov，是一个具有里程碑意义的事件。当前人工智能处于第三次发展浪潮，得益于算法、数据和算力三方面共同的进展。2006 年加拿大 Hinton 教授提出了深度学习的概念，极大地发展了人工神经网络算法，提高了机器自学习的能力，随后以深度学习、强化学习为代表的算法研究的突破，算法模型持续优化，极大地提升了人工智能应用，如语音识别和图像识别等的准确性。随着互联网和移动互联的普及，全球网络数据量急剧增加，海量数据为人工智能大发展提供了良好的土壤。大数据、云计算等信息技术的快速发展，GPU、NPU、FPGA 等各种人工智能专用计算芯片的应用，极大地提升了机器处理海量视频、图像等的计算能力。在算法、算力和数据能力不断提升的情况下，人工智能技术快速发展。

传统的人工智能定义属于弱人工智能的范畴，忽略了强人工智能的可能性。弱人工智能认为不可能制造出能真正地推理和解决问题的智能机器，这些机器只不过看起来像是智能的，但是并非真正拥有智能，也不会有自主意识。强人工智能观点则认为有可能制造出真正能推理和解决问题的智能机器，并且这样的机器能被认为是有知觉和自我意识的。强人工智能可以分为两类，一类是类人的人工智能，即机器的思考和推理就像人的思维一样；另外一类是非类人的人工智能，即机器产生了和人完全不一样的知觉和意识，使用和人完全不一样的推理方式。

当前，人工智能的科研及应用主要集中在弱人工智能领域，这一领域已经取得了较大的学术进展，相应的行业应用也在得到迅速推广。与此相反的是，强人工智能的研究处于停滞不前的状态，有待进一步的学术突破。

## 7.5.2 人工智能技术基本内涵

### 1. 人工智能的特征

根据人工智能的定义、发展趋势及现状，可以归纳总结出人工智能的三大本质特征如下。

（1）由人类设计，为人类服务，本质为计算，基础为数据。

从根本上说，人工智能系统必须以人为本，这些系统是人类设计出的机器，按照人类设定的程序逻辑或软件算法通过人类发明的芯片等硬件载体来运行或工作，其本质体现为计算，通过对数据的采集、加工、处理、分析和挖掘，形成有价值的信息流和知识模型，来为人类提供延伸人类能力的服务，实现对人类期望的一些"智能行为"的模拟。在理想情况下，人工智能必须体现服务人类的特点，而不应该伤害人类，特别是不应该有目的性地做出伤害人类的行为。

（2）能感知环境，能产生反应，能与人交互，能与人互补。

人工智能系统应能借助传感器等器件产生对外界环境（包括人类）进行感知的能力，可以像人一样通过听觉、视觉、嗅觉、触觉等接收来自外界环境的各种信息，对外界输入产生文字、语音、表情、动作（控制执行机构）等必要的反应，甚至影响到环境或人类。借助于按钮、键盘、鼠标、屏幕、手势、体态、表情、力反馈、虚拟现实/增强现实等工具及方式，人与机器间可以产生交互与互动，使机器设备越来越"理解"人类乃至与人类共同协作、优势互补。这样，人工智能系统能够帮助人类做人类不擅长、不喜欢但机器能够完成的工作，而人类则适合于去做更需要创造性、洞察力、想象力、灵活性、多变性乃至用心领悟或感情的一些工作。

（3）有自适应特性，有学习能力，有演化迭代，有连接扩展。

人工智能系统在理想情况下应具有一定的自适应特性和学习能力，即具有一定的随环境、数据或任务变化而自适应地调节参数或更新优化模型的能力，并且能够在此基础上通过与云、端、人、物越来越广泛、深入的数字化连接扩展，实现机器客体乃至人类主体的演化迭代，以使系统具有适应性、鲁棒性、灵活性、扩展性，以此来应对不断变化的现实环境，从而使人工智能系统在各行各业产生丰富的应用。

### 2. 人工智能基础技术能力框架

基于上述三大本质特征，可以将人工智能的技术体系进一步展开，如图7-45所示为人工智能基础技术能力框架。最底层的基础设施包括具有强大计算能力及大数据存储能力的硬件设施，其中，计算能力由智能芯片（CPU、GPU、FPGA、ASIC等硬件加速芯片以及其他智能芯片）等硬件系统开发商提供；分布式计算集群内，计算、存储等设备之间的通讯由网络设备商提供；与外部世界的通讯由新型传感器制造商提供。代表知识信息的大数据（包括原始数据资源和数据集）由数据提供商或行业客户提供。原始数据资源的感知涉及图形、图像、语音、文本的识别，还涉及传统设备的物联网数据，包括已有系统的业务数据以及力、位移、液位、温度、湿度等感知数据。

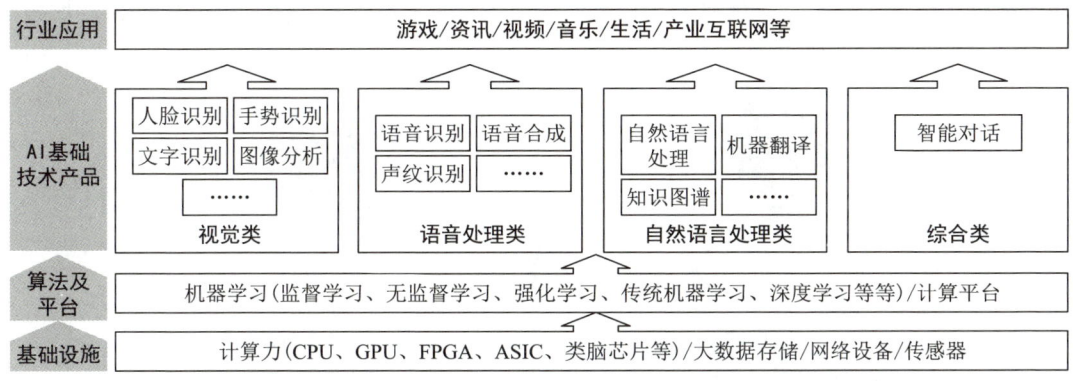

图7-45　人工智能基础技术能力框架

基于具备感知、通信、计算、存储能力的基础设施，人工智能技术服务提供商可以进一步为行业客户搭建大数据及人工智能计算平台，计算平台中运行各种机器学习算法，其中包括当前流行的深度学习、强化学习等算法。在此基础之上，可以构建基础的AI技术产品，当前应用比较广泛的产品主要有计算机视觉类产品、语音处理类产品、自然语言处理类产品、综合类产品。其中，计算机视觉类产品主要包括：人脸识别、手势识别、文字识别、图像分析等。语音处理类产品主要包括：语音识别、语义合成、声纹识别等。自然语言处理类产品主要包括：自然语言处理、机器翻译、知识图谱等。综合类产品主要是智能对话产品。基于机器的视觉处理、语音处理、自然语言处理等人工智能技术涉及智能信息表示与形成、智能信息推理、智能信息决策、智能执行与输出等环节。智能信息表示与形成是指为描述外围世界所做的一组约定，分阶段对智能信息进行符号化和形式化的智能信息建模、抽取、预处理、训练数据等。智能信息推理是指在计算机或智能系统中，模拟人类的智能推理方式，依据推理控制策略，利用形式化的信息进行机器思维和求解问题的过程，其典型的功能是搜索与匹配。智能信息决策是指智能信息经过推理后进行决策的过程，通常提供分类、排序、预测等功能。智能执行与输出作为智能信息输出的环节，是对输入作出的响应，输出整个智能信息流动过程的结果，包括运动、显示、发声、交互、合成等功能。

基于 AI 基础技术及产品，行业解决方案提供商可以根据行业的具体特点及行业客户需求，集成已有人工智能产品或服务，为行业客户提供从数据采集、数据处理到结果呈现的端到端综合解决方案。值得注意的是，有些人工智能产品厂家也可以作为相关行业的解决方案提供商直接为行业客户提供解决方案。大数据及人工智能技术可以为客户提供个性化、精准化、智能化服务，大幅提升业务体验，并与生产、生活中的各个领域相融合，有效提升各领域的智能化水平，给传统领域带来机遇和变革。

至此，可以看出，人工智能的三大基石是数据、算法和算力，其中数据主要掌握在行业客户及城市管理者手中，代表算力的是指计算芯片的性能。大部分高校、研究机构、企业的研究重点集中在计算平台及算法领域。下面，重点介绍机器学习算法相关的概念。

### 3. 机器学习算法

机器学习（machine learning）是一门涉及统计学、系统辨识、逼近理论、神经网络、优化理论、计算机科学、脑科学等诸多领域的交叉学科，它是人工智能技术的核心，主要研究计算机怎样模拟或实现人类的学习行为，以获取新的知识或技能，重新组织已有的知识结构使之不断改善自身的性能。基于数据的机器学习是现代智能技术中的重要方法之一，研究从观测数据（样本）出发寻找规律，并利用这些规律对未来数据或无法观测的数据进行预测，机器学习，如图 7-46 所示。

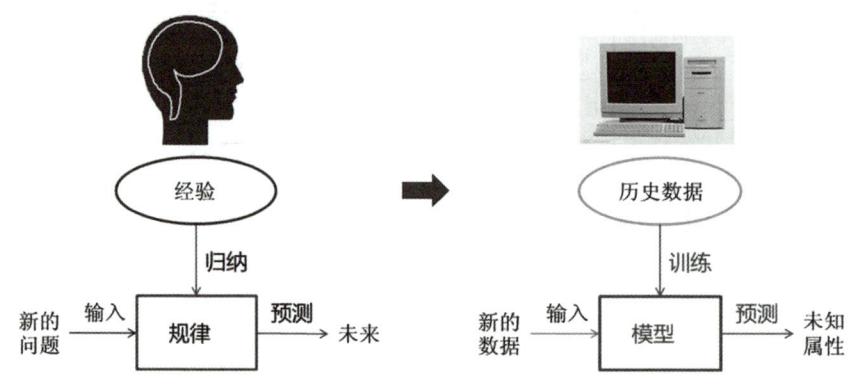

图 7-46　机器学习原理

根据学习模式、学习方法以及算法的不同，机器学习存在不同的分类方法。

（1）根据学习模式将机器学习分类为监督学习、无监督学习和强化学习等。

① 监督学习是利用已标记的有限训练数据集，通过某种学习策略或方法建立一个模型，实现对新数据或实例的标记（分类）或映射，最典型的监督学习算法包括回归和分类。监督学习要求训练样本的分类标签已知，分类标签精确度越高，样本越具有代表性，学习模型的准确度越高。监督学习在自然语言处理、信息检索、文本挖掘、手写体辨识、垃圾邮件侦测等领域获得了广泛应用。

② 无监督学习是利用无标记的有限数据描述隐藏在未标记数据中的结构或规律，最典型的非监督学习算法包括单类密度估计、单类数据降维、聚类等。无监督学习不需要训练样本和人工标注数据，便于压缩数据存储、减少计算量、提升算法速度，还可以避免正、负样本偏移引起的分类错误问题。主要用于经济预测、异常检测、数据挖掘、图像处理、模式识

别等领域，例如组织大型计算机集群、社交网络分析、市场分割、天文数据分析等。

③ 强化学习是智能系统从环境到行为映射的学习，以使强化信号函数值最大。由于外部环境提供的信息很少，强化学习系统必须靠自身的经历进行学习。强化学习的目标是学习从环境状态到行为的映射，使得智能体选择的行为能够获得环境最大的回馈，使得外部环境对学习系统在某种意义下的评价为最佳。其在机器人控制、无人驾驶、下棋、工业控制等领域获得成功应用。

（2）根据学习方法可以将机器学习分为传统机器学习和深度学习。

① 传统机器学习从一些观测（训练）样本出发，试图发现不能通过原理分析获得的规律，实现对未来数据行为或趋势的准确预测。相关算法包括逻辑回归、隐马尔科夫方法、支持向量机方法、K近邻方法、三层人工神经网络方法、Adaboost算法、贝叶斯方法以及决策树方法等。传统机器学习平衡了学习结果的有效性与学习模型的可解释性，为解决有限样本的学习问题提供了一种框架，主要用于有限样本情况下的模式分类、回归分析、概率密度估计等。传统机器学习的重要理论基础之一是统计学，在自然语言处理、语音识别、图像识别、信息检索和生物信息等许多计算机相关领域获得了广泛应用。

② 深度学习是建立深层结构模型的学习方法，典型的深度学习算法包括深度置信网络、卷积神经网络、受限玻尔兹曼机和循环神经网络等。深度学习又称为深度神经网络（指层数超过3层的神经网络）。深度学习作为机器学习研究中的一个新兴领域，由 Geoffrey Hinton 等人于 2006 年提出。深度学习源于多层神经网络，其实质是给出了一种将特征表示和学习合二为一的方式。深度学习的特点是放弃了可解释性，单纯追求学习的有效性。经过多年的摸索、尝试和研究，已经产生了诸多深度神经网络的模型，其中卷积神经网络、循环神经网络是两类典型的模型。卷积神经网络常被应用于空间性分布数据；循环神经网络在神经网络中引入了记忆和反馈，常被应用于时间性分布数据。深度学习框架是进行深度学习的基础底层框架，一般包含主流的神经网络算法模型，提供稳定的深度学习API，支持训练模型在服务器和GPU、TPU间的分布式学习，部分框架还具备在包括移动设备、云平台在内的多种平台上运行的移植能力，从而为深度学习算法带来前所未有的运行速度和实用性。目前主流的开源算法框架有 TensorFlow、Caffe/Caffe2、CNTK、MXNet、Paddle-Paddle、Torch/PyTorch、Theano 等。

（3）根据算法的不同可以将机器学习分为迁移学习、主动学习和演化学习等。

① 迁移学习是指当在某些领域无法取得足够多的数据进行模型训练时，利用另一领域数据获得的关系进行的学习。迁移学习可以把已训练好的模型参数迁移到新的模型，指导新模型训练，因此能够更有效的学习底层规则、减少数据量。目前的迁移学习技术主要在变量有限的小规模应用中使用，如基于传感器网络的定位，文字分类和图像分类等。未来迁移学习将被广泛应用于解决更有挑战性的问题，如视频分类、社交网络分析、逻辑推理等。

② 主动学习是指通过一定的算法查询最有用的未标记样本，并交由专家进行标记，然后用查询到的样本训练分类模型来提高模型的精度。主动学习能够选择性地获取知识，通过较少的训练样本获得高性能的模型，其最常用的策略是通过不确定性准则和差异性准则选取有效的样本。

③ 演化学习对优化问题性质要求极少，只需能够评估解的好坏即可，适用于求解复杂的优化问题，也能直接用于多目标优化。演化学习的算法包括粒子群优化算法、多目标演化算法等。目前针对演化学习的研究主要集中在演化数据聚类、对演化数据更有效的分类以及

基于机器学习算法的AI基础技术

提供某种自适应机制以确定演化机制的影响等。

#### 4. 基于机器学习算法的 AI 基础技术

（1）人脸识别

人脸识别是基于人的脸部特征信息进行身份识别的一种生物识别技术。它用摄像机或摄像头采集含有人脸的图像或视频流，并自动在图像或视频流中检测和跟踪人脸，进而对检测到的人脸进行脸部识别的一系列相关技术，通常也叫做人像识别、面部识别。人脸识别的技术主要包括检测、配准、属性分析、特征提取、比对、活体检测这几大类。人脸识别可应用于智慧零售、智慧社区、智慧楼宇、在线身份认证等多种应用场景，充分满足各行业客户的人脸属性识别及用户身份确认等需求。

（2）手势识别

手势识别是包括静态手势识别、关键点识别、指尖识别、手势动作识别等多种功能在内的人机交互技术，可以为开发者和企业提供高性能、高可用的手势识别服务。在互动娱乐、智能家居、VR 与 AR、智能车载、智慧商超、工业质检等多个行业得到广泛应用。

（3）文字识别

文字识别（optical character recognition，OCR）是基于行业前沿的深度学习技术，能将图片上的文字内容智能识别成为可编辑的文本。文字识别支持通用文字、卡证文字、票据单据、汽车相关、行业文档等多场景下的印刷体、手写体文字识别，支持提供定制化服务，可以有效地代替人工录入信息，大幅提升信息处理效率。

通用文字识别（general OCR）提供通用印刷体识别、通用高精度版印刷体识别、通用手写体识别、英文识别等多种服务，支持将图片上的文字内容智能识别为可编辑的文本，可应用于随手拍扫描、纸质文档电子化、电商广告审核等多种场景。

卡证文字识别（card OCR）提供身份证识别、银行卡识别、名片识别、营业执照识别等多种服务，支持将图片上的文字内容，智能识别为结构化的文本，可应用于用户注册、银行开户、交通出行、政务办事等多种场景。

票据单据识别（invoice OCR）提供增值税发票识别、火车票识别、出租车票识别、机票行程单识别、运单识别等多种服务，支持将图片上的文字内容，智能识别为结构化的文本，可应用于企业票据报销、金融票据识别、快递单据录入等多种场景。

汽车相关识别（vehicle OCR）提供驾驶证识别、行驶证识别、车牌识别、车辆 VIN 码识别等多种服务，支持将图片上的文字内容，智能识别为结构化的文本，可应用于车主身份认证、ETC 出行、违章识别、停车管理等多种场景。

行业文档识别（document OCR）提供表单与表格识别、体检报告识别、检验检查单识别、算式识别等多种行业文档识别服务，支持将图片上的文字内容，智能识别为结构化的文本，可应用于智能核保、智能理赔、试题批改等多种行业场景。

（4）图像分析

图像分析提供综合性的图像理解、识别等服务。可以识别数千个图片标签，包含商品、日常用品、动物、植物等，支持根据需求定制标签。能够满足推荐系统、相册分类、商品推荐等使用需求；基于图像分析，还可以帮助客户完成去模糊、画质增强、图片质量评估等任务，适用于素材美感评价、平台内容质量提升、自拍娱乐等场景；支持图像违规内容识别，可以分析出图片中是否存在色情、政治敏感、暴力恐怖等元素，维护用户体验。

（5）语音识别

语音识别技术（automatic speech recognition，ASR）是人工智能发展的重要方向之一。ASR 可以将人类的语言转换为文字，实现让计算机听懂人类的语言。

语音识别受到国内外商业和学术界的广泛关注，在无噪音、无口音干扰的情况下可接近于人类语音识别的水平。目前，语音识别主要包括三类产品，分别是实时语音识别、一句话识别、录音文件识别。实时语音识别指对实时音频流进行识别，达到"边说边出文字"的效果，可应用于语音输入、电话机器人等实时音频流场景；一句话识别指对短音频文件进行识别，达到快速、准确识别较短语音的效果，可应用于语音消息转写等场景。录音文件识别指对录音文件进行识别，达到识别较长的非实时语音的效果，可用于字幕生成、录音资料转写等场景。

（6）语音合成

语音合成（text to speech，TTS）可自定义音量和语速，为企业客户提供个性化发音定制服务，让发音更自然、更专业、更符合场景需求。满足将文本转化成拟人化语音的需求，打通人机交互闭环。语音合成支持多种音色选择，可广泛应用于语音导航、有声读物、机器人、语音助手、自动新闻播报等场景，提升人机交互体验，提高语音类应用构建效率。

（7）声纹识别

声纹识别（voice print recognition）作为一种生物识别技术，是根据说话人的声波特性进行身份辨识的服务。身份辨识与口音无关，与语言无关，可以用于说话人辨认和说话人确认，广泛应用于金融安全、智能家居、智慧建筑等领域。

（8）自然语言处理

自然语言处理（natural language processing，NLP）是指机器理解并解释人类写作、说话方式的能力，是人工智能和语言学的一部分，它致力于使用计算机理解或产生人类语言中的词语或句子。自然语言处理依托于海量语料积累，可全面覆盖从基础到高级的智能文本处理能力，可应用于情感分析、词法分析、文本纠错、文本分类、敏感词识别、文本审核等场景。

（9）机器翻译

机器翻译（machine translation），又称为自动翻译，是利用计算机将一种自然语言（源语言）转换为另一种自然语言（目标语言）的过程。从早期的词典匹配，到利用词典结合语言学专业知识的规则进行翻译，再到基于语料库的统计机器翻译，随着计算机计算能力的提升和多语言信息的爆发式增长，机器翻译技术逐渐开始为普通用户提供实时便捷的翻译服务。

（10）知识图谱

知识图谱（knowledge graph）在图书情报界称为知识域可视化或知识领域映射地图，是显示知识发展进程与结构关系的一系列各种不同的图形，它用可视化技术描述知识资源及其载体，挖掘、分析、构建、绘制和显示知识及它们之间的相互联系，如图 7-47 所示。

知识图谱是通过将应用数学、图形学、信息可视化技术、信息科学等学科的理论与方法与计量学引文分析、共现分析等方法结合，并利用可视化的图谱形象地展示学科的核心结构、发展历史、前沿领域以及整体知识架构，达到多学科融合目的的现代理论。它能为学科研究提供切实的、有价值的参考。

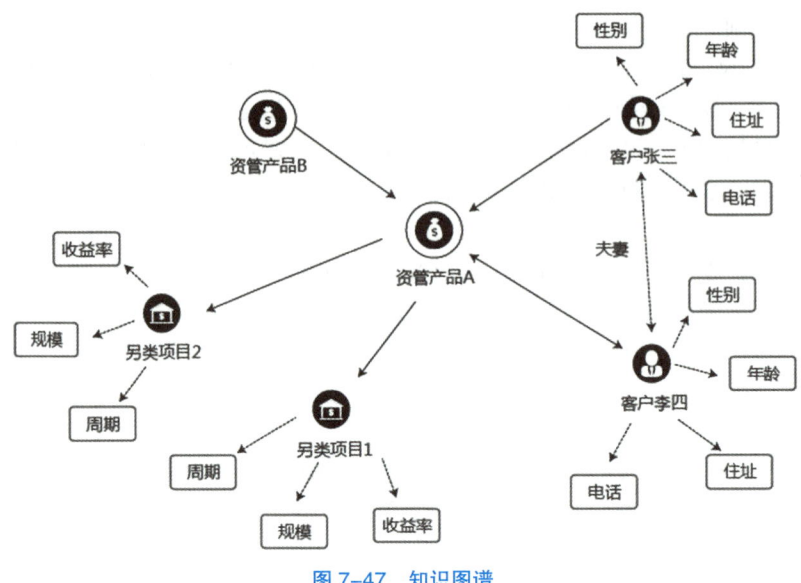

图 7-47 知识图谱

（11）智能对话

智能对话是指综合应用语音识别、语音合成、自然语言处理等技术，为开发者和生态合作伙伴提供对话开发平台及机器人中间件能力，实现高效、便捷、多样化、低成本人机对话体验。

### 7.5.3 人工智能基本应用模式及面临的主要挑战

#### 1. 人工智能的三种基本应用模式

• 智能感知：利用 AI 技术实现看、听、读等功能的应用场景，例如：基于视频或图像识别的人流检测、基于视频或图像识别的行为检测、语音质检、基于图像的智能检测等。该类场景的意义是积累数据资源，减少人工干预。

• 智能交互：利用 AI 技术实现对话、问答、执行任务等功能的应用场景，例如：智能客服、知识图谱、对话机器人等。该类场景的意义是提升工作效率，优化用户体验。

• 智能决策：利用 AI 技术实现推理、决策、最优化等功能的应用场景，例如：信用卡支付交易欺诈识别、工业设备预测性维护、阿尔法狗、基于医学图像的智能诊断等。该类场景的意义是提升商业效率。

#### 2. 人工智能技术综合应用面临的主要挑战

行业客户在传统业务流程中引入 AI 能力时，可以远程调用 AI 技术服务提供商通过公有云提供的 AI 能力（以 API 方式提供），也可以购买承载 AI 的软硬件来搭建自己的私有化人工智能计算平台或者采用公有云与私有平台相结合的混合部署模式。不论何种应用部署模式，随着所需 AI 基础技术及产品的增加，以及 AI 技术的综合应用及集成创新的快速铺开，端到端的集成解决方案及部署都将面临越来越多的成本及效率的问题。其挑战主要体现在下面五个方面。

• 应用场景。AI 落地场景逐步进入业务深水区，由最初的单一智能感知场景，逐步向智能感知加智能交互，甚至更复杂的智能感知加智能交互再加智能决策场景发展。导致各应用场景中，AI落地的复杂性越来越高，单一模型场景越来越少，多模型配合的场景越来越多。

• 资源和基础设施。AI训练和推理运算对GPU资源的高需求导致AI应用场景落地成本居高不下；此外，AI模型从实验室走向实际应用时，对算法、模型服务存在高并发、高可用等工程层面的技术问题，而解决这些问题并非建模人员所擅长。

• 数据。AI应用中多模型配合的场景越来越多，引入的数据种类也越来越多，例如一个AI应用中需要接入的数据可能包含图片、视频、文本、结构化数据，这些差异化的数据接入工作带来了倍增的工作量；此外，在诸多政企应用场景中，数据格式需要遵循一定的标准，如行业标准、国家标准等，各种数据标准之间的数据转换也带来了额外的开发量；最后，非结构化数据标注的工作强度极大、重复工作多、专业性强，从而抬高了标注样本数据的成本，而充足的高质量标注样本与模型训练效果息息相关。

• 算法和模型。AI的核心是算法，载体是模型，而现阶段政企用户对AI定制化场景建模的极大需求与AI定制化建模的单位产能之间存在极大差距，导致算法厂商交付投入巨大而用户的AI场景需求却依然无法完全满足；此外模型从实验室训练完成后部署到生产环境，以及部署到生产环境运行一段时间后，效果都会有不同程度衰减，需进行模型持续迭代更新才能保证模型效果达到或接近实验室水准，而这种迭代更新最好能自动进行，无需人工参与；最后，模型部署后的性能保证、状态监控、效果评估这些工程方面的需求满足，也不是模型训练的数据科学家所擅长的。

• 智能设备。在AI模型训练完成后应用到生产场景的过程中，会在数据采集、预处理和边缘推理计算时涉及智能设备，智能设备的选型、接入、点位选择和调试与AI模型在生产环境中的实际效果息息相关，然而智能设备厂商来源广泛，型号各异，而且缺少统一的接入标准，因此设备安装、接入和调试需要耗费大量人力，拖慢了项目进度并抬高了项目成本。

## 7.5.4 人工智能应用案例

以常见的智能安防平台为例可以看出AI应用部署的复杂性。这种平台是以警务、安防需求为导向，面向在逃抓捕、缉查布控、寻亲寻人等视频监控场景推出的智能化海量人脸检索与分析系统。该平台需要支持亿级人脸库，准实时识别。实时解码分析监控视频流，检测并抓拍人脸，依次完成目标人脸和重点人口照片库的比对。若识别到黑名单人员，立即触发实时报警，高效助力安防系统建立智能监控体系，节省布控人力投入。

### 1. 智能安防应用

智能安防平台的系统架构如图7-48所示，采用B/S分布式架构，包括前端采集平台、人脸检索服务平台、LBS（基于位置服务）人群分析服务、业务响应平台。支持浏览器、手机应用访问配置。其逻辑架构如图7-49所示，网络架构如图7-50所示，整个系统需要涵盖从基础设施到细分应用场景的复杂功能，开发与维护异常复杂。

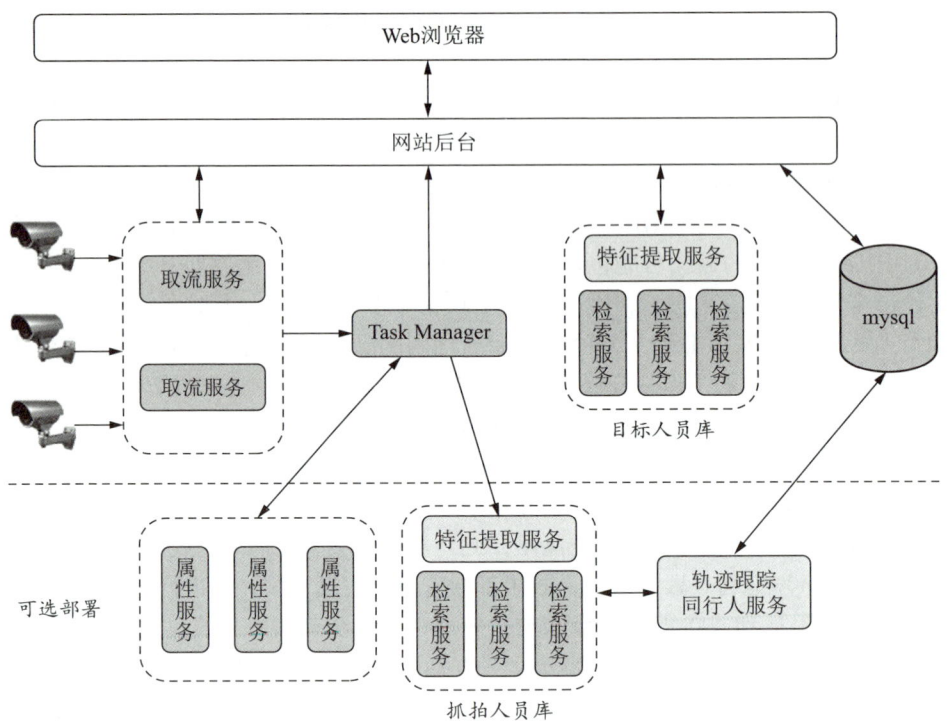

图 7-48　智能安防系统架构图

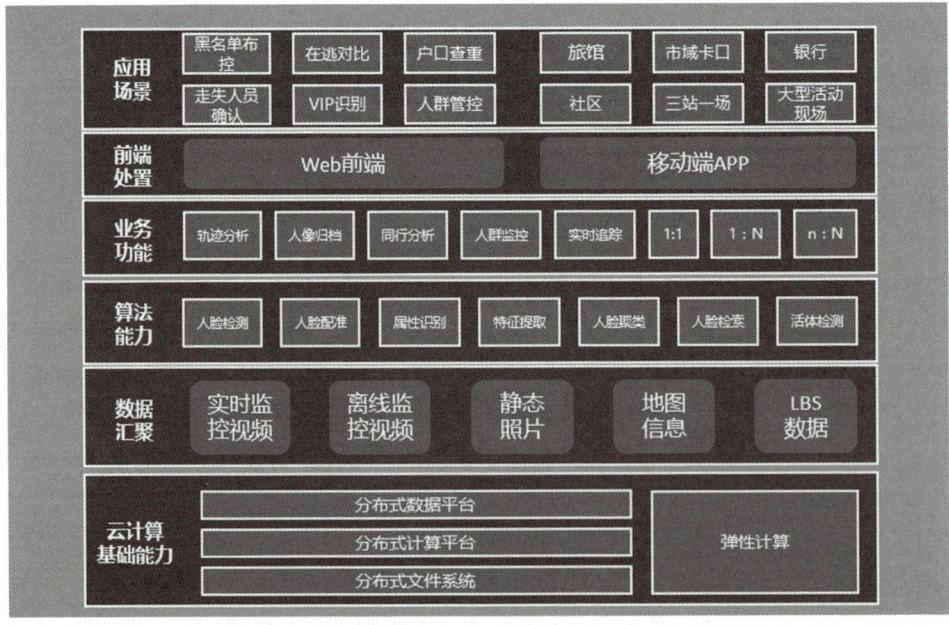

图 7-49　逻辑架构图

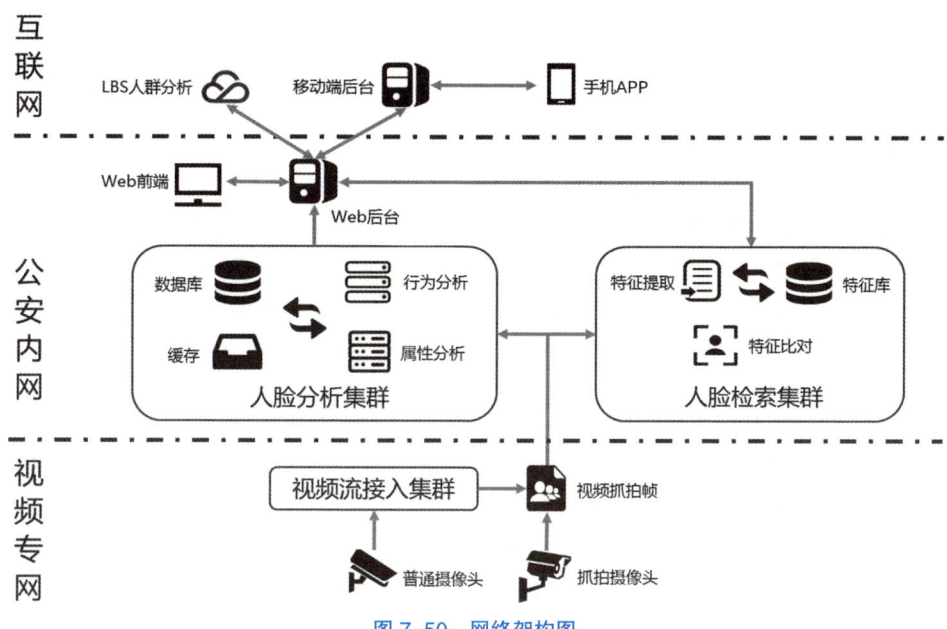

图 7-50 网络架构图

为了快速响应行业客户的需求,将数据、算法、算力等 AI 要素快速、有机地集成起来,构建端到端的行业解决方案。有实力的人工智能厂家开始推出 AI 业务集成平台(也称 AI 中台)。例如:腾讯云已经在 2018 年推出云智天枢平台,如图 7-51 所示。该平台支持快速接入各种数据、算法和智能设备,提供可视化编排工具进行服务和资源的管理及调度,并能进一步通过 AI 服务组件持续集成和标准化接口开放,帮助开发者快速构建 AI 应用。

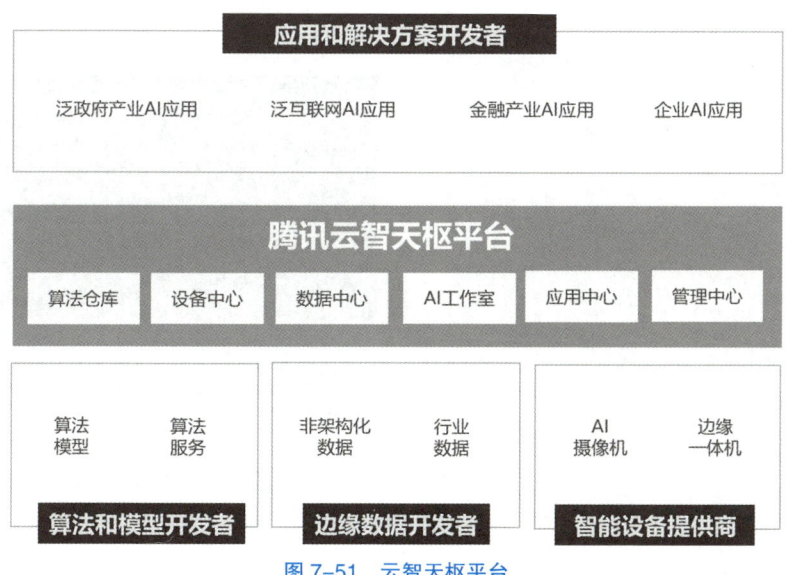

图 7-51 云智天枢平台

云智天枢平台包含六大模块,分别是算法仓库、设备中心、数据中心、AI 工作室、应用中心以及管理中心,各模块功能如下:

- 算法仓库：在云智天枢平台中负责管理和托管算法和模型，同时还提供了数据标注工具和标注服务，算法仓库是云智天枢平台实现 AI 业务场景的核心能力模块。
- 设备中心：在云智天枢平台中负责设备的对接、交互、升级、边缘计算和状态监控，设备中心在未来 5G 和物联网场景中会越发重要。
- 数据中心：在云智天枢平台中负责数据定义、转换、对接和管理各数据源，实现对云智天枢平台用户屏蔽数据源差异，并且提供典型的数据服务输出，数据中心是云智天枢平台实现各业务场景的基石。
- AI 工作室：负责将云智天枢平台内部的原子能力整合成适应复杂 AI 业务场景需求的 AI 任务，AI 工作室是云智天枢平台实现组装各原子能力以满足复杂业务逻辑，化平凡为神奇的枢纽。
- 应用中心：负责管理基于平台开发的应用，该模块除了管理用户自定义的应用以外，还包括平台预制的典型应用，如视图库、以图搜图等。应用中心也是云智天枢平台内部服务的出口，由其中的 API 网关将服务暴露供外部使用。
- 管理中心：负责对云智天枢平台自身的管理，包括平台用户、账户和权限的管理、日志管理、安全与监控管理等职能，此外管理中心还负责管理用户上传平台的容器镜像。

**2. 基于 AI 平台可以快速搭建智慧园区、智慧城市、智慧企业等行业应用系统**

（1）智慧园区

基于云智天枢平台，提供智能设备管理、AI 智能分析等服务，助力构建智慧园区应用，提升园区监管效率与生活便捷性，园区智能监管解决方案，如图 7-52 所示。

智慧园区的解决方案是智能视频管理方案，该方案适合包括智慧楼宇、园区、公共场所等场景，满足客户智能安防监控及智能分析管理需求，包括人脸门禁、危险人员告警、VIP 识别通知、禁区检测、人流统计、客群画像等，该方案的案例有浐灞生态园区等。

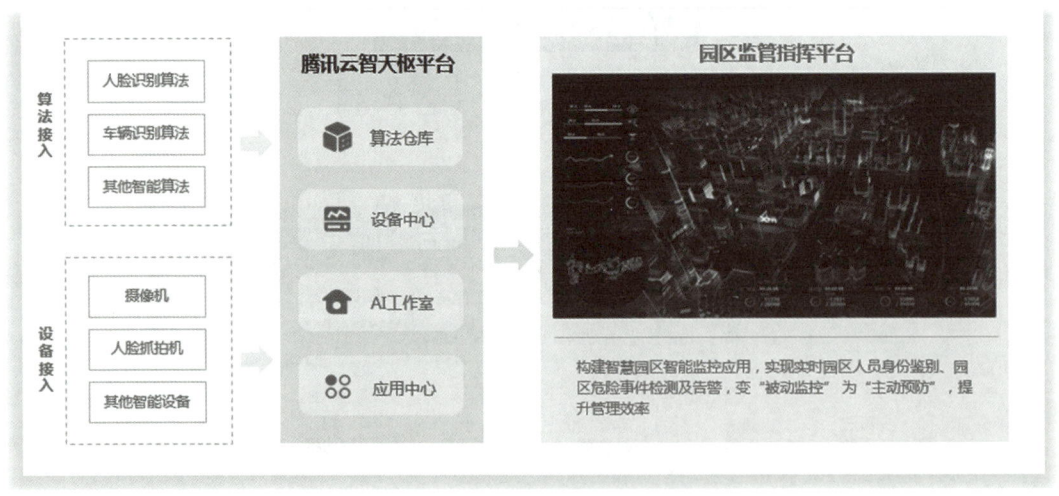

图 7-52 园区智能监控解决方案

（2）智慧城市

基于云智天枢平台，提供多算法融合调度、大数据规范化处理、多场景应用等服务，助力构建智慧城市应用，实现视频结构化、人车大数据等功能。

智慧城市的解决方案适合应用于智慧城市、城市大脑、雪亮工程等项目场景，提供多算法融合调度、应用服务 API 开放功能，满足视频结构化、城市公安与交通治理、视频大数据分析等应用需求，该方案的案例有智慧坪山、苍南雪亮工程、北京地铁等。

（3）智慧企业

基于云智天枢平台，提供 AI 引擎与灵活业务模板编排等能力，助力构建企业智能应用，如金融智能核保与理赔、工业质量检测应用（图 7-53）等。

工业质量检测适合应用于工业缺陷检测场景搭建，为客户提供 MES（制造执行系统）消息数据对接、AI 缺陷检测、结果数据推送、故障开单应用等工业服务。

视频
人工智能技术

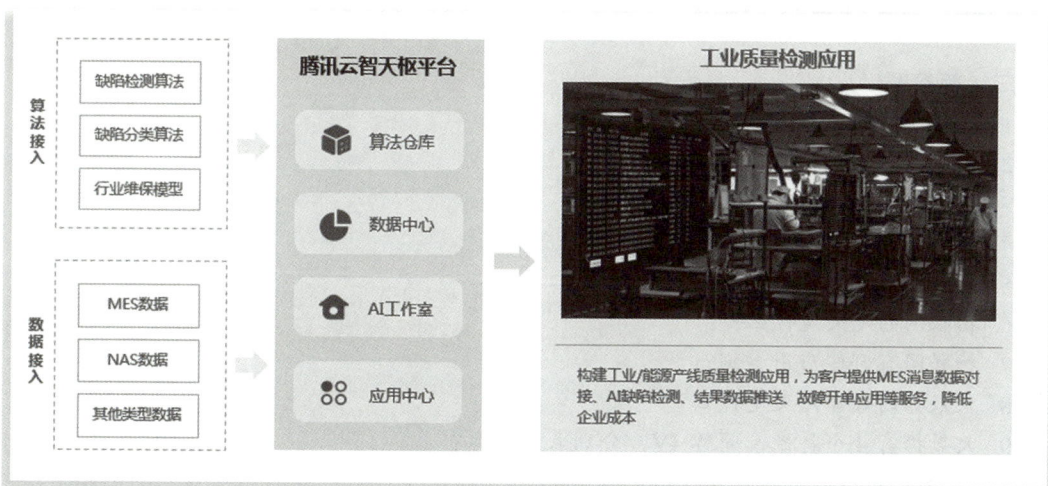

图 7-53　工业质量检测应用

## 练 习 题

一、填空题。

1. 云计算的特点有_____。
2. 未来云计算发展趋势主要有_____和_____。
3. 云计算在_____、_____、_____、_____等方面具有自身独特的技术。
4. 云计算服务模型体系结构可以划分为 3 个层次，即_____、_____和_____。
5. 云计算按照部署方式和服务对象的范围，可以将云计算分为 3 类，即_____、_____和_____。
6. 虚拟现实具有三个最突出的特征，即人们称道的"3I"特性，分别为_____、_____和_____。
7. 在实际应用中，根据沉浸性程度的高低和交互自然程度的不同，虚拟现实系统的应用模式通常分为以下四类，分别是_____、_____、_____和_____。
8. 物联网通过智能感知、识别技术与云计算、大数据、泛在网络的融合应用，被称为继_____、_____之后世界信息产业发展的第三次浪潮。

9. 一个物体能称得上是物联网上的物体，那么它应该具备三个方面的基本特征，分别是_____、_____和_____。
10. 物联网的体系结构大致分为三层：_____、_____和_____。
11. 物联网在行业中的应用模式可以分为三种，分别是智能标签、_____和_____。
12. 大数据技术主要包括四个方面：_____、_____、_____、_____。
13. 人工智能的研究目的就是促使人造机器会_____、会_____、会_____、会_____、会_____、会_____。
14. AI 技术及产品在行业领域的应用，当前主要呈现三大类模式，分别为_____、_____、和_____。

二、简答题。

1. 如何理解云计算？
2. 云计算有哪些应用案例？
3. 什么是虚拟现实？
4. 一个典型的虚拟现实系统主要有哪些功能？
5. 虚拟现实技术有哪些应用案例？
6. 物联网的定义是什么？
7. 物联网有哪些应用案例？
8. 大数据的综合定义是什么？
9. 大数据有 4 个特性，简称 4V，分别表示什么？
10. 大数据技术有哪些行业应用？
11. 人工智能的三大本质特征是什么？
12. 什么是机器学习？
13. 人工智能应用案例有哪些？

# 参考文献

[1] 梅宏，金海.云计算[M].北京：中国科学技术出版社，2020.
[2] 王良明.云计算通俗讲义[M].4版.北京：电子工业出版社，2022.
[3] 娄岩.虚拟现实与增强现实实用教程[M].北京：机械工业出版社，2020.
[4] 刘云浩.物联网导论[M].4版.北京：科学出版社，2022.
[5] 连玉明.中国大数据发展报告：No.6[M].北京：社会科学文献出版社，2022.
[6] 尹丽波.人工智能发展报告：2018～2019[M].北京：社会科学文献出版社，2019.

**郑重声明**

高等教育出版社依法对本书享有专有出版权。任何未经许可的复制、销售行为均违反《中华人民共和国著作权法》，其行为人将承担相应的民事责任和行政责任；构成犯罪的，将被依法追究刑事责任。为了维护市场秩序，保护读者的合法权益，避免读者误用盗版书造成不良后果，我社将配合行政执法部门和司法机关对违法犯罪的单位和个人进行严厉打击。社会各界人士如发现上述侵权行为，希望及时举报，我社将奖励举报有功人员。

反盗版举报电话　（010）58581999　58582371
反盗版举报邮箱　dd@hep.com.cn
通信地址　北京市西城区德外大街 4 号　高等教育出版社知识产权与法律事务部
邮政编码　100120